부산대학교 한국민족문화연구소
로컬리티 자료총서 3

식민지 조선의 이주일본인과 지역사회

−진남포의 도미타 기사쿠

도미타 세이이치 엮음

우정미 옮김, 오미일 역주 및 해제

국학자료원

* 이 자료총서는 2007년 정부(교육과학기술부)의 재원으로 한국연구재단의 지원
  을 받아 수행된 연구임(NRF-2007-361-AL0001).

『식민지 조선의
이주일본인과 지역사회』를 발간하며

근대 식민지 지배의 유형·무형의 유산은 오늘날에도 여전히 지역사회에 영향을 미치고 있다. 최근 일부 지역에서는 식민지시기의 건축물을 보존하거나 일본인거류지나 청국조계와 같은 역사적 장소를 복원하는 사업이 전개되면서 이를 둘러싸고 상당한 논란이 있었다. 그동안 식민지 잔재 청산이란 명분이 우세했으나, 세월이 흘러 객관적인 역사 성찰이 가능해지면서 식민의 기억도 역사의 일부라는 발언이 설득력을 얻고 있다.

종래 근대 지역사회 연구에서 일제 지배 정책이나 이에 저항하는 각 부문의 운동에 대한 연구는 많이 이루어져 왔다. 그러나 상대적으로, 36년간 조선사회를 지배해 온 이주일본인들이 어떻게 조선으로 건너와 특정 지역에 정착하여 자본을 축적하고, 사회단체를 조직하여 지역사회의 여론을 주도하면서 직간접적으로 식민통치에 기여했는지에 관한 연구는 드물었다.

일본 내각 총리대신 야마가타 아리토모(山縣有朋)는 1890년 11월 제1회 제국의회 연설에서, 오스트리아 헌법학자 로렌츠 폰 슈타인(Lorenz von Stein)의 논리에 의거하여 일본을 주권선(主權線), 조선을 이익선(利益線)이라고 규정하고 일본의 안전 보장을 위해 조선반도에 대한 주의깊은 감

시가 필요하다고 하며 조선 침략의 논리를 설파했다. 그는 1894년 청일전쟁 당시 조선군 제1군사령관으로 올린 <조선정책상주>에서 가장 시급한 정책으로 철도 부설과 함께 "조선 주요 지점에 일본인을 이식하는 것"이라고 함으로써, '식민'이 제국주의의 기본 정책수단임을 주지시켰다. 실제로 일본제국주의가 조선을 침략하여 빠른 시간에 지배체제를 구축할 수 있었던 것은 청일전쟁 후부터 증가한 일본인들의 이주와 정착에 의한 '풀뿌리 제국주의' 덕택이었다. 이런 점에서 일본제국주의 연구는 이제 '풀뿌리 제국주의'에 대한 연구로 심화되어야 할 단계라고 본다.

식민지시기 지역사회에서 활동한 이주일본인의 전기 혹은 평전을 번역한『식민지 조선의 이주일본인과 지역사회』시리즈는 식민지시기 일본인들이 무슨 사정으로 현해탄을 건너 조선의 특정 지역에 정착했는지, 그리고 거류민단과 현인회(縣人會) 등의 자치단체와 사회기구를 조직하여 어떻게 지역사회를 지배하고 주도해나갔는가 하는 기초적인 물음에 답해줄 수 있는 좋은 자료이다. 이러한 기초자료의 번역은 풀뿌리 식민자와 근대 지역사회에 대한 지식과 인식의 폭을 확장해나가는 데에 큰 도움이 될 것이라고 기대한다.

마지막으로 이 자료의 교열·감수작업을 맡아 주신 한국해양대학교 국제해양문제연구소 이수열 교수께 감사드린다. 특히 사진 배치와 교정작업을 꼼꼼하고 성실하게 도와준 김경미 연구원에게 깊은 감사의 마음을 전한다. 이 책이 볼품 있게 출판될 수 있었던 데에는 그의 도움이 컸음을 밝혀둔다.

2013년 4월
부산대학교 한국민족문화연구소
HK로컬리티의인문학 연구단
오미일

일러두기

1. 고유명사는 가능한 한 일본어 발음대로 표기하였다.

2. 일본어의 한국어 표기는 1986년 1월 문교부 고시로 시행된 것에 의
   거하여 작성하였으나 'つ'는 어두와 어중 모두 '츠'로 통일하였다.

3. 연호력은 서기력으로 바꾸어 기입하였다.

진남포 뒷산에서 바라본 전경

제자(題字) 내대신(內大臣)
유아사 구라헤이(湯淺倉平) 각하

제자(題字) 조선총독(朝鮮總督)
우가키 가즈시게(宇垣一成) 각하

서(序)

　일세(一世)의 덕행가, 조선 산업계의 은인으로 추앙받는 도미타 기사쿠 옹이란 대체 어떤 사람인가. 조선에 건너온 지 30여 년, 그의 후반생을 걸고 오로지 조선 산업 진흥개발에 진력을 다하면서, 고향처럼, 내 자식처럼 시종(始終) 조선을 사랑한 대인격자이다. 옹의 덕행은 전 조선에 두루 알려져, 자부(慈父)와 같이 존경받고 있는 것은 어쩌면 당연할 일일 것이다.

　덕은 외롭지 않아, 옹의 선행은 마침내 칙정(勅定) 남수포장(藍綬褒章)[1]을 받는 영광을 입었다. 적선(積善)의 여경(餘慶)이라고 해야 할 것이다.

　지금 사상계는 혼돈스러워 귀추를 알 수 없는 이때, 반도에서 옹을 잃었다는 것은 너무나도 애석한 생각이 든다.

　지금 이 위인의 전기를 편집하여 세상에 내려고 하는 것은 어쩌면 거칠어진 세상 인심을 선도하는데 이바지 하는 일이고, 내선융화(內鮮融化)의 결실을 이루는 일에 그 효과가 클 것이라고 믿는다. 여기에 서문으로 옹의 모습을 그리면서 전기가 완성되어 기쁠 따름이다.

1931년

백작 고다마 히데오(兒玉秀雄)

---

1) 1881년 太政官布告 제63호로 발포되어 1894년 칙령 제1호로 개정된 <褒章條例>에 의하면, 남수포장은 學術·技藝上의 발명 개량 著述, 교육·위생·慈善·防疫 事業, 학교·병원의 건설, 도로·하천·제방·교량의 수축, 田野의 개간, 삼림의 재배, 水産의 번식, 농상공업의 발달에 관해 公衆의 이익을 흥기하거나 成績이 著名한 자 또는 共同의 사무에 근면하여 공로가 현저한 자를 표창하기 위해 수여하는 휘장이다(劍聖會 편, 『大日本帝國勳章記章誌』, 崇文堂, 57쪽).

서(序)

유덕인(有德人)으로서 도미타 기사쿠 옹은 한 눈에 그렇다고 수긍이 가는 지극히 성실한 사람으로 자선에 후하였고, 교육에 깊이 노력하고 힘썼다. 그 사람의 인물됨으로 당연한 것이었다. 더욱이 산업에 힘을 쏟아 조선의 미술, 공예 복원 발전에 진력한 것은 정말로 보기 드문 일이다. 더더욱 사리사욕을 떠나서 모든 농상공업 경영에 분투를 계속하여 조선 산업 개발에 투신한 것은 정말로 불가사의라고 하지 않으면 안 된다.

조선의 경제계에는 산업개발의 선구자, 희생자로서 흠앙(欽仰)받고 있고, 조선 정신계에는 조선인을 사랑하는 자부(慈父)이자 곧 은인으로 추모를 받고 있다. 그 하나도 제대로 이루기 어려운데, 하물며 두 개를 나란히 할 수 없는 일인데도 다 갖춘 옹과 같은 사람은 정말로 천고에 보기 드문 사람으로, 직간접으로 조선통치에 이바지한 공적은 실로 위대한 것이었다.

근세 세상인심이 황폐해지고, 법이 없어지고, 부끄러움을 모르고, 스스로 높이는 것은 당연시하고, 남을 책망하는 일에 급급한 시절. 옹이 불귀의 객이 된 것은 정말로 통탄스럽기 그지없다. 그렇지만 남포성인(南浦聖人)의 사업과 덕행은 그 이름을 천세에 남겨 반도에서 없어지지 않을 것이다.

1931년 봄
시모무라 가이난(下村海南)

서언(序言)

  부친 도미타 기사쿠(富田儀作)께서 말년에 생애의 추억을 집필해 놓은 것을 자료로 해서, 부친 사후 전기물체(傳記物體)로 기술한 것이 본서의 원고입니다. 본시 화려한 것을 싫어하시고, 겸허실질(謙虛實質)을 지향하신 아버지께서는 자신의 일생이 타인의 글로 장식된 전기로 만들어지는 것을 결코 원하지 않으셨을 겁니다. 만약 사후에 무엇인가를 남겨야 한다면 그것은 부친의 손으로 취사(取捨)한 것을 정리한 회고록 정도일 것이고, 그것도 단지 자손의 수양과 성찰의 자료 외에는 감히 세상에 나아가 사람들의 감정(鑑定)을 바라는 생각은 추호도 없었을 것입니다. 그런데 생전에 부친의 호의를 입으신 분들로부터 모처럼 만들어져 있는 원고를 그대로 내버려 두기 아까우니 약간이라도 책으로 만들어 연고구우(緣故舊友)들에게 나눠달라고 모두 권유하시는지라 어떻게든 알기 쉽게 수정하여 인쇄를 하기로 했습니다. 황천의 아버님께서는 자신을 너무 훌륭한 사람으로 한 것에 불만이 있을 지도 모르겠습니다. 대략 정리되어 있는 상당 분량의 원고를 불과 몇 개월 사이에 아버님께서 만족하실 만한 내용으로 다시 적는다는 것은 어려운 일이고, 또한 그것을 7주기까지 맞추는 것은 도저히 불가능했습니다. 과장되고, 전혀 맞지 않는다고 아버님께서 불평을 하실 대목이 많을 것이고, 또한 아들인 저로서도 제 이름으로 출판하는 것이라 주제넘는 부분이 많은 것을 유감으로 생각합니다만 앞서 말씀드린 사정으로 어쩔 수 없이 대략적으로 이 책이 완성되게 된 경위를 여러분들의 깊은 이해를 바랄 뿐입니다.

  본서를 위해서 유아사(湯淺) 내대신과 우가키(宇垣) 총독으로 부터 제자(題字)를 받았고, 고다마(兒玉) 백작각하와 시모무라 가이난(下村海南)

선생님으로부터 서문을 받았습니다. 또한 다수의 요직에 계시는 분들로부터 회고담을 받은 것은 돌아가신 아버님을 위해서나 또 일가일문(一家一門) 상에 더 없는 영광으로 생각합니다.

또한 본서 출판에 있어서 여러 물심양면으로 도와주시고 조언해 주신 아타치 후사지로(安達房治郎) 씨와 본서 앞뒤의 제첩의 휘호를 기꺼이 적어주신 구도 소헤이(工藤莊平) 씨께 깊은 고마움을 전합니다.

다음으로 본서 원고의 정리와 인쇄 교정 장정 등 모든 것을 중앙조선협회[1]의 나카지마 츠카사(中島司) 씨[2]에게 의논을 했는데 다행스럽게도 씨의 적극적인 협조 하에 일체의 것을 처리하였습니다. 이 기회에 나카지마 씨와 그 지휘 하에서 진력을 다해 주신 마나베 고타로(真鍋康太郎) 씨께도 감사의 뜻을 전하고 싶습니다.

1936년 성하(盛夏)

도미타 세이이치(富田精一) 삼가 올림

---

1) 1925년 가을 이후 동경 거주 朝鮮緣故者의 발기로 준비되어 오다가 1926년 1월 창립되었다. 창립 목적은 그 취지서에 제시되어 있듯이 "조선에 관한 문제를 조사하고 그 방책을 攷究하여 朝野協力으로써 조선의 정치상 사회상 또는 경제상의 진보 발달을 조성하고 또 內鮮人의 融和共榮을 실현하기"를 표방하였다. 임원진은 회장: 공작 山縣伊三郎, 고문: 자작 清浦奎吾 · 자작 澁澤榮一 · 남작 阪谷芳郎 등, 이사: 귀족원 의원 井上準之助, 남만주철도주식회사 이사 入江海平, 동양척식주식회사 이사 池邊龍一 등이었다. 이들은 주로 다년간 조선에 재직하여 조선인의 심리 · 풍속 · 습관 등을 비교적 정확하게 파악하고 있는 이들로 강연, 출판 등 다양한 조직적 활동을 통해 자신들의 견해를 식민지 조선정책에 반영하고자 했다. 오사카 · 경성 등 각 도시에 지부를 두었는데, 경성지부의 주요 회원은 주로 매일신보사, 식산은행, 동양척식주식회사, 조선은행 등 관변 언론기관과 경제기구 등의 간부였다. 조선일보는 이 중앙조선협회의 조직에 대해 "彼等의 深謀遠慮에서 나온 어떠한 術策"이라고 비판했다(『매일신보』 1926년 1월 28일, 1월 30일, 4월 1일; 『조선일보』 1926년 2월 6일).
2) 1885년 후쿠오카 현 三潴郡에서 태어났다. 1909년 이후 동경매일신문사, 동경일일신문사, 국민신문사에 근무하다가 1914년 조선에 건너와 경성일보사 기자로 주로 경제 방면을 취재했다. 이후 조선식산은행에 들어가 調査役으로 활동했다.

면영(面影), 1930년 1월 촬영

목차[*]

---

[*] 원문에서는 목차의 제목과 본문의 제목이 일치하지 않는 곳이 많다. 이하에서는 두 제목을 통일시켰다.

제6장_ 육영과 근검장려 157

제7장_ 공예미술 진흥 188

◆ 추억담

해제

오미일(부산대 한국민족문화연구소 HK교수)

도미타 기사쿠(富田儀作, 1858~1930)는 1899년 10월 조선으로 건너와 황해도 은율에서 철광 개발에 종사하다가 진남포에 이주하여 자본을 축적한 대표적인 식민자본가이다. 그는 효고 현 촌장 집안에서 태어났으나, 양조장 조합장을 하던 형의 사업이 도산하면서 빚을 갚기 위해 16세부터 대리교사, 기와견습공, 광부로 노동해야 했다. 측량학을 배워 시가 현 토지대장을 작성하기도 하고 콜타르 제조·고령토채광사업을 하기도 했으나 모두 실패하면서 큰 부채를 지게 되었다.

그가 일본을 떠나 대만을 거쳐 조선으로 오게 된 것은 이 부채를 갚고 집안을 일으키기 위해서였다. 그는 2,500엔의 빚을 해결해준다는 조건으로 오사카 고니시와(小西和) 상점의 제안을 받아들여 1897년 3월 대만지점 지배인으로 파견되었다. 당시 대만총독부가 국책사업으로 시행하고 있던 장뇌(樟腦) 제조사업을 수행하던 중, 생번인(生藩人)의 습격으로 큰 피해를 입고 6개월 만에 사업을 중단했다.

고니시와 상점은 1890년부터 조선 경성에 지점을 두고 수출입무역, 특히 주로 쌀무역을 전개하고 있었는데, 도미타는 이 경성지배인으로 다시 파견되었다. 그는 조선의 광산 채굴 특히 철광사업이 유망하다는 정보를 접하고 1900년 5월 이후 황해도 은율과 장연의 채굴허가를 받아 개발했다.

1904년 러일전쟁이 일어나자, 광산 채굴을 중지하고 일본 군대를 따라 안동현과 봉천·안산 등 만주지역까지 돌아다니며 군수품 조달사업을 했다. 그는 일본군대에 인부를 공급하고 채소·사과를 재배하여 공급하면서 일본군 주둔지가 있는 진남포로 이주했다. 1897년 개항된 진남포(개항 당시 지명은 甑南浦)는 청일전쟁 때 일본군대가 상륙하였고 러일전쟁 때에도 군사기지로 이용되었던 곳으로, 군속이나 군대 납품업자 등이 몰려들면서 개발되기 시작했다. 도미타가 이주한 1904년경 일본인 1,786명, 조선인 4,845명, 외국인 412명이 거주했으나, 러일전쟁이 끝나자 일본인은 3,002명으로 크게 증가했다.

이 무렵 그는 용강군에서 온천을 개발했는데, 소유권을 인정받을 수 없자 일본군 장교에게 부탁하여 온천에 '일본군 점령지'란 푯말을 세워 소유권을 차지하기도 했다. 처음 "조선에서 하루빨리 성공해서 금의환향 하겠다"고 생각했을 때에는 주로 광산채굴에 매진했다. 그러나 전쟁이 끝난 후 1906년 7월 가족을 모두 진남포로 오게 하여 비로소 이곳에 '뼈를 묻을 각오로' 정착하면서, 농림업, 목축업, 양잠, 어업, 도기·공예품 제조로 사업 종목을 다각화시켜 나갔다.

그는 삼화목장을 설립하고 돼지를 사육해서 이를 햄으로 만들어 일본 군대에 납품하기도 했으며, 양계를 하기도 했다. 또한 한국중앙농회 양잠전습소와 그 부속으로 직물을 짜는 기업전습소를 설립해서 '삼화직물(三和織)'을 생산하기도 했다. 그리고 묘목과 나무를 재배하여 일본식 정원인 사설(私設) 삼화화원(三和花園)을 조성하여 관람객을 유치하기도 했다. 또한 당시 고려자기 제작이 활발하자 도미타는 조선총독부로부터 보조금 2천 엔을 지급받아 삼화도자기를 설립했다. 연보에 잘 정리되어 있듯이, 1930년 사망하기까지 그는 여러 회사를 직접 설립하여 경영하거나 또는 주식회사에 투자하여 임원으로 활동했다.

도미타 기사쿠가 임원으로 활동한 기업체

연도	진남포	기타 지역
1912	진남포물산시장 사장, (주)진남포전기 감사, 진남포공제사 사장	
1916	도미타합자회사 사장, (주)삼화은행 사장	
1918		(주)통영칠공 사장(통영)·(주)동양축산흥업 이사(경성)·(주)조선수산수출 이사(부산)
1920	진남포기선합자회사 사장·평양은행 이사	(주)동아잠사 사장·(주)토다농구 상담역(경성)
1921	(주)대동은행 이사	(주)조선서적인쇄 이사·경성현물거래시장 상담역·(주)조선생명보험 감사(경성)
1922		(주)조선미술품제작소 이사(경성)
1925	(주)진남포생우이출 사장	(주)경성흥산 이사
1926		(주)조선임산공업 사장·(주)조선물산 사장(경성)
1927	(주)평안남도어업 이사	(주)조선무연탄 이사(경성)
1929		(주)의주금광 이사(의주), (주)조선상업은행 감사(경성)
1930		(주)중앙물산 사장(경성)

비고: 연보에 기재된 사업체 활동경력에는 일부 누락되고 잘못 기재된 것도 있어 『조선은행회사조합요록』에 의거하여 보완, 수정했음.

위에서 보듯이, 진남포에서 사업체를 운영하던 그는 1910년대 후반 이후 전국적으로 사업을 확장해나갔음을 알 수 있다. 그는 사업을 확장하면서 종전의 도미타상회를 합자회사로 개편하여 재조직했다. 1916년 11월 철광채굴 청부, 농업·목축, 어업, 도기 제조 판매 등을 영업내용으로 하는 도미타합자회사(富田合資會社, 공칭자본금 50만 원)를 진남포부 상와초(三和町)에 설립했던 것이다.

그의 사업이 본격적으로 궤도에 오르기 시작한 것이 이 무렵부터였다. 1916년 10월 삼화은행 설립을 적극 주도했던 것은 사업 확장을 위해서 금융기관으로부터 안정적이고 지속적으로 자금조달이 필요하다고 생각했기 때문이었다. 1918년 일본의 가타쿠라제사방적(片倉製絲紡績)(주)과 함께 경성에 동아잠사주식회사를 설립 경영하는 한편 통영에 칠공주식회사를 설립하여, 사업부문을 다각화하고 대자본과 연계하여 종래의 소규모 공업을 확장하였다. 그는 이사로 관계한 사업체 이외에도 많은 회사에 투자하여 다량의 주식을 보유하고 있었는데, 투자한 회사는 대개 농림업, 수산업 계통 회사였다.

아사히신문사 부사장이었던 시모무라 가이난(下村海南)이 서문에서 '진남포 산업개발의 선구자'로 지칭한 것이 과장이 아닐 만큼 그의 경제활동과 자본축적은 진남포를 대표할 만한 것이었다. 이는 그가 진남포상업회의소에서 오랫동안 의원 · 회두 · 특별평의원(1910~1917)을 역임하고, 또한 1922년 조선총독부가 그를 산업조사위원회 진남포부 대표 위원으로 촉탁했던 사실을 보더라도 알 수 있다. 그는 진남포지역의 경제계 대부로서 조선광업회 창립이사 평의원(1917), 조선잠사회 평의원 · 조선농회 부회장 · 조선축산협회 상담역(1921), 조선수산협회 고문 · 조선철도협회 고문(1922), 조선수산회 평의원 · 평안남도수산회 부회장 · 조선부업품공진회 이사장(1923), 진남포과물동업조합장(鎭南浦果物同業組合長) · 조선물산협회장(1924), 조선로지무역연구회(朝鮮露支貿易研究會) 회장(1925), 조선과물동업조합연합회 회장 · 조선공업회 상담역(1926), 조선농회 고문(1927) 등 각종 경제관련 협회나 동업조합의 임원으로 활동했다.

나아가 그는 각종 정치사회단체에서도 활동했다. 1910년 진남포거류민단 의원을 시작으로, 1914년 부협의원과 학교조합 의원으로 당선되었고, 1920년에는 평안남도 도평의원으로 임명되었다. 사회단체 활동으로는 '일선융화(日鮮融和)'를 기치로 내걸고 일본인과 조선인 각계 유지들로 결성된 친일단체 동민회(同民會)의 이사(1924)로 활동했다. 그리고 '조선 문제의 조사와 식민정책 연구, 내선인의 융화공영(融和共榮) 실현'을 표방하면서 1926년 1월 조직된 중앙조선협회의 평의원으로 활동했다. 그 외에 진남포재향군인회 고문·경성효고현인회(京城兵庫縣人會) 회장·조선발명협회 회장(1926), 조선소방협회평안남도연합지부 평의원(1928) 등 여러 단체의 간부로 활동했다.

이러한 다양한 정치경제적 활동으로 그는 1912년 일본제국으로부터 남수포장(藍綬褒章)을 수여받았으며, 1915년 시정오년기념공진회(始政五年記念共進會)에서 조선총독의 공로자 표창과 일본정부의 훈6등 서보장(瑞寶章)·대례기념장(大禮記念章)을 수여받았다. 1928년 11월 '쇼와천황(昭和天皇)'의 즉위식에 평안남도 대표로 참석하기도 했으며, 1929년에는 총독공로장을 받았다. 1924년 정6위, 사망 후에는 종5위(1930)로 보(補)해졌다.

일제의 조선 병합과 지배에 국가보다 민간인 즉 조선에 이주한 풀뿌리 식민자의 역할이 더 컸다는 점은 다카사키 소지(高崎宗司)의 연구를 통해 잘 알려져 있는 사실이다. 도미타 기사쿠는 이러한 다카사키의 설을 입증해주는 또 하나의 좋은 사례이다. 도미타는 "동양에서 일어나는 화근은 대부분 한국이다. 그래서 일본제국은 조선 독립을 견고하게 하기 위해 러일전쟁 후 통감부를 두어 그 시정(施政)을 원조했다"라고 하여 일제의 조선 병합을 침략이 아니라 조선 사람을 위한 시혜라고 생각했다. 도미타는 을사늑약 이후 의병의 공격과 광산 점령으로 장기간 채굴사업을 휴업하지 않을 수 없었는데, 이때 의병들을 '폭도'라고 부르고 의병전쟁을 '폭도들의 봉기'라고 서술하고 있다.

또한 그는 황해도 은율 금산포광산을 채굴하면서 1909년 2월 일본 오카야마의 시즈타니코를 본 따 후코쿠코(富國黌)란 일종의 강습소를 설립했다. 당시 계몽운동이 전개되면서 각 지역의 한국인 자본가나 지역유지들이 서양의 과학과 기술을 가르치는 사립학교를 설립하고 있었는데, 도미타의 강습소에서는 일본어를 정과(正科)로 하고 한문과 한글(원문에서는 '언문'이라고 표기함)을 부속과목으로 가르쳤다. 이 강습소는 병합 후 사립금산포보통학교로 개편되었다. 도미타는 이 강습소를 설립한 목적에 대해 "풍기 교정"과 "살벌한 분위기의 완화"라고 밝혔는데, 이를 위해 "아동의 교육을 통해 자연스럽게 부모들을 교화하는" 방법을 택했던 것이다. 도미타의 이러한 예상은 적중하였으니, "아동들이 일본어를 배워 재미있고 즐겁게 얘기하게 되었고 가정에 돌아가서도 신기한 듯이 일본어로 말하자 부모들도 자연스럽게 일본어 단어를 섞어서 말하게" 되었다고 한다. 이렇게 도미타의 기대대로 "부락민의 기풍이 저절로 개선되게" 된 데에는 병합 이후 일본어를 익힌 졸업생들이 군청이나 면사무소, 경찰에 취직되면서 더욱 그러했던 것 같다. "아동을 교육하여 그 부모들을 교화시킨다"는 전략은 특히 도회지가 아닌 농촌에 정착하여 조선 농민에게 소작을 주거나 그들을 광부로 고용해야 하는 이주일본인의 경우 당연한 발상이었을 것이다. 그는 이 사립학교 경영을 통한 효과적인 조선인 융화의 공로로 남수포장을 받았다.

이 책에서 상세하게 서술되고 있는, 도미타가 대만을 거쳐 조선으로 유입되어 오는 경로와 뒤이은 일가의 이주, 그리고 러일전쟁 시 군대 납품, 광산개발과 농림업·축산업·수산업, 그리고 직물·도기 제조 등으로 사업을 확장해가는 과정은 식민지시기 일본인들이 맨 손으로 들어와 어떻게 자본을 축적해나갔는지 잘 보여주는 한 편의 파노라마이다. 또한 거류민단과 진남포번영회인 행지회(行之會)를 조직하여 회장으로 활동하며 정재계(政財界) 인물들과 관계를 맺는 그의 정치사회적 행적은 이주일본인들이 자치단체나 사회 조직을 결성하여 서로 연결망을 구축하면서 조선 사회를 지배해나가는 과정을 사실적으로 보여준다.

전기(傳記)

도미타 기사쿠옹 서(書) · 관공유훈(菅公遺訓)

제1장 소년시절

1. 어머니의 교훈

어머니 베개머리에 가만히 앉아서 예의 바르게 기다리고 있는 것은 기사쿠(儀作) 소년이다. 어머니 다츠코(龍子)는 병상에서 수척해진 얼굴을 들고 말을 계속했다.

"그러한 이유로 너의 친아버지는 기무라 추베에(木村忠兵衛) 어른이고, 어머니는 히사코(ひ さ 子)이다."

"아니! 그렇습니까. 처음 듣습니다."

기사쿠 소년은 지금까지 현재의 부모 도미타 다로우에몬(富田太郎右衛門) 부부의 차남으로 태어난 것으로만 알고 있었는데 오늘 어머니로부터 자신의 출생 경위를 듣게 되어 놀란 눈을 크게 뜨고 있는 것이다.

사정은 이러하다. 도미타 다로우에몬의 장녀 히사코는 단바(丹波) 사사야마(篠山)의 아오야마 번(靑山藩)의 무사인 기무라 추베에(木村忠兵衛)에게 시집을 갔는데 1년 정도 지나서 합의 이혼을 하고 도미타 가(家)로 돌아왔다. 그때 히사코는 임신 중이었고, 곧 남자 아이를 낳았다. 다로우에몬은 아이를 받아 도미타 가의 둘째 아들로 키웠던 것이다. 그가 기사쿠 소년이다.

"그러니까 사실은 지금까지 아버지라고 불렀던 사람은 할아버지이고, 나는 할머니가 된다."

"그러나 새삼스럽게 할아버지 할머니라고 부르지 않아도 돼. 지금까지처럼 아버지, 어머니라 불러도 좋으나 네가 성공을 해서 도미타라는 가문의 이름을 알리는 것과 함께, 진짜 아버지인 기무라의 이름을 잊어서는 안 된다. 그러기 위해서는 공부를 해야 한다. 열심히 공부해서 훌륭한 사람이 되어야 한다. 그것을 마음에 잘 새겨서 지금부터 마음을 다잡고 공부하거라. 할아버지 할머니가 응석받이로 키워 사람이 덜 되었다고 세상 사람들에게 비웃음을 받지 않도록 하거라. 나는 그것이 무엇보다 걱정된다……."

늙으신 어머니는 암담해 하시며 눈물을 삼키셨다.

"알겠습니다. 열심히 공부해서 집안을 세우겠습니다."

옹(翁)은 소년 때부터 침착하고, 어딘지 모르게 조숙한 면이 있었다.

"그렇게 말해 주니 나도 안심이 된다. 아버지도 기뻐하실 것이다."

조모 다츠코는 학자풍의 부인으로 사서오경 등은 자유롭게 강의하고 다른 사람을 가르칠 정도로 한적의 소양도 있고 남자 이상으로 굳건한 기골을 가진 현부인이었다. 지금 기사쿠 소년이 친부모 슬하를 떠나 조부모 아래에 있기 때문에, 그 장래를 생각하면 불쌍하기도 하고 안됐기도 했다. 어떻게든 온전한 한 사람으로 키우고 싶다고, 항상 마음에 두고 있었다. 양친과 출생에 관한 것을 말해도 좋을지, 어떻게 보면 잔인한 생각도 들어 말할 수가 없었는데, 옹이 11살 때 병에 걸렸다. 점점 나빠져 갔고, 스스로도 그것을 알게 되었다. 혹시 무슨 일이 생기면 이대로 덮어져서는 그 사정을 모르는 것도 안 된 생각이 들어 지금 기사쿠 소년에게 그 신상을 밝히고 조용히 장래를 훈계한 것이다.

그 후부터 기사쿠 소년은 자신의 상황 변화에 대해서 깊게 생각하게 되었다. 친부모라고 생각하고 있던 다이쇼야(大庄屋)[1]인 도미타 다로우에

몬 부부는 조부모였다. 친부는 기무라 추베에고 아오야마 번의 무사라고
한다. 부모와 떨어져 자랐지만 자애 넘치는 조부모의 금지옥엽으로 키워
진 자신이다. 스스로를 소홀히 할 수 없다. 마음을 단단히 먹지 않으면 안
된다. 반드시 성공해서 도미타 가를 일으켜야 한다, 또 부모의 이름에 누
가 되어서는 안 된다고 굳은 결심을 했다.

　이하 다로우에몬 부부(太郎右衛門夫妻)를 형식상 부모로서 기술한다.

2. 옹의 성장과정

　옹은 1858년 무오년(戊午年) 11월 3일 세츠 국(摂津国) 가와베 군(川辺
郡) 나카타니 촌(中谷村) 내의 우에노(上野) 부락에서 우렁찬 울음을 내며
태어났다.

　시절은 마침 막말(幕末) 격변기로서 유명한 안세이 대옥사(安政大獄)
가 있었던 해로 이이(井伊) 다이로(大老)의 근왕지사(勤王志士)에 대한 가
혹한 처단은 천하의 이목을 놀라게 하고, 세상의 소용돌이는 끓은 가마솥
같아 정말로 국운간난(國運艱難)의 때였다.

　우에노라고 하는 곳은 이케다(池田) 여관지역에서 단바(丹波)의 사사
야마(篠山)로 통하는 국도변으로 히로네 촌(広根村)과 이웃하며, 이나 천
(猪名川)을 따라 있는 조용한 마을이었다. 옹의 집은 그 부락의 큰 소나무
가 있는 넓은 저택이었다. 미나모토노 미츠나가(源満中)를 모시는 다다
신사(多田神社)는 집에서 1리 반 정도 떨어져 있고, 이나 천의 상류가 그
안을 조용하게 흐르고 있다. 저 유명한 이나가와(猪名川)라는 스모선수
가 나온 곳도 이 부락이다.

---

1) 에도시대에 촌락을 대표하는 관리로 쇼야(庄屋)와 나누시(名主)가 있었다. 2, 3개 또는
　많게는 수십 개 마을을 묶어 그것을 관리하는 자를 다이쇼야(大庄屋)라고 불렀다.

고 조선총독부 정무총감 시모오카 추지(下岡忠治)[2] 씨는 옹이 살았던 동네의 이웃마을인 히로네(広根) 사람으로, 어릴 때 옹이 소학교 교원 당시 생도로서 옹의 가르침을 받은 한 사람이었다.

부친 다로우에몬(太郎右衛門)은 가와베 군 일원 60개 마을의 다이쇼야(大庄屋)를 맡았었고, 자기 성(姓)을 쓰고 칼을 차는 것이 허용된 향사(郷士)였다.[3] 연 150석 정도의 소작미를 받고, 그 외에 다수의 산림, 밭, 저택 등을 갖고 있는 유서 있는 명가로, 선조는 도미타 시나노카미 미츠시게(富田信濃守光重)이고, 1596~1615년까지는 이요(伊予)의 우와지마(宇和島)의 성주였다. 그때부터 3대째인 도미타 다로우에몬 시게마사(富田太郎右衛門重正)에 이르러 우에노 읍을 얻게 되었고, 그 후로 대대로 다로우에몬(太郎右衛門)을 습명(襲名)[4]으로서 써 왔다.

모친 다츠코는 나카가와 기베지(中川喜平次, 나카가와 기베지는 옛날 가토 기요마사(加藤清正)의 동생으로 세츠 국 이바라키(摂津国 茨木, 오사카부 북쪽에 있는 市) 전쟁에서 전사한 나카가와 세이베(中川清兵)의 후예이다)의 딸이었다. 다츠코는 젊을 때부터 아리스가와노미야 가(有栖川宮家)에서 기거하며 26살까지 봉공한 사람으로 상당한 학문을 가진 부인이었다. 형은 사고로(佐五郎, 이 사람은 다로우에몬의 친아들로 옹으로서는 외삼촌에 해당되지만 형이라 칭하고 있다)라 하고 도미타 가의 상속자였다.

---

2) 1870년 효고 현 출생. 1895년 제국대학 법과대학 정치학과 졸업 후 내무성 관방문서과 근무를 시작으로 1896년 京都府 參事官, 1906년 秋田縣 知事, 1908년 이후 농상무성 농무국장, 농상무성 차관, 내무 차관을 역임했다. 1915~1924년 중의원 의원으로 활동하면서 加藤高明의 憲政會에서 10년 동안 부총리격으로 일하다가 加藤內閣이 출현하자 당 내외의 천거를 받아 內務大臣이 되었다. 그러나 시모오카는 入閣을 그만 두고 1924년 7월 조선총독부 政務總監에 취임하였다. 그는 産業第一主義를 주창하고 식민지 산업개발에 전력하던 중, 1925년 11월 사망했다.

3) 에도시대에 자기 姓을 쓰고 칼을 차는 것은 무사의 특전이었다. 그러나 후기에는 이 특전이 농민이나 町人 가운데 유서 있는 집안이나 공로자에게도 허용되었다.

4) 선대의 예명을 계승하는 것.

옹은 7살까지 유모가 곁에 있었고, 다분히 제멋대로 컸다. 8살부터 10살 정도까지는 오이시 즈이켄(大石瑞軒, 오이시 요시오(大石良雄)의 후예로 한방의였다)의 문하에 들어가 사서(四書) 등의 소독(素讀)을 배우고, 또 선승 운각사(雲覺寺)의 스님 아래에 들어가 배움을 계속했다. 모친은 앞에서도 언급했지만 학자풍의 부인이었기 때문에 옹에게 집에서도 자주 한서를 습득하도록 시켰다. 그것이 그때는 힘들었지만 나중에는 도움이 되었다고 옹은 늘 다른 사람에게 말했다.

가와베 군은 천령(天領)[5]으로 다카즈키 번(高槻藩)의 영주(5만석)가 관리하고 있는 땅이었다. 옹이 8살 무렵에는 막부(幕府) 말기로 소요가 가장 격심했다. 봄부터 여름에 걸쳐, 세츠 일원의 사람들은 모두 하나같이 붉은 옷을 입고 춤을 추며 걸었다. 누구 집이라고 개의치 않고 들러서 술을 마시고 밥을 먹고 걸었다. 옹은 8살 소년이었지만 재밌는 사람들 사이에 섞여서 춤추며 걸었다. 그리고 공동생활과 같은 것을 했다. 빨간 옷을 입고 춤추며 걷는 대열은 그해 가을까지 계속되었다. 지금 생각해 보면, 일종의 겉모양만 좋은 공산당과 같은 것이었다. 당시 실직한 낭인들이 지금의 공산주의와 같은 기분으로 줄지어 행진한 것이라 생각된다. 그때는 어디라도 다 개방해 두었고, 누구라도 주저하지 않고 들어가 밥을 먹었다. 옹의 집은 양조장이었는데 그해는 거의 술이 팔리지 않아, 모두를 붉은 옷을 입은 사람들을 위해 마음대로 마시게 했다.

해가 바뀌어 1870년 옹이 11살이 될 무렵 형 사고로는 오교지(大行司)가 되었다. 그것은 형의 나이 24세 때의 일이다. 오교지는 지금의 양조장의 조합장과 같은 것이다. 세츠 일원에는 몇 천 개나 되는 양조장이 있었고, 그 중에는 다마(但馬: 양조장 이름) 등과 같은 몇 천 석을 제조하는 양조장도 몇 개 있었다. 오교지는 이러한 양조장을 관리하는 것으로 그 일은 쉬운 일이 아니었다. 또 돈을 쓸 기회가 많았고, 그와 더불어 그 업계에

---

5) 에도막부 직영지.

상당한 영향력도 있었다.

이와 같이 형이 오교지로서 활동하고 있는 사이에 옹은 오이시 즈이켄 선생 문하에서 한서를 열심히 공부하고 있었다. 모친의 가르침이 몸에 배여 있었기 때문에 공부하는 모습은 예사롭지 않았다. 그러면서 집안일도 도왔다.

도미타 가는 양조장이었지만 소매도 하고 있었다. 하루에도 여러 번 조금씩 사러 오는 사람이 있었다. 술 양을 달아서 파는 일은 대개 양조장의 반토(番頭)6)가 하는데 옹도 그 일을 돕고 있었다. 그 무렵은 병이 없던 시대여서 되로 팔았다. 그런데 반토는 용기에 옮길 때 상당히 능숙한 솜씨로 담는데, 되를 술독에 넣어 되가 넘칠 정도로 떠서 높이 들어 올릴 때 약간 기울이면 얼마간의 술이 술독으로 다시 떨어졌다. 그것은 극히 작은 양이지만 사는 사람의 입장에서 보면 다소 손해이고, 파는 사람의 입장에서 보면 얼마간 남게 되었다. 그것을 반토는 태연하게 했다. 당시 11살이었던 옹은 그러한 술수를 모르기 때문에 되 가득 넘칠 정도로 떠서 용기 가까이에서 바로 옮겨 부었다. 높이 들어 올린 것 보다는 술병에 5푼 정도 많이 들어갔다. 시간이 지나자 자연스럽게 사는 사람도 자연히 알게 되어 "오늘은 누가 팔아?" "지배인인데요" "그래? 그럼 좀 손해를 보겠군" 하며 싫은 얼굴을 했다. 그러나 "오늘은 기사쿠 도련님인데요"라고 하면 "그래! 그러면 5푼 남겠네"라고 밝은 미소를 지었다.

그리고 술 매매 상담의 경우, 예를 들면 한 말 가격을 3엔이라고 하면 사는 쪽에서는 이것을 2엔 50전으로 깎으려고 하고, 파는 쪽에서는 깎을 수 없다고 한다. 그렇게 되면 상거래에서 자연스럽게 사는 사람의 발길이 멀어지게 된다. 그래서 3엔인 것을 2엔 50전으로 깎을 수 없다고 말하지 않고, 깎아 주겠다고 한다. 그 대신 뒤에서 조작을 한다. 즉 술 한 말 속에 한 되 정도를 덜어내고, 그 대신 물 한 되를 넣어 잘 섞어 건넸으니, 이는

---

6) 상점이나 제조업체에서 고용인의 우두머리, 지배인.

손님의 마음을 잃지 않고 파는 상술이었다.

그런 것들을 항상 보고 있던 옹은 장사라고 하는 것은 어느 것이든 술수가 있고, 좋지 못한 경험과 솔직하지 못 한 점이 있다고 생각했다. 사람을 기만해야 벌 수가 있는 것이 장사라면 쉽게 손을 대어서는 안 되겠다고 다짐을 했다.

그것과 반대로 사업이라고 하는 것은 해도 좋은 것이라 생각했다. 이것은 가령 생산비 1엔을 필요로 한 것을 1엔 50전에 팔아도 사는 사람도 그것을 잘 알면 하등 불합리한 점은 없으며 크게 발전할 소지가 있는 것이라고 생각했다. 옹이 지금까지 장사라고 하는 것을 그다지 좋아하지 않았던 것은 소년 시절의 일이 각인되어 있었기 때문이다.

3. 아버지의 교훈과 도산

부친 다로우에몬은 다이쇼야를 맡고 있었지만 자신은 그 실무에는 일절 관여하지 않았다. 집사격인 기타키에몬(喜多喜右그門)이라는 사람을 대리로 하여 모든 일을 처리하게 하고, 자신의 급료 같은 것도 전부 기타키에몬에게 맡겼다. 왜 그랬는지는 옹도 어릴 때이어서 깊게 신경을 쓰지 않았기 때문에 자세한 것은 모르지만 점점 커 가면서 형이 오교지가 되어, 위세를 떨칠 때 부친이 병에 걸린 적이 있었다.

옹은 효성이 지극한 사람이었다. 하루에 한 번은 꼭 아버지 병상을 찾았다. 항상 이것을 게을리 하지 않고, 부친의 마음을 위로했다. 부친도 그것을 무엇보다 좋아했었고, 옹이 오는 것을 기다리고 있었다.

어느 날, 평상시처럼 부친을 찾았을 때, 그때 부친은 옹의 손을 잡고 단호한 어조로

"기사쿠, 네가 마음을 다해서 이렇게 찾아오는 것은 정말로 기쁘다. 나

는 진심으로 기뻐한다. 지금 너에게 가르쳐 두고 싶은 것이 있다. 그것은 네가 명심해야 할 것이다. 나는 이번에 죽을 지도 모른다. 또 지금 죽는 것이 행복하다. 지금 형이 오교지가 되어 한편 기뻐하고 있지만 저렇게 헤픈 사람은 집을 망하게 할 것이 뻔하다. 내가 지금 죽으면 이 집에서 장례식을 해서 좋을지도 모르겠으나 2, 3년 후에 죽으면 이 집에서 장례식을 하기 어려울지도 모른다. 너에게 가르쳐 두고 싶은 것은 그것이다. 그것을 마음에 잘 새겨두고, 형과 같이 헤픈 사람이 되어서는 안 된다. 알겠느냐?"

"네. 잘 알겠습니다. 저는 어리석고 미련해서 형과 같은 활동은 할 수 없기 때문에 걱정하지 않으셔도 됩니다. 그러나 조심하겠습니다."

"그러면 됐다. 스스로가 어리석다고 생각할 정도가 좋다. 부디 조심하거라"라고 절절이 유언처럼 말씀하셨다.

이 일은 옹이 60이 넘을 때까지 마음에 새기고 잊지 않았다. "아버지는 정말로 사려분별이 뛰어난 사람이라는 것을 나중에 알게 되었다"라고 옹은 사람들에게 말했다.

옹이 말년에 각종 관계 회사, 단체로부터 사장 또는 회장직을 촉탁 받았을 때 피할 수 없는 것 외에는 항상 거절했던 것은 당시의 감언을 마음에 새기고 있었기 때문이다.

세월이 흘러 옹이 13살 때 세츠 일원의 오교지로서 활동하고 있던 형은 끝내 실각하고 말았다. 그 무렵 대개 세츠의 양조장이라고 하는 것은 주식으로 되어 있어 모 씨는 몇 백 석, 모 씨는 몇 천 석, 또는 몇 십 석이라고 하듯이 각각 주식을 사서 가지지 않으면 양주 영업은 할 수 없었다. 형은 그 매매 자본금의 융통도 하여 상당히 우세한 인물이었다. 통상사(通商司)라고 하는 지폐의 특별 발행도 허가받을 정도로 세츠지방 몇 천이 넘는 양조장은 모두 무슨 일이든 오교지의 허가를 받지 않으면 장사를 할 수 없을 정도로 오교지의 세력은 상당한 것이었다. 그런 만큼 다른 한편에서는 교제가 넓었고, 따라서 집밖에서의 사교 관계는 매력적인 것이었다.

게다가 돈을 마음대로 할 수 있다는 점에서 수습하기 어려울 정도로까지 재정상 문란을 초래하여, 상당한 곤경에 처하게 되었다. 아무리 견실하다고 해도 아직은 20대의 청년이었다. 어깨의 짐이 너무 무거웠다고나 할까. 마침내 이런 것들을 정리하는데 가산을 쏟지 않으면 안 되게 되었다. 결국 파산했다.

부친의 말씀이 적중한 것이었다. 그 이후로 도미타 가는 점점 가계가 기울어져 갔다.

4. 스스로 봉공을 자청하다

1872년에는 학교령이 공포되어, 이전의 서당 2, 3개씩 모아서 하나의 학교로 하여, 각 부락에 설치되었다. 이 부락에서는 히로네에 학교가 세워져, 옹은 조교사로 임명받았다. 지금의 대리교사이다. 이때부터 받은 봉급은 도미타 가의 경제상 얼마간 도움이 되었으나 당시 급료는 월 2엔에 지나지 않았다.

때는 1873년, 옹이 16살 때였다. 그 무렵 도미타 가의 재정은 최악의 곤궁상태에 빠져 있었고, 마침내 아무것도 할 수 없게 되었다. 도미타 가의 부채 가운데 시고무라 사이치(紫合村左一)라는 자에게 57엔 20전이 있었다. 우에노 부락 마을 끝자락에서 기와 제조 장인인 아카사카 헤이시로(赤阪平四郎)라는 자가 시고무라 사이치로부터 그 채권을 인수받게 되었다. 그래서 도미타 가에서는 아카사카 헤이시고로에게 채무를 갚아야 했다. 그런데 헤이시고로는 57엔 20전에 대해서 굉장히 심한 빚독촉을 하였고, 마침내는 하루도 유예할 수 없다고까지 했다.

도미타 가는 그 무렵 최악으로 곤란할 때다 보니 그 돈을 바로 갚을 수가 없었다. 어떻게 할 방법이 없었다. 한편 헤이시고로부터는 득달같이 독촉이 왔다. 일가가 위급존망의 기로에 섰다.

그 선후책은 아버지와 형이 강구해야 할 것이었으나 담보로 할 동산, 부동산도 가장 빠른 융통 방법은 되지 못했다. 연기라든가 유예라든가의 부탁도 물론 효력이 없었다. 달리 방법이 없었다. 어떻게 하면 좋을까를 두고 아버지와 형은 이마를 맞대고 비통한 심정으로 얘기를 하고 있었다.

그때 학교에서 수업을 마치고 집으로 돌아온 기사쿠 소년은 아버지와 형이 보이지 않는 것에 이상하게 생각했다.

"무슨 일이 있나……?"라고 걱정하면서 아버지가 계시는 거실을 살짝 엿보았다. 예상대로 아버지와 형은 이마를 맞대고 근심스런 얼굴로 의논 중이었다. 기사쿠 소년은 사정을 알고 그 방법을 스스로 생각해 보았다.

이 경우 달리 방법이 없다.

"내가 헤이시고로 집에서 일을 한다면 어떨까, 그렇게 해서 그 급료로 빚을 갚는 것으로는 해 주지 않을까. 그래! 그것을 얘기해 보자"라고 생각했다.

"57엔이라고 하면 1년 15엔이라고 해도 3년 지나면 갚는다. 그래 맞다. 내 한 몸 고생해서 도미타 가의 이 난국을 이겨내야 한다. 오늘까지 부모님 은혜에 보답하는 길은 이 길 뿐이다"라고 스스로 묻고 답했다.

"그런데 내가 3년간 일할 수 있을까, 이러한 몸으로 기와를 굽는 일을 할 수 있을까, 잠시가 아니다. 3년간이다. 이런 것도 깊게 생각하지 않으면 안 된다. 도중에 그만두면 오히려 아버지와 형이 더 곤란하게 된다. 갈 것이라면 진지한 각오를 하지 않으면 안 된다. 할 수 있을지, 할 수 없을지가 결심의 기로이다. 말부터 앞세우다간 나중에 계속할 수 없게 되면 오히려 더 죄송해진다……. 그래선 안된다. 이 일을 어떻게 하지. 아무리 힘들어도, 일가의 위기와 바꿀 수 없다. 가자! 결심하고 가자, 뭐…… 일만 하면 된다. 나만 이 난국을 이겨내면 된다. 가자! 가자!"라고 스스로 채찍질하여 결심을 했다.

소년은 성큼성큼 아버지가 계시는 곳으로 갔다.

"아버지, 제가 헤이시로 집으로 고용살이를 가는 것이 어떻겠습니까. 급료로 빌린 돈 57엔을 갚겠습니다. 1년 15엔이라 하면 3년이나 4년이면 갚을 수 있습니다. 제가 일하겠습니다."

"기사쿠, 그래서는 마음이 아프지. 너에게 미안하다. 그렇게 하지 않아도 다른 방법이 있을 것이야. 지금 아버지랑 찾고 있는 중이다"라고 형이 고마워하면서 그 호의에 감사했다.

"이 경우, 다른 방법이 없습니다. 또 다른 곳에서 빌려온다면 오히려 도미타 가를 더 위험하게 할 것입니다. 제가 고용살이를 하는 것이 가장 좋은 방법이라고 생각합니다."

도미타 집안이 안위의 기로에 서 있었을 때 한 몸을 바쳐 일가의 난국을 극복하려 했던 것이다. 옹의 희생적 정신은 일찍이 그 무렵에 싹트고 있었다.

아버지 다로우에몬은 잠자코 듣고 있다가 마침내 천천히

"기사쿠가 빚을 갚기 위해서 자진해서 헤이시로 집으로 봉공을 가겠다는 것인가."

"네, 그렇습니다"라고 소년은 힘주어 말했다.

아버지로서 지금 한창 공부해야 하는 자식을 남들과 같은 공부도 못 시키고, 헤이시고로 같은 이에게 고용살이 보내는 것은 참으로 유감스러웠다. 특히 겨울이 다가오는데 기와 만드는 곳에 보내 흙 반죽을 시키는 것은 참기 힘든 심정이었지만 어쩔 수 없는 상황이었다. 모든 것은 운명이라고 체념하고 자신의 무기력함을 탓하면서 "그래 가거라……. 미안하구나" 하며 참담하게 눈물을 삼켰다. 형도 "내가 못나서 그렇다. 할 말이 없다"라고 얼굴을 숙였다.

소년은 약한 마음을 보이지 않겠다며 "아버지, 걱정하지 마십시오. 아무리 힘든 일이라도 꿋꿋하게 견딜 수 있습니다" 입으로는 그렇게 말했지만 마음은 찢어지는 듯 했다.

나이 16세, 다이쇼야의 도련님으로 애지중지 키운 내 아들 기사쿠를 빚 때문이라고는 하지만 고용살이를 보내지 않으면 안 되는 상황은 뭐라 표현할 수 없이 한심스러웠을 것이다. 그렇지만 아무리 고민해도 후회해도 현재의 도미타 가에서는 어떻게 할 방법이 없었다. 서서히 엄습해 오는 후회도 견디기 어렵고, 단장(斷腸)의 눈물로 지새우는 것은 아버지 다로우에몬만이 아니었다. 아버지 마음을 헤아리는 형도, 동생도 가슴으로 절절히 울고 있었다.

그리고 나서 이 일을 어머니께 고하여 동의를 얻었다. 그렇게 강건한 어머니도 이것을 듣고는 소년의 기특함을 느끼면서, 마음 약한 여자의 마음에 '불쌍하다'는 생각이 앞섰고, 어린 나이인데도 고용살이를 생각해 준 것에 감사하고, 동시에 지금의 비참한 상황을 생각하고, 그저 눈물만 흘릴 뿐이었다.

5. 형님, 안녕히……

아버지는 헤이시로와 교섭을 했다. 아들 기사쿠를 견습고용원으로 보내겠다는 것, 그 급료에서 차용금을 변제하겠다는 것을 꼼꼼히 협상을 하고, 증서 한 장을 건네었다. 이 증서를 옹이 고생한 것을 기억하기 위해 여기에 적어 둔다.

차입약정서(差入約定書)

아카사카 헤이시로 귀하

우리는 종래 시고무라 사이치 씨 외 세 사람으로부터 57엔 2전을 빌렸는데 이번에 그 지급을 하게 되었다. 저희 차용금 갚는 것에 대해서 제 아들 기사쿠

를 기와견습공으로 하여, 그 급료로써 빚을 차감해 하기로 한다. 빚을 다 갚았
을 때는 돌아갈 수 있다는 것을 이 증서로 증명합니다.

1873년 11월
우에노 촌, 도미타 다로우에몬

헤이시로는 빚을 견습고용인의 급료로써 변제하는 것을 쉽게 승낙하
지 않았다. 그러나 다른 방법이 없었다. 그리고 이전의 관계도 있어 마지
못해 뜻을 굽혀 승낙했다.

도미타 가의 책무를 지고, 부모와 형을 안심시키려고 애쓰고 있는 16
세 소년은 효(孝)와 제(悌)의 결정이었다.

그날 저녁은 일가단란하게, 내일 떠나야 하는 슬픔 중에서도 애써 그날
밤 만큼은 즐겁게 얘기를 나누었다. 다음날 아침은 기와공의 집으로 가는
날이었다. 떠날 준비라고 하지만 보따리 하나와 검은 우산 하나 정도였다.

"그러면……." 하고 인사를 했다.

"저도 저기까지 갔다 오겠습니다"라고 형은 동생을 데리고 출발했다.
산천초목은 어제와 변함이 없는데 처지의 변화는 매정하여 산수풍경까
지도 헤어짐을 섭섭하게 여기는 듯 했다. 마음은 한층 더 걱정스러움이
엄습해 왔다.

둘은 조용히 걸어갔다. 형을 위로하는 동생과, 동생의 마음 씀씀이에
뭐라고 고맙다고 해야 할지 모르는 형은 마음을 다잡으면서도, 현재의 슬
픈 처지 속에서 지나간 일들, 앞으로의 일 등 여러 가지 생각이 나 뜨거운
눈물이 눈앞을 가렸다. 그리고 서로 안으면서, 열심히 하여 집안도 다시
일으키고 부모님도 안심시키자고 굳게 맹세했다.

"형님, 이제 들어가십시오. 저, 다녀오겠습니다."

"몸조심 해!" 목소리도 잠겨서 떨리듯 들렸다.

"아버지, 어머니에게 잘 말해 주십시오" 얼굴을 돌려 눈물을 감추었다.

"기사쿠야! 그럼 부탁한다……."

가는 사람도 눈물, 보내는 사람도 눈물이었다. 뒷모습을 바라보던 형은 자꾸 뒤돌아보며 길을 재촉하는 동생의 안쓰러운 모습이 작아질 때까지, 눈에는 그렁그렁한 눈물을 머금고 멀어지는 동생의 모습에서 눈을 떼지 않고 그대로 서 있었다.

6. 견습 봉공

그날부터 헤이시로의 집에서 기와 만드는 견습고용인이 되었다.

환경의 변화라고 하는 것이 정말 묘한 것이어서 반년 전만 하더라도 도미타 가의 권세가 있을 때는 주변 사람들에 대해서 모두 이름을 불렀는데, 헤이시로라는 이도 원래 "헤이시로! 헤이시로!"라고 하대를 했다. 이제부터는 뭐라고 부르면 좋을까를 고민해야 했다. 그렇다고 하대를 할 수 없다 등 그런 것까지 신경을 써야 했다. 그래도 '주인님'이라고는 부르기 힘들었다. 어쩔 수 없이 '헤이시로 씨'라고 부르기로 했다. 그것조차도 정신적으로 주는 고통은 큰 것이었다.

다음날부터 흙 밟기를 시작했다. 때는 11월 중순, 서리와 눈에 뒤덮혀 세상은 황량한 계절로 향하는 때였다. 그런 날에 맨발로 흙을 밟게 했다. 발로 이긴 흙으로 기와의 틀을 만들었다. 노동에 익숙하지 않은 손발은 점점 빨갛게 부어올랐다. 그것을 참고 날마다 휴일도 없이 일하지 않으면 안 되었다. 건조한 것은 가마로 옮기고, 구운 것은 가마에서 꺼내었다. 흙으로 만든 것이라 무거워 옮기는데도 상당한 수고를 해야 했는데 노동에 익숙하지 않은 소년에게는 상당히 힘든 일이었다. 때때로 주인 헤이시로로부터 잔소리를 듣는 일도 있었지만 소년은 모든 것을 참았다.

1년 정도의 힘든 시간이 지났다. 근육노동의 힘듦도 상당했지만 정신상의 고통도 보통이 아니었다. 그래서 어떻게 하면 빨리 이 빚을 갚고 이 노동에서 벗어날 수 있을까를 마음에 새기며 가능한 한 부지런히 일을 했다. 그 결과 주인 헤이시로로부터 두터운 신임을 받게 되었다.

7. 은광산(銀鑛山)에 들어가다

당시 긴산초(銀山町)라고 하는 곳에 금은동 광산으로 사방 십리에 광맥이 퍼져 있다는 광산이 있었다. 이것은 옛날 다이코(太閤)[7]가 채굴했다고 전해지는 광산으로, 그 무렵 고베(神戸)의 세키도 게지(関戸慶事)라는 자가 경영하고 있었고 활발하게 채굴하고 있었다. 그 광산에 가면 헤이시로의 기와 만드는 곳 보다 급료가 많다는 것을 알았다. 그래서 아는 사람의 소개로 광산에 들어가려고 했다. 다행히 뒤를 봐 주겠다는 사람이 있어, 그 광산에 고용되었다.

헤이시로에게 갚아야 하는 돈은 아직 많이 남아있었기 때문에 광산에서 받은 노임에서 제한다고 문서로 남겼다.

옹은 그때부터 채광인부가 되어 일급 불과 20전의 계약으로 더구나 아침 6시부터 종일 힘겨운 노동을 하고, 해가 질 무렵에 누추한 광부 숙소로 돌아와 거친 밥으로 허기를 달래면서 격심한 노역을 문제 삼지 않고, 오로지 분투노력했다. 그리하여 받은 돈 하루 20전에서 헤이시로의 빚은 얼마만큼 갚아갔다.

그 당시의 참담한 고생은 실로 어디에 비유할 수 없는 정도였고, 오로지 한 몸으로 빚을 갚겠다고 피투성이가 되도록 분투했다. 그 무렵의 고생담을 옹은 사람들에게 말할 적이 있다.

---

7) 도요토미 히데요시(豊臣秀吉)를 말한다.

"그 광산은 수직 갱도였는데 광석을 옮길 때 짊어지면 뒤로 넘어졌어. 할 수 없이 허리에 달고 사다리를 올라왔지"라며 가련한 소년이 노역하는 모습을 눈앞에 떠올리듯 말했다.

그 일을 하고 있을 때, 부근에 기시모토 미치치카(岸本道親)라는 수학과 측량을 가르치는 선생이 있다는 것을 들었다. 그 사람은 이타미(伊丹)의 수학자 하세가와(長谷川) 선생의 수제자로 뛰어난 학자였다.

그 무렵 측량학에 의해서 측량을 하는 사람은 극히 드물었다. 옹은 그 선생에게서 수학과 측량기술을 배우고 싶다고 부탁했다. 바로 승낙해 주었기 때문에 낮에는 광산에서 일하고, 밤에는 기시모토 선생에게 가서 배웠다. 광산의 노역으로 피곤한 몸을 채찍질하면서 열심히 공부했다. 무서울 정도로 열심히 노력하여 옹의 기술과 학문은 눈에 띄게 늘어갔다. 측량이라고 해도 지금과 같이 발달되어 있지 않았고, 또 지금처럼 인쇄물로 되어 있는 것도 아니었다. 모두 선생의 구술을 필기하는 것이었다. 기술상에 있어서 기계류도 영국제라든가 독일제라든가 하는 트렌시트(transit) 등은 그다지 없었던 시절이었다. 대부분은 평판측량이고, 자석, 수평기, 로프 정도이고, 거기에 대수표(對數表)를 이용하여 대략 측량은 할 수 있었다.

학과도 실습도 점점 늘어갔다. 옹은 이것을 현장에 열심히 응용하여 점차 진보를 거듭하였다. 이렇게 광산에서 일하는 한편으로 측량 연구에 몰두하기를 2년 정도, 기량도 크게 늘었다. 그런데 노동이 너무 격심했기 때문에 몸이 따라가지 않아 광산을 그만두게 되었다.

8. 토지대장 제작에 참여하다

1877년 징병령이 공포되었다. 남자 21세가 되면 징병되었다. 당시 옹은 19세였는데 어차피 군대 가는 것이라면 지원해서 가야겠다고 생각했다. 그래서 당시 오사카 부 지사(大阪府知事)인 다테노 고조(建野郷三)[8]의 알선으로 참모본부에 채용되었다. 그 무렵 헤이시로에 대한 빚은 반 정도 갚은 상태였다. 이번 참모본부에 가는 것이므로 반액은 문서로 남기고 출발했다. 참모본부에는 1년 정도 근무했다. 그 후 기수(技手)로 채용될 내정이었는데 우연히 장티푸스에 걸렸다. 지금은 치료법도 발전했지만 그 무렵은 장티푸스라고 하면 대단한 전염병으로, 치료법도 오늘과 같이 잘 되어 있지 않아 대단히 난제였다. 그래서 눈에 띄게 건강을 잃었다. 그로 인해 징병검사에는 합격되지 않았다. 병역 대상자가 아니어서 참모본무 쪽에서도 채용이 어렵다고 했다.

그때 마침 지조개정(地租改正)[9]이 포고되었다. 1878년의 일이다. 지조조사에는 측량이 동반되었는데 측량 기술자가 필요했다. 그러나 그 무렵은 측량을 알고 있는 자가 적었다. 다수의 기술자가 필요한데 아는 사람이 적은 관계로 옹이 측량에 노련하다는 것이 차츰 소문이 났다. 부현(府県) 또는 군(郡) 사무소 방면에서 계속해서 연락이 왔다. 10일 또는 1개월 단위로 측량 교사가 되어 각지로 갔었고, 측량학과 기술을 가르쳤다.

지조개정은 국가의 대사업이었다. 그래서 이에 뒤따르는 일도 많았다. 토지대장 정리 등도 필요하게 되었다. 이러한 일들은 긴 시간동안 지속되었다. 옹은 이런 일로 매우 바빴고, 계속해서 다른 곳으로 옮겨갔다.

그 사이에 시가 현(滋賀県)의 나카이 지사(中井知事)와 알게 되었는데

---

8) 원문에는 '立'으로 되어 있으나 '建'의 誤字이다.
9) 1873년 메이지정부가 시행한 조세제도 개혁이다. 이 개혁에 의해 비로소 토지에 대한 사적 소유권이 확립되었다.

그것이 인연이 되어, 시가 현 토지대장 작성하는 일 전부를 의뢰받게 되었다. 이 또한 큰 사업이었다. 그래서 고슈(江州)[10] 곳곳에 출장소를 설치하고, 거기에 임시 종업원 300여 명 정도를 고용하여 토지대장 작성을 시작했다. 옹은 그 총책임자였다. 당시 옹의 분투상은 실로 눈부실 정도였다. 아침 7시에는 반드시 출장소로 출근해서 저녁 6시가 지나서 까지, 해가 길 때는 7시가 지날 때까지 일했다.

이렇게 옹은 열심히 일했다. 그리고 이 토지대장을 완성한 것은 1890년이었다. 그 다음 해에는 시가(滋賀), 고가(甲賀), 가모(蒲生) 3군(郡)의 지적(地籍) 작성 교수로 초빙되어, 현장실습과 학과에 관하여 여러 학생들에게 가르쳤다.

이래저래 하는 사이에 친구 가와베 기에몬(川邊龜右衛門)의 중매로, 교토 무로마치 고조(京都 室町 五条)의 이다 한지로(井田半次郎)의 장녀인 다미코(民子)와 혼인을 하였다. 1882년 연말이었다.

옹은 무슨 일을 하더라도 그 일에 전력을 쏟아서 했는데 작은 일이라고 해서 소홀히 하는 일이 없었다. 그것이 옹을 성공으로 이끄는 원동력이 되었다.

---

10) 지금의 시가 현(滋賀縣)을 가리킨다.

제2장 고난의 길

1. 이와야 이치로쿠(巖谷一六) 선생과 이야기하다

시가 현(滋賀県)의 토지대장을 작성한 인연으로 가모 군(蒲生郡) 구마노(熊野)에서 갈탄을 채굴하게 되었다. 그 광맥은 나고야(名古屋)에서 이가(伊賀), 야마토(大和)로 이어지는 상당히 광범하게 걸쳐져 있었다. 옹은 이 갈탄을 채굴하면서 거기에 소규모의 콜타르 제조공장을 세웠다. 산업화학 연구를 하며, 수목의 화석관계를 조사하고, 갈탄에서 콜타르를 짜내, 그 찌꺼기인 코크(coke)를 연료로 사용하는 등의 연구를 했다. 연구비용도 많이 들었다. 그 무렵의 수입은 상당히 많았는데도 수입금의 대부분은 그 비용으로 써 버렸다.

그 무렵 이와야 이치로쿠 선생이 구마노에 온 적이 있었다. 그때 옹이 갈탄 채굴과 콜타르 제조 등 산업화학 연구에 몰두하고 있다는 것을 듣고, 이치로쿠 선생은 친히 찾아와 옹에게 찬사를 보냈다.

"이번에 이쪽으로 와서, 당신의 사업을 들었다. 요즘 청년으로 산업화학 연구를 하는 것은 진기하고 감동스런 일이다. 그래서 당신의 의견을 듣고 싶어서 이렇게 찾아왔다"라고 했다.

옹은 놀랐다. 당시 이치로쿠 선생이라고 하면 서가(書家)이자 학자로 유명한 사람이었다. 그 사람이 몸소 옹을 찾아와 의견을 물어서 약간 이상하게 생각했지만 옹은 자신의 생각을 대략 말했다.

"저 같이 젊은 사람이 뭐 특별히 큰 의견 같은 것은 없습니다. 단지 저는 우리나라 생산품을 외국에 수출하고 외국으로부터 약간의 돈을 벌어들이는 정도로 국제 경제상 필요한 것이라 생각합니다. 저는 그런 의미에서 산업화학 연구를 하고 있습니다. 저는 현재 갈탄에서 콜타르를 빼내어, 그 찌꺼기 코크를 연료로 하는 것을 연구하고 있습니다만 좀처럼 생각대로 결과가 나오지 않습니다. 또 그 뿐만 아닙니다. 목재만 보더라도 지금처럼 마구 베기만 하고 벌목 후 아무런 조처를 하지 않는다면 목재가 부족한 때가 옵니다. 이것은 하나의 예에 지나지 않습니다만 장래를 생각해서 상당한 방법을 강구해 둘 필요가 있다고 생각합니다. 그래서 저는 그 연구를 해 보고 싶다고 생각하고 있습니다"라고 자세하게 얘기했다.

이치로쿠 선생은 이것을 듣고 굉장히 감탄하시면서 "그 의견은 정말 훌륭한 생각이고, 지금 청년에게 우러러 볼 정도로 감동했으니 국가를 위해 크게 분발해 주시게. 성공을 기원하겠네"라고 말하고 그 자리에서,

쾌남아가 되려 한다면 광대한 산업에 기약을 두어야 하고
마음에 계획을 세우려 한다면 오주의 밖에까지 시야를 펼쳐야 하리.

라는 시 한 수를 써서 옹에게 건네주었다. 아마도 선생은 옹의 발상이 비범하다고 말하며 끊임없이 정진하라는 교훈과 자극을 주었던 것이다.

당시 갈탄에서의 수입은 상당히 많았지만 그 수입금은 모두 산업화학 연구 자금에 충당했다. 그런데도 큰 성공을 거둘 수 없었던 것은 유감이었다. 그것에 이어서 석회석을 채굴했다. 석회를 만들어 수전(水田)의 비료로 공급했다. 그런데 연구 결과 석회는 수전 비료로 효능이 없을 뿐만 아니라 도작(稻作)에 해가 되는 것을 알았다. 그래서 부근 각 현 모두 현령

(縣令)으로써 석회를 수전비료로 사용하는 것을 금지하였다. 이 사업도 또 실패로 끝났다. 산업화학 연구에 많은 비용을 투자하고, 또 석회석 채굴에 거듭 많은 돈을 썼기 때문에 마침내 옹은 많은 빚을 지게 되었다.

옹은 지금까지 몇 번인가 도미타 가를 부흥시키려고 노력해 왔는데, 뜻과는 달리 무엇을 해도 실패로 끝나 답답한 마음을 달랠 길이 없었다. 그렇지만 어떻게 해서라도 도미타 가를 부흥시키려고 하는 마음은 한시도 잊지 않았다.

그 무렵, 형 사고로(佐五郎)의 장남 사타로(佐太郎) 씨는 사카토 가(坂戸家)의 양자가 되었고, 차남 구마사쿠(熊作)는 고베(神戸)의 이케다(池田) 무역상에서 고용살이를 하고 있었는데 옹은 이 두 사람과 고베에서 만났다. 얘기는 서서히 집안을 일으키는 데에 이르렀고, 옹은 지금까지 여러 번 실패를 하여 마침내 뜻대로 되지 않음을 탄식하면서 앞으로 권토중래(捲土重來)하여 도미타 가를 부흥시키겠다고 각오를 단단히 했다. 사타로, 구마사쿠 두 사람 또한 혈기왕성한 때로, 지금의 집안 상황을 얘기하는 가운데 우리들의 피 속에는 역력하게 조상의 피가 흐르고 있다, 지금 우리들이 집안을 재흥시키지 않으면 무슨 낯으로 선조들 영령을 볼 수 있겠는가 라는 기개로 세 사람은 뜨거운 눈물과 함께 손을 서로 잡고 가운재흥(家運再興)을 맹세했다.

그 실행방법에 대하여 구체안을 만들고 결의했다. 우선 그 주된 조건으로서는 매일 돈 5전씩 각출하여 은행에 맡겨두고 훗날 활동자금으로 제공한다는 것이었다. 이를 위해 아래와 같은 맹약서를 만들고 실천하기로 했다. 때는 1894년 9월 21일이었다.

맹약서

맹약자 세 사람은 여기에서 도미타 가 부흥을 도모하는 방법으로서 다음과 같이 맹약한다.

제1조 맹약자 세 사람은 1894년 10월부터 도미타 가 부흥자금으로서 아래
       와 같은 금액 이상을 각 능력에 맞게 출금한다.
       매일 5전씩 즉 1개월 1엔 50전이다.

제2조 위의 금액은 매월 15일까지 도미타 구마사쿠 앞으로 송부하고, 구마
       사쿠는 바로 이를 효고(兵庫)저축은행에 입금한다.

제3조 전기(前記) 자금은 이자를 적산하여 만 5개년 간은 이를 유용하는 것
       을 금한다.

제4조 만 5개년이 지난 후에는 맹약자 세 명의 의논 하에 전조(前條)의 자
       금 적립을 계속할 것인지 아니면 도미타가의 자산 일부로 만들 것인
       지를 결정한다.

제5조 맹약자 외에 형제자매로서 이 맹약에 참가하려고 하는 자는 출금(出
       金)의 다과에 관계없이 허락한다.
       단 5년 기한 내에는 다른 사람에게 말하지 않는다.

제6조 저금통장 보관자 구마사쿠는 매년 편한 시간에 맹약자들에게 통장
       을 보여주고, 틀림이 없음을 증명해야 한다.

제7조 맹약자 세 사람은 도덕상 도미타 가 재흥 책무를 균등하게 가지는
       것이므로 이 자금은 상속자에게 주는 것 외에 다른 용도로 사용하
       는 것을 허락하지 않는다.
       단 도미타 가 상속자의 선택 및 재흥 방법은 합의(맹약자 세 명)해서
       결정하기로 한다.

제8조 맹약자 세 명은 전기(前記) 7조의 약속을 엄수해야 한다. 만일 배신
       자가 있어 이를 실천하지 않는다면 도미타 가 재흥 후에 다시 그를
       형제로 생각하지 않기로 한다.

이상과 같은 조목을 엄수하기 위해 맹약서 3통을 만들어 각자 서명하고 도

장을 찍은 후 각자 한 통씩 소지한다.

1899년 9월 21일
고베에서

가나야 기사쿠(金谷義作)
도미타 구마사쿠(富田熊作)
사카토 사타로(坂戸佐太郎)

부모를 그리워하고, 집을 생각하는 마음은 도미타 가를 다시 일으키지 않으면 안 된다는 기개를 보여주었고, 분연히 부흥의 길에 착수했다. 그런데 옹의 탄산, 석회 사업의 상황은 좋지 않았다. 게다가 부채도 지고 있었기 때문에 옹은 그것을 그만두고 일시 고향 나카타니 촌(中谷村)으로 돌아오게 되었다.

그보다 조금 앞서 옹의 선배인 에치고(越後)의 석유주식회사 사장인 나가호리(長堀) 씨의 권유로 그 회사 석유 채취 현장 시찰을 한 적이 있다. 그때 시나노(信濃)의 논에서 잉어를 양식하고, 그 먹이로는 누에번데기를 주는 것을 봤다. 옹은 그러한 경험이 있었기 때문에 나카타니 촌으로 돌아와서부터 집에서 3단보(段步) 정도의 논에 잉어를 풀어놓고 키웠다. 알을 부화시켜 촌락 내에 분배하여 키우게 할 계획을 세우고 해 봤는데 상당히 괜찮은 사업이라는 것을 알았다. 조선으로 건너간 후 진남포, 금산포에서 잉어 양어 등의 사업을 시작한 것은 이때의 경험에 의한 것이었다.

2. 뜻밖의 재난: 투옥

웅심발발(雄心勃勃)하게 장래의 성공을 꾀하고 있던 옹은 양어사업만으로 만족할 수가 없었다. 또 다른 뭔가를 계획하고 있었고, 원대한 뜻을 펼치기 위해 서서히 때가 오기를 기다리고 있었다.

그런데 교토(京都) 부근에 도기 제조의 원토인 고령토가 있다는 것을 듣고 이것을 입수하려고 했다. 다행히 손에 넣을 수 있었다. 그래서 그 원토의 판로로서 차사카 시미즈(茶阪淸水)의 도자기상에게 팔기로 계약을 하고, 채굴을 시작했다. 이 일도 처음에는 상당히 유망해 보였는데 어떤 일인지 옹은 그때까지 크게 손해만 보았기 때문에 자금 부족 관계상 충분한 발전을 할 수가 없었다. 그래서 어쩔 수 없이 가산 전부를 팔아서 자본금으로 충당했다. 그런데 이런 광산업이라고 하는 것은 자본금을 집어 삼키는 일이 많고 성적은 잘 오르지 않았다. 그 때문에 옹의 일가는 거의 기아상태에 빠졌다. 그렇지만 옹은 이 수난에 굴하지 않고 분투했다. 원래 그 원토는 도기제조의 원료로서 중요한 것이다. 단지 힘겨운 것은 자금의 부족일 뿐이다. 그것만 극복하면 성공의 꽃은 피안(彼岸)에 피어 있다. 옹은 이런 마음으로 꿈을 품고 분투를 계속했다.

거기에 옹으로서는 뜻밖의 사건이 일어났다. 그 무렵 옹의 이웃 광구(鑛口) 소유자로 오사카 시 미츠테라 길(三つ寺筋), 다이호지초(大宝寺町)에 후지타 젠시치(藤田善七)라고 하는 자가 있었다. 이 사람은 옹의 광구 주변에 고령토 광구를 가지고 활발하게 도기제조업을 하는 상당한 재력가로 그 무렵 부근의 토지를 사들여 공장을 세워 점점 사업 확장을 꾀하고 있던 때였다. 그래서 가능하다면 이웃에 있는 옹이 소유한 광구도 사 들이고 싶다는 희망을 가지고 있었다. 그러한 관계로 후지타는 점점 더 친절하게 옹에게 접근해 와서 정성을 다하는 교제가 지속되었다.

당시 옹은 곤란할 때였기 때문에 후지타로부터 소액의 돈도 빌리게 되었다. 후지타는 옹에게 돈을 빌려주는 대신에 옹의 광구를 취하려고 하는 꿍꿍이가 있었다. 그러나 옹은 그러한 것은 조금도 생각지 못했다. 단지 아주 친절한 사람이라고 생각했다. 옹의 가정은 날마다 피폐해져 갔다.

옹은 하는 수 없이 후지타에게 돈을 부탁하게 되었다.

후지타는 법화경 신자였다. 그때 진품으로 상당한 고가인 법화경 족자를 꺼내어서는 "현금은 없지만 여기에 법화경 두루마리가 있습니다. 당신은 돈이 필요하니까 이 두루마리를 팔아 주십시오. 2천 엔 정도로는 팔릴 수 있을 겁니다. 팔리면 돈을 빌려드리지요"라고 하는 것이었다.

그래서 옹은 그 두루마리를 맡아서 매각 운동을 시작했다. 매각하는데 진위 감정이 필요하여 그 방면의 사람에게 감정을 부탁했다. 감정가는 각 방면에서 조사해 주었다. 자세히 조사한 결과 이 두루마리는 가짜라는 것을 알았다. 그래서 후지타에게 이것을 말하고, "이 두루마리는 진짜가 아니라는 감정입니다. 그래서 당신이 말하는 대로의 가격으로는 팔 수 없습니다. 그래서 먼저 희망자에 대해서 가격을 말하게 하고, 그 가격에 따라서 돈을 빌리고 싶은데 어떻습니까?"라고 의논을 했다.

"그렇다면 좀 더 생각해 보고 나중에 답을 드리겠다"고 했다.

2, 3일 지나서 편지가 왔다.

> 필요로 하시는 족자는 당신이 말씀하신대로 희망자로부터 돈을 빌려 사용해도 무방합니다. 돈을 변통할 수 없을 때는 그 족자를 돌려주십시오.

라는 내용이 씌어 있었다. 옹은 굉장히 기뻤다. 바로 이것을 들고 돈을 구하려 애썼으나 이런 것을 두고 돈을 빌려 줄 사람은 없었다. 그것은 초보자로서는 감정이 불가능했기 때문이었다.

그리고 나서 1개월 정도 지났을 때 어떤 지인의 주선으로 돈을 구할 방법을 찾았다. 그 사람에게 보여주고 가격을 매겨보라고 하니 "가짜이긴 하지만 상당히 잘 되어 있다. 상당히 가치가 있다. 5백 엔까지 빌려줘도 될 것 같다"라고 하는 것이었다.

그래서 얘기는 마무리 되어 5백 엔을 빌렸고, 옹은 그 돈으로 부채 일부를 정리했다. 이것이 옹의 신상에 큰 재난을 입는 동기가 되었다.

그 후 2개월쯤 지난 어느 날, 경찰관이 옹에게 와서 "좀 조사할 일이 있으니까 동행을 요구합니다"라고 했다.

그 이유는 알 수 없었지만 말 듣자마자 입은 옷 그대로 순사와 동행해서 고조(五条)경찰서로 출두했다.

거기서 그 족자를 담보로 해서 돈을 빌린 것은 소유주에게 말하지 않고 무단으로 빌린 것이라는 이유로 후지타 젠시치로부터 피소되었다는 것을 알았다. 그리고 고조경찰서의 미결수로 수감되었다. 1895년 10월 4일이었다. 옹은 잠시 놀랐지만 자신은 합의하여 빌린 것으로 돈을 융통했기 때문에 하등 문제 될 일은 없었다고 자신하고 있었다.

그 후에 한 번 더 조사가 있었을 때, 지금까지의 경과를 이야기하고, 또한 빌려주는 승낙서까지 있다는 것을 말하자 그렇다면 그것을 제출하라고 했다. 그래서 옹은 가족에게 그 종이를 제출하라고 했다. 그런데 그 종이가 대체 어디에 있는지 소재를 알 수 없었다. 여러 가지 방편으로 찾아봤지만 나오지 않았다. 그래서 옹은 '하는 수 없다. 언젠가는 진실을 알 것이다'라고 하면서 체념하고 말았다.

인간은 잘 나갈 때는 머리를 숙이고 비위를 맞추며 그 집 문을 출입하는 자가 많지만 이렇게 쇠락하게 되면 이쪽을 봐 주는 자들이 없어진다. 그렇게 되면 친척, 친구 등도 매우 냉정해진다. 그럴 때 의지가 되고 진심으로 걱정해 준 것은 항상 친하게 지내고 있던 친구 다케무라 도베(竹村藤兵衛)였다. 그는 상당히 기개 있는 자로, 옹이 겪는 이 일에 대해서 원인을 조사하고, 형세를 보면서, 대응책을 준비해 주었다. 친구의 불운을 구하기 위해 일까지 쉬어가면서 헌신적으로 이 일을 조사하고 있었다.

옹은 곰곰이 생각했다. 세상은 정말로 변화무쌍하다. 사업을 하려고 해도 쉬운 것이 아니다. 지금까지 국가적 산업 발달을 획책하여 각종 일을 해 왔는데 하나도 성공한 것이 없다. 그러고 보면 나라고 하는 것은 도저히 성공할 소질이 없다고 생각해야 하는가, 이런 일을 겪느니 차라리 출가해서 승려라도 되는 것이 좋겠다고. 그러려면 불경이 필요하다고 생각하여, 수감 중에 가능한 한 많은 불경을 읽어 보려고 뜻을 정하고 열심히 불경을 읽고 있었다. 말년까지 불경에 익숙했고, 조예가 깊었고, 또한 도가적(道歌的) 와카(和歌)를 잘 하셨던 것은 모두 이 때문이었다.

처음 수감되었을 때는 하루가 무척 길었는데, 이렇게 해서 무료한 날들을 불경 독파에 몰두하고부터 어느 때라고 할 것 없이 시간 지나는 것에 신경 쓰지 않게 되었다. 그렇게 하는 것이 정신 수양도 되고, 지금의 상황의 위로도 되었기 때문이다. 언제 출소가 될 것인가 예상도 할 수 없었다. 모두 체념하고 불경 연구에 몸을 맡기면서 매일 독서로 시간을 보냈다.

긴 시간이 흘렀다. 입감되고 41일째 아침 서장이 불렀다. 순사를 따라가 보니 서장은 온 얼굴에 온화함을 띠고 "피고를 면소한다"라는 선고를 했다.

정말 옹은 기뻤다. 동시에 갑작스러움에 놀랐다. 그 이유는 이러했다.

옹이 수감되어 있을 때 가택수색을 했는데 그때 입감 당시 공술했던 후지타의 편지(족자를 담보로 돈을 빌려 사용해도 무방하다는 취지의)가 발견되었다. 그것은 옹의 일지 기록과 딱 부합되었다. 이 승낙 의사 표지 편지가 있고, 그것이 일지와 일치되는 점을 보아 원고 후지타의 고소는 성립되지 않는다고 하여 바로 면소가 되었다. 후지타는 편지 보낸 것을 깜빡 잊고 고소를 제기한 것이었다. 그것은 나중에 알았다.

돌아올 때에 무고죄 소송을 할 것인가 대하여 형무소장으로부터 상의가 있었다. 당연 무고죄는 성립이 된다. 그렇지만 크게 생각해야 할 것이다 라고 했다. 가능하다면 그만 두는 것이 좋을 것이라는 의미이었다. 옹은 출옥 후에는 출가하여 승려가 되겠다고 생각하고 있었기 때문에 무고죄 소송 따위는 추호도 생각하지 않았다. 그래서 형무소장이나 서장의 권유를 기분 좋게 받아들이고 41일째 집으로 돌아왔다. 면소되는 일을 옹이 집으로 돌아오기 전날, 간베(神部) 변호사가 친구 다케무라 도베에게 전했다. 그런데 다케무라는 이것을 듣고 굉장히 화를 내었다.

"죄 없는 사람을 고소하다니 대체 이 무슨 이유야!"라고 무고죄 소송을 하려고 간베 변호사에게 의뢰하여 밤새워 일체의 소송 서류를 준비했다. 그때 옹은 출옥하여 집으로 돌아왔다.

친구와 지인들이 모여 기뻐하면서 그간의 고생을 위로했다. 그리고 출옥의 기쁨과 함께 후지타의 괘씸한 처사에 분노했다. 특히 분개하고 있던 다케무라는 한 건의 서류를 작성하여 내일이라도 소장(訴狀)을 낼 요량으로 준비하여, 고소를 주장했다. 옹은 처음부터 고소할 생각은 없다며 진심으로 다케무라를 타일렀으나 그는 완강하게 고소를 주장했다.

"처음부터 후지타는 자네 광구를 탐내고 있었네. 돈을 빌려주어 그 대가로 싸게 자기 것으로 하려고 계획한 것이야. 그런데 마음대로 안 되니까 고소 따위를 하게 된 것이고. 승낙하고 빌려주었음에도 이를 잊었다며 고소한다는 것은 정말 이해가 안 돼. 고소를 하기 전에 생각했어야지. 지금부터라도 다른 사람이 모방하지 못하도록 엄벌에 처하여 장래를 경계해야 돼"라고 씩씩거렸다.

다케무라에게 깊은 우정을 느껴서 기뻤지만 원래 온후한 옹은 여기서 한 보 물러나 잘 생각해 보지 않으면 안 된다고 생각했다.

"피소되었다고 하는 것은 고통이었다. 유감스러운 일임에 틀림없다. 그렇지만 고소를 해서 무고죄에 처한다고 해서 그 손실이 돌아오는 것은 아니다. 차라리 유화적인 태도가 오히려 상대에게 경솔함을 반성하게 하고 또 참회하게 하는 것이니, 그것으로 족하네. 후지타도 승낙한 후에 빌려준 것이니 호의는 충분히 있었네. 그것을 주의 깊은 눈으로 보지 않았기 때문에 의심하였던 점은 나쁘지만 그것으로 무고죄 소송을 제기하는 것은 오히려 배은망덕한 일이네. 이 점을 잘 이해 해 주게"라고 한 마디 한 마디 정성을 다하여 다케무라를 설득했다.

이렇게 해서 옹과 다케무라는 무고죄 소송을 두고 하룻밤을 새며 토론을 했다. 결국 다케무라도 옹의 성의에 감탄하여 "그렇다면 소장 제기 전에 한번 저쪽 후지타의 태도를 보자. 태도 여하에 따라서 거취를 정하자"라는 것으로 잠시 결론을 내렸다. 그래서 간베 변호사를 후지타 집으로 보내었다. 그런데 놀라운 일은 후지타 젠시치는 어제 급사했다고 하는 것이었다.

원래 후지타는 폐병을 앓고 있었는데 피고가 면소됨과 동시에 원고 후지타에게도 통지되었다. 병상에 있던 후지타는 그 이유를 들었다. 옹의 가택수사 때 자신의 편지가 나왔기 때문이라는 것을 알았다.

"맞다! 그 편지는 까맣게 잊고 있었군. 도미타 씨에게는 너무 죄송하네……"라고 말하고 갑자기 자리에 누워버렸다. 그대로 다음날 아침 죽었다고 했다.

"그러한 사정이 있었기 때문에, 이번 일을 친척이 가서 도미타 씨에게 사정을 알려드리고, 사죄를 하려고 생각하고 있었던 참입니다"라고 후지타 가에서는 거듭거듭 죄송하다고 했다.

후지타 가에서는 또한 "도미타 씨에게는 이번에 굉장히 폐를 끼쳤습니다. 그 손해 배상의 의미로 작습니다만 천 엔을 드리려고 생각하고 있었습니다. 언제 친척이 그 돈을 가지고 갈 예정이었는데 보시는 것처럼 황망중인지라……. 오신 김에 라고 말씀드려 죄송하지만 도미타 씨께 이것을 전해주셨으면 합니다"라고 하며 천 엔을 싼 꾸러미를 건넸다. 간베 변호사는 이것을 받아 옹에게 전했다.

이 일을 듣고 옹도 다케무라도 굉장히 놀랐다. 본인이 죽어서는 무고죄고 뭐고 아무것도 할 수 없다. 본인의 처사는 제쳐두고, 천 엔이라는 돈을 받을 이유가 없다며 돌려보냈다. 그런데 후지타 가에서는 바로 회신이 와 꼭 받아달라고 하였지만 받을 이유가 없다며 돌려보냈다. 그런데 후지타 가에서는 "그렇다면 변호사 선임 보수만이라도 받아 달라"고 해서 300엔을 보냈다. 협의 결과 이것은 받아도 될 것 같다 해서 받아 간베 변호사에게 지불했다. 이 일은 이것으로 우선 마무리가 되었다.

이것으로 마무리가 되었지만 그렇다고 해도 찾아오는 사람이 극히 적었다. 세상은 냉정한 것이다. 옹의 전성시대에 상당히 배려 받은 사람도 있고 친하게 교제했던 사람도 있었지만 이렇게 되고 보니 찾아오는 이도 적어졌다. 당연 찾아와야 할 사람도 보이지 않는 상태였다.

다케무라 도베는 이를 굉장히 서운해 하며

"도미타 군, 세상 사람들은 박정하구만. 찾아오는 사람이 이렇게 적지 않은가."

"음……. 세상은 그러한 것이네. 내가 미결로 들어갔을 때, 이른바 그 일에 연좌되어서는 안 된다는 의미이겠지."

"그래도 너무 괘씸하지 않는가. 그 동안의 정리를 봐서도 그렇고, 그 일 또한 아무런 근거 없는 일인데……. 정말 화가 나서 견딜 수 없네. 두고 봐라. 우리 꼭 성공할 것이야. 안 그런가? 도미타 군!"

"하하하……. 그럼 우리도 한번 성공해 보세. 그러면 세상의 사람들은 뜻하지 않게 모여올 것일세"라고 옹은 명리를 벗어나 초연했다.

이 일 이후, 옹은 신사 사원 참배에 애썼다. 원래 옹은 정토종이어서 정토종 계열의 지온인(智恩院) 참배가 주된 일이었다. 지금도 교토 정토종 지온인 종정(宗正) 등의 지기를 가진 것은 이 때문이었다. 참배를 마치고 집으로 돌아오면 잉어 등을 돌봤다. 그러나 현실은 부채에 시달려서 돈 융통이 되지 않아 상당히 곤란했다.

그 사이에 구마노의 갈탄광을 인수할 사람이 있어 팔았다. 그 돈으로 지금까지의 빚 일부를 정리할 수가 있었다.

제3장 대만(臺灣)시절

1. 대만행

청일전쟁이 끝난 것은 1885년 말이었다. 강화 결과 대만은 우리 일본의 신영토로 귀속되어 1886년에 신정령(新政令)이 선포되었다. 총독으로는 고다마 겐타로(兒玉源太郎)[11] 대장이, 민정장관에는 고토 신페이(後藤新平)[12]라는 면면들이었다.

당시 고토 민정장관의 방침 아래 입안된 것은 대만에는 큰 녹나무(樟木)가 많으니 그것을 이용해서 장뇌(樟腦)[13]를 제조하는 것이 유망하므로 이

---

11) 1852년 조슈 번의 지번 도쿠야마 번의 중급 무사 고다마 한쿠로(兒玉半九郎)의 장남으로 스오 국 츠노 군 도쿠야마 촌(현재 야마구치 현 슈난 시)에서 태어났다. 1898~1906년 타이완 총독으로 재직했는데 일시 내무대신을 겸임하기도 했다. 러일전쟁 때에는 만주군 총참모장으로 참전하여 승리에 공헌했으며 이후 참모총장에 임명되었다. 1906년 남만주철도 창립위원장으로 임명된 직후 사망했다. 정2위 훈1등 자작이었다.

12) 1857년 센다이 번(仙台藩)의 士族 출신이다. 독일에서 의학박사 학위를 딴 뒤 일본 내무성 위생국에 들어가 관료로 복무했다. 1894년 청일전쟁 때 일본이 타이완 섬을 점령한 뒤 고다마 겐타로 총독에 의해 民政長官으로 임명되었다. 중국의 전통적인 保甲制를 부활시켜서 신식 경찰제도와 결합시킴으로써 식민통치의 치안을 확립했다 또한 토지소유제와 조세제도를 개혁하고 공중위생제도를 도입함으로써 일본 자본의 진출 기반을 마련했다. 이러한 대만 통치의 공로로 귀족 의원, 남작이 되었다.

13) 녹나무과 녹나무의 목부, 가지, 잎을 절단하여 수증기 증류하여 얻은 樟腦油를 냉각시

일을 시작하는 것이 어떤가 라는 것이었다. 그 제안을 받은 것이 고베의 스즈키 상점(鈴木商店)의 가네코 나오키치(金子直吉)이었다.

당시 오사카 기타큐타로초(大阪 北久太郎町)에 고니시 와사부로(小西和三郎)라는 사람이 있었다. 그림도구 장사를 하고 있었는데 재력가이고, 사업가였다. 굉장한 인격자로, 국가를 위해서라면 전 재산을 내놓아도 아까울 것이 없다 라는 사람이었다. 가네코는 이 고니시에게 상담을 했다. 고니시도 그것에 찬성해서 마침내 장뇌제조회사가 성립되었다.

그 제조지는 대만 신죽현(新竹縣)의 깊은 산 중앙산맥에 해당하는 약 3천 정보의 녹나무 수림지였다. 그 산림은 동남쪽으로는 생번(生蕃),[14] 북서쪽으로는 숙번(熟蕃)[15]과 접하고 있었는데 그 일원에 장뇌제조에 이용되는 녹나무 원생림이 있었다. 마침내 회사가 성립되어 제뇌사업을 시작하게 되었다.

가네코 요시키치 씨는 오사카의 고니시 씨 등과 협의하여, 사장에 고마츠 쇼타(小松樟太) 씨를 천거하고, 사나게 조(佐長組), 와이다 조(和井田組), 고니시와 조(小西和組) 3조로 조직했다.

고니시 와사부로는 1890년경부터 경성에 지점을 둔 관계로 대만에도 지점 하나 내보려고 이전부터 계획하고 있었는데 마침 우연히 장뇌제조회사가 성립되어 거기에 출자하여 공동으로 사업을 하게 되었다.

거기서 고니시와 쪽에서는 상당히 역량 있는 인물을 대만에 파견하고

켜 석출한 결정체이다. 녹나무는 우리나라의 제주도와 남해안 일부 지역을 비롯해 일본, 중국 남부, 대만, 인도차이나 등지에 분포한다. 우리나라의 경우 목침이나 연장을 만들어 귀신을 쫓을 때 썼으며 소용돌이나 비늘 모양의 나뭇결을 살려 건축 재료, 가구, 불상, 木魚, 세공품, 器具, 왕족의 관 등을 만들기도 하였다. 또한 방충제, 방부제 및 배를 만드는 데 사용되기도 하였다. 이 약은 독특한 방향이 있고, 맛은 맵고 성질은 뜨거우며 유독하다. 장뇌는 통규작용이 강해 의식을 잃었을 때나 토사 · 복통에 사용되며, 종기 · 피부궤양 · 악창 · 옴 · 버짐 · 가려움증에 외용하고, 강심 · 진통 효과가 있다.

14) 일본이 통치하던 시기 대만 高山族 가운데 漢族에 동화되지 않고 산지에 사는 사람들을 지칭하는 말.

15) 생번과 반대로 한족에 동화되어 사는 사람들.

싶어 인선에 주의를 요하고 있었는데 당시는 대만에 가는 것을 기꺼워하지 않는 분위기였다. 단 가기를 희망하는 자도 있었지만 상당한 두뇌와 수완을 가지고 있는 자가 지원해서 가는 일은 없었다.

그 무렵, 옹은 굉장히 재정적으로 곤란한 상태에 빠져, 어떻게도 할 수 없는 상태였다. 투옥의 환난을 겪은 이후 옹은 승려가 되려는 뜻이 있었지만 옹의 생각으로는 승려는 절대로 육식과 가족이 있어서는 안 된다는 신념이 있었다. 그런데 옹에게는 처도 있고, 자식도 있었다. 그 속세의 인연에 매여서 실행을 망설이고 있을 때였는데 고니시와 상점의 총지배인인 무코야마 모헤이(向山茂兵衛) 씨는 옹과는 친한 친구 사이였다. 그래서 무코야마 씨는 옹에게 장뇌제조 사정을 말하고, 대만에 가면 돈도 벌 수 있으며, 또 국가적 사업이라는 것을 말하고 "꼭 가 주시게"라고 친절하게 권했다. 옹은 마음은 크게 움직였다.

"권하신 사업은 신영토 개발에 일조도 되고, 국가적 사업으로 유망하다고 생각한다. 권하는대로 가보고 싶다고 생각하지만 사실을 말하면, 저는 지금 굉장히 곤란한 상태에 빠져있다. 빚만 해도 2,500엔이나 된다. 내가 대만에 간다고 하면 이 빚을 정리해야 한다. 그러기 위한 뭔가의 편의를 좀 봐 줄 수 없는가"라고 무코야마 씨에게 상담을 했다. 그러자 무코야마 씨는 바로 받아들여 주었다.

"그것은 바로 처리해 주겠네. 가족은 동반하는 편이 좋을 것이다." 무코야마는 바로 고니시와의 주인에게 상담하여 옹의 빚 전부를 갚아 주었다.

옹이 아내인 다미코에게 말을 하자 "꼭 같이 가겠습니다"라고 남편을 생각하는 일념으로 굳은 결심을 했다. 그래서 옹은 장인인 이다 한지로(井田半次郎)를 찾아갔다.

"상담드릴 일이 있어 왔습니다. 최근 저는 실패를 거듭하여 굉장히 곤란해 하고 있었는데 이번에 고니시와의 주인과 친구 무코야마 무베에의 권유로 대만의 장뇌제조회사 지배인으로 가는 것으로 내정되어 있어 인사하러 왔습니다."

"그런가, 거 잘 됐네. 언제 출발하는가?"

"정해지면 바로 빠른 쪽이 좋다고 생각합니다만 준비해야 할 것도 있으니까 바로는 가기 힘들 것입니다. 8월 말경이 될 것이라고 생각합니다."

"음…… 그럴테지."

"우선 저 혼자 부임할 생각이었습니다만 무코야마는 가족 동반을 권했습니다. 또 다미코도 함께 가겠다고 하므로, 일단 가족 동반해서 갈까 라고 생각합니다."

"뭐? 다미코도 같이 간다고……."

"네……."

"그것은 당치않은 일이네. 대체로 대만이라고 하는 곳은 야만국이라서 말이야. 생번인(生蕃人)은 사람의 목을 치는 것을 기꺼이 명예로운 일로 생각한다더군. 게다가 신영지로 안정된 질서가 아직 보장되어 있지 않는 그런 곳에 가서 언제 어느 때 무슨 일을 겪을지 알 수 없네. 자네는 남자니까 스스로 방어하는 방법도 있겠지만 여자는 그렇게 안 되지. 그런 위험한 곳에 다미코와 같이 가는 것은 곤란하네"라고 의외의 답을 하셨다. 옹은 거취에 망설여졌다.

"당연하신 말씀입니다만 대만도 이번 일본의 영토가 되었습니다. 또한 사업지는 별도이고, 주거는 기륭(基隆) 시내로 안전지대라서 하등 걱정할 일은 없습니다."

"아니 아니, 그렇지 않네. 신점령지라고 하는 곳은 경찰권이 충분하지 않기 때문에 언제 어느 때 무슨 일이 있을지 모르네. 그러한 위험한 곳에 다미코를 데리고 가는 것에 나는 반대네"라고 장인은 대단히 불쾌한 얼굴로 말했다.

"그러면 다미코에게 그 뜻을 전하고 저 혼자 가는 것으로 하겠습니다"라고 말은 했지만 입장이 곤란하게 되었다. 그러는 사이에 아내도 달려왔다. 바로 대만에 간다는 것을 어머니께 얘기를 하니 어머니는 또 어머니라서 여자의 약한 마음도 있어 아버지보다도 한층 더 걱정을 하셨다.

"대만이라니 당치도 않다. 가서는 안 된다"라고 한마디로 말리려는 모습이었다.

"어머니, 그렇게 걱정할 일은 없습니다. 경찰이나 수비병이 많이 있어 경계를 하고 있기 때문에 전혀 걱정할 일은 없습니다."

"너는 그렇게 말하지만 외국은 일본과 달라. 게다가 야만국이라고 하지 않느냐"라고 외국이라고 생각하고 있었다. 무엇을 말해도 그 무렵의 대만이라고 하면 멀리 떨어진 외국 같은 느낌이 들었다. 절해의 고도와 같이 아주 쓸쓸한 곳으로 여겼고, 또한 번인의 포악한 행동은 일본인으로 하여금 증오와 공포의 관념을 일으키게 했다. 외국에 나간 경험이 없는 사람, 고향땅에서 한 발도 떠나 본 적이 없는 사람들에게는 대만에 가는 것을 굉장히 무섭게 생각하는 것도 결코 무리는 아니었을 것이다.

"대만에는 생번인이라고 하는 야만인이 있어, 일본인의 목을 베는 것을 명예로 여긴다고 하니 얼마나 위험하냐" 등등으로 반대가 심했다.

그 사이에 친척 이 사람 저 사람 모여와서, 부인의 동행을 극구 말렸다.

이렇게 친척 모두가 반대를 하는데 굳이 동반하는 것은 옹의 뜻이 아니었다. 이번에는 혼자 가고 가족은 나중에 부르기로 결심을 했는데 부인이 완강하게 어떻게 해서라도 같이 대만에 가겠다고 주장했다. 처로서는 비록 부모의 의도에 따르지 않는다 해도 남편의 원정을 무시하고 가만있을 수 없다는 마음이었다.

그리고 시간이 흘렀다. 그렇지만 쉽게 해결이 되지 않았다. 옹의 마음은 전도계획(前途計劃)을 세워, 희망에 찬 마음에 하루라도 빨리 부임을 서두르고 싶었지만, 그러한 사정 속에 일없이 시간만 흘러 다음 해 1월이 되었다.

보통이라면 이렇게 질질 끌면 회사 쪽에서는 다른 사람을 찾던가, 해약

이 되었을 것인데 옹을 두고 다른 적임자가 없었다. 어떻게 해서라도 옹을 힘들게 해서는 안 된다 라고 무코야마는 고니시와의 주인과 의논을 하여 다소 시일이 지체되더라도 어쩔 수 없다고 잘 봐 주었던 것이다.

그러는 사이에 의견의 타협점을 찾아, 혼자서 부임하기로 한 것이 1897년 1월 초였다. 다미코 부인은 남편의 신상을 걱정하면서 '죽어도 같이'라고 굳은 결심으로 동행을 마다하지 않았는데, 옹의 진심을 담은 설득에 겨우 납득하여, 혼자 오사카에 남기로 했다.

드디어 1월 16일, 많은 친척 친구들의 배웅을 받으면서 옹은 고베를 출발하는 류진마루(龍神丸)의 갑판 위에 섰다. 다미코 부인도, 인파 속에 서서 진심으로 남편의 무사를 기도했다.

2. 장뇌(樟腦) 제조

지루하고 나른한 바다 위의 여행을 계속한 지 5일째, 1월 20일 기륭항에 무사히 상륙했다. 거기에는 무코야마 무베에 외에 고니시와 점원의 주된 사람들이 마중을 나와 긴 여행의 노고를 위로해 주었다. 특히 무코야마는 굉장히 기뻐했다.

그 다음날 고니시와 지점 지배인 도미타 옹 부임을 계기로 하여 장뇌제조회사 사업상의 회의가 열렸다. 사업 계획, 만반의 실행준비에 대해서 자세하게 심의를 하였다. 그때 회사와 옹의 계약은 봉급 외에 장뇌제조에서 순이익의 2할은 옹에게 배분하는 조건이었다. 상당히 괜찮은 지위였다. 그것은 당시 대만은 신영지이고, 통치 실적은 아직 나오지 않은 무렵이어서 상당한 위험이 뒤따랐다. 특히 장뇌제조에 필요한 장목림(樟木林)이 있는 곳이 번지(蕃地)였고, 거기에 작업소를 설치하여 제조하는 것이기 때문에 한층 더 위험했다.

옹은 부임 후 바로 주택도 정하고, 마침내 회사에 출근하게 되었다. 출근 후 5일째에 장뇌제조 사업자금으로서 현금 5만 엔을 고니시와 지점으로부터 받았다. 이것을 가지고 장뇌제조 사업을 실행해 달라고 했다. 당시로서는 5만 엔이 적은 돈이 아니었다. 그런 큰 돈을 아무런 의심 없이 안심하고 옹에게 맡길 정도로 옹의 신용은 거의 절대적이었다. 그리고 이 사업이 확실하게 전망이 있다고 확인이 된다면 본점에서는 다시 10만 엔까지 보낸다고 했다.

바로 사업 준비에 착수했다. 작업소는 신죽(新竹)에서 8리 정도 산 속으로 들어가 있는 '백방(白防)'이라는 곳에 신설했다. 이 작업소는 와이다 조, 사나게 조, 고니시와 조로 조직하여, 서로 이웃하여 일을 하는 방법으로 했다. 종업인부는 각 조마다 5백 명 씩, 사무원 그 외 사용인이 각 조마다 백 명씩, 모두 1,800명을 오사카에서 모집하여 각 조에 배치했다.

이러한 진용을 짜고, 드디어 현지에서 장뇌제조 사업에 착수한 것은 그해 5월 초였다. 장뇌 제조법이란 간단한 장치로 소주 제조와 비슷하다. 장목에는 장뇌가 포함되어 있는데 그 중에는 함유율이 극히 적은 것이 있었다. 이러한 함유량의 다소는 특수한 칼로 나무를 깎아 보고 감정한다. 함유하고 있으면 그 칼로 그 나무의 측면을 깎아 낸다. 그러면 큰 구멍이 생기는데, 나무는 중량을 이기지 못하고 옆으로 쓰러진다. 넘어진 나무에서 깎아서 보아 장뇌 함유량을 판단했다.

그런 식으로 장뇌를 함유하고 있는 부분만을 작게 잘라서 소주를 제조하는 방식으로 가마 위에 통을 올려놓고, 그 안에 작게 자른 장목(樟木)을 넣어 찐다. 통 상부에는 냉각장치를 설치하고, 가마를 끓이면 장목의 장뇌분이 증발하게 된다. 그것을 냉각하여 결정(結晶)시키는 것이다. 가마를 각 조에 80개씩 설치했다.

무코야마 씨는 대북지점(臺北支店)의 총지배인, 옹은 장뇌제조회사의 지배인과 각 지방 지점 총지배인으로 기륭에 거주하면서 거기에서 장뇌

제조 작업소를 순회하며 사업 감독을 했다.

고니시와 본점에서 약 5, 6만 엔 정도 싼 피류류를 들여와 장뇌제조사업을 하면서 그 판매도 병행했다. 옹은 이런 판매일도 담당하여 각각 주요 지역에 지점을 두고 판매를 시켰다. 옹은 이런 일들의 총감독 책임을 지고, 제뇌작업소와 각 지점을 총괄지도하면서 정신없이 바쁘게 일했다.

오사카를 출발할 때는 대만에 가면 이렇게 할까, 저렇게 할까 하면서 여러 공상에 가까운 생각들을 했다. 그 중에는 장뇌제조에 필요한 통 테두리에 사용하는 대나무테를 만들어 가는 것이 좋겠다고 생각하여, 그것을 많이 만들어 갔었다. 그런데 대만에 와서 보니, 단향목 등은 2칸 정도 되는 것을 8, 9개를 잘라 내어도 제일 아래 가지에는 닿지 않을 정도로 멋지게 자라있었다. 노송나무, 삼나무 또한 그러했다. 특히 대나무 등은 오사카 대나무와는 비교가 안 될 정도로 훌륭한 것이 많았다. 이럴 것 같았으면 대나무 테 따위는 일부러 가져 올 필요가 없었는데 하고 크게 웃은 일도 있다. 이러 일들은 대만 사정을 잘 몰랐기 때문에 생긴 실패의 한 예이다.

장뇌제조 사업은 착착 순조롭게 진행되어 제품도 다수 오사카로 보냈다. 성적은 꽤 좋은 편이었고 장래 전망도 충분했다. 종업원도 간부들도 큰 기대를 가지고 일했다.

3. 번인(蕃人)의 습격

대만은 일본의 신영지라고는 해도, 그 무렵은 신정령이 공포되었을 뿐, 통치의 결실을 본 것은 아니었다. 생번(生蕃), 숙번(熟蕃) 모두 살벌한 풍속이 여전히 자행되고 있었다. 그 중에 숙번은 다소 유순하고 일본인에 대해서도 물물교환 등을 하고 있었지만 생번인은 극히 사납고 모진 성격으로 일본인이라 보이면 목을 잘라 가려고 했다. 또 세력 경쟁이라든가, 혼례 때는 수급이 많은 것을 과시하는 의미에서 수급을 취하러 왔다. 3, 5인 정도로 소수가 올 때도 있고, 때에 따라서는 다수의 번인이 모여 와 일본인에게 위해를 가하기 때문에 실로 위험천만한 곳이었다.

장뇌제조사업은 점점 순조롭게 진행되어 갔다. 그리고 약 6개월의 시간이 지났다. 옹은 한 달에 한 번이나 두 번은 반드시 현업감독으로서 백방(白防) 작업소로 출장을 가서, 현지에서 지도감독을 했다.

아침 안개가 자욱하여 번지(蕃地) 속의 작업소가 희미하게 보이는 1897년 11월 말 아침, 옹이 감독을 위해 백방 작업소에 출장체류 중이었다. 옹은 고니시와 조에 머무르고 있었다. 아침 일찍 일어나 세면장에 서 있을 때였다.

"탕! 탕! 탕!"

난데없는 총소리에 깜짝 놀라서 윗 창문을 열어보니, 옆에 있는 사나게 조 사무소와 공장에서 계속해서 일어나는 총소리에 사무원이나 직공은 온통 야단법석을 떨고 있는 모습이었다.

옹은 이게 무슨 일이지 라고 진정을 하고 응시하던 순간 "앗! 번인의 습격이다!"라고 직감적으로 느꼈다.

그 사이에 직공 한 사람이 뒷문으로 살짝 기어 들어왔다.

"번인의 폭동입니다"라고 소리를 지르고는 그대로 어딘가로 모습을 감추었다.

"큰일났다!"

어떤 일에도 전혀 동요하지 않는 옹도 어찌할 바를 몰랐다.

"다수의 직공과 사무원을 다치게 해서는 안 된다. 빨리 도피시켜야 한다"라고 빨리 사무원들에게 명하고, 전원에게 피신을 명했다. 다수의 직공들은 뒤엉켜 갈팡질팡하며 대혼란이었다.

생번인은 피에 미친 듯한 형상이었고, 칼을 번뜩이면서 맹렬한 습격을 해 왔다. 일본인이라 판단되면 바로 칼로 일격을 가했다. 두 번째는 목을 쳤다. 떨어진 수급을 칼에 꽂고는 앞으로 나아갔다. 물밀 듯이 습격해 오는 번인(番人)들은 흉기를 휘두르며 쇄도했다.

"일본인을 죽여 목을 취하라"라고 했을 것이다. 아무튼 이해할 수 없는 괴성과 피비린내 나는 함성을 질렀다. 계속해서 사격소리, 아비규환의 비참한 비명소리는 이 세상이지만 지옥이었고, 그토록 넓은 장뇌제조 공장도 완전히 폭도들의 광란에 맡겨져 버렸다.

옹은 책임상 멀리 가지 않고, 부근에서 난을 피하면서 형세를 지켜보았다.

그 습격이 5, 6시간 계속되었다. 차츰차츰 총소리도 멀어져가고, 광란의 괴성도 어느새 사라지고 사방은 정적이 감돌았다. 건물의 유리창과 테이블 등은 엉망진창으로 부서져, 사무소의 장부 서류는 물론, 공장의 가마 기계류까지 완전히 훼손되어 버렸다.

생번인이 돌아가고 나서 바로 조사를 해보니, 최초의 습격을 받은 곳은 사나게 조이고 가장 피해가 컸다. 와이다 조는 사나게 조 서쪽에 있었는데 사나게 조의 소동을 듣고 바로 피해서 인명 피해는 적었다. 고니시와 조는 사나게 조 동쪽에 인접하고, 사나게 조로 출입하는 통로에 해당되기 때문에 상당히 피해가 컸다.

그 사이에 각 조 사무원은 대개 모여왔다. 사나게 조의 사무원은 한 사람도 돌아오지 않았다. 그래서 모두 도망가 버린 것인가…… 이상하다고 생각하고 있는데, 조사를 해 보니 그 사무원 등은 모두 살해 되어 목이 떨어져 나간 것을 알게 되었다.

날이 저물고 나서 신죽에서 순사 3백 명이 지원을 왔다. 경찰 쪽에서는 이번 생번은 어떤 계통에서 온 것인가를 조사해야만 하는데 그렇게 하기 위해서는 각 조에 순사 백 명씩 배치할 테니까 사무원들에게 도와달라는 의뢰가 있었다. 그래서 옹은 사무원들에게 그 취지를 말하고, 다음날부터 피해 정도, 번인들 무리의 성질 등에 대해서 총동원하여 열심히 조사시켰다. 생번인은 죽인 사람은 모두 머리를 가지고 가버려 죽은 자들은 모두 머리가 없다. 살해되었다 해도 머리가 없는 시체라는 것은 뭐라 표현할 수 없는 섬뜩함이 있다.

이렇게 해서 조사한 결과, 사나게 조에서는 18명, 고니시와 조에서는 인부 3명이 살해되었다. 와이다 조에는 소동을 듣고 바로 피했기 때문에 죽은 사람은 없었다. 아무튼 이른 새벽 갑작스런 습격을 만났던 것이라 어떻게 할 수도 없었다. 습격해 온 번인의 수도 많았기 때문에 피해가 상당하여 더 이상 조사를 할 수 없는 상태가 되어 버렸다. 특히 사나게 조의 사무원이 모두 죽었기 때문에 장부 조사도 할 수 없었고, 공장에서는 다수의 기계가 훼손되었다. 다수의 직공은 목숨을 겨우 연명한 채 도망가 버렸다.

번인의 습격은 무서운 것이었다. 비전투원, 직공 등은 대항할 생각도 못하고 뻔히 보면서 그들의 난폭한 행동을 당해야 했다. 모처럼 쌓아올린 장뇌제조사업도 이제는 재기하기 어려운 상태에 서게 되었다. 또 이것을 다시 복구해서 조업을 계속한다 해도 다시 이런 전철을 밟는다면 손해만 더해질 뿐이었다. 결국 이 사업은 그만 둘 수밖에 없었다.

4. 우뭇가사리 채취

이때의 소동으로 다수의 직공들은 본국으로 돌아가고 싶다는 신청을 했다. 이렇게 되면 어쩔 수가 없었다. 옹은 무코야마 지배인과 합의 후에 각각 뒷정리를 하여 사무원이나 직공 중 희망하는 자는 돌려보내기로 했다. 그리고 장뇌제조 사업은 그것으로 포기하기로 했다. 그 때문에 회사가 입은 손해는 1만 8천 엔 정도 상승했다. 지금까지 힘써 계획하고 겨우 절반정도 성공의 실마리를 잡았다고 생각하자마자 예측하지 못한 일을 당하여 이 사업은 근본부터 와해되어 정말로 유감스러웠다.

기륭은 석탄 산지이다. 그래서 그 부근에 전료갱(田寮坑)이라는 석탄 광의 채굴 허가를 얻어, 연안 항해 기선에 실어 각 부락에 공급하기로 했다. 그러나 이것만으로는 양이 충분하지 않았다. 다른 뭔가 유망한 것이 없을까하고 웅심발발(雄心勃勃)한 옹은 각 방면으로 활동하여 조사의 범위를 넓히고 있었다.

그해 12월 말 어느 날 탄광의 직원과 직공장 등이 모여서 송년회를 했을 때였다. 여흥이 올라 마시고 춤추고, 젊은 사람들은 원기 발랄한 잡담 속에 옹은 다음과 같은 것을 들었다.

"대만의 관리와 회사원 승진은 어느 쪽이 더 빠를까?"

"그야 관리지."

"뭐, 그건 물론 신영지의 일이지. 본국과는 다른 다소 우대도 하고, 그리고 자격이라는 것에 매어있어서 발탁임용이라고 하는 것이 상당이 어렵지."

"음…… 그렇게 보면, 우리 회사원 쪽이 발탁 진급도 하기 때문에 밀려 올라가는 관리보다는 낫네."

"밀려 올라가다니 그게 무슨 말이지."

"그야, 앞서 올라가면 뒤도 올라가는 것이 정해져 있는 것처럼 서서히 떠밀려 올라가는 그것이 흡사 우무가 틀에서 밀려나오는 것이랑 같아서."

그러자 한 사람이

"어이, 자네, 우무라고 말했는데 여기 대만에는 어딘가에서 들었는데 우뭇가사리가 우거져 있는 곳이 있다던데."

"어딘데 거기가?"

"몰라, 단지 들었을 뿐이야."

어떤 일에도 세심한 주의를 게을리하지 않는 옹은 이 짧은 담소 속에 어떤 하나의 힌트를 얻었다. 우뭇가사리가 우거진 곳, 그것이었다.

“이거다!”라고 옹은 떠오른 생각에 소리를 질렀다.

여기는 미개척지의 해안이다. 정말 한천의 원료인 우뭇가사리는 이 해안에 틀림없이 있을 것이다. 지금 얘기로는 장소는 알 수 없지만 조사해 보면 모를 것도 아니다. 미개지이기 때문에 채취는 아직 하지 않았을 것이다. 틀림없이 양질의 것을 채취할 지도 모르다고 연상을 했다.

다음 날, 옹은 다수의 사무원을 모아놓고 “여러분은 한천의 원료가 되는 우뭇가사리를 알고 있지요?”라고 기발한 질문을 했다. 우뭇가사리 정도는 누구나 알고 있다. “그 우뭇가사리가 이 대만 부근 연안에 우거져 있는 장소가 있다고 들었는데 여러분 중에 그 자생지를 알고 있는 사람은 없습니까?”라고 묻자 “그것이라면 갱부인 가와사키 모이치(川崎茂市)가 알고 있습니다. 그는 대만에 상당히 오래 있으면서 여러 곳에 다녔기 때문에……” “그럼, 급사에게 불러오라 해 주게.”

곧 갱부인 가와사키가 왔다. 그래서 우뭇가사리의 생육지에 대해서 물었다.

“있습니다. 의란(宜蘭) 방면 연안 일대에 아주 훌륭한 것이 자라고 있습니다. 그러나 그러한 것을 따도 수지가 맞지 않기 때문에 아무도 채취하지 않습니다.”

옹은 기뻤다. 바로 생육지 현장조사를 했다. 정말로 양호했다. 굉장히 좋은 품질로 국내에서는 도저히 볼래야 볼 수 없는 45~60cm 정도의 길이로 자라 있었고, 생육지도 상당히 넓게 분포되어 있다는 가장 좋은 평가가 나왔다.

그래서 재빨리 수배를 하여 상당 분량을 채취하여 견본으로 오사카에 보내 실험을 했다. 그 결과 “전망은 충분하다, 제품 다수를 보내 달라”라는 답이 왔다. 옹은 크게 기뻐하며, 그 채취에 착수했다.

류큐 사람이 물질에 뛰어나다고 해서 처음에는 류큐인을 고용해서 채취를 했다. 당시 이 류큐인들은 계산을 할 줄 몰라 상당한 곤란을 야기했다. 그래서 그들을 해고하고, 다음으로 사가(佐賀) 방면에서 약 3백 명 정도를 고용하여 12월부터 착수했다. 뭐니 뭐니 해도 아직 아무도 채취하지 않은 처녀지이고, 천연 그대로 생육하고 있어서 품질도 좋고, 분량도 많았다. 오사카 시내에서는 굉장한 호평을 받으면서 잘 팔렸다. 이 우뭇가사리 채취사업은 다음 해 6월경까지 계속되었다. 그 사이 8만 엔 정도의 순이익을 올렸다. 신영지라고 하는 것은 왕왕 다른 사람이 미처 모르는 숨겨진 이익이 있는 법이었다.

5. 가다랑어포 제조

우뭇가사리 채취량도 점점 줄어가서 다른 유망한 사업을 찾기 시작했다. 각 방면으로 연구의 손을 뻗쳤다.

그런데 신죽(新竹) 방면 해안에서 가다랑어가 많이 잡힌다는 것을 알았다. 그것은 1척 5촌 내지 2척 정도나 되는 것이 하루에 몇 만 톤이나 잡히는데 달리 팔리는 곳이 없이 한 마리 2전에서 4전 정도로 거래되었다. 옹은 그것을 이용해서 가다랑어포를 제조하면 어떨까라는 생각을 했다. 좀 더 자세히 조사를 해보니 다행히도 그 제조법을 알고 있는 자가 있어서, 그 자에게 지도를 받기로 했다. 그리고 빨리 이것을 사들여 제조하기 시작했다.

그 제조법으로서는 생 가다랑어를 4토막을 내어 찌고, 그것을 태운 뜨거운 재로 훈제하는 하는 것이었다. 짚의 재가 아니면 벌레가 낄 우려가 있었다. 이 사업에 약 백 명 정도의 인부를 고용했다. 1개월 정도 해 보니 7, 8천 엔 정도의 순이익이 있었다.

이러한 대량생산의 경우에는 창고가 필요했으나 그 설비가 없었다. 처음에 저장장소를 조사하지 않았기 때문에 그때그때 적당한 장소에 두었다. 그것이 나빴다. 다 만들고 일주일정도 지나 상자에 넣으려고 할 때 깜짝 놀랄 정도로 포에는 벌레가 잔뜩 끼여 있어 흡사 벌집같은 모양을 하고 있는 것이 아닌가. 모든 것을 중지. 다소의 제품은 완전히 못 쓰게 되었다. 이것도 실패로 끝났다.

그때부터 다시 유망한 일거리를 찾는데 열중해 봤지만 이것이다 라고 생각나는 것이 없었다. 생각 끝에 대만 쌀을 오사카에 보내면 어떨까 하고 생각했다. 생각이 들자 지체 없이 오사카 본점에 의논을 했더니 '백 석 정도 보내보라'라는 답이 와서 보냈다. 이것은 상당히 재미를 봤다. 여기에서는 약 4만 엔 정도 벌었다. 1899년 4월경이었다.

제4장 조선 도항의 제일보

1. 경성으로 오다

오사카 고니시와(小西和) 상점에서는 1890년부터 조선 경성에 지점을 두고 일본과의 수출입 무역상을 경영하고 있었다. 본점은 혼초 2초메(本町 二丁目), 지금의 후루시로 저택(古城邸)의 건너편에 있었는데, 그 뒤편에는 7, 80평의 큰 벽돌창고가 있었다. 인천에도 지점이 있어서, 주로 조선 쌀을 일본으로 보내고 있었다. 경성지점장 가사이 고헤에(笠井小兵衛)가 지점 발전책을 강구한 것이 실패하여 끝내 13, 4만 엔의 부채를 지게 되었다. 그래서 경성지점은 굉장한 곤란에 빠졌다. 그런 관계 하에 가사이는 경질되어 오사카 본점으로 가게 되었고, 그 후임을 물색하고 있는 중에 지금까지의 역량재간을 인정받은 옹이 그 후임으로 선정되었다.

그 뜻은 바로 멀리 대만 근무 중인 옹에게 전해졌고, 여기서 옹의 일대 전환이 생기게 된다.

살벌한 번지(番地)에서 생사를 같이하며 일했던 많은 사원과 이별을 고해야 했다. 옹의 가슴은 감개무량함과 함께 옹의 정겹고 후덕한 덕을 느끼고 있던 많은 사원들은 새삼스럽게 옹과의 이별을 아쉬워했다.

추억이 많은 대만을 뒤로 하고, 다시 해상 6백 리, 파도의 객이 되었다.

3년 전 고베를 떠날 당시를 생각해 보니 새삼 감회가 깊어졌다. 대만에서 지낸 3년 과정! 장뇌 제조에서 큰 실패를 했는데 그것은 생번인(生蕃人)들이 일본인들을 죽이러 왔기 때문이었다. 천재보다 더한 두려운 일이 있었고, 당시로는 어쩔 수 없었다.

발전 일보에서 주저했지만 거기에 굴하는 기색 없이 더욱 용기를 내고, 계획을 세워, 석회를 채굴하고, 우뭇가사리를 채취하고, 가다랑어포를 제조해 보기도 하고, 대만 쌀을 일본으로 수송하는 등 짧은 기간에 이것저것 기책종횡(奇策縱橫)할 정도로 고전분투를 계속했다. 그 중에는 실패도 있었지만 결국에는 상당의 이윤을 얻었다.

이러한 실패와 성공이 뒤엉킨 길을 돌아보며 깊은 감회에 젖으면서 많은 일들이 있었던 대만을 떠나 조선으로 향하는 옹의 가슴속에는 이미 사업이 나아가야 할 방도를 찾으며 굳게 결심한 것이 있었다.

배 안에서의 무료한 5일이 겨우 지나고, 무사히 고베에 도착했다.

우선 오사카 본점에서 사업상의 보고와 회의를 하는데 며칠이 걸렸다. 그 다음에 처갓집과 고향 나카타니 촌 우에노 마을을 찾아가 오랜만에 만나서 정겨운 시간을 보냈다. 특히 부모와 형 사고로(佐五郎)의 산소에 가서 참배를 하고, 다사다난했던 지난날을 생각하고는 추억의 눈물도 새롭고, 정말로 감회에 젖은 시간을 보냈다. 장인인 이다 한지로(井田半次郎)도 이제는 옛날과 같이 완고한 사람은 아니었다. 당시 딸을 대만에 가는 것을 말린 일도 이제는 옛날 애기로 웃으면서 하게 되었다.

마침내 행장을 꾸려 무코야마 지배인과 함께 오사카를 출발하여 경성 고니시와 지점에 도착한 것은 1899년 8월 말이었다.

제일은행장 시부사와(澁沢)16)도 뒤따라 경성으로 왔다. 그래서 관계

---

16) 시부사와 에이이치(澁沢栄一, 1840~1931). 1840년 사이타 현 후카야에서 농민의 아들로 태어났다. 1867년경 프랑스 만국박람회 시찰 때 유럽의 금융제도와 산업에 관해 공부하고 돌아와 메이지정부의 재무성 관료로 일했다. 1873년 관직을 그만둔 후, 제일국립은행을 설립하고 초대 총재로 활동하면서 근대적 금융제도를 수립했다. 또한

자 일동 입회하에 조사한 결과 가사이 고헤에의 부채는 정말로 14만 엔 정도로 늘어나 있었다. 그러나 그것은 결코 가사이 개인이 낭비했다든가 횡령했다는 부정의 근거는 없고, 가게 발전을 꾀한 결과, 즉 무연탄갱 채굴권을 국제담판을 거쳐 조선정부로부터 허가를 얻어, 일본해군에 납품하려는 계획을 세웠던 것이다. 거기에는 표면적으로는 조선정부에 현금 3만 엔을 납부하고, 그것에 따르는 기밀비로서 9만 엔도 들었다. 그것은 당시 조선정부로서는 부득이한 것으로서 조선 사정을 모르는 일본인에게는 상상도 할 수 없는 일이었다. 기밀비를 쓰지 않으면 성립할 것도 되지 않는 것이 당시 조선정부의 상태였다. 그래서 가사이가 채굴권을 얻기 위해 다액의 돈을 쓴 것도 결코 무리가 아니었다는 것을 알았다. 가사이가 진 부채는 모두 제일은행에서 빌렸다. 채권자는 제일은행장 시부사와 에이이치(渋沢栄一) 씨였다. 이 사람의 방침은 차압까지 해서라도 대금 회수를 한다는 주의는 아니었다. 또 한편으로 고니시와 본점은 상당한 재산이 있기 때문에 본점으로 교섭을 하면 언제라도 회수할 수 있다는 복심도 있었을 것이다. 은행도 지극히 느긋한 태도였다. 그래서 부채는 매년 갚아나가기로 하고 일체의 사무를 계승하여 우선 인계가 무사히 끝났다.

그래서 고니시와 지점 사업 제일보로서 우선 무연탄 1만 톤을 채굴하여 해군성에 납품하는 계약을 체결했는데 그 사이에 날씨가 점점 추워져 채굴은 잠시 쉬기로 했다.

2. 엄동과 싸우다

광산계의 거물로 당시 야하타제철소(八幡製鉄所) 소장이었던 와다 다

제지 · 운수 · 방적 · 비료 · 전기 가스 · 해운 · 보험 신탁 관련 근대적 기업체를 설립하여 일본 자본주의의 기초를 확립했다는 점에서 '일본 자본주의의 아버지'로 불린다.

다히로(和田維弘) 씨는 옹과 아는 사이였다. 옹이 경성 부임 도중 오사카에서 이 사람을 만났다. 그때 와다 소장은 "조선은 광산이 많은 곳이고, 특히 철산이 풍부하다. 경성에 간다면 정부로부터 채굴권 허가를 얻어 보게, 반드시 유망한 것이 될 것이라 생각하네"라는 말을 했다.

그러한 것을 듣고 있었기 때문에 경성에 가면 틈을 봐서 광산을 탐색해 보려고 마음을 먹고 있었다. 고니시와 지점 사무 인계, 부채처리 등의 문제가 정리되었고, 해군성과 약속한 무연탄 채굴도 추워지는 날씨 때문에 잠시 정지하게 되었는데 옹은 이 기회를 이용하여 광산 탐색을 해 보려고 계획을 세웠다.

그래서 황해도 은율군 사람 전형실(全珩實) 씨(이 사람은 송화군 주사 겸 광무관 주사(鑛務官主事)였다)를 만나 은율, 장연의 광산 상황을 들었다. 전 씨는 그 광산을 잘 알고 있었다. 몇 백 년 전에 채굴한 구갱이 곳곳에 있는 것을 알았다. 옹은 "그러면, 그 구갱에서 소량의 견본을 채굴해 보내 주십시오. 그 견본을 보고 출장을 결정할 테니까" 하고 출장 갔을 때 필요한 사전준비까지 자세하게 전 씨와 말을 맞추어 두었다.

곧 견본이 왔다. 그것을 조사해 보니 그 광질이 괜찮고 유망하다는 것을 알았다. 꼭 이것을 채굴해야겠다고 결심을 했다. 업무 중 잠시 틈을 내어, 12월 초에 산행 여장을 갖추고 전형실 씨와 통역 정치삼(鄭致三)을 안내자로 해서 경성을 출발했다.

인천의 소증기선으로 진남포(鎭南浦)에 상륙했다. 그 무렵 진남포는 항구라는 말뿐이고, 비발도(飛潑島) 높은 곳에 세관이 있을 만큼 극히 한적한 부락이었다. 옹은 그 세관에서 1박을 하고, 다음날 바로 대동강을 내려와 영곶(永串)이라는 도선장에 도착했다. 그 무렵에는 지금의 저도(猪島) 도선장은 없었다. 유일하게 아래쪽인 영곶에만 도선장이 있었다. 그 영곶에서 재령(載寧)으로 가, 의선(義宣) 등의 광상(鑛床)을 조사하고, 그리고 은율, 장연으로 갔다.

평안남도의 개천(价川)과 황해도 재령은 해군 소관이었고, 은율과 장연은 궁내부(宮內府) 소유였다.

조선에서는 1894년 청일전쟁이 일어나, 각 지방은 어디라 할 것 없이 황폐해졌고, 인심도 또한 거칠어졌다. 그해 봄부터 활빈당[17]이라고 하는 폭도들이 각 지방에서 일어났으며, 망명객 박영효 등을 옹립해서 수령으로 하여 조선정부 전복음모를 획책하는 자도 있었으니, 조선 천지는 어수선하여 끓는 솥과 같았고 인심은 흉흉한 때였다. 특히 일본의 위력도 전쟁 당시에 비하여 현저하게 조락(凋落) 추세를 보여, 경성에서조차도 일본인의 수가 2천 인 내외로 그 세력은 극히 미약했다. 그래서 조선인들로부터 위해를 받고 있는 상태여서 일본인의 지방여행은 정말로 위험하기 짝이 없었다. 이것이 당시의 형세였다. 특히 교통기관으로서는 그 다음해가 되어서야 겨우 경인선이 신설되는 정도이고, 그 이전에는 지방도로 등은 제대로 수리도 되지 않았다. 그러한 가운데 이루어진 시골여행이었다. 덧붙여 한기가 매섭고, 눈은 정강이까지 오고, 머리도 언다는 계절이었다.

눈 때문에 통행인도 없었다. 말도 통하지 않았기 때문에 여러 가지 감정의 엇갈림도 생겼다. 반감도 샀다. 모욕도 받았다. 잠잘 곳이 없고, 먹으려고 해도 먹을 것이 없는 상태로 그 고생은 정말로 말로 표현하기 힘들었다. 그러나 옹의 불요불굴의 용기는 어떠한 곤란에도 굴하지 않고 어떠한 장애도 피하지 않았다. 착실하게 조사를 다 하고, 나아가 지금 은율광산 소재지인 은율 부락을 출발했다.

때는 12월 25일, 아침부터 내리는 눈은 끊임없이 내려 그치지 않았다.

---

17) 1900년 2월경 충청남도 內浦 지방에서 봉기한 뒤, 충청북도 · 경기도 · 강원도 · 영남 · 호남 등 남한 각지로 그 세력이 파급되어 1904년까지 치열한 투쟁을 전개하였다. 활빈당에 동학혁명군과 火賊 출신들이 많이 가담해 있었던 점에서, 이들의 활동은 대개 19세기 민란과 갑오농민전쟁의 역사적 경험을 계승한 것으로 보인다. 활빈당의 투쟁 대상은 지배층 특히 탐관오리와 부정축재한 부호였다(박찬승, 「活貧黨의 活動과 그 性格)」, 『韓國學報』 35, 1984 참조).

그 속에서 하루 종일 조사를 했다. 장연 은율에서 양천리(楊川里)를 조사하고 금산포(金山浦) 해안으로 나왔을 때는 이미 해가 지고 있었다. 잠잘 곳을 찾으려고 했지만 부근에 인가가 없어 눈을 무릅쓰고 찾았다. 이암(耳岩)이라 하여 흡사 귀 형상을 한 바위가 있는 곳에 민가가 있는 것을 알았다. 거기는 지금의 광석 채적장으로, 거룻배에 싣는 해안이다. 눈을 헤치고 겨우 거기에 가 보니 3채 정도의 민가가 있었다. 옹은 기뻐하며, 오늘 저녁 하룻밤 머무르기를 청했다. 거기에는 완고한 조선인 어부가 살고 있었다.

추위와 피로에 힘들어하면서 "이제 더 이상 갈 곳이 없으니 오늘 하룻밤만 자게 해 주시오"라고 통역 정치삼을 통해서 공손하게 부탁을 했는데 어부는 한 마디로 "재워 줄 수 없다. 할 수 없다"라며 고개를 저었다.

피도 눈물도 없다는 것이 이런 경우일 것이다. 아무리 부탁을 해도 완강하게 거절했다. 어쩔 수 없이 다음 집에 부탁해 봤지만 거기도 안 되었다. 그 다음 집도 마찬가지였다. 그것은 아직 그때까지 일본인이라고 하는 사람을 본 적이 없었기 때문에 재워줘도 될까 하는 의문이 있었기 때문이었다.

해는 저물고, 눈은 끊임없이 내리고, 이 부락에 잘 곳이 없거니와 달리 갈 곳도 모른다. 설령 안다 해도 눈 내리는 저녁에 어떻게 할 수도 없고, 지리에도 어둡고, 몸은 녹초가 되어 있었다. 어떻게 하면 좋을까, 어찌할 바를 몰랐다.

그 무렵, 그 지방의 조선인은 극히 냉담했다. 아니 오히려 냉혹했다. 거기에는 사연 깊은 이유가 있었다.

이 은율, 장연 광산은 왕가의 소유로 궁내부 내장원경(內藏院卿) 소관이 되어 있어, 백 수 십년 전에 채굴한 일이 있었다. 그때 갱부는 모두 이 지방에서 징발하여 무급으로 일을 시켰다. 아무리 생활에 궁해도 의무적으로 일을 시켰다. 무임으로 일한다고 하는 것은 인민에게 그 이상의 고통이 없는 것이었다. 집에 여유가 있는 자는 또 모를까, 시골의 양민과 어부 등은 그만한 여유가 없는 자가 대부분이었다. 그날 번 임금은 그날의 양식이고, 그것을 받을 수 없으면 어떻게 일가를 지탱해 갈 수 있겠는가. 이 가혹한 노역을 울면서 하소연하는 소리도, 간악한 관리들에게 가로막혀 묘당에는 닿지 않았다. 거기에 원망의 소리가 일어나고, 그 원망은 하늘을 울리고도 남았다. 그것이 긴 시간 계속되어, 이 지방의 민심은 거칠 대로 거칠어져 버렸다.

그러한 것이 옛날부터 이 지방에 전해져 내려왔다.

쓸데없이 시간만 보낼 수가 없었다. 한 시라도 빨리 어디 잠 잘 곳을 찾아야 했던 옹은 다시 공손하게 "이곳 말고 인가는 없는가?"라고 묻게 했다. "있지만 멀다." "어느 쪽인가?" 동북 방향을 가리키며 그 쪽으로 가라고 가르쳐 주었다.

세 사람의 일행은 얼굴을 마주봤다. 옹은 "어쩔 수 없다. 지금부터 그 집을 찾으러 가자"라고 힘을 내어 걸음을 재촉했다.

그때부터 여러 시간 후, 장연 고현리에 배나무가 있는 집에 겨우 도착했다. 이 집 주인은 정말로 정직해 보이고 물정을 좀 아는 사람이었다. 옹은 통역을 시켜 "길을 잃어 잠 잘 곳을 찾기 어려워 곤란해 하고 있습니다. 오늘밤 재워줄 수 있습니까?"라고 정중하게 부탁했다. "많이 힘드셨지요. 누추하지만 들어오십시오"라고 기분 좋게 승낙해 주었다. "감사합니다. 부디 잘 부탁드립니다"라고 옹의 일행은 이 집의 호의에 의해 안심하며 겨우 가슴을 쓸어내렸다.

고현리의 이 집 주인은 김용수(金龍秀)라고 했다. 훗날 광산을 개시할 때 옹은 이 사람을 중용하여 후하게 그때의 호의에 보답한 일이 있었다.

그 밤은 좁은 조선 온돌에서 하룻밤을 지냈다. 다음날부터 또 은율광산의 나머지 부분을 시찰하고 장연에 이르기까지 순서대로 빠짐없이 조사를 진행했다.

이렇게 분골쇄신하는 정신으로 30여 일의 현지답사를 마쳤다. 매일 도보 여행으로 피곤함과 싸우고, 심한 고생을 하면서 조사는 진행되었다. 광질, 채굴량, 인부 공급, 운반수송 관계 등에 관한 자세한 조사를 마쳤다. 특히 광질 조사에서는 옹은 특히 깊고 세심한 주의를 했다.

이 은율 장연 광산은 옹의 탐광조사에 앞서 일본 농상무성(農商務省)으로부터 전문기사 3명이 출장 와서 현지조사를 한 적이 있었다. 그 조사 결과는 이 광산은 한 번 분화했기 때문에 일정의 광맥이라고 하는 것은 이제 파기되어 버려 지금은 채굴 가치가 없다는 감정을 내렸다.

그런데 옹이 이번에 조사를 해 보니까, 옛날에 분화한 형적은 분명이 있었다. 그렇지만 심각하게 분출하지 않아서 불이 꺼지고 식으면서 광석은 옛날 상태로 돌아가 광맥은 갖추고 있었다. 채굴의 가치는 충분하다는 결론이었다. 결국 옹의 감정은 적중했다. 지금도 다량의 철광석이 채굴되고 있다.

답사를 마친 다음날, 옹과 통역 정치삼, 전형실 세 사람은 김용수 씨의 집을 떠나 귀로에 올랐다. 도중 부근의 조선인들이 모여들었다. 처음 외국인을 본 조선인들의 눈에 일본인인 도미타 옹은 대체 어떻게 비쳐졌을까. 손에 몽둥이를 들고, 눈을 부라리며, 주먹을 쥐고, 무슨 원수라고 만난 것처럼 무서운 기세로 줄지어 다가왔다. 모두가 험난한 형상을 하고 있었다. 동행한 두 사람은 놀라서 정말로 살아있는 기분이 아니었다고 한다.

나중에 그 당시의 일을 정치삼이 자주 지인들에게 말한 것은 그때 도미타 옹의 태도였다. 금방이라도 몽둥이로 때릴까, 뒤에서 두들겨 팰까 조선인들의 험난한 모습이란 그 어떤 것에도 비유 될 것이 없었다. 그래도 20여 명이나 에워싸며 왔기 때문에 언제 어느새 폭발할지 몰랐다. 그 속에서 옹은 뒤에도 사람이 없고, 앞에도 사람이 없는 듯이 태연자약하며 조금도 두려운 기색이 없었다. 때때로 통역하던 정치삼과 주변의 경치를 얘기하기도 하고, 산 이름을 묻기도 했다. 그 태도에는 전형실도 정치삼도 뒤따라 온 조선인들까지 혀를 내둘렀다.

이 태도에 압도되었는지 대단한 기세의 조선인도 몽둥이와 흉기를 휘두를 용기를 잃고, 단지 웅성거리며 뒤따라가면서 위협을 보이는데 지나지 않았다. 곧 장연 연안을 넘어 배촌(裴村) 부근까지 왔을 때에는 한 사람두 사람 없어져 몇 사람 남지 않았으나 그래도 그들의 태도 여전히 위협적이었다.

전형실 씨는 은율 읍내에서 헤어졌다. 옹은

"전형실 씨, 폐를 많이 끼쳤습니다. 덕분에 여러 가지 많이 얻었습니다. 유망한 광산이라고 생각합니다."

"그렇습니까? 다음에는 언제 오십니까?"

"음력 정월에 오겠습니다. 그때 또 만납시다. 그때까지 집을 한 채 지을 재료를 준비해 두십시오."

"알겠습니다. 어떤 집을 지으실 겁니까?"

"간소하면 됩니다. 조선식 건물로 사무실과 주택을 같이 쓸 수 있는 것으로……."

"7백 엔 내외입니다."

"장소는?"

"해안에 가까운 곳이 좋겠죠."

그렇게 해서 다음 해 봄, 세워진 것이 현재도 기념비적으로 남아 있는 것으로 광산개발 당시의 사무실이다.

연일 힘든 노고에 대한 대가는 있었다. 옹은 뭔가를 획득하고, 회심의 미소를 억누르며 그 달 29일 진남포로 돌아왔다. 다음날 배로 인천으로 향했지만 도중에 바람으로 바다가 거칠어져 항해가 곤란하게 되었다. 백령도(白翎島)에 기항하여 피난을 했다. 폭풍이 쉽게 가라앉지 않아 끝내는 그 섬에서 1900년 설날을 맞이했다. 바람이 자기를 기다려 1월 3일 인천에 도착, 바로 경성으로 돌아가 앞으로의 대책을 세웠다.

3. 은율광산 경영

조선의 광산권은 지금은 내외국인을 묻지 않고 누구라도 공평하게 권리가 주어져 채굴할 수 있게 되었지만, 1901~2년경은 광업에 관한 사무는 모두 궁내부 내장원경의 소관이었다. 전국에서 유망하다고 인정되는 광산은 대개 궁내부의 결정에 맡겨져, 비교적 중요시 되지 않은 광산에 대해서는 각 지방에 광산국(鑛山局)을 설치하여 이것을 보호감독하게 하고, 그 채굴권은 조선인에 한해서만 허가하는 제도로 외국인에게는 절대로 허가되지 않았다.

조선정부의 광업에 대한 시정방침이 이렇게 좁고 폐쇄주의이었기 때문에 채굴방법에 있어서도 신식이 수입되지 않았고, 또 그 사이에 어떤 진보도 볼 수가 없는, 구태의연하여 고칠 수 없는 상태였다.

창업시 은율광산사무소에서 옹(중앙 헌팅캡)과 사무원

은율철산 장연갱

   옹은 시찰결과, 은율, 장연, 재령 세 곳의 광질은 60% 이상 함유량을 가져 상당히 전망있다는 것을 알았다. 다음으로 채굴방법, 운반 수송 등 각 세목에 있어서도 지장없이 실행할 수 있다는 것을 확인했기 때문에, 국제 담판에 의해서 세 곳 광산의 채굴 허가를 얻기 위한 활동을 진행했다.

   그 무렵 조선왕실의 시강(侍講) 가운데 아유가이 후사노신(鮎貝房之進)[18]이라는 한학자가 있었다. 국학자 오치아이 나오부미(落合直文)[19]의 제자로 센다이 번(仙台藩) 게센누마(気仙沼)의 번사(藩士)였다. 이 사람이 고니시와(小西和) 지점의 외부 상담역을 맡고 있었다. 옹은 아유가이 씨의 원조를 받아 각 대신에게 교섭하여, 정부에 3만 엔을 납입하고 채굴 허가를 출원했다.

   당시 조선 사정에서는 이런 류의 출원은 허가될 때까지 긴 시간이 필요했고, 어려움을 동반하고 있었다. 그런데 거기에 아유가이 씨가 성의를

---

18) 1864~1946. 미야기 현 출신으로 1894년 조선에 건너와 일본인 소학교 건립에 관여함. 언어학자이자 역사학자로 고대 조선의 지명이나 왕호 등에 관한 언어학적 연구로 유명하며 민속학 연구와 함께 그의 연구는 오늘날까지도 영향을 미치고 있다.

19) 1861~1903, 국어학자, 歌人. 일본의 근대시 형성에 영향을 미친 인물로서 아유가이 후사노신의 형.

가지고 알선을 해 주었기 때문에, 일은 순조롭게 진행되어 상담이 마무리 되었다. 그러나 일본인의 명의로는 절대로 허가가 되지 않는 제도였기 때문에 조선인인 한석진(韓錫振, 대신급)이라는 사람의 명의로 1900년 5월 은율, 장연 두 군데가 허가되었다. 재령은 육군 소관이라는 이유로 허가를 받을 수 없었다.

그래서 옹은 명의인 한석진과 특별한 계약을 맺어, 자본은 옹의 명의로 출자하고, 2사람 공동 사업으로서 채굴하게 되었다. 그 이익분배는 따로 정했다. 옹과 한석진, 일본인과 조선인 두 사람의 계약에 대해서는 일본 영사가 감정증명하고 또 광무(鑛務)감독 이 모 씨의 감정증명에 의해 마침내 계약이 성립되었다.

옹은 우선 은율에서 시작하려고 계획을 세웠다. 허가를 받자마자 바로 한석진의 대리인 전형실과 통역 정치삼을 데리고 금산포로 출장을 갔다. 우선 먼저 사무실을 신축했다. 이 사무실이라고 하는 것은 지금은 기념으로 보존하고 있지만, 극히 검소한 순 조선식 건물로, 응접실도 되고 침실도 되고, 사무실도 되어 여기서 활동의 단서가 열렸다. 사무실은 변변치 못하여 지금 봐도 실로 격세지감을 느끼게 한다.

이 건물의 동북 모퉁이에 있는 환목주(丸木柱) 상부에 깊은 톱질자국이 7개 정도, 오른쪽과 왼쪽에 있다.

이것은 조선 목수 공법 중의 하나로 굽어진 나무를 펴는 고안이었다. 이 원목은 세워지지 전에는 굉장히 굽어져 있었는데 옹은 "이렇게 굽은 나무가 기둥이 될 수 있는가?"라고 물었다. 그런데 그 목수는 말없이 톱을 대고 톱질을 하여, 3, 4군데 오른쪽과 왼쪽에서 1/3 정도까지 톱질을 했다. "이상하게 하네……"라는 생각으로 보고 있으니 굽은 기둥은 거의 직선이 되었다. 옹은 정말 신기하다고 생각했다. 그 톱자국이 30년 후인 지금도 여전히 남아 있다.

그 무렵 채굴 도구는 조선에서 만들어진 것으로 불완전했기 때문에 충분히 능률을 올릴 수 없었다. 큰 돌이나 큰 광석은 깰 수가 없었다. 작은 광석만을 채굴 수집했다. 운반도 궤도가 없었기 때문에 사람의 등과 우차에 의해 운반했다.

처음에는 광부가 되어 일하려는 자가 없었다. 근처 농부에게 상당한 임금을 지불한다고 해도 와서 일하려고 하는 자가 없었다. 그것은 부지런히 일해도 과연 급료를 받을 수 있을까 하는 의문과 또 어떤 일을 하는지도 모르기 때문에, 일하러 오는 자가 없었다. 그래서 어떻게 할 수가 없어서, 광부들의 오두막을 10채 정도 신축하여 무료로 사용하게 했다. 또 하루 임금 외에 쌀까지 주었다. 그뿐이 아니었다. 옹과 전형실 씨는 부락의 주된 사람들의 집을 방문하여 마을 사람을 광부로서 일할 수 있도록 부탁했다. 마을 사람들 중에는 밥을 지을 솥이 없는 자도 있었는데 그런 사람에게는 솥을 사 주기도 하고, 마을 사람을 위해서 여러 가지 편의를 제공했다.

아무튼 일본인인 옹을 보고, "희한한 사람이 왔다"라고 하여 구경하러 오는 시절이었기 때문에 광산 업무라는 것을 이 지방인들은 잘 몰랐다. 옛날 역사 중에서도 정부사업을 위해서 징발된 일도 있어 인식이 그다지 좋지 않아서 일을 추진하는 데에 굉장한 어려움을 겪었다.

이런 어려움을 극복하고 채굴을 시작했다. 채굴한 광석 6톤을 표본으로 야하타제철소에 보냈다. 시험 결과가 상당히 좋았고, 굉장히 전망 있다는 것을 정확하게 알았다. 기쁨에 넘친 옹은 7월까지 광석 약 70톤을 범선 덴진마루(天神丸)에 싣고, 제1회 수송을 하게 되었다. 덴진마루의 선장은 조선인으로 장원(張元)이라고 하는 자였는데 그 광석을 쌓으려고 하는 순간이 되어서야 "이런 돌멩이는 실을 수 없습니다. 먼저 저쪽에서 받아줄지 어떨지도 모르고, 만약 받아주지 않으면 버릴 장소를 찾는데도 곤란합니다"라고 말을 꺼냈다. "그런 걱정은 없다. 철의 원료가 되는 귀중한 광석이다"라고 설명을 해도 들으려고 하지 않았다. 결국에는 "뭐라 하셔도 실으려고 하신다면 임금과 버리는 비용 70냥을 선불로 주십시오"라고 어깃장을 놓았다.

큰일이었다. 임금은 그렇다 쳐도 버리는 비용을 선불로 달라니 이게 무슨 일인가, 가령 광석이 뭔지 모른다고 해도 부당한 생트집이었다. 그렇지만 옹은 아무 말도 하지 않고, "좋아, 그렇게 생각하면 지불하죠!" 하면서 어떤 불평도 하지 않고 선금으로 지불했다. 당시 옹이 채굴이나 운반에 있어서 상당히 고심했고, 그 실상은 정말로 울래야 울 수 없는 참담한 것이었다.

4. 무연탄 실패

가사이 쇼헤에(笠井小兵衛)로부터 인수받아, 조선 정부와 계약을 한 평양무연탄은 다른 곳에서는 쓸 수 없는 오로지 해군성에서 군함의 연로로 사용하는 것이었다. 그러나 해군성에서도 경솔히 계약은 할 수 없었다. 과연 효과가 있는지 없는지를 실험해 봐야 한다고 해서 10톤의 무연탄을 군함 야마토(大和)에 실고, 이것을 배 위에서 연소 실험을 하기로 했다.

진남포부청

1900년, 평양에서 좀 떨어진 사동(寺洞) 무연탄갱에서 대동강으로 운반하여, 거기서 조선 배로 진남포까지 운반했는데 그 불편과 힘든 상황은 말로 표현할 수 없을 정도였다. 진남포부는 지금이야 인구 3만 7천명이 되었지만 그 무렵은 일본인 200명, 조선인 80명 그 외에 산자락에 있는 부락에 150명 정도의 조선인이 있는 정도였다. 소수의 사람을 상대로 60톤의 무연탄을 모아서 군함에 선적하는 것은 이만저만 어려운 일이 아니었다. 굉장한 고생과 곤란을 겼었다.

겨우 군함 야마토에 싣고, 진남포에서 인천 앞바다까지 가는 사이에 연소 실험을 했다. 처음에는 무사 운행을 계속했는데 백령도 부근까지 왔을 때 군함은 움직이지 않았다. 즉 그 무연탄이 타지 않았던 것이다. 가는 도중이어서 굉장히 당황했다. 그뿐이 아니라 해상이라서 달리 방법도 없었다. 여러 가지 생각한 끝에 연소한 후의 찌꺼기를 보일러에서 제거하고 다시 연소시켜 보았다. 그러자 처음처럼 연소되었다. 겨우 겨우 인천에 도착할 수가 있었다. 그러나 연소는 충분히 되지 않았다. 그래서 옹은 해군 무관들과 숙의를 하고 연구도 해 봤지만 다른 방법이 보이지 않았다.

그 무렵 아마쿠사(天草)에 무연탄을 연탄으로 제조하고 있는 연탄상이 있었다. 거기에 60톤을 보내 연탄으로 시작(試作)해 보는 교섭이 성공해서 다시 60톤의 무연탄을 평양에서 진남포를 거쳐 싣고, 아마쿠사로 수송하게 되었다. 그런데 당시 조선에서 일본으로 향하는 배는 일본우선회사(日本郵船會社)의 기선밖에 없었다. 그래서 우선회사에 교섭하여 수송을 부탁했는데 보기 좋게 거절당했다. 거듭 교섭을 해 봤지만 요령부득이었다.

그래서 옹은 직접 동경에 있는 우선회사 사장을 방문해서 교섭을 했다. 평양 무연탄을 연탄으로 만들어 해군성에 납부하는 사정을 얘기하고, 연탄제작소가 있는 아마쿠사까지 수송을 의뢰했는데 우선 사장은 무연탄을 실으면 다른 물건들이 망가질 우려가 있어 받아들일 수가 없다며 거절했다. 그러나 다른 방법이 없었기 때문에 옹은 여러 번 교섭을 거듭하여, 다른 물건들에게 피해를 주지 않기 위해 적당량으로 안배해서 마대포대에 넣고, 이것을 다시 가마니에 넣는 이중 포장을 하여, 검은 탄이 외부로 배어나오지 않도록 한다는 조건으로 겨우 받아들여져 수송의 협정이 성립되었다.

그리고 나서 60톤의 무연탄을 일일이 마대포대에 넣고 다시 이것을 가마니에 넣었기 때문에 상당한 시간이 걸렸다. 그것을 미스미 항(三角港)[20] 까지 운반하고, 거기서는 배로 아마쿠사까지 운반했는데 이번엔 아마쿠사의 연탄업자가 쉽게 연탄 제조에 착수해 주지 않았다. 매일 재촉해 봤지만 일이 아직 끝나지 않았다든가, 일이 많이 밀려 있다든가 등등 여러 가지 구실로 생각처럼 움직여주지 않았다. 그래도 옹은 끈기 좋게 재촉하면서 약 40여 일간 거기에 체류하면서 겨우 연탄으로 만들게 했다. 만든 연탄은 다시 배로 사세보(佐世保)까지 운반해서 해군성에 납품했다.

과연 이번에는 연소되는지, 효력이 있는지를 실험했다. 당시 새로이 건조된 군함 마츠시마(松島) 함대가 진수식을 하게 되어 있었다. 그것이 끝나면 바로 신함대에서 실험을 하기로 했다. 잠시 기다린 후에 진수식도 끝나고 마침내 연소실험을 시작하게 되었다. 무연연탄을 마츠시마 함대에 선적하여 이것을 태우면서 고토(五島) 앞바다로 운행했다. 이것이 연소 여부를 확인하는 현장실험이었다.

그런데 결과는 불량이었다. 진남포 앞바다와 마찬가지로 도중에 불이 꺼져 연소가 멈췄다. 그 경과는 군함 야마토에서 실험할 때와 같이 효력은 충분하지 않았다. 당시 실험관으로서 실험을 실행한 자는 다케다(武田) 해군중좌(훗날 평양 무연탄광장이 되는 다케다 소장으로 그 후 중장에서 전역하여 미츠비시(三菱)에 들어간 사람이었다)이었는데 실험 결과 아무래도 충분한 효력이 없어 결국 계약은 무효라는 결론을 내렸다. 옹

---

20) 구마모토 현에 있는 항구.

의 실망은 어떠했을까. 채굴에서 운반, 포장 선박수송 등 모든 어려움을
다 겪고 겨우 연탄으로 만들어, 멀리 떨어진 사세보까지 가져와 실험을 했
는데도 불구하고 그것은 무효가 되었다. 비통한 마음을 풀 길이 없었다.

어느 정도까지는 연소했지만 그 이상이 되면 연소가 멈추는데 거기에
뭔가의 장애가 있는데 그것이 뭘까? 진흙이 섞여 있었던 것을 그때는 깨
닫지 못했다.

실망하고, 낙담했지만 어떻게 할 수도 없었다. 어쩔 수 없이 경성으로
돌아왔다. 그때부터 더더욱 용도를 연구하여 중국의 정크선에 사용해 보
고, 두부가게 연료로도 해 보고, 일반가정의 연료로도 실험해 봤지만 아
무래도 완전하지 않았다. 그밖에 할 수 있는 만큼 연구도 하고, 조사도 했
지만 모두 효과 없이 끝났다. 그때까지 3만 여 엔의 돈을 소비해 버린 셈
이었다.

일이 여기에 이르자 모든 것을 중지하고, 무연탄이라고 하는 것은 효력
이 없는 것이라고 단정해버렸다. 지금 생각해 보면 정말로 유치한 것이었
다. 분석 실험해 보면 그 함유물에 의해서 연소를 방해하는 것이 무엇인
지 바로 알 수가 있지만 거기까지는 생각이 미치지 않았던 것은 옹으로서
도 연구가 부족한 점이었고, 해군성에서도 거기까지는 미처 생각하지 못
했다. 실험이라고 하면 단지 연소점만으로 충분하다고 생각하고 있었던
것은 참으로 유감스런 것이었다.

이렇게 되고 보니 이제 세금을 내는 것은 의미가 없었다. 그래서 빨리
계약 해지 신청을 했다. 조선정부에서는 그렇게 쉽사리 해제를 받아들여
주지 않았다. 여러 번 교섭하고, 재촉하고 해서 1년 정도 지나 겨우 해제
수속을 할 수 있었다. 여기서 무연탄갱에서 손을 떼게 되었다.

그때부터 1년 정도 지난 무렵, 프랑스인이 그 사동 무연탄갱을 채굴하
게 되어, 진남포에 큰 공장을 세워 활발하게 제련(製煉)을 시작했다.

이 무연탄 연구에서 한 번 실패를 경험한 옹은 어떠한 감상으로 그것을

바라봤을까. 지금까지 분골쇄신 거액의 돈을 투자해서 연구했지만 일은 끝내 성공하지 못했다. 그런데 이게 뭔가, 지금 외국인이 그것을 부활시켜 자기의 것으로 만들고 있지 않는가.

"이것이 일본인이라면 누가 하더라도 국가를 위한 것이니까 괜찮지만, 프랑스인이 이것을 성공하게 된다면 일본으로서는 수치다. 이 얼마나 원통한 일인가"라고 국가적 입장에서 옹은 굉장히 유감스럽게 생각했다. 그러나 그때는 손을 쓸 수가 없었다.

그러는 사이에 시간이 흘러, 1903년 봄이 되었다. 그 무렵 진남포 무연탄 제연공장에는 갑자기 사람이 보이지 않게 되었다. 이상하다고 생각해서 물어보니 공장주부터 사무원까지 모두 야반도주를 한 것처럼 사라져 버렸다. 무슨 일이 있었을까, 프랑스인의 경영도 결국 실패로 끝났던 것이다. 그 이후 이 무연탄갱은 오랫동안 그대로 방치되었다.

5. 광산 경영의 변천

은율광산 경영에 대해서는 그 후 생각지도 않은 여러 가지 어려움이 계속해서 일어났다. 그렇지만 옹은 조금도 굴하는 기색이 없었다. 뿐만 아니라 하나의 고난을 겪을 때마다 더더욱 분발하여 목적을 향하여 매진하려고 노력했다. 그 노력에 대한 대가로 사업은 점점 일어났다.

다음 해(1901년)가 되자 점점 전도에 서광이 보여, 옹과 무코야마 모헤이(向山茂兵衛), 고난 데츠오(江南哲夫), 다사카 세이노스케(田阪誠之助)가 출자를 해서 남산합자회사(南山合資會社)를 창설하고, 은율광산을 경영하려고 했다. 옹은 현장에서 사업실무를 담당하면서 일체의 업무를 지배하고, 금산포 및 진남포를 왕복하면서 전심으로 광산 경영에 임하였다.

그 무렵 조선 해안의 항해 사업이 극히 유치한 시절이었다. 운임은 높고, 동시에 수입세로서 1톤당 45전이라는 높은 세금이 부과되었기 때문에, 광석 수송은 수지가 맞지 않았다. 모처럼 채굴 계획도 이래서는 일을 할 수가 없었다. 그해 제국의회에서 고난 데츠오가 제출자가 되어 수입세 면제 청원을 하였고, 또 한편으로는 제철소에 대해서 매입가격 인상을 청원했다. 다행이 일이 잘 되어 둘 다 받아들여져, 의회에서 완전히 수입세를 철폐하여, 조선의 산업개발을 장려하게 되었다. 제철소에서도 납입품 분석 결과 품질 우량이면 약 2할 가격인상을 승낙 받았다.

거기서 옹은 용기백배 하여 더욱 다양한 사업 확장을 꾀했는데 호사다마(好事多魔)라고, 1902년 6월에 제철소로부터 갑자기 광석 매상이 중지되어버렸다. 지금까지 혼의 힘을 다하여 분투해 온 광산사업도, 하루아침에 좌절을 가져왔다. 옹은 눈물을 흘리며 뒤처리를 하고, 갱부들에게는 각각 후사를 도모할 수 있도록 챙겨주고 경성으로 철수했다. 남산합자회사는 여기에서 해산하지 않을 수 없게 되었다.

해가 바뀌어 다음 해(1903) 4월, 제철소로부터 다시 광석 매상을 하겠다는 상황이 되었다. 옹은 기뻐하며, 바로 은율광산을 부활시켜 채굴을 시작했다. 일단 폐쇄했던 광산을 부활하는 것은 쉬운 일이 아니었다. 불가 일년 남짓 휴업이었는데 상당히 폐허가 되어 있었다. 새롭게 세우고, 고치고, 바꾸는 것도 적지 않았다. 게다가 날짜와 경비를 필요로 하는 것이어서 그해는 생각했던 만큼의 공정은 얻을 수 없었다. 이제 제반 준비가 이루어져, 다음 해부터는 대대적으로 확장의 전망을 세우고 비약하려고 하는 단계까지 왔다. 옹은 의기승천(意氣昇天)의 기세로 신바람이 나 있었다.

그런데 뜻밖에 러시아와의 전운이 급하게 전해지고 일대전화(一大戰禍)의 징조가 나타났다. 우리나라는 러시아의 동아침략에 대해서 자위상 어쩔 수 없는 무력전쟁을 하게 되었고, 마침내 1904년 2월 5일 국교단절 통첩을 러시아에 보내고, 2월 10일 선전포고가 내려졌다. 마침내 러일전쟁이 발발했다.

곧 조선의 서해안은 전쟁터로 변하고, 기선의 운행은 정지되었다. 옹이 경영하는 광석 적출은 할 수 없게 되었다. 내년을 기대하고 있던 옹의 광산사업은 그로 인해 어쩔 수 없이 광산을 일시 닫아야 했다.

6. 뒷일을 부탁하다

사업발전 단서가 몇 번인가 좌절되었고, 바야흐로 새 사업이 궤도에 오르려고 하는데 또 여기서 중단되었다. 다년 참담한 노고에 대한 결과는 나오지 않고, 언제 다시 성공할지 그 끝을 알 수가 없는 상황이 되었다. '이 다음은 뭐가 있을까'라는 생각에 현재를 어떻게 극복할 것인가, 장래는 어떻게 될 것인가 등 새삼 통한의 상념이 밀려왔다. 그러나 지금은 조국 흥망의 기로이니 나라를 위해 후원의 결실을 이루어야 할 때였다. 옹은 어디까지나 군국을 위해서 최선을 다하려는 정신으로 불탔다.

옹은 전시 후원을 하기 위한 일을 해 보고 싶다고 생각했다. 연줄을 대어서 군부(軍夫)[21]공급 사업을 하게 되었다. 그래서 광산 쪽은 어쩔 수 없이 일시 폐쇄하기로 했다. 이 폐쇄할 때 옹의 마음을 많이 힘들게 한 것은 갱부들의 신상에 관한 것이었다.

광산이 폐쇄가 되면 다수의 갱부는 그날부터 곤란하게 되는데, 이것은 어떻게 할 수가 없었다. 그러나 뭔가 갱부들 신상을 도울 수 있는 길이 없을까라고 옹은 생각했다. 그리고 갱부들과 송별회를 하기 위해 옹은 마음을 내어 진남포까지 걸어갔다. 전형실 씨를 만나서 이번 전쟁 때문에 본 광산 폐쇄는 피할 수 없게 된 뜻을 말하고, 그리고 "나는 이번에 뜻한 바가 있어 군부공급을 위해 종사하게 되었습니다. 잠시 헤어져야 합니다. 남은

---

21) 군대에서 雜用을 하는 사람.

갱부들은 일이 없어 틀림없이 곤궁해질 것이라 생각하는데 그것만은 제가 걱정이 되어 견딜 수가 없군요. 그래서 여기에 천 엔을 드릴테니 당신이 맡아 주십시오. 만약 갱부들 중에 힘들어 하는 사람이 있을 경우에는 이 돈을 조금씩 나누어 도와주길 바랍니다. 그 외에도 제가 없는 동안 무엇이라도 당신이 저를 대신해서 갱부들을 돌봐 주길 바랍니다"라는 뜻을 전형실 씨에게 전했다. 전형실 씨는 옹의 두터운 정에 감격하여 눈물로서 받아들였다.

"고맙습니다. 전부 알아들었습니다. 미흡하지만 챙겨보겠습니다. 천 엔은 분명히 받았습니다. 결코 잘못됨이 없도록 하겠습니다. 갱부들도 기뻐할 것입니다. 걱정을 끼쳐드려서 죄송합니다."

"전형실 씨, 갱부들에게 잠시 고별인사를 하고 싶으니 모아 주시겠습니까?"

"이미 모여 있습니다. 오늘 여기에 오신다는 것을 알고 만나 뵙고 싶다고 하면서 오늘 아침부터 모두 모여 있습니다. 곧 알리겠습니다."

많은 갱부들은 옹이 오기를 기다리고 있었다. 그래서 오늘 온다는 뜻을 알렸다. 갱부들은 기뻐하면서 옹의 앞에 모였다. 옹도 기뻤다. 갱부들은 옹에게 자애로운 아버지와 같은 친근함을 느끼고 있었다.

옹은 많은 갱부들을 향하여 인사를 했다.

"여러분 인사하러 왔습니다."

갱부들은 친근함과 정겨움으로 옹에게 목례를 했다. 갱부들 중에는 눈물을 글썽이는 자도 있었다.

옹은 더 나아가, "지금까지 여러 가지 신세를 졌습니다만 이번 전쟁으로 수송을 할 수 없어 광산도 어쩔 수 없이 쉬게 되었습니다. 저는 쉬는 동안 만주 방면에서 종군하게 되었기 때문에 잠시 여러분과 헤어져야 합니다. 여러분은 그 사이에 무엇이든지 자활의 길을 찾아서 바른 정도를 걸으면서 지내십시오. 타향에서 생활이 궁하면 여러 가지 나쁜 마음이 생겨나 남의 것을 훔치기도 하고, 혹은 도박에 빠지기도 하는 경향이 종종 있습니다. 그러한 것은 이 금산포에서는 결코 있어서는 안 됩니다만 인간의 마음은 때에 따라 변하기 쉬운 것입니다. 어떨 때 변하는가 하면 굉장히 힘들 때 본의 아니게 나쁜 마음이 생기기 쉬운 법입니다. 그래서 그때가 제일 중요한 때입니다. 그때 마음의 고삐를 당겨 잘못을 저지르지 않도록 했으면 합니다. 그것이 제일 중요합니다. 잘못된 길을 가지 않도록 부디 부탁드립니다. 그러나 마음의 고삐를 당기라고만 말하고, 먹으려 해도 먹을 수 없고, 입으려 해도 입을 수 없을 때 어떻게 하느냐고 물으시겠죠. 그때는 여기에 있는 전형실 씨와 상담하십시오. 반드시 힘이 되어 줄 겁니다. 그러나 이것도 말할 필요가 없지만 가능한 한 자활의 길을 찾아, 조금도 게으름을 피워서는 안 됩니다. 그래서 부디 잘못 생각하지 않도록 해 주십시오. 그러면 여러분, 몸조심하면서 일하십시오. 잠시 떠났다가 돌아오겠습니다" 정중하게 갱부들에게 말을 했다. 갱부들 중에는 눈물을 흘리면서 옹의 얘기를 듣고 있는 사람도 있었다.

"서로 조심하여 가업을 지켜갑시다. 그러면서 도미타 옹을 기다립시다"라고 뜻밖에 금산포촌은 옹의 덕을 칭송하면서 마음으로는 긴장감을 더했다.

그 후 옹은 잔무를 정리하기도 하고, 아쉬움을 느끼면서 갱부들과 간담을 하고는 다음날 귀로에 올랐다. 다수의 갱부들은 마을 어귀까지 옹을 배웅했다.

그때가 1904년 4월이었다.

그해는 조선 각지가 대가뭄이어서 농작물은 하나같이 대흉년이었다. 물가가 앙등하고, 돈은 없는 일반적인 상황은[22] 정말로 비참했다. 그래서

---

22) 제1차 한일협약 체결에 의해 파견된 탁지부 재정고문 메가타 다네타로(目賀田種太郎)가 1905년 6월 이후 실시한 화폐정리사업으로 인해 발생한 錢荒을 말한다. 백동화와 동전 등의 舊貨를 환수하고 新貨(제일은행권)를 法貨로 통용시키는 과정에서 신화를 충분히 공급하지 못하고 또한 기존의 어음을 폐지함으로써 화폐유동성 부족이 심화

좀도둑이 각지에서 일어나 정말로 흉흉한 세상으로 변했다.

그 중에 금산포 마을과 그 부근 일대는 빈민은 많았지만 그 사이 하등 부정하게 일하지도 않았고, 도박에 빠지는 일도 없이 지극히 평온하게 오로지 생업에 힘쓰면서 평화의 경지를 만들어내었다. 거기에는 전형실 씨가 옹의 온정에 빛나는 다액의 원조금으로 수시로 곤궁한 사람들을 도와서 어떤 부정을 양성하는 동기가 없었기 때문이다. 뿐만 아니라 옹의 덕은 금산포 부락민을 순화시켰다. 그 은혜를 생각해서라도 나쁜 일을 해서는 안된다 라는 감사와 긴장의 마음을 남녀노소 하나같이 가지고 있었기 때문이다.

되어 많은 상인이 파산했으며, 물가가 급격하게 올라 민중들은 생활고에 시달렸다. 이러한 금융경색과 경제 악화는 같은 해 11월 을사늑약 체결 후 전개된 의병운동이 평민에 의해 주도되고 전국적으로 확산되는 배경으로 작용했다.

제5장 산업에 경주(傾注)하다

1. 야채 재배

이렇게 해서 옹은 원정종군(遠征從軍)의 길에 올랐다.

안동현(安東縣)에서 나아가 봉천(奉天), 안산(鞍山), 철령(鐵嶺) 거기서 남하해서 요양(遼陽), 영구(營口), 구르니 등 각지를 돌아다녔다. 이 종군에서 새로운 사실을 알았다. 그것은 전쟁 지역 어느 곳에도 신선한 야채가 모자란다는 것이었다. 요양 부근은 가장 심각하여 육류보다도 비쌌다.

옹은 각지에 걸쳐 군부를 공급하는 일을 하고 있었지만 그해 말 사정이 있어 진남포로 돌아왔다. 진남포는 그 무렵 많은 군대가 들어와 군인들이 주둔하고 있었다. 옹은 어느 날 병참부에 가서 업무상의 상의를 하고 있을 때 "도미타 씨, 조선은 야채가 품절되어 있는데 만주는 어떻습니까?"라고 물은 사람은 육군 중좌인 다카하시 기시치로(高橋喜七郎) 씨였다.

"말씀하시는 대로 만주도 조선 이상으로 모자랍니다. 요양 부근에 가면 단무지 한 개와 쇠고기 한 근을 교환하기도 합니다. 따라서 굉장히 비쌉니다."

"그럴 것입니다. 그래서 이 전쟁이 언제까지 계속 될지 모르겠으나, 지속 기간을 계산하여 군대 식료를 공급하는 야채 속성 재배를 해 보지 않겠습니까? 상당히 괜찮을 것이라고 생각합니다."

당시 진남포 부근에서는 야채 재배는 대부분 중국인이 독점하다시피 했다. 10명 정도의 중국인이 활발하게 재배하고 있었는데 1전 정도의 것을 5전이나 7전으로 비싸게 팔고 있었다. 그 종류도 극히 적어 조선무와 순무 정도이고, 그 외의 야채는 거의 없었다. 그래서 가격은 점점 올라갔다.

그래서 옹은 생각했다. 진남포뿐만 아니다. 만주 방면에서도 야채가 모자라서 가격 앙등이 더 심하다. 이것은 전쟁을 기회로 중국인이 폭리를 취하고 있었기 때문이었다. 이것을 여기서 속성 재배하여 신선하게 더구나 저렴하게 공급하면 출정 군인을 위로하는데 일조를 할 것이고, 한편으로는 국가를 위한 것이었다.

"좋아! 한번 해 보자!"라고 결심을 했다.

"그거 좋은 생각입니다. 나라를 위한 일도 되니까 좋을 것 같습니다만 그러려면 귀관의 원조를 받고 싶은 것이 있습니다. 부탁해도 괜찮겠습니까?"

"무엇입니까?"

"야채 재배를 하려면 이 지방의 것으로는 충분하지 않습니다. 제 고향인 효고, 오사카 지방에서 농사에 뛰어난 젊은 사람을 고용하고 싶습니다. 그 사람들을 군함에 편승할 수 있도록 허가를 구하고 싶은데 가능하시겠습니까?"

"그것은 어렵지 않습니다. 당신이 출정군인을 위해서 힘을 쓰려고 하는데 어떻게든 해 보겠습니다. 다행히 군함이 수시로 오니까 말을 해 두겠습니다"라며 얘기는 구체성을 띄었다.

다카하시 중좌의 주선으로 옹은 군함을 타고 고향 우에노(上野)로 돌아왔다. 고향에서 6명, 교토 지방에서 전문 야채 재배꾼 4명을 고용하고, 그 외 원하는 사람도 있어 14명과 같이 군함을 타고 진남포로 돌아왔다.

그 중에는 간호부도 있고, 목수도 있었다.

그때가 1905년 봄이었다. 한두리(漢頭里)에 3만 평을 매입하여 야채밭을 만들고, 거기에 각종 야채를 재배했다. 옹은 앞에서 지도를 하고, 젊은 이들은 기운차게 일했다. 속성방법(온실을 이용)도 강구하고, 여러 가지 궁리하여 시행해 보았다. 가축 사육 등도 부업으로 했다. 이 사업의 성적은 굉장히 좋았다.

또한 야마모토 촌(山本村)에서 사과 묘목을 주문하여 야채 사이사이에 심었다. 이 사과 묘목은 조선인에게도 분배하여 심게 했다. 분배라고 해도 무료로 주었다. 이 묘목을 심은 것은 거의 실험적으로 해 본 것에 지나지 않았는데 이것이 오늘날 진남포 지방 일대를 사과재배 산지로 만든 기원이 되었다.

그때 재배한 야채류는 일본산 무, 수박, 토란, 가지, 파, 호박, 오이 등 그 외에 여러 종류였는데 재배된 것은 진남포 체재 병사들에게는 물론, 중국 오지 원정대에도 신선하고 저렴하게 공급해 주었다. 이상하리만치 부족했던 야채를 신선도 풍부하게 공급하여, 조선 주둔 군대뿐만 아니라 만주 출정 군인으로부터 굉장한 호평을 받았다.

사업은 날도 호황으로 향하고 있었다. 이것이 계기가 되어 일본인 농사업자들이 점점 늘어나 중국 농민세력을 능가하게 되었다. 이것이 진남포에 있어서 일본 농업인의 효시이고, 또 모범이 되었다.

그런데 그해 가을이 되어, 강화 소문이 돌더니 곧이어 휴전 조약이 되고, 주둔 병사들은 철군 준비에 들어갔다. 또한 오지의 병사들 중에는 이동하는 자들도 나왔다. 남은 병사들도 언제 철수할지 모르는 형세로 변해서, 지금까지처럼 팔리지 않게 되었다. 재배도 점점 축소해야만 했다. 그래서 교토 지방에서 온 농부들은 본인이 희망하는 것도 있고 해서 우선 먼저 일본으로 돌려보냈다. 효고 지방에서 온 농부들은 6명 정도 남아서 일을 계속했다. 그러는 사이에 강화조약이 체결되고, 10월 16일 비준교

환을 했다. 마침내 출정군인이 개선하게 되었다. 그래서 야채 수요가 현저하게 줄어, 재배 또한 줄여야 했다. 그래서 그 후부터는 사과재배로 전환했다.

농부들은 한 사람 한 사람씩 떠나 일본으로 가 버렸다. 단 한 사람 남아서 진남포에 농사를 지으면서 옹을 위해서 진력을 다한 사람이 있었다. 그 사람이 기타즈미 요시마츠(北住吉松) 씨로 지금은 상당히 성공하여 진남포에서 잡화상을 운영하고 있다. 20여 년 간 진남포 농업계에 있어서 옹의 수족이 되어 애쓴 공로자이다.

오늘날 진남포에서 평양 일대와 그 외 각지의 야채가 재배되어 굉장한 성황을 보게 된 것은 사실은 옹이 초기 단계에 만든 이때의 농장이 일반인들에게 자극이 되고, 모범이 되어 보급된 것이다.

2. 사과 재배

야채 재배는 군대 철수 후 축소되었지만 2년 정도 더 지속되었다. 그 사이에 이전에 야채 밭에 심어 두었던 사과나무가 성장하여 야채 재배에 방해가 될 정도가 되었다. 또 그 무렵 야채 수요가 증가한 것을 보고, 중국 농민이 다수 들어와 재배하여, 생산 과잉 상황에서 야채는 더 이상 전망이 없었다.

그러는 사이에 사과나무가 자라, 정말로 멋진 결실을 보게 되었다. 이때를 시작으로 진남포는 사과 산지가 되었고, 전망이 상당히 좋다는 것을 희미하게나마 알게 되었다. 또한 시식용(試植用)으로서 야마모토 촌(山本村)에서 사과 묘목을 많이 가져와 심어 보았는데 어느 것이나 보기 좋게 열매를 맺어 멋진 성과를 이루었다.

그래서 옹은 마침내 진남포 인사들에게 사과 재배를 장려했다. 묘목은 옹이 사비로 사 들여와 무료로 분배하여 재배를 권장했다. 그 무렵 옹의 사과나무 밭은 한두리에 있었다. 결실기가 되면 막 딴 신선한 것을 이웃집과 지인들에게 보내서 시식하게 했다. 더 나아가 부내(府內) 일반인에게 싸게 팔면서 돌아다녔다. 여기에 자극받아 사과재배가 전망이 있다는 것을 부내 사람들이 인식하게 되었다. 게다가 옹은 사과 재배를 열심히 장려했기 때문에 비로소 사람들이 너도나도 옹의 말을 듣고 그 재배의 뜻을 가진 자가 늘어났다. 때는 1908, 9년 무렵이었다.

이보다 앞서 옹이 사과 묘목을 심고, 열심히 권유하고 있을 때에 어떤 친구가 "도미타 씨, 자네는 그 나이에 지금 심은 나무의 사과를 먹을 생각이군"이라고 농담반으로 물은 적이 있다. 옹은 바로 "열매가 맺는 것은 분명하지 않는가, 나도 내일이라도 죽을지 모르지만 열린 사과는 누군가가 먹겠지. 하하하" 하면서 일소에 부친 일이 있다.

맛있는 사과가 계속 익어갔다. 그 성적이 좋은 것을 보고 그 친구도 그때는 냉소적이었지만, 사실 이렇게 훌륭한 열매가 되는 것을 보고 이번에는 완전히 몸을 숙이면서 "그러면 나도 심어 볼까나……" 하면서 겸연쩍은 듯이 묘목을 사서 심게 되었다고 한다.

여담이지만 사과 재배를 위해 옹은 진남포 지방 사람들에게 열심히 장려했다. 십오일회를 이용해서 이를 장려하고, 그를 위해서 묘목을 무료로 분배하고, 또 황무지를 사 들여 개간을 하고, 여기에 심어서는 조선인들에게 빌려주기도 하고, 그냥 주기도 했다. 모든 희생을 치루고 보급에 힘을 쏟았다. 그리하여 가을이 되자 색깔 좋고 너무나도 식욕을 자극하는 신선한 사과를 시중에 팔면서 구체적인 실례를 보여주며 장려했기 때문에 그 결과 지방 사람들에게 점점 알려지게 되었다. 정말로 옹의 노력이 많았다고 해야 할 것이다.

한두리에 있었던 옹의 사과 과수원은 1911년경 구하라(久原)제련소가 설립될 때 마산리(麻山里)로 옮겼다. 여기 사과 과수원은 지금은 3만 평이라는 훌륭한 농원을 이루고 있지만 이것도 그때부터 정돈된 땅은 아니었다. 사과밭 개척은 도미타 데츠조(富田徹三) 씨가 중심이 되어 맡아 했다. 잡목나무 우거진 땅을 사들여서는 인부를 부려 서서히 개간했다. 그 사이에 평판 측량기를 이용해서 측량도 했다. 그 고생담은 실로 눈물의 노력, 땀의 고통을 맛보는 것이었다. 인부들 중에는 전과자도 있었다. 출옥 후 받아 주는 사람이 없어 힘들어 하는 사람을 옹이 받아들여 일시 일을 시키고, 나중에 여비를 주어서 고향으로 돌아가게 하는 방법도 취했다. 전과자로서는 얼마나 도움이 되었는지 모른다. 그래서 그들도 기꺼이 일을 했다.

이렇게 해서 과수 재배 장려에 진력을 다했다. 옹의 말년에 진남포 사과 생산량은 2백만 관(7,500톤)이라는 대량생산에 이르러, 사과 산지로서의 중심을 이루게 되었다.

잠시 얘기가 앞으로 거슬러 올라가는데, 진남포에서 사과 재배가 지극히 양호한 성적을 거두게 되었을 무렵, 옹은 더 나아가 금산포, 은율 지방에도 심어 보았다.

처음에는 단순히 종업원 식료에 쓸 정도로 계획했는데 재배해보니 상당히 잘 자랐다. 옹은 여기에 힘을 얻어, 더욱 심어 밭과 함께 조선인들에게 주기도 하고, 묘목을 나누어주며 거듭거듭 재배를 권했다. 지금은 재배 양식 기술도 발전되어 타의 모범을 이루게 되어 각지의 동업자와 학교 생도들이 견학하러 올 정도가 되었다.

지금 금산포에 옹이 재배한 사과는 처음부터 광산 종업원을 위해 쓸 것이어서, 지역 부락민 중에 누가 와서 따도 일체 상관하지 않았다. 가지가 휠 만큼 주렁주렁 달려 있는 사과는 보는 사람으로 하여금 침을 삼키게 했다. 처음에는 그 지역 조선인들이 신기해하면서 따 갔는데 3, 4년 지나는 사이에 지역 부락민들은 누구라 할 것 없이 "이것은 도미타 씨의 사과밭이야"라고 서로 말하면서 따 가는 일은 없어졌다. 한창 장난꾸러기 악동까지 이심전심인지 그 뜻을 이해해서인지 열매 하나 따는 녀석이 없고, 가지 하나 꺾는 일도 없었다. 떨어진 것조차도 주어가는 일이 없어졌을 정도로 덕화(德化)되었다.

옹의 친구 고난 데츠오(江南哲夫) 씨는 오랜만에 옹을 만나러 금산포를 방문한 일이 있다. 그때 교화된 이 부락사람들의 모습을 보고, 무한한 감개를 느껴, 시 한 수 지어 옹에게 보여주었다.

도미타 옹의 공적과 업적이 시대와 맞아서
궁액을 당한 자를 구휼하고 어여삐 여겨 자애로운 선을 베풀었네.
향당의 아동 모두 그 덕에 교화되어
과수원에서 감히 복숭아 배를 훔치지 않았네.

3. 용강(龍岡)온천의 기원

용강군 온정리는 진남포에서 약 7리 정도 떨어진 곳이다. 거기에 온천이 솟은 적이 있다. 1904년 가을, 러일전쟁이 한창일 때였다. 옹이 종군간 출정지에서 돌아온 지 얼마 되지 않았을 때였다. 진남포 주둔군인 다카하시(高橋) 중좌로부터 "저 온천을 파 보면 어떨까. 온천이 나온다면 부상병 치료에 좋을 텐데……"라고 제안을 받았다. 부상병 치료에 쓸 온천장을 만든다는 것은 이 전쟁의 경우 필요한 것이라 생각했다. 그래서 "해봅시다. 그러나 파는 일은 쉽지 않습니다. 공병들을 불러주시지 않겠습니까?", "그것은 어려운 일이 아닙니다"라고 하였다.

옹은 공병들의 도움을 받아, 온천 굴착을 시작하였다.

이 공사도 상당히 어려웠다. 파 들어가자 점점 온천이 솟아나기 시작했다. 온천수가 너무 뜨거워 파고 있는 사이에도 발을 오랫동안 담글 수가 없었다. 공병들이 많은 고생을 했다. 파 들어간 곳이 바로 온천이 솟아나는 입구였다. 또 그 용출량도 상당히 많아, 다 파는 데 16일이 걸렸다. 그리하여 온천탕 모양이 완성되었다. 그리고 나서 건물 신축에 착수하여 그럭저럭 온천여관이 완성되었다.

그런데 뭐니 해도 조선 땅이었다. 모처럼 온천여관을 열어도 일본인으로서 권리를 가질 수 없었다. 이래서는 그간의 고생이 허사가 될 것이 뻔했다.

옹은 다카하시 중좌와 의논을 하였다.

"애써 만들었는데 권리를 가질 수 없어서 소용이 없게 되었습니다. 뭔가 일본인의 권리를 가질 수 있도록 봐 주십시오."

다카하시 중좌는 흔쾌히 받아들였고, 그의 조치로 일본군 점령지로 하기로 했다. 큰 푯말에 '제2사단 점령지'라고 굵은 붓으로 써서 세웠다. 그 도로에는 5, 6리 간격으로 푯말을 세워 점령의 의미를 나타내었다.

이렇게 해서 온천장은 개설되었다. 부상병은 계속 다녀갔다. 그래서 이 한촌 마을도 갑자기 경기가 좋아져 잡화점이 생기고, 작은 식당이 장사를 시작했다. 그 외 손님접대를 위한 가게가 생겨 상당히 번창하게 되었다. 그런데 다음 해 가을에는 강화분위기가 감돌더니 휴전조약이 체결되었기 때문에 더 이상 부상병이 온천에 오는 일이 없어졌고, 보통 목욕 손님도 그다지 오지 않게 되었지만 지금까지의 상황으로 상당히 번성한 마을이 되었다.

이후 27년간 세월은 꿈처럼 흘렀다. 지금도 6, 7채 여관업자가 여전히 온천업을 하고 있다. 온정리 온천은 이러한 기원과 과정을 가지고 오늘날에 이르고 있다.

4. 고니시 와사부로(小西和三郞) 씨의 죽음

대만에서 경성으로 옮긴 후 오랫동안 옹이 은혜를 입은 고니시와 상점 주인인 고니시 와사부로 씨는 병으로 1904년 사망했다. 그는 상인이기는 했지만 기골이 당찬 사람이고, 특히 국가 관념이 강하여 군국을 위해서라면 전 재산을 아낌없이 내놓겠다며 장담하던 사람이었다. 지금까지는 가게도 상당히 번창하고 있었는데 막상 주인이 죽고 보니 뒤에 남아 있는 것이 아무것도 없었다. 파산까지는 아니었지만 그 정도로 몰락해 버렸다.

고니시 와사부로 씨에게는 자식이 없었기 때문에 본가의 형의 딸을 양녀로 삼고, 소학교 교사인 자를 사위로 맞아들였다. 그러나 그는 고니시와 상점의 뒤를 제대로 잇지 못하여, 재정상 지극히 곤란해 졌다. 와사부로 씨가 사망할 즈음에는 러일전쟁 발발 당시였기 때문에 옹은 군부 공급 청부를 받아 거기에 매달렸고, 쉴 새 없는 여행으로 거의 편안한 날이 없었다. 또한 재정이 극히 핍박 받을 때여서 고니시와 본점에 돈을 보내는 것은 뜻처럼 되지 않았다. 번뇌에 번뇌를 거듭하고만 있었다. 그러나 고니시와는 옹에게 있어서는 은인이었다. 은인의 일가가 존망의 기로에 있는 상황이었다. 옹은 바로 달려가서 조문하고, 물질적인 면에서도 가능한 한 원조를 하여, 고니시 가(家)가 존립할 수 있도록 기초를 공고히 하고, 보은에 최선을 다했다.

무코야마 무헤에(向山茂兵衛) 씨도 말년 병치레가 잦았는데 1906년에 사망했다. 그도 옹에게 있어서는 친구로서 뿐만 아니라, 은혜를 입은 사람이었다. 옹은 그에 대해서도 가능한 한 은혜를 갚는 데 최선을 다했다. 그러나 그 무렵 옹은 역시 재정상 정말로 궁핍한 때여서 마음이 있어도 실제로 마음처럼 되지 않은 점이 많았을 것이다.

1915~6년경에는 광산 쪽도 점차 순조로워 지기 시작했다. 이전 자본가이고, 은인이었던 고니시와, 무코야마 등등의 사람들에게 지금까지 노

력해 온 사업 발전상을 보여드리고 싶었는데 그 무렵에는 모두 고인이 되어 버려서 아무리 생각해도 애석하고 유감스러운 일이라고 옹은 침울하게 말했다.

5. 은율광산 재흥

1900년 채굴 실행에 들어간 은율, 장연 광산은 파기 시작하자 그 광질이 양호하고, 철 함유량이 또한 풍부하여 야하타제철소로부터 계속하여 호평을 받게 되었다. 매상 가격에 있어서도 1, 2할 더 받게 되어 사업상 한층 활기를 띠고 유리하게 되었다.

그런데 그 후 여러 가지 사정으로 몇 번인가 중지 중단의 운명을 겪으면서, 옹은 거의 절망의 늪에 빠지게 되었다. 그렇지만 옹은 이것을 하늘의 시련이라 해석하고, 결코 실망하지 않았을 뿐만 아니라 백번 좌절해도 더욱 용기를 내었다.

러일전쟁 때문에 중지되었던 은율광산은 1905년 10월 평화협정과 함께 무코야마 무혜에, 기무라 다케오(木村健夫) 두 사람과 함께 출자를 하여, 옹은 채굴과 적출하는 현업 일체를 담당하면서, 다시 채굴이 개시되었다. 오랜만에 옹의 온후한 모습을 접한 많은 갱부들의 기쁨은 이만저만이 아니었다. 갱부들뿐만 아니라, 은율, 장연, 금산포 부락 전체, 남녀노소 모두 기뻐했다.

그 후 갱구에서 해안까지 궤도를 깔고, 제방을 쌓고, 다리를 놓고, 하치장 매립공사를 했다. 청양도(靑洋島)에 저장창고를 신설하여 본선 중계소로 하고, 또한 종업원의 주거를 증축하는 등 종래의 면모를 크고 새롭게 하여 사업 확장의 소지를 쌓아올렸다.

다음 해까지는 2만 톤을 적출할 계획을 세우고, 채굴에 힘을 쏟았다. 그런데 수송하기 위한 배를 수배해 보니, 선적할 배가 없었다. 우편선은 설비가 불완전하다며 아무리해도 받아들여주지 않았다. 그래서 수송에 상당히 곤란을 겪었다. 다른 방법이 없었기 때문에 옹은 오사카로 출장 가서 오사카기선회사 사장 오카자키 도키치(岡崎藤吉) 씨에게 사정을 하소연하며 부탁했다. 이 오카자키 씨는 인격자로 의협심이 많은 사람이었다. 옹이 곤란해 하는 사정을 듣고 크게 동정하면서 바로 광석 선적을 승낙했다. 이렇게 해서 2만 톤 적출이 겨우 가능하게 되었다.

6. 철도, 전기의 권리

그해 가을이었다. 당시 철도 전기, 가스, 수도 등의 허가권한은 내장원(內藏院)에 있었다. 그 무렵 옹은 확실한 정보통에 의해 이러한 권리는 조선정부에 어느 정도의 헌금을 내면 허가가 된다는 얘기를 들었다. 그에 대한 진위를 알기 위해 손을 써서 여러 가지 내정을 살펴보니 그것이 사실이라는 것을 알았다.

그래서 옹은 일본으로 돌아가, 동경 지인과 의논하여, 그러한 권리를 얻는 것에 노력했다. 그런데 누구 한 사람 믿어주는 사람이 없었다.

"그런 바보 같은 소리 하지 말게"라고 일언지하에 잘라버리고, 귀를 기울여주지 않고 일소에 부쳐버렸다. 조선 사정을 모르는 사람, 일본의 규칙 바른 제도에 익숙한 사람의 눈으로 보면 얼마나 황당무개한가. 그렇지만 그 무렵 조선정부의 사정은 일본인으로는 알 수 없는 것이 많았다.

그 중 단 한 사람, 시부사와 에이이치(渋沢栄一) 씨만이 "그러면 생각해 보세"라고 말했다. 그러나 그것도 실행까지는 이르지 못하고 중지되어 버렸다. 그 외 다른 사람은 이제 편이 되어 줄 사람이 없었다. 옹은 어쩔 수 없이 끝내는 빈손으로 쓸쓸하게 경성으로 돌아왔다.

미국의 기업가 콜브란[23]이 어느 정도의 헌금을 내고, 경인철도를 비롯하여 전기, 가스 수도 등의 권리를 획득한 것은 그 후 얼마 지나지 않은 일이었다. 생각해 보면 아까운 것이었다. 콜브란이 이러한 권리를 3백만 엔을 받고 정부에 팔았던 것은 훨씬 뒤의 얘기이다.

7. 다케다(武田) 소장 환영회

1906년 조선에 통감부가 설치되었다. 통감부 농상공부에서는 평양 무연탄을 채굴하여 일본해군성에 매각하게 되었다. 마침내 적출을 시작할 때가 되어 탄광검사원(炭鑛檢査員)으로서 진남포에 출장을 온 사람이 다케다 해군소장이었다.

진남포의 유력자는 모여서 환영회를 열었다. 모인 사람은 50여 명으로 상당히 성대한 연회였다. 여흥이 무르익자 옹은 일어나 술 한 잔 드리러 소장 앞으로 가서 인사를 했다. 그때 소장은 유심히 옹의 얼굴을 보고 있었는데 "우리 어딘가에서 한 번 만난 적이 없는가"라고 말을 했다. 옹도 역시 아까부터 한번 만난 적이 있는 느낌은 있지만 생각이 나지 않았다. "저도 아까부터 그런 생각을 하고 있었는데 아무래도 생각이 안 나서……" 라고 받았다.

---

23) 콜브란(Collbran)은 보스트위크(Bostwick, 한성전기회사 총지배인)와 함께 서울에 전차노선을 부설한 미국인 기업가이다. 종래 1898년 1월 창립된 한성전기회사(사장: 이채연) 설립자로 알려졌으나 실제 이 회사는 대한제국 정부가 출자하여 설립했으며, 다만 콜브란은 이 회사와 청부계약에 의해 한성 내 전차노선 부설과 전기 · 전화 가설 사업을 추진했던 것이다. 1899년 5월 고종의 洪陵 행차를 위해 처음으로 남대문－홍릉 간 전차가 개통되었고, 이어서 종로－용산 노선이 개통되었다. 한성전기회사는 1904년 자본금 100만 불(200만 원)의 유한회사인 한미전기회사로 재편되었다(노인화, 「大韓帝國時期의 漢城電氣會社에 關한 硏究」, 『이대사원』 17, 1980; 오진석, 「1904~1909년 韓美電氣會社의 설립과 경영」, 『사학연구』 88, 2007).

소장은 잠시 생각하고 있더니 "당신은 일전에 사세보에 무연탄을 가지고 온 도미타 군이 아닌가?"

"네, 그렇습니다. 제가 바로 도미타입니다. 그렇군요! 각하는 그때 실험관이었습니다. 오랜만입니다"라고 우연한 만남을 기뻐했다.

"그때 여러 가지로 배려해 주서서 감사했습니다"라고 옹은 다시 인사를 했다.

"어떻게 지냈는가? 그 후 무연탄 연구를 했는가?"

"예, 그 당시는 저는 사세보에서도 돌아와 상당히 연구를 했습니다만 더 이상 진전이 없어 더 타지 않는다고 생각하고 포기해 버렸습니다."

"당시는 정부도 엉성했는데 민간인 당신 쪽에서도 연구를 충분하게 하지 않았네. 애당초 분석실험을 하면 바로 알 수 있었는데 그것을 빼고 소용이 닿을지 안 닿을지도 모르는 상황에서 몇 만의 비용을 들인 것은 정말 무모한 일이었네."

"당연한 말씀입니다. 정말 분석이 필요했습니다"라고 옛일을 생각하면서 감개무량했다.

"그 무렵 정부에서도 무연탄은 분석 범위가 아니라고 생각하고 있었기 때문에 민간인 당신들 쪽에서 거기까지 신경 쓰지 않은 것은 무리도 아니네. 그러나 제조법을 알게 된 지금에서 보면 당시는 정말로 유치했었지."

"그럼 각하, 무연탄제조법은 아셨습니까?"

"응. 알았네."

"그렇습니까? 어디에서 연구하셨습니까?"

"그것은 비밀이네. 그러나 인연이 있는 당신이니까 이야기하는 것이니 다른 사람에게는 말하지 말아주게"라고 전제를 하고 "실은, 당신이 사세보에 그 연탄을 가지고 왔을 때, 시험결과 효력이 좋지 않아 끝내는 무효로 단정을 했지만 아무래도 아쉬워서 견딜 수가 없었네. 어떻게 해서든 무연탄제조법을 연구해 보고 싶다는 생각을 했는데 어디를 찾아가도 일본에서는 아직 그 연구는 되어 있지 않은 것을 알았네. 그래서 해군성에 사정을 얘기하고 양해를 얻어, 1905년 나는 독일로 가서 직공이 되어 무연탄 제조소에 기거하면서 마침내 그 제조법을 배울 수가 있었네. 알고 보니 정말 별것이 아니더구만."

"그렇습니까. 정말로 열심히 하셨습니다. 그래서 제조 방법이란 어떤 것입니까?"

"그것은 황산으로 씻으면 혹이나 지석(砥石)은 용해되어 탄소로 분해된 다네. 원리는 그러한데 가루가 되어 있는 것은 간단하게 물로 해결되네."

"원래 무연탄의 광맥인 것은 대부분은 진흙의 맥과 교차하고 있기 때문에 그 진흙 부분도 무연탄과 동일하게 검고 딱딱하네. 또 무연탄과 진흙이 섞여있어 어느 것이 무연탄이고, 흙인지 그대로는 감별하기 어렵네. 지금까지는 파내는 것이 모두 무연탄이라고 오인하여 이것을 연소시키려고 보일러에 넣었기 때문에 어느 정도까지는 타지만 연소됨에 따라서 진흙이 덩어리가 되어 보일러에 남아 불구멍을 막기 때문에 연소가 멈추는 것이었지. 제조법으로서는 간단히 물로 분별되는데 무연탄을 가루로 만들어 물에 넣으면 진흙은 바로 가라앉고 무연탄은 물에 뜨네. 떠오른 것을 연탄으로 만드는 것이네"라고 숨김없이 비밀을 털어놓으며 설명했다.

그것을 들은 옹은 얼마나 생각이 부족했던가를, 그리고 연구에 치밀하지 못했던가를 절절히 느꼈다.

소장은 말을 계속했다.

"그때의 무연탄 권리는 어떻게 되었는가? 어느 정도는 가지고 있는가?"

"아닙니다. 지금 아무것도 가지고 있지 않습니다. 아무튼 가지고 있으면 세금이라고 하는 쓸데없는 경비가 들어서 정부(조선)에 여러 번 탄원하여 1년 정도 지나서 계약을 취소했습니다."

"그런가, 그거 아까운 일이네. 지금 가지고 있으면 5천만 엔 정도의 가치가 있을텐데. 소위 1억 엔이라고 해도 해군성에서는 사지 않으면 안 되는데 정말로 유감스럽네"라고 소장도 진심으로 유감스럽게 생각했다.

"그것은 조금도 개의치 않습니다. 그렇지만 무연탄 제조가 밝혀져 평양 탄광도 이용가치가 높아진 것은 정말로 기쁜 일입니다. 저의 바람도 나라에 도움이 되고 싶은 것 외는 없습니다. 단 일전에 제 뒤를 이어 프랑스인이 이 탄광 채굴을 시작한 적이 있습니다만 그때는 저도 외국인의 손에 넘어 갔다고 유감스럽게 생각했습니다만 그것도 얼마가지 않아 실패로 끝났고, 지금 일본에서 다시 이것을 이용하게 되어 정말로 기쁩니다."

1899년 경성에 온 이래 고생이란 고생은 다 하면서 연구를 거듭했는데 결국 연소 실험에 불합격한 실패의 역사를 생각해 보니, 지금 그 제조법이 분명하게 되었으나 이미 권리는 없어진 뒤였다.

옹은 국가에 도움이 되었기 때문에 기쁘다며 진심으로 좋아했다. 그 염담고결(恬淡高潔)한 옹의 인격에 소장도 대단히 감탄했다.

다케다 소장은 그 후 평양 사동 무연탄광장이 되었고, 곧 중장으로 진급했다가 현역에서 물러난 이후에는 미츠비시에 들어가 미츠미시조선 기술감독이 되었다.

이같이 무연탄은 1905년경까지도 그 제조법을 발견되지 않았다. 그 정도로 일본의 공업계는 유치함에서 벗어나지 못했음에도 불구하고, 옹이 이미 1894, 5년 가모 군(蒲生郡) 구마노(熊野)에서 갈탄에서 콜타르를 추출하고, 그 찌꺼기 코크스를 연료로 하려고 화학적 연구를 했던 것은 정말로 이 방면의 선구자라고 말하지 않을 수 없다.

8. 채굴권 몰수

은율 광산의 채굴사업도 순조롭게 진행되는가 싶더니 갑자기 큰 사건이 일어났다.

1906년 11월 어느 날 궁내부 기사 미카미 모토타카(三上素隆) 씨가 은율광산에 와서 옹에게 면담을 청했다.

"궁내부 명령을 가지고 왔습니다. 이번 이 광산에 대하여 종래 한석진이 가졌던 채굴권은 취소되어 궁내부 내장원 직영이 되었습니다. 덧붙여 당신은 지금까지 오랫동안 관계를 가지며 많은 설비를 한 까닭에 이것을 조사하여 각각 상당한 보상가격 청원을 해도 좋습니다"라는 엄명이었다. 청천벽력이 이런 것이었다.

이것은 은율 광산이 조금 순조롭게 되어 가는 것을 보고 부러워하여, 궁내부 직영으로서 이익을 독점을 꾀하려고 책동한 자가 있었다. 그러나 어떤 예고도 없이, 갑자기 이런 선고를 받기에는 옹은 정말로 당혹감을 숨길 수 없었다. 그렇다고 하지만 궁내부의 명령이라면 어쩔 수 없어, 미카미 기사가 은율에 있을 때 우선 간부들을 모아서, 선고의 취지를 알리고 보상가격 조사에 착수했다. 간부라고 해도, 3, 4명이어서 넓게 말을 옮긴 것도 아니었다. 그러나 그 다음날 소문은 지역민 전부에게 알려지게 되었다.

당시 궁내부 내장경은 이용익(李用翊)이었다.

이 광산은 백 수십 년인가 전에 채굴한 적이 있었다. 그 당시 갱부는 모두 지역의 부락민을 징발하여 무급으로 일을 시켰다. 이른바 정부의 압제였다. 갱부의 마음이 되어 보면, 결코 좋아서 일을 한 것이 아니었다. 권력의 위세에 맹종하여 일한 것에 지나지 않았다.

그 무렵의 일이었다. 구전되어 오는 말에 의하면 군수 모 씨는 잔혹하여 부근 인민을 학대하여 촌민의 반발이 심했는데 끝내는 폭동으로 변해버렸다. 군수 모 씨는 격앙된 갱부들이 용광로에 던져 참사를 당했다. 그 후 채굴이 중지되었다가, 다시 채굴했을 때도 압제는 여전히 없어지지 않았다고 한다.

그런데 몇 년 전 옹이 채굴 사업을 시작하고 나서는 하루에 얼마라는 과분한 노동임금을 받아 갱부들은 모두 기뻐하며 열심히 일했고, 그것으로 가족을 부양할 수 있게 되었다. 지금까지는 가난하여 하고 싶은 것이 있어도 할 수도 없었던 부락 사람도, 옹의 온정에 힘입어 그날그날 생활도 점차 좋아지게 되었다. 해를 거듭할수록 옹의 은혜를 깊게 생각했다. 그것이 뜻밖에도 지금 몰수가 된다고 했다. 옛날의 악정으로 돌아가는 것은 아닌가 하고 우려를 했다.

그 소문은 어디라고 할 것 없이 널리 퍼졌다. 부락민은 모이기만 하면

"어이, 이 광산은 궁내부 것으로 돌아간다네!"

"그럼 큰일이네. 이대로 내버려 두어서는 안 될 것이야."

"그렇다. 우리 모두의 사활문제다. 모두 철폐운동을 해야 하는 거 아닌가."

"도미타 씨가 떠나면 우리들은 자멸하는 것과 같아."

"모두 모이게, 가만히 있으면 우리들이 굶어 죽어" 하면서 순식간에 수많은 갱부들이 모여 은율광산은 일대 소동이 일어났다.

거기에 나타난 사람이 도미타 옹이었다. "여러분 진정하십시오"라며 갱부들이 모여 있는 속으로 조용히 걸음을 옮겼다. 지금까지 시끌시끌하던 갱부들은 순식간에 조용해졌다.

옹은 천천히 "가능한 한 여러분들에게 알리지 않으려고 했는데 이미 다 알았으니 어쩔 수가 없습니다. 그러나 그러한 소동을 일으켜서는 안 됩니다. 이 광산이 몰수되게 된 것은 정말로 뜻밖이지만 정부의 명이라면 어쩔 수 없습니다. 조용히 돌려주어야만 합니다"라고 옹은 결심을 굳히고 있었다. 갱부들은 다시 웅성거리기 시작했다. 옹은 다시 말을 이어갔다.

"이번 일은 어쩔 수 없는 일이고, 저는 달리 생각하고 있는 것이 있습니다. 그것은 언제 무슨 일이 일어날지 몰라 만일의 경우를 생각했습니다.

만약 전쟁과 같은 것으로 쉬게 된다면 그때는 여러분의 생활이 굉장히 힘들 것을 대비하여 준비해 둔 것이 있습니다.”

갱부들은 무슨 말이지 하면서 의아스럽게 얼굴을 들었다.

“지금 나라가 가져간다고 해서 결코 소란 떨 일은 아닙니다. 걱정할 일은 없습니다. 그것은 여러분이 잘 알고 계시는 저 전지(田地)입니다(간석지를 매립한 전지가 백 정보정도 있었다). 이것을 여러분들에게 나눠 드릴 테니 경작하십시오. 그러면 지금까지의 수입과 다르지 않을 겁니다. 따라서 생활이 곤란해지는 일은 없을 것입니다. 그러니 이번 일은 조용히 정부의 명령을 따르면 됩니다”라고 마음을 담아 설득을 했다.

다수의 갱부들은 감격의 눈물만 흘릴 뿐이었다. 갱부들에 대한 옹의 배려는 이 정도로 컸다. 갱부들은 여기에 반대의 말을 한 마디도 하지 않았다. 그러나 이대로 정부가 가져간다는 것은 이 부락 소멸과 관계되는 중대한 문제 일뿐만 아니라 “우리들이야 다시 농민으로 돌아가면 생활이 되지만 도미타 씨는 생활이 힘들어 질 것이다”라고 이구동성으로 말했다. 또 한편 정부의 이 명령이 부당하다고, 온당하지 않다고 하여 더욱 분개를 참지 못 했다. 그것이 점차 퍼져 나가 그 날 중에 갑자기 600명 정도의 갱부들이 집합했다. 그리하여 “종전대로 도미타 씨에게 채굴시키도록 청원하자”라고 진지하게 협의를 하고, 선후책을 강구했다.

“옛날 채굴 때 심하게 민심이 악화된 일도 있는데 옹이 창업할 당시 갱부 중에는 외부 불량자들도 다수 있어서 처음에는 상당히 풍속이 좋지 않았다. 그것이 해를 거듭할수록 달라져 지금은 정말로 선량한 백성이 되어 일하고 있다. 그런데 옛날처럼 궁내부 직영이 되어 옛날의 전철을 밟게 된다면 민심은 얼마나 악화될지 모른다. 바라건대 지방 부락민을 위해서 종전대로 도미타 씨에게 채굴 허가를 해 주길 바란다. 이것이 한 지역의 안전한 번영 방책이다”라는 의미로 600명의 갱부는 대표자를 뽑아 미카미 기사에게 탄원을 하게 되었다.

미카미 기사는 그 의도가 진지한 것을 보고 놀랐다. 만약 무리해서 이 것을 거절한다면 어떤 큰 사건을 야기할지 모른다고 생각하여 그 자리에 서 사정을 다 듣고는 일단 귀경한 뒤, 상사의 의견을 듣고 현명한 대책을 내놓겠다 하고는 황망히 돌아가 버렸다.

미카미 기사가 돌아간 후 갱부 및 지방 유력자들은 모여서 도미타 옹이 계속 경영하는 것에 대해서 진지하게 회의를 계속했다.

옹은 경성으로 가서 출자자 측과 선후책을 강구했다. 갱부들은 회합에 서 숙의를 한 결과, 은율 장연의 두 군수에게 갱부와 지역민 대표 50명씩 을 붙여 경성으로 가서 도미타 옹이 계속 경영하는 건을 농상공부에 탄원 하기에 이르렀다. 만약 탄원서가 받아들여지지 않으면 어떠한 사태가 일 어날지 모른다고 은연중에 암시하기도 했다.

옹은 이것에 대해서 미리 주의를 주어 조용히 하라고 극력 폭거는 안 된다며 타일렀다. 그렇지만 그들은 이제 중도에서 그만 둘 수 없는 기세 이고, 사활이 걸린 문제를 표방하여 이것만은 옹의 말도 누구의 말도 듣 지 않았다.

이 일이 있고 나서 2개월 정도 지난 다음해 1월 초 기무라 다케오(木村 健夫) 씨와 옹은 농상공부로 출두 명령을 받았다.

은율 장연의 광산 채굴에 대해서는 한석진 그 외의 사람들과 관계를 끊 는다는 것으로 하고, 출자관계자에게는 설비비를 보상하고, 종래 한석진 에게 분배한 배당금의 배를 궁내부에 납부하는 조건으로 종전과 같이 도 미타 옹에게 채굴 및 육지 운반을 청부한다고 명하였다. 아마 정부로서는 도미타 옹의 덕망과 부락민의 열성에 결정을 안 내릴 수 없었을 것이다.

옹은 빨리 그 취지를 은율 장연 금산포 지역민에게 알렸다. 지역 마을 전체가 기뻐하며 환희의 소리를 질렀다.

3월에 들어서 궁내부는 옹과 정식으로 계약을 체결하였다. 그러나 계 약 체결에는 적지 않은 보증금이 필요했다. 그 무렵 옹의 재정이 힘들 때여서 거액의 보증금을 바로 납입할 수가 없었다. 당시 아라이 간지로(新井歡次郎) 씨는 진남포에서 성공한 자로서 거액의 부를 가지고 있었다. 옹은 아라이 씨에게 원조를 부탁했다. 그는 고결한 인격자로 바로 옹의 청을 듣고 거액의 보증금을 준비해 주었다. 옹은 이것이 얼마나 도움이 되었는지 모른다. 옹은 정말로 아라이 씨의 덕(德)에 감동하고, 훗날 그가 실의에 빠졌을 때는 많은 물질적인 도움을 주어, 그 은혜에 보답한 일이 있었다고 한다.

그 후 갱부들은 기뻐하여 노동을 게을리 하지 않았고, 은율 광산의 성적은 점점 좋아져 융성해 졌다. 이 일이 해결된 후 한석진과는 공공 관계에서 벗어나 종래에 비해서 한층 유리한 지위를 영유할 수 있는 결과가 되었다.

재령광산의 채굴은 야마카타 유사부로(山縣勇三郎)의 대리인 니시자키 츠루타로(西崎鶴太郎)로, 운송은 나카무라 세이시치로(中村靜七郎)로 지명되었고 은율, 장연 운송은 궁내부 직속으로 정해졌다.

9. 십오일회(十五日會)

1906년 초에 진남포에 농회 지부가 생겼다. 그것이 계기가 되어 옹은 "이 진남포의 농업가로는 어떤 사람들이 있는지, 한번 모아보면 어떨까"라는 생각을 하고, 나가타 이와키치(永田岩吉)에게 물었다. "좋습니다. 한번 모아 봅시다"라고 나가타 씨도 동의하여 각각 수배를 해 보았다. 그래서 모인 것이 그해 12월 15일이었다. 그때는 약식으로 회합을 하고, 그 다음 해 정월 15일에 농업독지가가 10명 정도 삼화(三和)화원24)에 모여 소

---

24) 1906년 봄에 도미타 기사쿠가 창설한 진남포의 유일한 유원지이다. 초기에는 8평 정도의 가옥과 3棟의 茶停과 앵두나무, 화분, 盆栽 등을 진열한 데 지나지 않았으나 이후

개를 겸한 농업동호회라고 하는 것을 개최했다. 정월 15일에 시작했다고 해서 십오일회라고 이름을 지었다.

그때 옹은 발의를 하여 "이 십오일회의 사명으로서 뭔가 사람들을 위한 일을 해 보고 싶다고 생각합니다. 그렇게 하기 위해서는 우리 회원들이 각각 매월 3엔 내지 5엔을 적립하여, 이것을 자본이 없어 힘들어 하는 사람들에게 저리로 대부하고, 그런 사람들의 편리를 도모하여 여기 진남포의 번영의 기초를 마련하고 싶다고 생각합니다만 여러분 생각은 어떻습니까?"라고 회원들에게 물었는데 앉아 있는 면면들 누구 하나 의의를 말하는 사람 없고, 서로 기꺼이 찬성하여 그 자리에서 협회가 성립되었다.

여기서 옹은 추천되어 회장이 되었고, 나가타 씨는 간사가 되어 회의 사무를 보게 되었다. 그리고 매월 15일에는 회원이 모여서 간단한 회식을 하기로 하고, 각자 집에서 만든 요리를 가져오기로 했다. 화기애애한 분위기 속에 평일의 노고를 위로하면서 진남포 일원 농가의 복리를 꾀하였다. 점차 가져오는 요리도 귀찮으니까 당번을 정해서 만들기로 하고, 20전 회비로 점심을 먹게 되었다. 그것이 몇 년 정도 계속되었다. 그 사이 자금이 없어 곤란한 사람들에게 자본을 대출해 주고, 또 힘든 사람에게는 연대보증인이 되어 은행으로부터 자금을 빌릴 수 있도록 하는 등 여러 가지 곤란을 겪은 사람들이 이겨낼 수 있도록 했다.

그 무렵은 진남포도 아직 변방의 한촌에 지나지 않아 생활이 힘든 사람도 많았다. 그 사람들은 이 모임의 원조를 받아 얼마나 도움이 되었는지 모른다. 농업자본만이 아니라, 상거래 그 외 취업 등에서도 그 사람이 돈이 없어 힘든 경우에는 누구라도 원조를 게을리 하지 않고 돌봐주었다.

부속종묘장을 만들고 온실과 분수를 축조하며 연회에 적합한 공회당과 같은 객실을 만드는 등 경영에 힘썼다. 또한 1912년 5월 이후 일본으로부터 수목과 초목을 가져오고 부근 야산에서 奇石과 진귀한 수목을 옮겨오면서 화원의 모양을 갖추게 되고 면적도 세 배로 확장되었다. 화원은 약 10정보로 4개의 정자와 식물원 등이 있으며 항만의 풍광을 내려다 볼 수 있어 전망이 매우 좋았는데, 도미타 기사쿠는 화원을 府民에게 공개하고 산책지로 제공했다(前田力, 『鎭南浦府史』, 1926, 436~438쪽).

자본이 없어 힘든 사람들도 이 회를 이용하여 쉽게 조달 융통을 받을 수가 있었다. 따라서 이런 사람들은 모두 옹의 정감이 넘치는 배려에 감사하고, 그 덕을 칭송했다.

이 모임은 이러한 자본금 조달뿐만 아니라, 때때로 전문가를 초빙하여 강의를 듣는 등 회원의 지식 향상을 도모하여 서로 도움이 되는 바가 많았다. 그 무렵 농업에 종사하고 있었던 사람은 약 70명 정도였다.

지금까지는 각국 거류지회 일이었던 분뇨 청소는 한 채에 얼마라는 돈을 내어서 했는데 옹은 이것을 한탄했다. 이래서는 농업발달은 도저히 불가능하다고 하여, 합의 하에 이것을 십오일회가 인수받게 되었다. 그 후로는 공짜로 퍼서 사용하는 사람들로부터 운반 운임 정도를 받아 분배하는 것으로 하였다. 지금까지처럼 퍼내는 운임을 없앴다. 그리고 그것을 각 회원 농작물 비료로 이용하게 했다. 분뇨찌꺼기는 퇴비로 만들어 비료로 했다. 십오일회는 이러한 일들로 상당한 수입을 얻었다.

이런 일을 2년 정도 계속했을 때 한일합병이 되었다. 그래서 조선 측의 삼화부(三和府)가 일본 측의 진남포부로 병합되었다. 그 당시 부윤은 혼다 츠네키치(本田常吉) 씨였는데 이때 새로운 위생조합이라고 하는 것이 생겨, 부 전체의 위생에 관한 일을 담당하게 되었다. 분뇨청소 일도 이 위생조합이 인수하게 되었다.

그런데 옹은 각종 사업에 관여했기 때문에, 점차 용무가 늘어나 경성에 있는 일이 많아졌다. 따라서 진남포 십오일회 회장으로서의 업무를 할 수 없게 되었다. 그래서 회에 대해서 미안하다고 하고 회장을 사임했다. 그 후 인계를 받은 후쿠이(福井) 서기가 회장이 되어, 수년간 맡았는데 여러 가지 문제가 생겨서 아무래도 이전처럼 원만하게 움직여지지 않았다. 그래서 간부 합의하에 전 회장 도미타 옹에게 다시 회장직을 의뢰하기로 정했다.

그 뜻을 옹에게 전하면서 부탁했다. 당시는 이미 사과밭도 수 백정보로

증대하였고, 생산액도 많아졌다. 십오일회의 일도 굉장히 많고 복잡해져
있었는데 옹은 그 의뢰에 대해서 거절하고 방관할 수가 없었다. 바쁜 몸이
었지만 다시 십오일회 회장이 되어, 침체되어 있던 회를 인계받게 되었다.

10. 한성정변(漢城政變)의 여파

1906년 한국통치 기관으로서 통감부가 설치되었고, 이토 히로부미(伊
藤博文)가 통감으로 부임했다. 긴 시간에 걸친 한국 정치 폐단은 여기서
일대 쇄신을 하게 되었고, 그 계획은 순조롭게 진행되었다.

그 다음해 만국평화회의가 네덜란드 헤이그 시에서 열렸다. 그때 한국
은 평화회의에 밀사를 보내 각국 대사들에게 뭔가를 하소연했다.[25] 그것
이 뜻밖에도 한성 정계에 일대 파문을 일으켜 일본에서는 하야시(林)[26]
외상이 급거 경성으로 가고, 곧이어 한국 황제는 어쩔 수 없이 양위하여
세자가 왕위를 이어받았다. 이것이 더욱 일파만파를 불러 경성은 동란의
도시로 변했으며, 마침내 조선 전국에 걸쳐 소요가 파급되었고[27] 여러 가
지 얽힌 제 문제를 야기하게 되었다.

이 정변으로 한국정부의 시정방침이 변경되어 궁내부 소유 광산은 전
부 국유로 편입하게 되었다. 그래서 광정당국자가 시정방침 조정하려 했

---

25) 1907년 고종이 네덜란드의 헤이그에서 열린 만국평화회의에 이준 · 이상설 · 이위종
    을 파견하여 을사조약의 부당함을 알리려고 했던 헤이그밀사사건을 말한다. 일제는 헤
    이그밀사사건을 빌미로 1907년 7월 고종을 압박하여 순종에게 양위하도록 강제했다.
26) 하야시 다다스(林薰). 에도막부의 신하를 거쳐 메이지정부에서는 외교관, 정치가로서
    활동했다. 1902년 영일동맹 체결 시 영국주재 공사로 있었으며 그 뒤 초대 주영대사로
    부임했다. 외무대신, 우신대신 등을 역임했다.
27) 고종양위와 이후 7월경 차관정치를 통해 한국의 사법 · 행정권을 장악하려는 목적의
    한일신협약(정미7조약) 체결, 8월의 군대 해산 등을 계기로 일제 침략에 저항하는 의
    병운동이 다시 전국적으로 전개되었다.

으나 조정이 쉽게 되지 않았기 때문에 전 조선내의 광산 채굴은 일시 중지되게 되었다. 더구나 그 중지 명령은 약 6개월이란 긴 시간이었다.

이전부터 한국정부의 광업정책은 극히 난폭해서, 백성들이 발견한 광산이라도 유망한 것, 귀중한 것이라 인정이 되면 언제라도 이것을 정부 직영으로 할 수 있는 제도였다. 그래서 은율, 장연광산과 같이 광질 광량이 유망하다는 것에 착안한 정부는 어떻게 해서든지 이것을 정부로 몰수하려고 기회를 보고 있었던 것도 무리가 아니었다. 그 결과 옹의 광산 사업은 변전동요(變轉動搖)해서 항상 불안한 분위기 속에 방황하는 상태였다.

옹의 은율광산은 이 중지 명령으로 하루 약 500명의 갱부들이 할 일 없이 놀았다. 그들은 일이 없어 굶고, 그날의 의식조차 위협받는 실상이었다. 옹은 이 궁상을 묵과할 수가 없어, 미곡 금품을 지급하여 구제했다. 아무리 그렇다 해도 500명이나 되는 갱부들을 그것도 6개월에 걸친 급여이기 때문에 쉬운 것이 아니었다. 옹으로서는 정말 말하기 어려운 곤궁상태에 빠졌다.

그 무렵 옹의 재산은 결코 넉넉한 것이 아니었다. 광산 경영이 동업이 아닌 관계도 있어 더 힘든 상황이었다. 더구나 이 많은 갱부들에게 급여를 지급하지 않으면 안 되었다. 작은 매립 전지는 있었지만 지금은 가을이고 이것을 어떻게 이용할 수도 없었다. 그러는 중에 돈은 떨어져 갔다. 돈을 마련하지 않으면 안 되었다. 이런 것들을 모두 빌려서 구제를 하지 않으면 안 되었다.

도미타 데츠조 씨는 아직 젊었지만 옹의 뜻을 받아서 이 돈 마련에 동분서주 거의 편안할 날이 없이 부지런히 발품을 팔았다.

11. 채굴 사업의 안정

통감부가 된 이후 옹은 산업 방면의 용무로 자주 통감부 이토 공을 만났다. 또 소네(曾禰) 부통감28)과도 친해지게 되었다. 그리고 시간에 지남에 따라 이토 공과 소네 부통감으로부터 두터운 신용과 후대를 받게 되었다.

옹이 소네 부통감의 저택을 방문했을 때였다. 대화 도중에 우연히 광산 얘기가 나와 채굴업에 대해 지금까지 정말 힘든 곤란을 겪어 왔던 사정, 정부로부터 몇 번의 몰수와 중지 명령으로 매번 거액의 세금이 부과되어 말하기 어려운 박해를 받아 온 경과를 얘기했다. 그랬더니 소네 부통감은 굉장히 마음 아파하면서, 산업 개발에 대해 이 같은 압박을 가하는 것은 온당하지 않다며 오히려 장려 원조하는 것이 지당한 일이라며 말하기를

"그것은 참 유감스럽다. 그러면 일본 농상무성 소관으로 이관하는 것이 어떻겠느냐. 그러면 정부 직영 등이라고 해서 몰수되는 걱정은 없을 것이다."

"그렇게 될 수 있다면 그렇게 해 주시기를 바랍니다."

얘기는 이것으로 끝이 났다. 그 후 소네 부통감의 진력으로 은율, 장연의 광구는 농상무성 소관으로 옮겨지고, 통감부를 경유해서 허가를 받는 것으로 개정되었다. 옹은 바로 그 수속을 밟아 비로소 안정된 청부채굴권을 얻을 수가 있게 되었다. 그것이 1908년의 일이었다. 이후 매년 채굴량은 5만 톤 내지 6만 톤 정도로 예상하고, 채굴 장소, 인부 임금 등 일체의 사업계획은 전년 3월까지 예산을 편성하여 수행하면서 오늘날까지 이르고 있다.

---

28) 소네 아라스케(曾禰荒助). 1849년 야마구치 현에서 태어나 프랑스에 유학하여 陸軍經理學을 공부하고 귀국한 후 내각 기록국장 등을 역임했다. 1890년 제국의회 창설에 참여했으며 이후 중의원 서기관장, 프랑스 특명전권공사, 사법대신, 농상무대신 등을 역임했다. 1907년 이토 히로부미가 한국 통감이 되자 부통감에 임명되었으며, 이토가 안중근에게 사살된 후 1909년 통감이 되었으나 1910년 병을 얻어 귀국해서 사망했다.

1900년 채굴개시 이래, 천신만고의 노력은 결실을 보아 마침내 오늘날의 번영을 보게 되었다.

12. 목축업의 발달

수원(水原)에 권농모범농장(勸農模範農場)이 설치된 것은 1906년 봄이었다. 농장장으로 농학박사 혼다 고스케(本田幸介) 씨가 임명되었다. 이 농장은 쌀, 보리, 밤과 같은 농작물을 비롯하여 양잠, 축산, 양계에 이르기까지 농업 전반에 걸친 일체의 일을 하는 상당히 대규모적인 것이었다.

다음으로는 조선농회(朝鮮農會)[29]가 설치되었다. 당시 옹은 진남포에 농장을 열고 활발하게 개량 확장을 꾀하고 있었는데 바로 이 농회의 지방위원으로 선임되었다. 그래서 옹은 솔선하여 농사 전반에 개량을 실시하고 개량된 것이 다른 곳에 모범이 되도록 특별히 힘을 기울였다.

그 사이에 또 진남포에 농회 지부가 설치되어, 옹은 그 지부장으로 선임되었다. 그리하여 더더욱 농사 개량실시를 하게 되었다.

소 종류는 지금까지는 홀스타인[30]이라든가 에어서[31] 종류였는데, 앞으로는 우유의 질도 좋고 양도 많고 고기도 우수한 즉 우유와 고기가 모두 우수한 심멘탈[32]이라는 종류로, 수컷 여러 마리, 암컷 10마리를 서구에서 직수입했다. 그 목적은 조선 한우의 어린 암소와 이 우량종의 수컷을 교배하여 1대교배의 우수한 잡종을 만들려고 했다. 1대 교배라고 하는 것은 지방 소인 암컷에 우량 순종 수컷을 교배하면 1대째는 그 부모를 닮

---

29) 1906년에 설치된 것은 한국중앙농회 진남포 지부이다. 1910년 한일합병 후 조선농회로 개편되었다(각주 36) 참조).
30) Holstein. 젖소 품종의 하나.
31) Ayrshire. 상동.
32) Simmental. 상동.

은 우량종이 나온다는 것이다. 이 잡종 우량종 소 중에서 수컷이 태어나면 지방 농회에 분배하여 사육해서, 한우 암소와 교배하여 우량 잡종을 얻으려고 했다. 농장에서 이것을 실시하기 위해 산업이 발달한 각도에 배포했는데 평안남도에서는 그 순수종 암수 두 마리를 분배받았다.

그런데 평안남도에서 이것을 사육할 곳이 없었다. 도에서 여러 가지 검토를 한 결과, 도미타 옹의 농장이 좋을 것이라고 결정하였고 옹은 그 선택을 받아들여 두 마리의 소를 사육하게 되었다. 그래서 옹은 이 소들을 위해 우사를 지었다. 암컷은 애초에 임신을 해 있어서 곧 송아지를 낳았다. 우유가 많이 나와 감당이 안 될 정도였다. 송아지에게 먹이고 남은 우유를 하마오카(濱岡)라는 사람에게 분배해 주기 위해서 그 소를 일시 빌려주었다. 그 사람은 우유를 한 홉에 1전 내지 2전으로 팔았다.

그러자 1년 정도 지났을 무렵 소를 더 이상 빌려 줄 수 없게 되었다. 어쩔 수 없이 가지고 와서 우유를 팔게 되었다. 이것이 지금 우유시판의 첫 시작이었다. 옹은 이 때문에 사육료부터 여러 가지 비용으로 적지 않은 손실을 입었다.

돼지도 수원 농장에서 요크셔,[33] 버크셔[34]로 서양 돼지의 순수하고 훌륭한 것을 직수입하여 그 새끼를 각 지방에 분양해 주기로 했다. 그래서 버크셔, 요크셔를 같이 받아 사육했다. 농장의 방침대로 조선 돼지와 교배하여 우량종을 얻으려고 했지만 당신 조선인은 서양 돼지는 냄새가 많이 나서 식용으로 할 수 없다며 서양종과의 교미를 원하지 않았다.

그 외 마루타 종인 산양 30마리, 조선 한우, 송아지, 면양 등을 주문하여, 삼화목장을 만들어 사육했다. 거기에 전문 기술자를 초빙하여, 개량에 힘을 쏟았다. 닭, 산양 등과 같이 농가 사육에 적합한 것은 일반농가에 분양하여 보급을 꾀하였다. 소는 착유장(搾乳場)을 만들어 일반 우유 수

---

33) Yorkshire. 돼지 품종의 하나.
34) Berkshire. 상동.

요에도 응했다. 이것이 일본인 목축업의 시초이었다.

그런데 번식력이 왕성한 돼지는 1년 사이에 300여 마리나 되었다. 백, 2백 정도는 어떻게든 가능한데 3백이나 되니까 다량의 사료가 필요하고, 수고가 상당히 들었다. 이것을 일반 식료로 판매하려고 했지만 쉽지 않았던 것은 조선인은 서양 돼지는 지방이 많다는 것과 앞서 언급한 냄새가 많이 난다고 하여 먹지 않아 어느 누구 사는 사람이 없었다. 어떻게 할 방법이 없었다.

옹은 여러 가지 생각한 끝에 당시 조선 군사령관이었던 오쿠보(大久保) 중장을 방문했다.

"돼지를 사육하고 있는데 너무 많이 늘어서 감당이 안 됩니다. 70마리 정도 무료로 드릴 테니 받아주시겠습니까?"

"곤란하군요. 실은 조선의 생돈은 주둔병에게는 먹이지 않기로 해서⋯⋯. 그러나 조선 재래종의 돼지는 차치하더라도 서양종과 그 잡종이라면 괜찮을 것이라고 생각하는데, 생각해 보겠습니다."

그리고 오쿠보 중장은 덧붙였다.

"먼저 말씀드립니다만 답은 빠른 시일 내 드릴 수 없을 것이라 생각합니다. 그래서 당신이 당장 곤란하다면 돼지 햄을 만들어 보는 것이 어떻습니까. 햄이라면 군대 쪽에서도 구매하기 괜찮기도 하고⋯⋯."

"그렇습니까. 그러면 먼저 햄으로 할 테니까 군대에서 매입해 주시기를 바랍니다."

그래서 오쿠보 사령관의 동정어린 배려로 생돈을 식료로 사용하는 것에 대한 보고서가 육군성에 발송되었다. 또 한편으로 현재의 돼지 300마리를 모두 햄으로 만들어 군대에 공급할 수 있게 되어, 그렇게 넘치던 돼지도 점차 정리할 수가 있었다.

이러는 사이에 새끼 돼지를 분배할 시기가 왔다. 시간이 좀 지나서 조선인들도 점차 서양 돈육을 먹는 사람도 생기고, 그에 따른 상당한 수요도 생겨 그제야 비로소 안심하게 되었다.

닭은 나고야코친[35])을 동경 농원에서 가져와 사육했다. 처음에는 계란도 잘 낳았고, 계란의 수요도 있어 유망하다고 생각하여 금산포 쪽에도 사육해 봤다. 이것도 처음에는 잘 되었다. 그래서 점차로 숫자를 늘려 2천 마리까지 키우게 되었다. 그런데 여기에 뜻하지 않은 강적이 나타났다. 그것은 산고양이와 늑대였다. 산고양이의 습격을 비롯하여 늑대 습격이 빈번해졌다. 늑대란 이리 종류로 들개라고 했다. 이들이 무리를 지어 습격을 하면 하룻밤에 2백 마리나 물고 갔다. 엄중하게 둘러쌌지만 아무리 엄중하게 해도 물고 갔다. 늑대는 한 입으로 3, 4마리를 물었는데, 그것을 몇 번이나 반복했다. 그것이 매일 밤 계속되어 끝내는 수지가 맞지 않게 되었고, 결국 실패로 끝이 났다.

"일은 무엇이라도 빠른 것이 좋다고 생각하지만 너무 빨라도 수급관계가 원만하지 않아 실패로 끝나는 일도 있다. 양돈 등도 시기가 너무 빨라서 실패한 것인지도 모른다. 반드시 빠르기 때문에 좋다고는 할 수 없다. 일에 따라 시기를 보고 시작하는 것이다"라고 옹은 얘기했다.

13. 양잠업의 흥폐

후쿠시마 잠업학교 졸업 후 일본에서 양잠교사를 하고 있던 가마타 기베에(鎌田喜兵衛) 씨가 조선 땅은 양잠하기에 적지이고, 조선 천지를 잘 개척하면 발전할 것이라는 뜻을 품고 조선에 건너온 것이 1904년 10월이었다.

우선 동경하던 경성으로 갔다. 오로지 잠업방면 조사를 주로 하여 민단

---

35) 아이치 현(愛知県) 특산의 닭. 알을 잘 낳고 고기가 맛있어 오늘날에도 널리 유통되고 있다.

사무소를 방문했지만 당시 양잠업은 극히 조잡하고, 그 명성이 큰 것에 비해서 실제로는 전혀 발전되어 있지 않았다. 어디를 조사해 봐도 누에를 치는 곳이 보이지 않았다. 또 있다고 해도 극히 소규모이고, 적부(適否)의 표준을 연구할 정도까지는 키우고 있지 않았다. 그 조사로 시간이 걸려 약 1년의 세월이 눈 깜짝할 사이에 흘렀다.

지기의 안내로 진남포에 온 것은 1905년 10월이었다. 그런데 여기서도 뽕잎이 없어 양잠은 할 수 없다는 것을 알았다. 그래서 서둘러 그해 안으로 한두리(漢頭里)에 뽕나무를 심었다. 그 다음에 아주 조금 누에를 쳤다. 조선 가옥은 좁은 온돌을 이용한 것인데, 극히 양호한 성과를 얻었다. 그 것은 춘잠이었다. 다음으로 하잠(夏蠶)을 소량 시험해 봤는데 이것도 양호한 성적을 얻었다. 양잠실로서 통풍이 좋아야 한다는 것은 첫 번째 필요조건이다. 그런데 지금 이 제일 조건이 불충분한, 창문이 적은 온돌에서 이러한 성적을 얻은 것이었다.

옹이 발의해서 십오일회를 열고 매월 회합을 하게 된 것은 다음 해 1월 15일이었다. 그 지방 농업가들의 모임으로 주로 채소재배가, 사과나무 이식을 하는 사람들이 모였다. 그 사과가 적지인지 아닌지 그러한 것은 아직 모르는 때였다. 가마타 청년도 양잠 관계로 십오일회의 회원이 되었다. 거기서 옹은 가마타 청년과 만나게 되었다.

가마타 청년은 앞선 경험으로 자신을 가지고 있었지만 자금이 없어서 생각대로 되지 않았다. 날짜는 자꾸 가고 점점 궁핍한 지경이 되었다. 그래서 도미타 옹이 농업 독지가라는 것을 듣고, 십오일회에서 알게 된 것을 계기로 직접 면회를 청하여 자신의 포부를 말하고, 궁핍한 상태를 호소하면서 원조를 청했다.

청년 가마타 기베에의 말에 옹은 귀를 기울였다. 우선 그의 상황을 동정했다. 다음으로 양잠사업이 국가적 산업이라고 하는 점에서 마음이 움직였다. 여기서 옹은 조선에서 양잠사업 개척을 생각했다.

"당신은 양잠업에 대해 과연 노력해서 성공할 결심이 있는지……."

"네, 원래 조선에 건너 온 목적이 양잠에 뜻을 두었기 때문입니다. 어떻게든 성공해 보고 싶습니다. 반드시 어려움이 따를 것이라 생각합니다만 그것은 각오하고 있습니다."

"그러면 나는 가능한 만큼 원조를 해 드리겠습니다. 여기에 대한 계획을 세워보십시오"라고 하자 가마타 청년은 옹의 후대에 감동하고, 용기백배하였다. 빨리 각각 계획을 세웠다. 선결문제는 뽕나무를 심어 자원을 늘리는 것이었다. 그해 시험 삼아 소량의 누에를 키웠는데 성적이 좋았다. 계속해서 여름과 가을, 늦은 가을 각 계절 누에를 시험적으로 키워봤는데 모두 결과가 좋았다. 그 다음 해에도 같은 방법으로 시육(試育)해 봤더니 역시 결과가 좋았다.

이런 식으로 양호한 성적을 얻을 수 있다면 일반 조선인 측에 일거리를 준다는 취지하에 가르쳐 주고 싶었다. 그래서 통감부의 양해를 얻어 전습소를 열고, 조선의 일반인들에게 가르쳐 주어 직업이 없는 자에게 일을 주고, 곤궁한 사람에게는 조금이라도 수입이 될 수 있도록 해주자라는 계획을 세웠다. 그리고 바로 통감부에 수속을 밟았다.

당시 마산리(麻山里)에는 이전 야채 속성재배에 이용한 밭에 육군 숙사가 3동 남아 있었다. 그것을 불하받아 양잠실로 개조하고, 양잠전습소를 열어 전습생의 양성에 착수했다. 지금의 삼화공원(三和公園) 주변이다.

그 무렵 경성에 한국중앙농회(韓國中央農會)[36]라는 것이 설립되었다.

---

36) 1906년 11월 한국 내에 거주하는 일본인 관리, 권업모범장 직원, 농림학교 교직원, 일본인 곡물무역상, 일본인 지주 등이 "한국에서 농업 개량발달을 도모함을 목적으로" 인천에서 조직한 임의단체이다. 이 단체는 을미사변으로 일본으로 망명했다가 돌아와 통감부 촉탁 농사조사원으로 있던 趙重應이 '전국 농민의 대표기관'을 표방하며 주로 친일인사들을 모아 1906년 10월 조직한 대한농회의 결성에 자극받아 조직되었다. 창립 당시 회장은 확정되지 않았고, 부회장은 통감부 勸業模範場長 本田幸介, 이사는 인천곡물협회 이사인 곡물무역상 石川良道이었다. 1907년 10월 제1회 총회를 계기로 통감 이토의 지시에 따라 조직 확대를 위해 한국인 지주를 포섭하여 가입시키고 지방

백 명 이상 회원이 있는 곳에는 지부를 둔다는 규정이었다. 진남포는 백 명이상이었기 때문에 지부가 두어졌다. 옹은 그 지부장으로 뽑혔다. 그 관계도 있고 해서 이 전습소 명칭을 '한국중앙농회 잠업전습소'라고 명명했다.

그런데 묘한 일은 학교가 생겼는데 학생이 없는 형국이었다. 원래 평안남도라는 땅은 종래부터 양잠업이 다소 발달해 있던 곳이었으므로 전습생을 양성한다고 하면 앞을 다투어 올 것이라 생각했는데 그렇지 않았다.

사실은 이것과 반대로 생도 모집에 상당히 힘이 들었다. 조선인은 의식(衣食)에 족하면 일하지 않는 습성이 있었다. 그런데 양잠은 실습을 주로 하는 것으로 뽕나무 잎을 따야 하고, 운반해야 하고, 그리고 누에를 키워야 하기 때문에 꽤 힘든 노동이 동반되었다. 그 때문에 모집에 응하는 자가 극히 적었던 것이다. 겨우 8명이 모였다.

여기에 생도로서 양성을 해도 너무 가난한 집의 자제로는 졸업 후 여유가 없어 제대로 활동을 할 수 없다고 하는 견해에서 상당한 재산이 있는 자들을 모은 탓이었는지 모르겠으나 그렇다고 해도 너무 심했다.

1910년 3월에 개교를 했다. 교사로 가마타 기베에 씨를 임명하고, 모든 것은 옹의 지휘 계획에 따랐다. 3, 4, 5월은 양잠에 관한 학술을 가르쳤다. 6, 7, 8월은 실습을 했다. 그 후 약 2개월은 실뽑기 실습이라는 순서로 8개월이면 전습이 종료되는 과정이었다.

생도는 모두 통학생이었는데 점심은 학교에서 지급했다. 그것은 생도를 장려하는 하나의 방법이었다. 처음 3개월 학과 수업은 무사히 끝났다. 다음 실습기에 들어가서 마침내 뽕잎을 따는 시기가 되어 생도들을 뽕밭

지회 설립에 주력했다. 가장 먼저 설립된 지방 지회는 경남 삼랑진(1908년 1월)이었고, 그 다음으로 1908년 10월 진남포 지회가 설립되었다. 이후 충북 청주, 경기도 개성, 황해도 황주, 평안도 평양, 경기도 수원, 전라북도 서부지회, 전남지회 등이 설립되었다. 일제 병합 이후 이 한국중앙농회는 조선농회로 개편되었다(김용달, 「한말 한국중앙농회에 관한 연구」, 『백산학보』 42, 1992 참조).

으로 내보냈다. 그런데 3, 4회 사이에 한 사람 한 사람 사라져 끝내는 한 사람도 남지 않게 되어 버렸다.

이상하다고 여겨 조사를 해 보니, 놀랍게도, 조선 풍습으로서 좀 있는 집안의 아이들은 손톱 끝이 까맣게 되는 것을 굉장한 부끄러움으로 생각했다. 뽕잎을 따면 손톱 끝이 검은 때가 끼여 쉽게 지워지지 않았다. 그것을 생도들은 심히 부끄럽게 여겨 학교에 나오지 않게 되었다. 그 뿐만이 아니다. '학과 공부만 할 것이라 생각했는데 뽕잎까지 따는 것은 싫다'며 모두 도망가 버렸다는 것을 알았다.

그러나 양잠이라고 하는 것은 실제 자기가 키워보지 않으면 배울 수가 없다. 서적이나 학과만으로 충분한 사육은 할 수 없다는 것을 잘 이해하도록 설명해 주었다. 그렇지만 생도들은 쉽게 이해하지 못 했다. 그 중에 차츰 그 의미를 알고 5명 정도 되돌아 왔다. 돌아 온 생도들도 학과와 뽕잎을 주는 정도는 아무렇지 않게 생각했지만 뽕잎을 따는 것, 리어카를 끄는 일 등은 정말로 싫어했다. 리어카를 끄는 사람과 함께 걷는 것조차도 싫어했다. 그렇지만 그렇게 해서는 성공할 수 없다는 것을 자꾸 들려주면서 선생 스스로 뽕잎을 따고, 리어카를 끌면서 부지런히 움직여 보였다. 그렇게 매사를 가르치고 이끌었기 때문에, 1, 2개월 정도 지나자 조금씩 자각하게 되었다. 그 후부터는 모두 같이 일하게 되었다.

그 이면에 옹은 시종 전습소에 있으면서 이들 생도들을 위해서 훈시를 하고, 장래 성공을 격려하고, 근로의 고귀함을 가르쳐 종래의 태만함을 각성시켰다. 가마타 교사는 현장실습을 지도했다. 그들의 노고는 보통 고생이 아니었다. 그러는 사이에 옹의 진심도 알게 되어 생도들도 공부하게 되었다. 이들은 곤란을 극복하고 11월에 5명은 제1회 졸업생이 되었다. 그 다음 해 3월에는 12명의 입학생이 있었다. 그 후 해마다 졸업생을 배출했다.

1911년부터 잠업전습소에 교원양성소를 설치하고 1913년까지 계속했다. 그 졸업생은 면농회 기사가 되기도 하고, 협동사육사업(協同飼育事

業) 교사로서도 일했다. 그 외 잠업이 활발한 지방으로 초빙되어 큰 활약을 했다.

1913년이 되어 총독부에서는 각도에 잠업강습소를 설치해서 사립학교의 필요가 없어졌다. 그래서 이 전습소와 양성소를 폐지하였다.

이렇게 해서 각도에 잠업강습소가 두어졌지만 처음 2, 3년 사이에는 어디에도 응모자가 없었다. 그래서 군수에게 명하여 모집하게 했다. 그래도 좀처럼 응하는 사람이 적은 상태였다. 또 입학한 자들도 점차 감소하여 졸업 때는 반수 정도가 되어 버리는 것이 통례였다. 조선인이 일하는 것을 싫어하는 것은 어느 지방에서나 같았다. 그러나 점차 자각하여 마침내 스스로 나아가 일하게 되었다. 흡사 진남포에서 옹이 설립한 전습소 학생의 경과와 그 궤를 같이 했다.

이렇게 해서 조선 전역에 양잠이 퍼져 갔지만 진남포는 앞서 말했듯 옹과 가마타 청년의 노력에 의해서 일찍부터 잠업 연구와 발달을 촉진하였기 때문에 그것은 조선에서 양잠업 발전의 시초가 되었다. 이것이 동기가 되어 각 지방에 보급을 앞당겼다. 그리하여 조선은 공기가 건조하다는 것, 우량이 적다는 것, 잠실도 일본처럼 어렵지 않다는 점에서 양잠의 적지이고 또한 사육에 용이하다는 것이 분명해 졌다.

잠업기업전습소 기업 실습

잠업기업전습소 제사 실습

잠업기업전습소 제4회 졸업기념(두 번째 줄 중앙 백발은 도미타 옹, 세 번째 줄 왼쪽에서 네 번째는 마츠나가(松永) 도장관)

기업전습소(機業傳習所)

1912년 5월 1일부터 옹은 잠업 부속의 기업전습소[37]를 설치하고 그 교육을 실시했다. 교사로서는 야마나시 현(山梨縣)에서 이노우에 오키히로(井上意啓) 씨를 초빙하여, 매년 5월부터 10월까지 기간으로 1914년까지 30명의 졸업생을 배출했다. 이 밖에 1914년 은사수산기업(恩賜授産機業)

---

37) 직물제조의 기능을 전수하기 위해 설립한 일종의 직업훈련기관이다.

전습위탁생으로서 진남포부로부터 10명, 용강군에서 5명을 위탁받아 이들은 보통생과 함께 양성했다.

1917년부터는 기업부(機業部)를 상와초(三和町)로 옮겼다. 조선 베틀은 엉성해서 노동복이나 면복 정도의 것을 짜는데 지나지 않은 것이지만 이 기업전습소 설치 후는 바츠탄으로 짜게 되어 굉장히 발달하게 되었다. 바츠탄 짜기가 왕성하게 된 것은 이 전습소가 큰 힘이 되었다.

이 기업전습소 외에 농업실습생이라고 하는 자도 양성했다. 이들에게는 뽕나무 묘목, 과수 묘목 등의 양성법을 가르쳤다. 20명 정도의 졸업생을 배출했다.

작잠(柞蠶)의 사육

1908년 여름, 황해도 구월산 정곡사(停穀寺)에서 6정보에 걸쳐 산누에를 쳐 보았다. 그렇지만 그 성적은 생각보다 좋지 않았다. 그 후 3, 4년간 계속해서 그 부근 숲에 시험적으로 쳐 봤지만 아무래도 기대만큼 성과가 나오지 않았다. 이는 구월산 산기슭에 넓게 상수리나무가 있었는데 그것이 무엇에도 이용되지 않는 것을 보고 옹은 이곳에 산누에를 친다면 이 부근 마을에 직접 이익을 줄 뿐만 아니라 지금까지 중국에서 수입한 산누에실을 다소 대체할 수 있고, 동시에 이 지역 경제상에도 얼마간이라도 도움을 줄 수 있을 것이라는 마음에서 시작했지만, 아쉽게도 성공하지 못했다.

이렇게 옹은 잠업, 기업, 농업 등에 걸쳐 전습소를 열고 진남포 개발에 진력하여 실로 막대한 성공을 거두었는데, 경비는 십오일회의 배설물 청소 등의 매상과 도와 본부의 보조에 의한 것이었다. 그렇지만 그것만으로는 도저히 꾸려갈 수가 없었다. 그러한 돈은 오히려 소액에 지나지 않았다. 그 경비의 대부분은 옹 자신의 주머니에서 지출되었다.

옹은 가마타 교사에게 명해서 "예산은 편성해 두지만 필요한 경우에는 예산 밖이라도 괜찮으니까 걱정하지 말아 주게"라고 하면서 필요한 것이 있으면 과감하게 시설하며, 그러면 교육 내용이 충실하게 되고, 생도들도 후하게 대하면 기쁘게 일을 하니, 그러면 성과는 좋아진다 라는 생각으로 운영을 했다. 다른 지역에서 참관하러 와서도 학교가 잘 정돈되어 있어 놀랄 정도였다.

견습소는 1909년경까지는 비석리(碑石里)에 있었는데 다음 해 이것을 삼화화원(三和花園)으로 옮겼다. 그것은 이 삼화화원은 진남포를 찾아오는 명사는 반드시 들리는 것이 통례가 되었기 때문에 이쪽으로 옮기면 많은 사람들에게 알려지고, 그 존재도 인정될 것이라고 생각하였고, 졸업생의 입장에서도 유리할 것이라는 취지에서였다.

그런데 한때 이렇게까지 발전했던 진남포의 양잠업이 점차로 쇠락하여 지금은 양잠가는 거의 보이지 않는다. 그 이유는 이렇다. 사과 재배가 점차 왕성해지자 그 해충을 죽이기 위해 약을 뿌리면 그 가루가 2정 정도 날아갔는데 뽕나무에게는 굉장히 안 좋았다. 이것이 조금이라도 뽕나무에 닿으면 뽕나무는 말라버렸다. 그래서 사과 과수원 근처의 뽕밭은 차츰차츰 멀어지는 경향이 있었고, 끝내는 뽕밭이 과수원으로 변하는 상태가 되었다. 그러나 진남포에서 조금 떨어진 사과 과수원이 없는 지방에는 뽕이 재배되어 양잠이 활발하게 행해졌다. 이것은 진남포 잠업 개발 덕을 받아 점점 발달했는데 옹이 일으킨 양잠업은 지금은 멀리까지 퍼져 그 혜택을 받은 곳은 실로 광대했다.

14. 삼화화원(三和花園)

평안남도, 황해 지방 유원지로서 사계절 끊임없이 대중들이 관람하는 삼화화원은 진남포의 명소 중의 하나이다.

진남포는 원래 황량한 어촌에 지나지 않았다. 주민에게 위안을 주는 시설 하나 없고, 인심을 풍요롭게 하는 것도 아무것도 없는 그런 곳이었다. 이대로는 지역 발전번영을 꾀한다 해도 뭔가 부족하고 빠진 것 같다고 생각을 한 옹은 1908년 용정리 높은 곳, 계곡이 흐르는 경사지에 전망과 풍광이 가장 좋은 곳에 화원을 열고, 일반 주민이 유람할 수 있도록 했다. 피곤한 머리를 쉬게 하고, 적적한 마음을 달래주어 인심의 융화를 꾀하는 땅으로 하려고 했다.

또 한편으로 각종 나무를 심고, 이것을 여러 사람들에게 보여주어 나무를 사랑하는 마음을 불러일으키고, 특히 조선은 식목(植木)을 필요로 했는데, 식림관념 함양에 이바지 하고자 했다.

옹의 삼화화원 조성의 큰 목적은 이러한 깊은 의미를 내포하고 있었다. 그러나 그 전신은 조그마한 정원이었다. 그 정원 안 가건물에 지붕을 얹고 국화와 그 외에 나무 화분을 많이 만들어 이것을 단으로 장식하고, 지방 인사들에게 언제라도 볼 수 있게 해 두었다.

1908년 당시 부통감 소네(曾禰) 자작이 진남포에 오신 적이 있었다. 그 무렵 지금의 삼화화원은 아직 엉성한 정원에 지나지 않았는데 거기에 뜸으로 지붕을 만든 가건물을 간이음식점으로 만들어 소네 자작을 초대하여 원유회(園遊會)를 열었다. 그때 다수의 국화 화분을 만들어 둔 것을 보고, 소네 자작은

"자네는 이런 취미를 가지고 있었구만. 지금까지 몰랐어. 그러면 내가 재배하고 있는 황실문장인 16잎 국화 씨를 주겠네. 이것은 내가 직접 가래질을 해서 직접 경작하고, 물을 주고, 비료 주어서 우량한 16잎 황실국화를 재배했네. 그 씨를 주겠네."

"감사합니다. 그렇다면 말씀에 힘입어 조심해서 재배하겠습니다."

"경성으로 돌아가면 바로 보내겠네. 자네는 이 지역을 위해 이렇게 희생을 하고 있구만. 감탄했네. 앞으로도 잘 부탁하네."

소네 자작은 지역을 위해 혼신을 다하는 옹의 성의를 깊이 느꼈다.

소네 자작이 경성으로 돌아간 지 얼마 안 되어 황실문양 국화 씨가 왔다. 옹은 이것을 파종하고 잘 키웠다. 그리고 변함없이 아침 6시부터 일어나 열심히 일했다. 옹은 몸의 피곤을 마다하지 않고 일하는 사람이었다. 인부와 함께 일하고 있을 때는 누가 주인이고, 누가 인부인지 모를 정도였다.

배양한 국화는 정성을 들여 키워서 그런지 정말로 멋진 국화가 되었다. 이것을 삼화화원의 화단에 진열하여 지방 인사들에게 보여주었다. 그러나 훌륭한 황실문양 국화를 지방 인사들에게만 보여서는 아깝다고 생각하여 당시 진남포부 이사청(理事廳) 이사관, 삼화부윤(三和府尹), 세관장, 농공은행지점장 등 유명 인사들을 초대해서 국화 전시를 겸한 잔치를 열었다.

그때부터 누구라고 할 것 없이 삼화화원이라고 부르게 되었다. 삼화(三和)란 하늘의 화합, 땅의 화합, 사람의 화합이라는 세 개를 상징하고 있는데 옹은 그 후 점점 덕행을 쌓아 그 이름을 실현하게 되어 진남포는 평화의 땅으로 평판이 높았다.

화원에는 그때부터 각종 수목의 묘목을 심었다. 그런데 묘목은 한 겨울이 지나면 말라 버렸다. 어째서 마르는지 그 원인을 알 수 없어서 심으면 말라버리고, 마르면 심기를 몇 번이나 반복하여 실험한 결과, 그것이 동절기 공기가 건조해서 그렇다는 것을 겨우 알았다. 그것을 막기 위한 방법을 강구하여 차츰 뿌리를 내리게 되었는데 그 사이의 고생은 정말 보통이 아니었다. 꽃이 피는 묘목을 일본 야마모토 촌에서 많이 주문하여 정원사까지 일본에서 고용하여 본격적으로 경영했다. 그래서 "도미타 씨는 광산이 본업인지, 화원이 본업인지 알 수가 없다"라는 말까지 듣는 비웃음을 샀다. 그래도 옹은 아무런 생각 없이 태연하게 화원 조성에 힘썼다. 단 자금이 넉넉하지 않아 힘들었다. 그래도 이리저리 조달에 고심했지만 해마다 8, 9천 엔의 경비가 들 정도였다. 옹은 다른 일이 많았기 때문에 이것에만 몰두할 수가 없었다. 옹을 대신해서 전심으로 이 일에 매달린 사람은 도미타 데츠조(富田徹三) 씨였다. 묘목을 심는 것부터 정원을 만드는 일, 화분 손질에 이르기까지 모든 것을 다 하였고, 사람을 부리고, 인부를 감독하면서 열심히 일했다. 옹의 사업 뒤에는 반드시 데츠조 씨의 노력의 흔적이 새겨져 있다.

심은 수목은 침엽수로서는 삼나무 · 소나무 · 노송나무 등이고, 낙엽송 · 가문비나무 · 솔송나무 그 외 여러 종류에 이르며, 활엽수 가운데 주된 것은 벚나무 · 매화나무 · 오동나무 · 단풍나무 · 졸참나무 등이었다. 벚나무는 3천 종류나 모았다. 그 중에 꽃잎이 연두색인 우콘(右近) 벚나무 · 스미나시(すみなし) 벚나무 · 목단(牧丹) 벚나무 · 텐만(天滿) 벚나무 · 요시노(吉野) 벚나무 등 우수한 것을 중앙에 두고, 그 주위에는 산벚나무와 같은 것을 배치하여 자연의 멋을 더하였다.

위치는 남으로 뻗고, 동으로 열린 대신궁림(大神宮林)의 숲으로 완만하게 경사진 땅에 작지만 계곡물이 흐르고 있고, 울창한 입목으로는 삼나무 · 소나무 · 벚나무 · 매화나무가 자라고, 중턱에는 무수한 벚나무가 모여서 그 주위는 낙엽나무들로 이루어져 있었다. 북으로는 높은 봉우리가 이어지고, 조그마한 소나무 숲 안에는 진수(鎭守)의 숲이, 서쪽으로는 농원의 사과밭, 그 일각에는 헌곡기념비(獻穀紀念碑)가 위엄 있게 그 영광을 영원히 전하고 있다. 남쪽 가까이에는 무전(無電) 언덕을 바라볼 수 있고, 비발도의 등대나 한두리(漢頭里) 제련소의 굴뚝 등, 동에서 동으로 눈길을 끈다.

그 풍경의 정상에 있는 한 누각은 대하고루(大廈高樓)보다 나아 지역사람과 멀리 다른 곳에서 찾아오는 사람을 흥분시켰다. 그 이름은 대동각(大同閣)이었다. 이미 이시구로(石黑) 남작38)을 응대한 적이 있는데, 다다

---

38) 이시구로 다다노리(石黑忠悳, 1845~1941). 메이지시대의 의사. 일본육군의 군의로서 초창기 군의제도를 확립한 인물이다.

미 8장짜리 방 3개, 6장짜리 방 1개인 세련된 멋을 가진 누각이었다. 그것은 옹이 사비를 들여 대중을 위해서 건설한 연회장이었다. 지금도 유지의 연회, 결혼식 등으로 이용되고, 전화까지 갖추고 자유롭게 개방하여 필요한 사람들은 무료로 임의로 사용할 수 있게 제공하고 있다.

거기서 저 멀리 눈길을 두면 대동강은 끝없이 서쪽으로 휘어지고, 강을 사이에 두고 멀리 흐릿하게 보이는 것이 구월산이었다. 동학당의 근거지로서 유명한 산이고 다음에는 장연군, 안악군의 원경이 연한 수묵화같이 전개되고 있었다.

화원 안에는 기념으로 역대 통감, 명사의 필적을 돌에 새겨 세웠다. 이토 통감의 시, 소네 통감의 구(句), 이강(李堈)39) 공, 이완용 후작, 박영효 후작 등의 휘호가 있다. 화원 안에 4개의 탑은 고대 역사와 미술의 참고품으로서 귀중한 것으로 당국으로부터 보물로 지정되었다.

황실문양 국화를 재배하고부터 그것이 인연이 되어 각종의 국화 화분을 만들게 되었다. 그것이 점점 증가하여 화분이 천 개, 2천 개, 3천 개가 되었다. 지금도 해마다 3천 개 정도의 국화화분을 재배하여 화원을 장식하고, 일반인들에게 보여주고 있다.

이 삼화화원은 다년간의 경영 속에 최선을 다하여, 완성을 보게 되었다. 당초 손가락 같은 벚나무, 풀 같았던 삼나무, 소나무 묘목을 심었던 것이 지금은 직경 1척 내외의 큰 나무로 자라 울창하게 화원 내를 풍성하게 하고, 정원을 장식하고 있다. 이 화원을 개척하고 조영하는데도 처음에는 표준으로 삼을 것이 하나도 없었다. 모두 옹의 마음속에서 기획하여 나무를 심고, 꽃을 재배하고……, 오솔길을 만들고, 계곡물을 흐르게 하고, 기석괴암을 장식하고, 옛날 누각을 옮겨오고 누각을 새로 지어, 황량한 원내의 분위기를 완화하고, 또한 화분심기와 그 외 꽃과 풀들을 재배하여

---

39) 고종의 다섯째 아들. 미국에서 유학. 식민지화 이후 독립운동에 관여했다. 1919년 상하이임시정부로 탈출하던 도중 일본 관헌에 의해 발각되어 송환되었다.

드디어 완성을 보게 되었으니, 춘하추동 관람객이 끊이지 않고, 그 풍치가경(風致佳景)을 즐길 수 있게 되었다. 이렇게 완성되기까지 고심을 거듭하기를 10여 년, 해마다 8, 9천 엔이라는 막대한 경비를 부어가며, 지금의 화원으로 만든 것이다. 다 만들어지고 나서는 유지비로도 해마다 3천여 엔을 필요로 했다.

삼화화원 일부

삼화화원 원내 도미타 옹 흉상

옹은 이렇게 스스로 고심 경영해 왔다고 하지만 스스로 가진 것은 극히 적고, 노력하여 만든 다수의 국화 화분도 모두 화원을 장식하여 일반인을 위하여 개방하였고, 자신의 것으로 국화 화분 하나라 할지라도 자택에 두는 일 없이 모두 이것을 화원에 두고 일반인들이 두루 볼 수 있게 했다.

단 황실문양 국화가 피었을 때는 화분 2개만 집으로 가지고 가, 양 폐하의 사진 앞에 올렸던 일이 있었을 뿐이다.

이렇게 20여 년에 걸쳐 고생하며 경영한 삼화화원은 1930년 여름, 옹이 세상을 떠나기에 앞서 옹의 손으로 진남포부에 기부되었다. 부는 옹의 호의에 깊게 감사하고, 그대로 받아들였던 것이다. 옹의 작고 후 이곳에 관한 협의가 진행되어 명칭은 도미타 옹의 이름을 영구히 전하기 위해 도미타 공원으로 하는 것이 어떤가 하는 얘기도 나왔지만 고인은 명리에 연연하지 않은 사람이므로 그래서는 오히려 고인의 뜻에 맞지 않았다. 역시 20여 년 불러 익숙해진 삼화라는 이름을 계속 유지하는 편이 의미가 있다는 뜻에서 결국 삼화공원이라고 부르게 되었다.

오사카아사히신문 부사장인 시모무라 가이난(下村海南)[40] 씨가 1928년 여름, 스기무라 소진칸(杉村楚人冠)[41] 씨와 조선 전 지역을 만유할 때 우연히 옹이 있는 진남포를 방문하여 삼화화원에서 보낸 적이 있다. 그때의 일을 추억담으로 '아사히 클럽'에 투고한 삼화화원 기사를 여기에 소개한다.

---

40) 1875~1957. 저널리스트, 정치가. 대만총독부 민정장관을 거쳐 1921년 오사카아사히신문사에 입사했다. 그 뒤 동 신문사 부사장, 귀족원의원, 일본방송협회 회장, 스즈키 간타로(鈴木貫太郎) 내각의 국무상 등을 역임했다.

41) 1872~1945. 저널리스트. 본명은 고타로(廣太郎)로 1903년 도쿄아사히신문사에 입사했다. 제1차 세계대전 이후 런던특파원으로 활약했다.

삼화화원(三和花園)

시모무라 가이난

도미타 옹의 죽음은 애석하다. 옹에게 만큼 조선인들이 경의를 표하는 일본인은 찾기 힘들다. 그것은 지금까지 실업가 대부분은 조선인을 울렸기 때문이다. 도미타 옹에게는 그것이 없다. 진남포 성인(聖人) 도미타 옹은 인덕이 높은 사람으로 서거하셨기 때문이다. 그것은 성자의 죽음이었다.

성인이라고 칭송되어지는, 부처님과 같다고 추앙받은 도미타 기사쿠 옹은 어떤 사람이었을까?

진남포전기 이사, 조선잠사 부회장, 조선농회 부회장, 조선과일연합 회장, 도미타 상회 주인 등 이러한 직함을 나열하는 것 보다 조선에 32년간 있는 사이 조선 사회사업과 산업 개발에 전력을 경주하고, 더구나 스스로에게 쓰는 일은 거의 없고, 사회봉사를 목표로 하여 일생을 보냈으며, 실업계의 성인이라고 칭송되는 고사(高士)이었다. 올 8월 27일 향년 73세로 경성에서 서거했다.

필자가 옹을 안 것은 재작년 여름 조선 전역을 돌아다닐 때였다. 졸저『락도집』(落稲集) 중기 조선유기 진남포 권에는 삼화화원을 제목으로 다음과 같이 기록하고 있다.

「진남포 구릉에 큰 화원이 있다. 삼화화원이라고 한다. 멀리 구월산의 봉우리들이 대동강을 내려다보고 있어 전망이 넓고, 원내에는 조선 고대의 석불과 등롱 등이 소나무와 화초 사이에 점재(點在)하고 있어 호사가들의 흥미를 끌고 있다.

필자는 소진칸(楚人冠)과 함께 이 화원에서 하룻밤을 보내며 밝은 달을 봤는데 이 화원을 소개하는 것은 화원 그 자체가 좋은 곳에 위치하고 있다는 것 외에 화원을 완전히 일반에게 개방하고 있다는 점이었다. 백의의 사람은 남녀노소 삼복더위도 잊고 삼삼오오 시원한 바람이 있는 나무그늘에서 쉬고 있었다. 잘 활용되고 있는 삼화화원 거기에 도미타 옹의 생각이 감돌고 있다.

조선, 일본인 누구 한 사람 손가락질 하는 사람 없고, 만인으로부터 실업계의 유덕한 사람으로서 추앙받고 있는 옹의 품격은 우리들이 절절하게 느꼈지만, 옹의 조문기사 중에 그가 진남포에서는 사유지를 부에 기부하여 공원으로 했다고 하는데 필시 이 삼화화원이 아닐까 생각한다.」

15. 이시구로 남작(石黑男爵)의 경탄

진남포부는 조선 서부 대동강 하류에 있어 개항된 지 얼마 되지 않았기 때문에 인문의 개발이 아직 충분하지 않았다. 타관에서 오는 진객 명사(珍客名士) 등의 환영회를 할 만한 장소가 없었다. 그래서 옹은 이러한 환영회장을 만들기 위해 사재를 털어 삼화화원 높은 곳에 다다미 8장짜리 방 3개, 6장짜리 방 1칸, 4장 반짜리에는 취사장을 둔 연회장을 건축하여, 대동각이라고 이름지었다. 1908년의 일이다.

이것이 준공되고 얼마 안 되어 우연히 일본적십자사 부사장 이시구로 다나노리(石黑忠悳) 남작이 진남포에 왔다. 용무는 적십자사 사업확장 때문이었다. 그래서 옹은 지방유지와 의논하여 남작을 초대하여 환영만찬을 열었다. 회장으로는 신축 대동각을 이용하였다.

이시구로 남작도 그 호의를 받아들여 참석했는데 환영만찬을 굉장히 흐뭇해 하셨다. 특히 그곳이 옹이 일반인이 사용할 수 있도록 사비로서 건축한 연회장이라는 것을 누군가에게서 들으시고 진심으로 감탄했다. 그날은 충분히 즐기고 헤어졌다.

그 다음날 이시구로 남작은 옹의 호의에 인사를 하기 위해 3명의 동반자와 함께 옹의 자택을 방문하셨다. 옹은 뜻밖의 귀한 손님의 내방에 당황하여 다다미 6장짜리 거실을 정리하고, 정중하게 이시구로 남작을 상좌에 모시고, 멀리 찾아오신 호의에 감사했다.

남작은 지난 밤 호의를 감사해 하면서 정중하게 고마움을 전했다. 남작은 내심 옹이 사재를 털어 화원을 열고, 당당한 건물을 지어, 사람들에게 위세를 떨 정도이므로 그 사택은 필시 화려함의 극치를 이루는 저택일 것이라고 상상하고 있었다. 그런데 생각과는 달리 가게는 다다미 6장짜리 방 2개를 넓힌 것이고, 그 다음이 6장짜리 방 하나로 그것이 응접실로도, 식당으로도, 침실로도 쓰이는 곳이었다. 다음에 부엌은 지극히 간소한,

겨우 비와 이슬을 피하기 좋을 정도의 것이었다. 이것이 옹에게 있어서는 상주좌와(常住坐臥) 금성철벽(金城鐵壁)으로 의지하는 한 성곽이었다. 남작은 기대가 어긋나자 조금 의심스러운 생각을 하였다.

"도미타 씨, 이 집은 가게 같은데 본댁은 어디에?"

"여기가 가게와 집을 겸해서 쓰고 있어 달리 없습니다만 아주 좁습니다."

"그렇습니까……. 실은 당신은 여러 사람을 돌보기도 하고, 세상을 위해 진력하고 있는 것을 뒤에서 듣고 있었고, 또 지난밤 연회장 등도 당신이 사비로 건립하여 일반인들에게 사용하게 했다고 들어, 굉장히 감탄했는데 실례지만 소박한 집이 너무 의외여서……."

"정말로 부끄럽습니다. 그러나 저는 어떻게든 살 수 있습니다만 이 지방에는 생활이 힘든 사람도 적지 않습니다. 그런 사람에 비하면 이것도 과분합니다. 저는 이것으로 충분하기 때문에 힘든 사람에게 뭔가 불편하지 않도록 해주고 싶다는 것을 제일 중요하게 여기고 있습니다. 우선 제 집 따위에는 신경 쓰지 않습니다."

이 정도일 것이라고는 알지 못했던 이시구로 남작은 새삼스러운 듯이 "너무도 당연한 말씀입니다. 실은 그러한 것을 몰랐기 때문에 당신이 봉사하는 일로 보아, 사는 집도 필시 당당할 것이라고 예상했는데……. 아…… 정말로 의외여서 감탄했습니다"라고 옹의 미덕에 감동하고 칭송하였다.

그 후 남작은 용무를 끝내고 도쿄로 돌아가셨다. 남작의 조선 기행 중 진남포에서 옹을 방문한 얘기가 전해져, 그 평판이 계속해서 퍼져갔다.

그것이 인연이 되어 이시구로 남작과는 유난히 절친한 사이가 되었다. 1915년 가을 천황즉위식 참례를 허락받아 상경했을 때에는 이시구로 남작의 안내로 궁내부 참관이 허락되어, 천황의 접견실까지 참배하는 영광을 누렸다고 한다.

16. 폭도의 습격

동양에서 일이 일어나는 화근은 대부분 한국이다. 그래서 일본제국은 조선 독립을 견고하게 하기 위해 러일전쟁 후 통감부를 두어 그 시정(施政)을 원조했다. 그렇지만 생각만큼 개선의 성과는 나오지 않았다. 그래서 1910년 8월에 이르러 한국은 일본에 병합되었다. 여기에 한국을 고쳐 조선이라 칭하고, 총독부를 두어 정치를 통괄하게 했다.

그런데 한일병합 문제는 뜻밖에도 조선 내 각도에 큰 파문을 일으키며, 전국방방곡곡까지 동요를 초래했다. 각지에서 일어난 폭동은 모두 배일(排日)기세를 틈타 쓸데없이 부화뇌동하여 격월부정(激越不逞)의 무리가 각지에서 봉기하여 폭동화된 것이었다.

이들 일파인 폭도 70여 명은 지금 금산포 광산에서 3리 정도 떨어진 곳인 은율 읍내까지 들어와 있었다. 조선 특유의 술책으로 과대 유언비어를 퍼뜨렸다. 그 무렵 옹은 금산포 광산에 있으면서, 갱부들을 독려하고 오로지 채굴 사업에 몰두하고 있었다. 이 폭동의 소문을 들은 옹은 갱부를 안심시키면서, 무장을 하고 폭도들의 습격에 준비하고 있었다.

당시 은율군수 모 씨는 일족을 데리고 도망갔다. 같은 지역 순사는 관복을 벗고 농부모습으로 변장하여 황급히 금산포 광산으로 도망쳐 왔다. 그리고 '그들은 지금 이 금산포를 쳐들어 올 것이다'라고 급히 전했다.

그렇지 않아도 공포심에 사로 잡혀 있는 지역민을 선동하고, 계속하여 유언비어가 난무하여 지역민들은 갈피를 못 잡고 있었다. 광산사무소도 여러 가지 협의를 하여 배로 피난할 것인지, 또 여기에 있으면서 형세를 볼 것인지를 정하지 못 하고 있었다. 무장하여 뜬 눈으로 경계를 서며, 지금이라도 오는 것이 아닐까 하는 불안한 정적을 유지하면서 혼돈스러워 했다. 옹은 사무원과 그 외 종업원을 격려하고, 무장으로 몸을 단단히 하고, 철포에는 실탄을 장전하고 최악의 경우 죽음뿐이라는 태도로 있었다.

옹과 제휴하여 경영하고 있던 전형실 씨는 이 모습을 보고 고민했다. '만약 폭도가 이 부근에 왔다면 어떻게 하지, 도미타 씨가 이금까지 이 마을을 개척해 주었는데 지금 폭도 때문에 폐허가 된다면 이 마을은 어떻게 될 것인가. 이 광산의 존망은 이 마을의 안위에 관련된 문제이다. 이 마을의 안위는 또 이 광산의 성쇠에 관한 것이다. 도미타 씨는 이렇게까지 조선을 사랑하고 있다. 본인은 조선인으로서 폭도의 습격을 막을 수가 없는 것이 유감스러울 뿐만 아니라, 애초 쌓아올린 이 금산포 모범부락을 망쳐서는 도미타 씨에게 죄송하다' 등등 전형실 씨는 여러 가지로 마음을 쓰고 있었다. 그래서 "도미타 씨, 저는 은율에 가서 상황을 좀 보고 오겠습니다. 이 금산포 마을이 폐허가 되어서는 당신에게 면목이 안 섭니다. 형세를 좀 보고 오겠습니다" 하고 전형실 씨는 해가 지는 것을 기다려 농부 차림으로 변장을 하고 조심스럽게 남의 눈을 피하여 3리 정도 떨어진 은율 읍내에 잠입한 것이 밤 10시가 지나서였다.

은율 읍내는 당시 그 지방의 주요 부락으로 군청도 있었고, 주재소도 있었다. 그 외에 지방의 교통기관을 갖추고 있는 인구 5, 6백의 시골마을이었다. 거기서 폭도들은 의기충천하여 세를 갖추고 있었고, 지금이라도 쳐들어가려고 하는 대단한 형세로 뭔가 끊임없이 계책을 꾸미고 있는 모습이었다.

전형실 씨는 몇 명의 사람을 빌려 그 형세를 열심히 탐지하는 데 애를 쓰고 있었다. 그는 지금까지 송화군 주사 겸 광무관주사(鑛務官主事)라고 하는 괜찮은 직함을 가지고 있던 관리였기 때문에 조선인 부락에서는 상당히 영향력이 있었다. 따라서 이런 경우에 그의 직함을 이용해서 상황 파악하는 것이 편리했다. 지역의 지인 여러 명의 원조를 얻어, 폭도의 형세를 자세하게 알 수가 있었다.

처음에 폭도들은 여기에서 금산포 부락에 침입하여 어떤 목적을 수행하려고 계획한 것이 사실이었다. "금산포로 쳐들어가자"라는 소문은 그

마을 사람들로 하여금 긴장하게 했다. 그 무렵 금산포 모범마을은 도미타 옹의 사업이 점차 융성해지고, 이 마을에 진력한 공적이 이 부근 일대에 알려져 있을 때였다. 그런 만큼 폭도가 금산포로 밀고 들어간다는 소문은 청천벽력과 같은 것으로 은율 내외에 퍼져 나갔다.

"이거 큰일이다. 금산포가 망가진다."

"뭐라? 광산이 쉬면 내일부터 생활이 힘들어지지 않는가."

금산포 광산에 돈벌이하러 간 이 지역 사람이 많았다. 그 놀람과 슬픔의 울음소리가 폭도의 귀에도 안 들어간 것이 아니었다. 수령 모 씨는

"……금산포에는 광산이 있다. 그것은 일본인이 경영하는 것이 아닌가."

"일본인이라도 다른 일본인과는 질이 달라."

"뭐가 다른가. 일본인은 모두 같아."

다른 데서 들어온 폭도는 이 지방에서 도미타 옹의 사적을 잘 몰랐다.

"아니 달라. 이 금산포에는 도미타 씨라고 하는 사람이 광산을 경영하고 있지만 조선사람 편이야."

"도미타라는 사람 대체 어떤 사람이야……."

폭도 중의 한 사람이 말참견을 했다.

"그 방면에서는 훌륭한 사람이다. 조선인을 매우 사랑하고 있다"라고 하나씩 하나씩 도미타 옹의 공적을 설명했다.

"그래서 금산포 은율 지방 사람들은 도미타 씨를 친부모처럼 흠모하고 있는 거야. 일본인이라도 다른 일본인과는 달라. 도미타 씨는 진짜로 조선인 편이다."

"그런가"라고 수령은 비로소 납득이 간 듯 했다.

"그래요. 그래서 이 광산을 황폐하게 하면 이 지방 사람은 내일부터 바로 생활이 힘들어지는 것이야."

"도미타 씨는 조선인의 은인이다."

"그래 그래요"라고 모두 입을 모았다.

아까까지 폭도를 두려워하여 말조차 못했던 사람들도 이렇게 되자 군중심리가 전해져서 그런지 너도나도 광산의 실상과 도미타 옹의 공적 일부를 이야기하였다. 수령이라는 사람은 상당한 이해심을 가지고 있었다. 흉포한 그들도 옹의 여러 공적과 지역민의 진지함에 일종의 감동을 느끼지 않을 수 없었다.

폭도의 기세도 점차 수그러들게 되었다. 곧 수령은 간부 몇 명과 뭔가를 진지하게 의논했다. 그 결과 수령은 급히 부하들을 모아놓고 명령을 전했다.

"금산포에는 의인이 있다. 우리 조선인의 편이라는 것을 알았다. 그래서 우리들은 금산포 습격은 할 수 없다. 배촌(裵村)으로 향한 선발대를 철수시켜라."

수령의 명령으로 급히 사람을 보내어 배촌으로 향하던 선발대에게 철수 명령을 전했다. 그토록 포악하던 폭도들도 실정을 살피는 것과 함께 마침내 작전 계획을 변경하여 다른 방면으로 향했다.

전형실 씨는 이 얘기를 탐지하고 급히 금산포로 돌아와 그 뜻을 도미타 옹에게 보고했다. 이렇게 하여 금산포 광산은 아무 일 없이 지나게 되었다. 옹의 덕화(德化)는 점점 빛났다.

17. 산림 육성

옹은 또 산림 육성에 고심했다. 조선의 산 대부분은 민둥산인데 이것은 대체 무엇 때문에 그런지 대부분의 사람들은 모르고 있었다. 옹도 이에 대해 여러 가지 연구를 했다. 금산포에서 각종의 수목을 심어 실험했는데 그 중에서 오동나무 등은 아주 재미있는 경과를 보여주었다. 봄에 심으면 여름동안에는 일정하게 자라다가 겨울이 되면 위에서부터 반 정도 말라

버렸다. 그것이 매년 반복되었는데 무엇 때문에 마르는지 몰랐다. 그래서 잘 연구해 보니까 접붙이기해서 튼튼하지 못하여 겨울이 되면 추위를 이기지 못해 위에서부터 말라 버린다는 것을 알았다. 그것이 마르면 키가 줄어들고, 또 마르면 줄어들고, 약 5년 정도 지나면 그 주변부터 마르지 않고 점차 생육하게 된다는 것을 알게 되었다.

그렇게 자란 오동나무가 있는데 그 중에 굵은 것은 대략 직경이 2척 이상, 가지가 2칸 정도나 되는 것도 있었다. 굵은 오동나무는 정말 멋졌다.

진남포과수원(전면의 산 전부)

금산리 아카시아 식림(황해도 은율군 북부면)

황해도 은율군 청양도 저장소(뒷산은 모두 소나무 식림)

황해도 은율군 북부면 금산리 개간지

또 소나무를 키웠는데 광산 쪽에서 침목이 품절되어 다 자란 소나무만
벌채하여 궤도의 침목으로 사용했기 때문에 소나무가 적어졌다. 그래서
다음 나무로 뭐가 좋을까 하고 여러 궁리를 한 끝에 아카시아를 심기로 했
다. 독일이 청도(靑島)를 점령했을 때 총독 모 씨가 아카시아는 망국의 징
조라고 해서 스스로 심고도 본인이 싫어했다고 전해지는데 옹은 아카시
아를 심기로 했다. 아카시아는 내연수종(耐煙樹種)이라 불릴 정도로 광산
에는 적당했다. 생장도 빠르고 굵어지면 베어서 침목으로 사용했다. 계속

해서 자라기 때문에 상당히 쓰기에 편리한 수종이었다. 오늘날에도 금산포 광산에서는 10정보 정도 아카시아림을 만들어 자급자족을 하고 있다.

그 외에 각종 수목도 심었다. 한때는 상당히 식수(植樹)가 성행했는데 지금은 그 수도 적어져 한번 실험삼아 심는 정도에 지나지 않는 상태이다.

18. 청양도(青洋島)와 웅도(熊島)의 경영

바다 위 고립된 소송부도(小松浮島), 위를 쳐다보면 바로 무너져 내릴 것 같은 낭떠러지에 듬성듬성 있는 소나무, 그 바로 아래 해변에 밀어닥치는 파도는 하얗게 부서지면서 해안 깊이까지 들어와 씻는다. 이 절벽 아래가 청양도(青洋島) 광석 적치장이다.

청양도는 금산포에서 서쪽으로 약 1리 반 정도 떨어진 곳에 있는 웅도(熊島)와 마주보고 있다. 면적 27정보 되는 섬이다. 웅은 처음에 이곳을 학교의 기본 재산으로 하려고, 1910년에 사 들였는데 당시 이 섬도 조선 특유의 민둥산으로 어린 소나무만 조금 자라고 있을 뿐이었다. 일대가 암석지대이어서 소나무도 뿌리내리지 못하는 상태였다. 달리 어떻게 할 수 없어서 그대로 방치해 두었다. 단 이 섬 북쪽에 하역장을 설치하여 광석 적치장을 만들어 금산포에서 광석을 운반해서 여기에 집적하고, 여기에서 본선(本船)에 실으려고 했다.

본선은 이 섬 서쪽 4, 5백 칸 정도 되는 곳까지 와서 정박하므로 이 하역장에서 거기까지 거룻배로 운반했다. 금산포에서 직접 배로 운반하면 거룻배의 운행은 풍향으로 말미암아 많은 시간이 소요되고, 따라서 본선의 정박도 길어진다. 이것을 피하여 가능한 한 선적을 신속하게 하기 위해서 일단 이 청양도로 운반해서 저장해 두는 방침을 세웠다. 원래는 거룻배와 견인선으로 제철소에서 35척이나 빌려왔는데, 1929년에 웅은 운송 능률을 증진하는 방법을 강구하여 거룻배 15척을 건조하여 빌려온 배는 모두 돌려줘 버렸다.

한편 옹은 이 섬에 어린 소나무 번식을 꾀해 봐야겠다고 생각했다. 그래서 섬의 도민들에게 산에 들어가는 것과 벌목 벌채를 엄금했다. 그 대신에 도민들이 필요로 하는 땔감은 금산포광산 쪽에서 옹이 사비로 일체 부족함이 없이 공급했다. 도민들도 옹의 은혜를 입어 옹을 부모와 같이 존경하고 있었기 때문에 옹이 말하는 것은 철저하게 행하였다. 그리고 일절 입산을 금지시킨 결과 해마다 풀이 돋아나고, 그것이 말라서 썩고, 거기에 소나무 씨가 측방하종(側方下種)에 의해 어딘가에서 날아왔다. 썩은 풀이 비료가 되고, 모판이 되어 소나무가 자라기 시작했다. 그것이 점점 커져 갔다. 이것이 해를 거듭할수록 반복되었다.

이렇게 8년의 세월이 흘렀다. 천혜의 자연이라는 것은 무서운 것이었다. 긴 세월 사이에 바위 위에는 얕게 표토가 생겼다. 거기에 작은 소나무 묘목이 자라게 되었다. 청양도의 모든 산이 해가 갈수록 점점 어린 소나무로 매워져 갔다. 8년 전의 암석산이었던 민둥산도 지금은 산 전체가 소나무가 빼곡히 자라, 그 표면을 녹화하기에 이르렀다. 더더욱 벌채 금지인 채로 양육을 하니, 어린 소나무가 녹음 짙은 송림으로 바뀌었을 정도로 훌륭한 숲으로 변했다.

웅도는 1917년경 사 들였는데 면적 54정보, 호수 27호, 145명, 전부 어부였다. 청양도 북쪽, 해협을 끼고 서로 마주보고 있다.

어린 소나무가 산 일면에 자라고 있는 것은 청양도와 같아 천연생(天然生)을 이용하여 보호하고 키웠는데 지금은 청양도와 같은 어린 소나무가 빼곡히 자라고 있다. 이 섬에는 토양이 덮고 있는 곳에서 소나무가 자라지 않는 부분이 군데군데 있었다. 거기에 낙엽송을 40만 그루 심었는데 결과는 그다지 좋지 않았다. 바닷바람이 심하게 닿아서 그런 것이 아닌가 하고 생각했다.

눈을 돌려 멀리 점점이 있는 해상 다수의 섬들을 보면 어느 것이나 모두 기암이 노출된 바위산으로 나무는 몇 그루 정도 소나무만 산재해 있는 것에 지나지 않았다. 더구나 생육불량이다. 단 자매 같은 이 두 섬만이 섬 가득 소나무가 푸르게 자라고 있다. 이것도 모두 옹의 고심 경영의 결과이다.

청양도와 응도에는 어장이 있다. 이 지방은 간만의 차가 30척이나 되고, 간조 때는 5, 7해리나 물이 빠져나가 버리는 얕은 바다로 흥미 있는 바닥이 드러난다. 또 청양도 부근에서 굴 양식을 해 보려고 실행해 봤는데 여기는 얕은 해저로 기암이 없다. 전석(轉石)은 있어도 작았기 때문에 간만일 때 위치가 변했다. 이것도 겨울에 얼어버리기 때문에 굴양식이 바위에서 떨어져 버려서 인공양식은 수지가 맞지 않았다. 그렇지만 연구의 여지는 있었다. 그래도 청양도와 응도에는 어장이 5군데 있어 지금도 활발하게 고기를 잡고 있다.

옹은 이곳에 어업 허가를 얻어 어업가가 되기도 했다. 이 경험에 의거해서 옹은 전선수산회(全鮮水産會) 평의원으로 추천되어 첨차 그 업계에 공헌하게 되었다.

청양도는 호수 13, 인구 80정도 되는 섬이다. 여기에는 서당이라고 하여 옛날 일본의 데라코야(寺子屋)[42]식 학교가 있었다. 생도 수는 6, 7명 있었고, 연습장을 펼치고 습자를 하고 있었다. 그것이 끝나면 한문책을 꺼내어 가르침을 받았다. 일본의 옛날 데라코야를 눈앞에서 보는 것과 같은 느낌이 있다. 도민(島民)은 모두 어부이지만 광석 하적 일도 있어서 얼마나 생활에 도움이 되는지 몰랐다. 광석의 하적 일은 도민으로서는 정말 고마운 생업이라고 말 할 정도였다.

---

42) 에도시대의 서당. 무로마치(室町)시대에 절에서 서당을 연 데서 비롯되었다.

19. 개척사업

금산포에서 광산 채굴업을 겸하여 황무지를 매입하여 밭을 만들고, 간석지를 불하 받아 수전으로 개간했다. 부락에는 집을 세우고, 갱부와 관계자들을 살게 했다. 간석지는 광산의 폐토로 매립을 하여 밭으로 개간했다. 차츰 불하받아 그것을 순차적으로 매립하는 사이에 그 넓은 간석지는 어느새 훌륭한 밭으로 변해갔다. 그렇게 해서 매년 경작을 하여 개량해 가니까 신개간지이면서도 수확량도 점점 늘어갔다.

이러한 신개간지 수확은 처음에는 극히 적었지만, 옹이 해마다 비료를 주고 퇴비를 넣어 전력을 다하여 점차 최고의 논으로 개량되었다. 원래는 밭 1두락(1두락은 조선의 계산으로, 이것을 일본식으로 말하면 수전은 150평, 밭은 400평이다)에서 5두 정도(조선은 논에서 생산된 미(米)의 계산은 모두 벼(籾)로 계산한다)의 수확에 지나지 않았던 것이 점차 증가하여 5두에서 8두, 1석으로 되고, 1석 5두가 되어 해를 거듭할수록 증가하였다. 최근에는 2석 이상 3석 정도의 수확을 보게 되었다.

논의 소작인은 해마다 수확이 증가했기 때문에, 이것이 무엇보다 즐거움이었다. 개간 세금도 해마다 늘어났지만 지금은 이 논들은 모두 일반 논과 다를 바 없는 옥토로 변했다. 소작미는 보통 반반이었는데 이곳에서는 소작인의 소득 비율이 높았다. 옹은 지금까지 희생하여, 조선인들에게 산업을 장려하고, 갱부들과 지방 부락민의 생업이 안정될 수 있도록 했다.

소작인으로서는 여러 가지 점에서 혜택을 받고 있었기 때문에 옹의 은혜에 대해서는 항상 감패명간(感佩銘肝)의 마음이 넘치고 있었다. 때문에 일본에서 자주 보는 볼썽사나운 소작쟁의와 같은 일은 보고 싶어도 볼 수가 없었다. 여기서는 자본가나 노동자와 같은 근대적이고 대립적인 개념보다도 정에 넘치는 주종(主從)이란 말이 더 어울렸다. 옹은 다수의 소작인을 위하여 조금이라도 이 사람들을 넉넉하게 하고, 더 나아가 부담을 가볍게 하여, 생업을 도와주려는 마음으로 성의를 다했다. 소작인은 또 옹의 두터운 정에 감격할 뿐만 아니라 아동 교육부터 그 무엇이라도 지역을 위해 애쓰는 옹의 은혜를 생각하여, 진심으로 각각 생업에 노력하고, 소작미 등도 가능한 한 상등의 것을 납입하는 분위기로 상하 좋은 마음이 융합하여 주종 같은 아름다운 정의(情誼)를 나타내었다.

이 수전을 새롭게 개간할 때에 옹의 복안을 전형실 씨에게 말한 적이 있다.

"나는 이 논을 만들어 이익을 얻으려고 하는 것이 아닙니다. 만일 광산에 변화가 일어나 갱부들이 곤란할 때에 이 전지를 경작하게 할 생각입니다"라고 하여, 사실 수전 개간은 다수의 갱부들의 장래를 생각하고 한 일이라고 했다.

수전 서쪽에 제방을 쌓은 것은 해수 침입을 막기 위한 것이었는데, 그것을 이용해서 양어를 하기 위해 광산에서 버리는 흙을 쌓아 올렸다. 장어 숭어를 양식해 봤는데 그것은 그다지 성과가 좋지 않았다.

금산포는 옹이 처음 탐광(探鑛)할 때에는 하룻밤 잘 곳조차 없었다. 이암(耳岩) 부근에 2, 3채의 집이 있었던 것에 지나지 않았는데 지금은 2백 호 가까이 증가했다.

지금까지 서술한 것처럼 모두가 초보였다. 간석지를 수전으로 개간하는 것도, 흙을 넣어 다지는 것부터 시작했다. 산지와 들판을 밭으로 만드는 것도, 나무를 심는 것도 모두 개척시대였기 때문에 처음부터 이것이 적당한지 어떤지 전망 같은 것은 하나도 없었다. 해보니 비로소 결과를 알게 되었고, 고개 숙인 저 이삭의 물결로 조용히 흔들리는 논도, 사과가 주렁주렁 달린 과수원도, 어느 것이나 모두 옹의 고심참담의 결정이라고 말하지 않을 수 없다. 이렇게 해서 개간을 해 온 논, 밭 등의 경지는 금산포 지방만 해도 345정보에 이른다.

이 외에 후쿠오카 현(福岡県)의 야스카와 게이이치로(安川敬一郎) 씨의 의뢰를 받아 그와 함께 공동사업으로 간석지를 매립, 개간하여 상당히 좋은 논으로 만든 대면적의 수전지가 있다. 매립 개간을 위해 옹은 거의 침식을 잊고 열정과 친절로써 진력했다. 개간 면적이 800정보라고 계산하지만 그 중에는 상당한 수확을 하는 숙전(熟田)이 약 400정보에 달한다.

제6장 육영과 근검장려

1. 후코쿠코(富國黌) 창설

일전에 옹이 탐광할 때 하룻밤 기숙할 곳이 없어 곤란한 정도로 그 무렵의 금산포 은율 부락은 인가가 적은 벽지 한촌에 지나지 않았다. 그러나 옹이 채굴을 시작하고부터 고심경영, 다수의 갱부들을 부리게 되었고, 그 사이에 몇 번인가 기복 홍폐의 운명에 휘둘리기도 했지만 옹의 견인불요(堅靭不撓)한 노력으로 한발 한발 건실하게 전진해 왔다.

그리하여 1907년경부터는 채굴 분량도 연 약 5만 톤으로 일정하게 되었는데 사업이 발전함에 따라서 비용이 많아져 수지가 맞는 것은 아니었다. 특히 동업 관계가 해제되어 자금 출처가 없어져, 경비 일체를 옹의 재량으로 하지 않으면 안 되었기 때문에 그 자금 조달로 옹은 정말 고심참담했다. 그 자금난의 노고가 1916년까지 약 10년간 지속되었다. 그 사이에 지금의 도미타 데츠조 씨는 옹의 수족이 되어 자금 조달과 그 밖의 일에 동분서주하며 피나는 분투를 계속했다. 세계전쟁이 한창이었던 1916년경 철 가격이 앙등하게 되어 처음으로 옹의 경제가 수지가 맞게 되었다고 말했는데 그것은 나중의 일이다.

이렇게 재정상 힘든 시기에 있어서도 하루라도 갱부의 일신을 생각하지 않는 날이 없었다. 원래 그들의 대부분은 무학이었다. 또 여러 곳에서 흘러 온 사람들은 행실이 좋지 않았다. 토착민은 이런 나쁜 풍기에 물들기 쉬웠다. 일이 거칠기 때문에 기질도 거칠어지고, 여차하면 싸움으로 번졌다. 한가할 때는 도박을 했다. 그것들을 표면상 금지해 두지만 마음으로 다 잡을 수는 없었다. 풍기상 정말로 우려하지 않을 수 없었다.

옹은 이 풍기 문란을 방관하고 있을 수 없었다. 어떻게 해서든 나쁜 분위기를 교정해야 한다고 생각했다. 그러나 교정하는 일은 쉬운 일이 아니었다. 그러나 그것은 할 수 없다고 해도 갱부들의 자식을 모아서 선량한 사상으로 교육시키면 자연스럽게 가정도 바뀌질 수 있을 것이다, 또 아무 교육기관이 없어서는 아동들의 장래가 불행하고 불쌍하다, 어떻게 해서든 문자도 가르치고, 인류의 길도 가르치는 교육을 시켜 주고 싶다, 또 부모들의 무학과 거친 심성은 더더욱 쉽게 교정하기 어려울지 몰라도, 자녀들의 교양이 자연스럽게 부모들에게도 반영되면 얼마간이라도 풍기가 달라지고, 살벌한 분위기는 온화해 질 것이라고 옹은 생각했다.

조선의 시골에는 서당이라는 것이 있다. 이것은 일본의 옛날 데라코야와 같은 것으로 보통 방에 책상을 두고 학동 5명 내지 7명을 상대로 처음에는 한자 한문을 가르치고, 거기에 조선 문자를 가르쳐 가는 것이었다. 지금도 학교가 먼 산촌에는 이것이 있다.

그 무렵 금산포에는 서당이 있었다. 그러나 여기에서는 충분한 교육을 할 수 없었다. 아무래도 일본식 학교 교육을 하여 근본부터 도의적 정신을 키워 보고 싶었다. 그리고 같은 교육을 하는 것이라면 일본어를 가르쳐야겠다. 일본어를 모르기 때문에 얼마나 많은 곤란과 감정의 엇갈림이 있었는지 모른다. 서로 말을 안다는 것은 어떤 일 있어서도 꼭 필요한 것이다. 감정융화의 첩경이라고 생각했다.

옹은 우선 폐허가 된 절을 빌려서 갱부의 자제들을 모았다. 처음에는 채광부 사무원으로 원래 학교 교사였던 스즈키 와사부로(鈴木和三郎) 씨를 교사로 명하여, 강습소 같은 형식으로 일본어를 정과로 하고, 한문 언문을 부속과로 했다. 교육 수준의 정도는 공립보통학교를 기준으로 했다.

이렇게 해서 마침내 시작은 했지만 생도가 한 사람도 오지 않았다. 이 것은 또 무슨 일인가 하고 알아봤더니 생활상 곤란해서 책, 가방, 문구 등의 구입을 생각처럼 할 수 없다는 사람이 많아서 그렇다는 것을 옹이 알았다. "정말 이래서는 안 된다"라고 옹은 또 크게 깨달은 바가 있었다. 그래서 옹은 책을 비롯하여 모자 가방, 붓, 묵, 벼루, 용지, 노트와 같은 필수품 일체를 학교에 사 두고 이것을 무료로 나누어 주었다. 수업료는 물론 받지 않았다.

그렇게 해서 "이대로, 모든 것을 너희들에게 줄 테니까 단지 몸만 학교에 오면 된다. 너희들은 단지 밥만 집에서 먹으면 된다. 학교에서는 돈도 아무것도 필요로 하지 않으니까 친구를 많이 데리고 와라. 알았는가?"라고 알기 쉽게 차근차근 아동들에게 타일렀다.

그것이 서서히 알려져, 옹의 고심과 배려의 정도가 부락민과 갱부들에게 차츰 이해되어 아동들도 기뻐하면서 등교하게 되었다.

이 학교를 후코쿠코(富國黌)라고 이름 지었다. 이것은 옹과 도미타 데츠조 씨가 협의하여 선정한 이름으로 일본에서 유명한 학교 오카야마(岡山)의 시즈타니코(閑谷黌)에서 감화를 받아 후코쿠코라고 이름지었던 것이다. 1909년 2월이었다.

참고로 이 시즈타니코의 유래를 여기에 간단히 서술해 둔다.

시즈타니코(閑谷黌)는 오카야마 성 아래 약 10리 정도 떨어진 곳에 흰 구름이 떠도는 산중에 있다. 산수정한(山水靜閑)하여 독서하기에 좋은 곳이라 하여 이 이름이 지어졌다. 1671년 비젠 국(備前國)의 수령이었던 이케다 호레츠(池田芳烈) 공 — 신타로 소장 미츠마사(新太郎少將光政) — 이 발의한 것으로, 그 기획은 순수한 중국의 제도를 모방하여 일본 전국에서 그 예를 찾기 어려운 것으로, 미토(水戸)의 홍도관(弘道館),43) 쵸슈(長州)의 명륜

관(明倫館)44) 등은 이 시즈타니코를 모범으로 해서 지어진 것이다.

　이케다 신타로 소장은 당시 명군(名君)이었다. 수리산림에 역점을 둠과 동시에, 그 중에서도 교육을 가장 중하게 여겨 농부, 노인, 어부, 나무꾼에 이르기까지 문자를 모르는 자가 없을 정도로 교육을 시켰다. 미츠마사 공은 오미(近江) 성인 중에 나카에 도쥬(中江藤樹)45)를 선생으로 존경하여 그 문인인 구마자와 반잔(熊沢蕃山)46)을 초빙하여 국정에 참여시켜 신임존경함이 지극하게 후대하였다. 시즈타니코 제일의 교수는 바로 구마자와 반잔으로 그 생도가 이케다 신타로 소장이었다. 시즈타니코는 동히젠 산중에 호레츠 공의 영령(英靈), 반잔, 츠다(津田) 제현(諸賢)의 도덕문장, 바른 기운이 가득 찬 곳이었다.

　그 이후 260년, 그 사이에 충신효제의 가르침을 받은 자가 몇 천 명인지 알 수 없고, 천하에 이름을 알린 자 또한 적지 않다. 이 학교를 방문하여, 명군현신의 풍운제회(風雲際會)하는 흔적을 찾는 자와 예악문물의 성관(盛觀)을 연모하는 지기강개(志氣慷慨)의 지사는 또 몇 백 명인지 알 수가 없을 정도이다. 다카야마 히코큐로(高山彦九郎)47)가 하룻밤 묵으면서 산중의 비서(秘書)를 하룻밤에 필사한 일은 유명한 일화이다. 간 차잔(菅茶山)48)이 계곡을 두고 시를 읊은 일이며, 라이 산요(賴山陽)49)의 빈번한 왕래 등 일일이 열거할 수가 없을 정도이다.

---

43) 1841년에 만들어진 미토 번의 藩校. 존왕양이사상을 고취함과 동시에 실용주의의 입장에서 서양의학도 가르쳤다.

44) 쵸슈 번의 번교. 1719년에 설립되었다. 미토의 홍도관, 오카야마의 시즈타니코와 함께 일본 3대 學府의 하나이다.

45) 608~1648. 에도시대의 양명학자로 오미성인(近江聖人)이라고 칭송받았다.

46) 1619~1691. 에도시대의 경세가로 나카에 도쥬의 첫 번째 제자였다. 오카야마 번에 출사하여 번정을 주도하기도 했지만 막부의 정치를 비판하여 칩거하던 도중 사망했다. 그의 현실비판적인 태도는 후세의 경세가들에게 많은 영향을 끼쳤다.

47) 1747~1793. 에도시대 중기의 존왕운동가. 전국을 순회하며 勤王論을 주장했으나 막부의 압력으로 자결했다.

48) 1748~1827. 에도시대 중후기의 유학자, 시인.

49) 1780~1832. 에도시대 후기의 유학자, 시인.

1884년 메이지천황이 서쪽 지방 순례 때, 도쿠다이지(德大寺) 시종장[50]을 보냈고, 1895년 동궁(東宮)[51] 전하가 히로시마 대본영에서 환궁하실 때는 특별히 시즈타니코의 학장에게 알현을 허락하였고, 금상(今上) 폐하[52]가 아직 동궁에 계실 때 1923년경 친히 가마를 이 학교로 돌리시게 하였다. 1930년 군사훈련 때에는 또 야마카타(山県) 시종을 칙사로 파견하셨다.

시즈타니코는 이 같은 오랜 역사를 가지고 있는 명문학교이다.

2. 사립금산포보통학교

후코쿠코에서 아동들은 차차로 일본어를 배웠다. 재미있고 즐겁게 일본어로 얘기하게 되었다. 그래서 가정에 돌아가서도 신기한 듯이 일본어로 말했기 때문에 지금까지 조금도 일본어를 말하지 못했던 조선인 부모들도 자연스럽게 일본어 단어를 섞어서 말할 수 있게 되었다. 그렇게 되자 지금까지 조선인과 일본인 사이에 서로 뜻이 통하지 않았던 점이 어느 사이엔가 소통되는 경향이 생겨 점점 친밀도가 높아지게 되었다.

또 선생님으로부터 들은 수신 강화에 의해서 아동의 도덕적 관념도 점차로 향상되었고, 그것이 자연 가정에까지 미쳐, 옹의 자애로 넘친 정신이 이해됨과 동시에 부락민의 기풍도 저절로 개선되게 되었다.

이렇게 해서 일본어학교 후코쿠코는 굉장히 발전하게 되었다. 1910년 8월 한일합방이 되었다. 그것에 동반하여 사회 전반이 변했다. 학교도 이

---

50) 도쿠다이지 사네노리(德大寺實則, 1839~1919). 메이지천황의 시종장으로 오랫동안 재임했다. 内大臣, 귀족원의원 등도 역임. 사이온지 긴모치(西園寺公望)의 동생이기도 하다.
51) 황태자 혹은 황태자가 기거하는 궁전.
52) 지금의 천황을 의미하는 말로 쇼와천황을 지칭.

제는 일본제도에 맞추지 않으면 안 되었다. 후코쿠코도 그대로는 완벽을 기하기 어려웠다. 국민교육인 이상 국가 교육방침에 맞도록 바꾸고, 그 기관(機關)을 제대로 갖추고 싶다고 옹은 생각했다. 그렇게 하기 위해서는 교원도 상당한 자격과 경험 있는 자가 아니면 안 된다 하여 옹은 교사를 물색했다. 그 결과 초빙되어 온 사람이 바로 게카치 이노스케(毛勝伊之助) 씨였다. 효고 현(兵庫県) 사람으로 사범학교 출신 교사였다. 그때가 1911년 1월이었다.

옹은 신임 게카치 씨를 불러 장래 학교 경영상에 대해서 꼼꼼히 협의를 했다. 그 결과 일정 제도를 정해, 학급 교수법을 바꾸고, 한 학기 동안 시험을 해 보았다. 시험결과 충분한 가능성이 있다고 판단하여 옹은 사립보통학교 설치 계획을 세워 2학기 때 마침내 총독부에 출원했다. 그런데 총독부에서도 이미 옹의 사람됨을 알고 있었기 때문에 이렇다 할 문제없이 9월에 인가를 받았다. 그래서 마침내 학교라는 명칭을 붙였다. 그래서 이번에는 널리 생도 모집을 하게 되었다.

1911년 11월 3일 천장절(天長節)[53]을 길일로 잡아 개교를 하고, '사립금산포보통학교'라고 명명했다. 학급은 두 학급으로 편성하고 1학년은 한 학급으로 하고, 2, 3학년은 같은 교실에서 복식으로 수업 받게 했다. 전체 교육 기간은 4년 정도로 했다. 생도는 86명에 달했다. 그리운 후코쿠코라는 이름이 이 시점을 기해서 소멸되어 버린 것은 참으로 아쉬움이 남는 것이었다.

이때부터 보통학교로서 경영하게 되었는데 지금까지처럼 옹은 변함없이 소요경비 전부를 지출한 것은 물론이었다. 또 학용품 지급을 폐지하면 어떻겠느냐고 하는 말도 있었지만 옹은 지금까지 수업료를 면제하고 생도 학용품을 지급하고 있었는데 학교 이름이 바뀌었다고 해서 이것을 폐지하는 것은 생도들의 향학심을 저하시키게 되어 좋지 않다고 하면서

---

53) 일본 천황의 생일을 축하하는 기념일.

힘든 경제 중에서도 종래대로 80여 명의 생도에게 수업료를 면제하고 학
용품 전부를 계속해서 지급했다.

당시 보통학교 보급 상태는 황해도에서는 해주(海州), 장연(長淵), 재령
(載寧), 연안(延安), 봉산(鳳山) 정도이고 그 외는 없었다. 그 정도로 학교
설비는 충분하지 않았다. 거기에다가 사립금산포보통학교의 평판이 너
무 좋아서 점차 이름이 알려져, 은율, 장연은 물론 송화(松禾), 달천(達泉),
문화(文化), 안악(安岳) 일부, 풍천(豊川), 석탄(石灘) 등 멀리 있는 부락에
서도 모두 금산포 학교로 오게 되었다.

이 학교의 졸업생은 모두 일본어를 능숙하게 말할 수 있게 되어 각 지
방으로 돌아갔다. 따라서 그 지방에서는 신기하게 생각하여 일본어를 어
느 정도 흉내를 내게 되었기 때문에 당시 졸업생은 군청, 면사무소, 경찰
방면에 상당한 대우를 받으며 취직되었다. 그것도 졸업 전부터 주문이 들
어와 졸업과 동시에 취직되는 상황이어서 굉장히 잘 풀려 나갔다. 아마도
당시 이 지역의 조선인으로 일본어를 말할 수 있는 사람은 극히 적었고,
금산포보통학교 졸업생 정도이었기 때문에 세간에서는 높은 대우를 받
았다. 처음 옹의 생각은 이 지방 아동을 교육하여 그 부모들을 교화시키
려고 한 것인데 그것이 더욱 확대되어 졸업생은 각 지방 여러 방면에 초
대되어 취직하게 되었다. 즉 당초의 희망을 이루고도 넘치는 효과를 거둔
것이었다.

옹은 그 무렵, 진남포에 거처를 정하고, 금산포에는 항상 왕복하면서
모든 것을 감독하고 있었다. 광산에 왕복할 때마다 우선 제일 먼저 학교
에 가서 친밀감 있게 교장과 교사의 평소 노고를 위로하고, 그 외 1, 2시간
할애하여 교장과 의논하여 학생들을 모아서, 생도들에게 여러 가지 그 시
대에 맞는 생도들의 마음에 새겨두지 않으면 안 되는 것들을 친절하게 꼼
꼼히 재밌는 얘기를 섞어서 들려주었고, 생도들은 재밌는 얘기 속에 자신
도 모르는 사이에 뭔가의 교훈을 얻어 기뻐하면서 들었다. 그래서 도미타

옹이 왔다고 하면 생도들은 '또 재밌는 얘기를 해 주실 거야'라고 뛸 듯이 좋아했다. 옹은 이것을 하나의 취미삼아 언제 어느 때라도 틈만 있으면 학교로 갔다.

3. 농사 장려

그 무렵 학교에서는 학과 외에 강조한 것이 하나 있었다. 그것은 생활의 안정 추구를 제일로 마음에 두었다. 그것을 실현하기 위해서는 어릴 때부터 일하는 습관을 가지지 않으면 안 된다. 또한 저축하는 자세를 가져야 했다.

예부터 조선인 사회에는 놀면서 먹는 악습이 깊게 남아 있어 장래를 걱정하는 관념은 지극히 빈약한 경향이 있었다. 이 악습관은 그 유래가 아주 오래되었고, 그 원인 또한 여러 가지일 것이다. 그것을 지금 여기서 말할 필요는 없지만 이것은 장래에 불행을 초래하는 근본이므로, 근본부터 바로잡아 이 악습에서 구해내어야 한다. 또 그 뿐만이 아니다. 조선인은 양반(한마디로 하면 유복한 사람)을 숭배하고, 놀고 먹는 사람을 존경하는 풍습이 있었다. 이것도 지극히 나쁜 풍습이므로 옹은 이러한 악습을 어떻게 해서든 개선하고, 노동의 고귀함을 알게 하고 싶었다. 저금의 중요함을 가르쳐 주고 싶다는 지극한 마음을 품고 있었다.

이것을 실행하는 데에는 우선 농업을 제일로 하여 일하지 않으면 안 된다. 농사를 잊고서는 국가가 제대로 운영될 수 없다. 특히 조선은 농업국이므로 황무지를 개간하고, 기간지(旣墾地)는 더 개량하여 옥토로 만들어야 한다는 견지에서 학과 이외에 하루에 한 시간 내지 두 시간을 농업실습 시간으로 하여, 과도한 노동은 피하고, 적당한 노동을 계산하여 전 생도로 하여금 농사를 짓게 했다. 이것도 보통 작물 재배만으로는 진보의 길이 안 보이고, 실제 개량을 한 뒤라도 단지 일한다는 것만으로는 안 된다. 손발의 노고와 함께 머리를 써야 한다는 의미에서 과수 재배, 고등재배(개량농법), 야채류 재배 등을 열심히 시켰다. 또 야채류라고 해도 보통 작물보다 우수한 종류를 골라서 그 재배법을 가르쳤기 때문에 그 생산품은 상당히 우량품이 되었다.

이런 생산품을 교사 지도하에 생도로 하여금 시장에 내다 팔게 했다. 그 매상고는 각각 생도들에게 주었고, 그 반은 저금하게 하고, 나머지 반은 학용품 값으로 충당하도록 했다.

생도들의 부모가 학교에 와서, 생도들이 재배한 야채 등의 상태를 보고 자신들이 재배한 것보다도 훨씬 좋고, 조·쌀도 아이들이 재배한 것이 이삭이 더 크다고 했다.

이것을 본 부모들은 "이거 느긋하게 있을 일이 아니다. 아이들이 우리보다 훨씬 잘한다"라고 신기한 듯이 생각하였다. 그것이 한 집에서 두 집으로 점차 전해졌다. 그러는 사이에 점차 학교에 참관하러 와서 연구도 하고, 모르는 부분은 선생님으로부터 가르침을 받기도 하였다.

그래서 생도들에게 이번에는 '한 알 농장'이라는 것을 만들게 했다. 이 한 알 농장이란 한 알 두 알의 씨를 재배하는 것이었고, 재배지는 부모님의 농작지를 빌리는 것으로 하고, 종자는 학교에서 무료로 주어서 재배시켜 보았다. 경작법에 대해서는 학교에서 지도를 했다. 그렇게 하자 생도들은 학교에서 돌아와 공부를 하면서 농사 활동을 했다. 그 결과 의외로 좋은 성과가 나왔다. 늦가을에 각기 수확물을 학교에 가져와 품평회를 했다. 우량한 것에는 각각 상품을 주었는데 그것이 또 생도들에게는 굉장한 기쁨이 되었고, 장려가 되었다. 그래서 생도들은 또 가정에서 열심히 했고, 반대로 부모들도 그것에 감화되어 자극을 받았다.

"이래서는 안 된다. 아이들에게 질 수는 없다"고 스스로 농사에 정진하게 되었다. 지금까지는 논에 제초는 2회 했던 것을 3, 4회 더 했다. 밭의 제초도 3회였던 것을 4, 5회나 더 하게 되었다.

잡초를 제거했기 때문에 비료의 효과가 커졌다는 것을 알았다. 비료에 대해서도 지금까지는 대충했는데 점차 퇴비를 많이 만들고, 시비는 충분히 해야 한다는 것을 알게 되었다.

농업의 개선, 저축의 장려 등 아이들의 작은 행동이 부모들의 마음에까지 반영되어 점차로 선량한 풍습으로 나아가게 되었다. 학교로서도 굉장히 성적이 좋아졌다. 지방의 풍기가 개선됨과 동시에 근검저축, 인류애의 미풍도 점차 고양되었다.

4. 광석 줍기

"얼마나 주웠어?"

"별로……. 조금이야."

"열심히 줍자!"

"응, 그래. 열심히 줍자"라고 하며 열심히 폐토 속에서 작은 광석 덩어리를 주워 모으고 있는 백의의 아동 한 무리. 수십 명의 생도들은 희희덕거리며 광석 줍기에 여념이 없었다.

이곳은 황해도 서해안 도미타 옹이 경영하는 금산포광산 폐토장이다. 비가 그친 토요일, 금산포보통학교에 다니는 다수의 생도들은 폐토 속에서 작은 광석을 주워 모아 1톤들이 상자에 모으고 있다. 저쪽에 하나, 이쪽에 하나 흩어져 있는 광석을 줍고 있는 다수의 생도의 힘 또한 대단한 것이어서 얼마 안 가서 상자가 가득 찼다. 또 1톤들이 큰 빈 상자에 채우기 시작했다.

주우면 임금을 받을 수 있다는 재미도 있고, 또 군중심리도 있어 수십 명의 아동들은 이 근로를 힘들다 생각하지 않고, 재밌고 유쾌하게 특히 교정에서 놀고 있는 듯이 깔깔거리며 부지런히 줍고 있었다.

이것은 옹이 금산포보통학교 생도들에게 근검저축 미풍을 심어주려고, 방과 후 폐토 속에서 광석을 줍게 했다.

뭐니 뭐니 해도 장래의 자신을 설계하는 것은 소년 시대부터, 스스로 일하고 이것을 저축하는 미풍을 양성하지 않으면 안 된다. 그렇게 하려면 수입을 얻을 수 있는 방법을 알아야 한다. 그래서 어린이의 부업으로서 매주 토요일 방과 후를 정해서 폐토 속에서 그 자잘한 광석을 줍게 했다. 갱부들이 운반하면 톤당 50전의 임금을 지급한다면 생도들이 주운 것에 대해서는 장려하는 차원에서 6할 더 주어서 80전을 지급하기로 했다.

이렇게 해서 이 작업이 끝나고 학교에 돌아오면 그 임금은 우편어음으로 저금대지(貯金臺紙)에 붙여 생도들에게 주기로 했다. 낭비하는 폐단을 우려하여 현금으로는 주지 않았다. 그 관리는 교장에게 위탁하고, 만약 인출할 필요가 생겼을 때는 교장의 승인을 받게 했다.

아동의 광석 줍기 작업은 굉장히 성적이 좋았다. 노동이 고귀하다는 좋은 풍토를 조성했으며, 게으르고 노는 악풍을 타파하는 동기가 되었다.

어느 날, 옹은 은율 읍내 및 금산포 일대의 면장들을 모아서 근검저축에 대해서 간담회를 한 적이 있다. 그때 옹은 "일한다는 것은 인간이 가장 귀하게 여겨야 할 것으로 신으로부터 받은 사명이다. 돈이 있는 사람, 없는 사람 관계없이 모두 일하지 않으면 안 된다. 비록 오늘날 무엇 하나 부족한 것이 없는 유복한 신분일지라도 단지 놀면서 먹는 것만으로는 신에게서 받은 근로의 사명을 다하지 않는 것이 되기 때문에 그래서는 안 된다. 부지런히 일해야 한다. 또 돈이 없는 사람은 열심히 일하여 의식의 방도를 찾고, 그 속에서 생활의 안정을 얻게 되는 것이다. 여러분은 이 도리를 아랫사람들에게 잘 이해 할 수 있도록 얘기하여 오로지 놀고만 있는 나쁜 습관을 교정하도록 하십시오"라며 열심히 설득하였다.

그때 그 중에 한 면장이 이해하기 힘들다는 표정으로 "도미타 씨, 저는 지금 말씀하신 것 중에 이해 안 되는 것이 있습니다. 그것은 돈이 있어 하등 불편함이 없는 사람까지도 일해야 한다는 논리는 어디에 있습니까? 그것은 말도 안되는 논리 아닙니까?"라는 질문을 했다.

이 기문(奇問)에 옹도 아연하여 두 말을 계속 할 수 없었는데 조선인의 사상으로서는 무리가 아니라고 생각하고 찬찬히 그 좋지 못한 마음가짐을 깨우처 주고, 납득시켰다.

이것은 하나의 예에 지나지 않지만 조선인은 하나같이 근로를 싫어하는 습관이 있다. 그 악습이 어릴 때 근검저축이라는 미풍에 의해서 점점 개선되어 구축되어 갔다. 아동의 순진한 심정은 어느새 부모들의 마음을 유도하고 정화시켰다. 학교 방과후 광석 줍기를 하여 일한 임금은 극히 적었지만 긴 시간이 지나는 동안에 눈에 띌 정도의 돈이 되었다. 1학년부터 졸업까지 4년 동안에 그 성적이 좋은 사람은 22, 23원이나 되었다. 졸업할 때는 생도들에게 지급하여 자유롭게 사용할 수 있었다.

4년 동안 단지 학문이나 예의범절을 배우고, 무난하게 보통학교 과정을 졸업하게 되니 20여 엔이라는 저금이 내 손에 들어온다, 이런 좋은 일이 어디에 있겠는가. 여기에 더더욱 도미타 옹의 자애로운 정이 아동과 그 부모뿐만이 아니라 다른 사람에게도 분명하게 이해되었다.

기뻐한 것은 졸업생만이 아니다. 재학 중의 생도들도 이것을 보고, 얼마 안 있으면 자신들도 저처럼 받을 수 있다는 기분에 서로서로 기뻐했다.

아동들은 졸업하면 그 돈을 가지고 기쁘게 집으로 돌아가 "이것을 어디에 쓸까?"라고 살 물건에 대해 꼼꼼하게 부모들에게 상담했다. 그 결과 돼지새끼를 사서 키운다든지 송아지를 키워 장래 한 밑천을 만들려는 계획을 세우기도 했다. 상급학교에 진학하는 사람은 수험 여비가 생겼다고 기뻐했다. 그 중에는 그것을 밑천으로 하여 중학 강의록을 구매하여 집안을 도우는 틈틈이 공부하여 마침내 경성의학전문학교에 입학한 자도 있었다. 이것은 훗날의 일이지만 말이 나온 김에 여기에 소개한다.

그 사람은 은율군 일도면(一道面)에 사는 김정우(金鼎禹)이며, 1915년
도 졸업생으로 수재였다. 그렇지만 집은 가난했기 때문에 상급학교에 진
학할 수가 없었다. 그래서 졸업 할 때 학교에서 건네받은 광석을 주워 모
은 저금이 20엔 약간 모자란 것을 부모님과 상담하여 중학 강의록을 구매
하기로 했다. 이것을 가지고 집안을 돕는 틈틈이 1, 2년 열심히 공부했다.
3년째에는 경성의학전문학교에 입학시험을 보고, 한 번에 합격의 영광
을 안았다.

그런데 합격은 했지만 집이 어려워 학자금은 어떻게 할 수가 없었다.
그래서 게카치 교장에게 사정을 얘기하고 원조를 부탁했다. 게카치 교장
으로서는 아끼는 제자였다. 그대로 방치할 수가 없어 바로 옹에게 상담을
하게 되었다. 옹은 우선 의전(醫專)에 합격한 소식을 듣고 몹시 기뻐하며,
학자금 지원에 기꺼운 승낙을 했다.

김정우 소년은 그 후 학자금 모두를 옹의 후원을 받았다. 그리고 좋은
성적으로 의전을 졸업하고, 훌륭한 의사가 되어 평안남도 용강군의 공의
(公醫)가 되었다.

그런데 이렇게 적은 돈이라도 오랫동안 모으면 한 몫을 하는 돈이 된다
는 것을 눈앞에서 보고 아동들의 부모들은 비로소 저금의 중요성을 크게
느끼게 되었다. 그러나 이 광석 줍기를 시작한 무렵에는 아동이 옷이 더
러워진다고 하여 부형들로부터 상당한 불만이 나왔다.

"공부를 가르친다고 해서 학교에 보냈더니 실습이라는 둥, 광석 줍기
라는 둥 하면서 산으로 데리고 가 옷이 더러워져 난감하다" 하는 소리가
들려왔다.

그래서 학교에서는 가정과 뜻을 같이 하기 위해서 부모회 또는 어머니
회라고 하는 것을 열었다. 아동의 장래를 위해서 근로정신, 저축정신의
중요함을 자세하게 설명하였다. 거기에 도미타 옹의 깊은 뜻이 있다는 것
을 명심하여, 학교와 가정이 조화롭게 연결 될 수 있도록 이해를 구했다.

이러한 모임이 거듭되면서 부형들도 공감하였고, 동시에 옹이 이 부락민을 위해서 만든 각종의 시설에 대해서도 감사하게 생각했다.

그리고 학교의 저금이 점점 늘어갔다. 이것을 들은 부모들은 적은 돈이라도 쌓이면 크게 되는 저축의 위대한 힘을 깨닫게 되었다.

"아이들조차 저만큼 저금을 하는데 우리 부모들이 한 푼도 저금을 하지 않는 것은 부끄러운 일이다. 그렇다 장날 매상에서 조금씩이라도 저금을 하기로 하자"는 등 가정에서도 분위기가 바뀌어 갔다.

한 가정에서 이웃집으로 다시 이웃집으로 퍼져갔다. 그 풍습은 곧 일촌일향(一村一鄉)으로 퍼져갔다. 그 이후 지금까지 한 푼도 모으지 않았던 빈촌에서도 조금씩 저금하여 점차 여유 있게 변했다.

5. 지역민에게 근검을 장려

금산포광산 채굴이 시작된 이래, 부근 주민은 물론이고 멀리 사는 빈민들이 다투어 모여들었다. 그렇지만 그들은 좀 여유가 생기면 쉬고, 궁하면 또 일하는 식이었고, 근면역행(勤勉力行)이라는 정신이 결여되어 있었다. 이런 것은 좋지 않다. 자발적으로 일하도록 해야 하고, 근검저축의 분위기를 함양해야 한다. 그렇게 하기 위해서는 뭔가 다른 적절한 생업에 임하도록 해야 할 필요가 있다고 옹은 생각했다.

옹은 일찍이 사 두었던 금산포 땅에 개척 사업을 시작했다. 직영과 소작 개간으로 나누어 경영했다. 그 개간지에는 사과, 배, 포도, 복숭아 등 과수와 야채류를 재배하거나, 뽕나무를 심어 양잠을 장려하고, 잠종 · 뽕잎 등을 무료로 배포하고, 순회교사를 파견하여 키우는 방법을 가르쳐 주고, 강습소를 열어 그 기술을 가르치는 일도 했다. 그러는 사이에 또 국유간석지 250정보를 불하 받아, 광산에서 파낸 폐토로 매립공사를 했다. 또

한 부근 들판을 여러 번에 걸쳐 사 들여 전답으로 개량하고, 초생지는 개간하고, 또 나무를 심어 삼림 보호에 힘쓰기 위한 의도로 농림업 방면에도 손을 대어 지역 주민에게 생업을 부여하는데 부심했다. 그 결과 수년 후에는 지방 부락은 여자들까지 채광, 농업 등 어느 것에서든 일거리를 얻을 수 있어 생활은 정말로 편하게 되었고, 경제적으로도 다소 여유가 생기게 되었다.

그런데 이렇게 얼마간이라도 편하게 되면 지금까지의 긴장감이 느슨해져 사치하는 경향으로 가기 쉬웠다. 옹은 또 이것을 걱정하여 회합 자리 등에서 그러한 무분별한 행동을 하지 않도록, 만약 그 여력이 있다면 검약 저축에 힘을 쓰도록 시간이 날 때마다 말했다. 한편 학교에서는 근검저축 관념을 가르치고, 몸에 익히게 하고, 더 나아가 실천하여 가정에 모범을 보이도록 했다.

또 사무원에게 매일 지불하는 임금 중에서 생활에 필요한 돈만 지급하고, 그 나머지는 저축하도록 권유했다. 그 중에는 승낙하는 사람도 하지 않은 사람도 있었지만 점차 모두 승낙하여, 종국에는 예금금액이 점점 늘어가는 것을 보고 모두 좋아했다.

또 광산 사무소에는 매점을 설치했다. 그 상품은 지역민 평균 생활 정도를 넘어서는 좋은 물건이나 사치품은 피하고, 일용필수품에 한하여 판매하기로 했다. 이렇게 파는 물건에 대해서는 이문을 남기지 않고 매입 원가로 판매했다. 그러나 그것만으로는 의의가 충분하지 않다고 생각하여 사는 사람은 시장에서 사는 셈치고, 시가만큼 지불하게 하고, 그 원가와 시가 사이의 차액은 저금하도록 했다. 이것이 상당히 큰 금액이 되었다.

또 갱부들 중에는 타지방에서 온 사람이 많았는데, 그들은 모두 민가에서 적당히 기숙을 하고 있었다. 처음에는 친절하게 돌봐주기도 했지만 점점 시간이 지나자 방을 빌려주는 집에서는 임대료로 돈을 벌려고 하는 경향이 보이기 시작했다. 이렇게 되자 타지방에서 온 갱부들로서는 상당히 불리했다. 옹은 이러한 폐해를 막기 위해서 어떻게 하면 좋을지 생각했다. 우선 시험 삼아, 집을 빌려주는 사람도 광산이나 농원에서 일하도록 해보려고 현상금을 거는 방법을 생각했다. 그것은 호주로서 채굴하거나 또는 농원에서 일하는 자는 일정 임금 외에 하루 3전 가정에 따라서는 1전을 특별금으로 주면서 그것은 저금으로 돌리게 했다. 그리하여 한편으로는 기숙하는 갱부의 편리를 도모하는 것과 동시에, 지역민에게 고귀한 근로관념을 키우려고 했다. 갱부를 재워 돈을 벌려고 한 집주인들을 제재하는 대신에 현상금을 주는 것으로 했다. 여기서 옹의 진심이 이해되어 이곳 사람들은 반성하게 되었다. 곧 부덕행위 경향은 자연히 소멸되었고, 타향 사람을 친절하게 대하게 되었다.

그러는 사이에 이 사람들의 저축은 점점 늘어갔다. 생활도 편해져, 이전에는 그날그날 생활도 힘들었던 한촌의 빈민들이 해가 거듭됨에 따라 여유로운 환경으로 바뀌었고, 수년 뒤에는 많게는 백 엔 이상 백 수십 엔이나 되는 저금을 가지게 되었고, 상황이 좋아져 자작농이 된 사람도 나올 정도로 변했다.

또 광산부(鑛山部) 내의 위생 설비는 평상시 의사 1명을 고용했는데 이것으로 충분하지 않았기 때문에 3리나 떨어진 장연(長連)의 경찰의(警察醫)를 촉탁으로 기용하여 1주에 한 번 그에게 치료를 받게 했다. 사무소에는 약국을 두어 약을 일반인들에게 공급했다. 또 조선인 가옥에는 화장실 설비가 없는 곳이 많은데, 모두 화장실을 만들어 비위생적으로 되지 않도록 조치했다. 종두도, 청결법도 수시로 실시하였고, 겸하여 강연회를 열어 일반 위생사상 보급 장려에도 힘쓰는 등 세밀한 주의를 하였다.

1911년 당시 평안남도 장관인 마츠나가 부키치(松永武吉) 씨가 금산포를 시찰한 적이 있다. 장관은 우선 옹의 안내로 광산을 시찰하고, 그날 밤에는 사무소 한켠에서 잤는데 그 곳의 사무원 및 갱부들의 규율 바르고, 활발하게 활동하고 있는 밝은 분위기와 태도에 적지 않은 느낌을 받았다.

그 후 장관은 학교, 그 외 각종 산업상의 시설 및 부락 일반 상황 등을 꼼꼼히 순시한 일이 있었다. 옹의 깊은 마음 씀씀이, 주민을 위해서 진력을 다하는 여러 가지 덕행, 그리고 옹의 덕화가 부락 일원에게 잘 알려져 있는 것을 보았다. 남녀노소 모두 시대의 폐해에서 벗어나, 악습을 고치고, 서로 근검을 권장하고 두터운 인정이 넘치는 사실도 알게 되었다. 장관은 은율 금산포 부근 일대 부락이 모범 부락이라고 말해지는 것도 맞는 말이라고 하며 감동하여 "도미타 옹의 덕화는 영구히 남아 사라지지 않을 것이다"라고 칭찬했다.

6. 헌 병 줍기를 권하다

교토(京都) 니시진(西陣)의 포목점 주인인 다카노 야스노스케(高野康之助)라는 사람이 사업에 실패한 후 옹을 찾아왔다. 1910년 늦은 가을이었다.

이 사람은 옹이 내지에서 사업에 실패했을 때 알게 되었고, 그 무렵 그는 니시진 포목점 주인으로서 상당한 영향력이 있었다. 그 사람이 10년 후 오늘, 쇠락하여 옹을 찾아 온 것이었다. 용건은 장사를 하고 싶은데 얼마간의 자본을 빌려 달라고 했다. 만물이 변하기 쉽고 덧없는 모습을 바로 눈앞에서 보고, 옹도 또한 감회에 젖었다. 옹은 자세한 사정을 듣고 동정했다. 그래서 다시 일어 설 수 있도록 뭔가 도와주고 싶다고 생각했다.

그는 처음에 경험은 없지만 과자 장사가 잘 될 것 같으니까 해 보고 싶다고 말을 꺼냈는데 옹은 "과자 장사는 큰 자본이 필요하고, 익숙하지 않은 장사에 자본을 들이는 것은 위험하다"라고 하면서 이것은 권하지 않았다. 그리고 여러 가지 의논한 끝에 헌병 매입이 손쉽고 좋을 것이라고 권해 보았다. 그도 마음을 정한 듯이 "저는 뭐라도 해야 합니다. 한 번 해 보겠습니다"라고 했다.

그리고 그는 옹으로부터 그 자리에서 밑천을 얻어 헌 병 매입을 시작했다. 이렇게 해서 그는 옹의 후원 하에 헌 병 사기를 시작하였고, 게으름을 피우지 않고 부지런히 계속했다. 그것은 1전, 2전이라는 지극히 영세한 장사였지만 확실히 이익이 생겼다.

그리고 1년 정도 지났다. 옹은 평소 마음에 걸리던 그의 참을성을 한번 보려고 어느 날 그를 불렀다. 그리고 지금까지의 고생담을 들었다.

그가 아침 일찍부터 저녁 늦게까지 노력 분투한 것은 사실이었다. 그리고 그의 노력은 진지했다. 곁눈질도 하지 않고 일했다. 티끌모아 태산이라는 말과 같이 1년 후 오늘 그는 4백 70엔이라는 이익을 남겼다.

"참 훌륭하십니다. 그럼 이번에는 이것을 자본으로 하여 처음에 당신이 하고 싶었던 과자 장사를 해 보십시오."

"실은 저도 그럴 생각이었습니다. 앞으로도 원조를 잘 부탁드립니다"라고 했다.

옹은 처음부터 어떻게 해서라도 이 불쌍한 사람을 도와주고 싶었다. 그렇지만 그에게 과연 노력 분투할 용기가 있는지 어떤지 판단이 안 서, 거기에 일말의 불안감이 있었다. 그래서 우선 헌 병 매매를 시켜보고, 그 노력하는 자세를 시험해 보면서 그 사람을 단련시키려고 했다. 그래서 잘한다면 다른 장사도 성공할 것이다, 또 이것으로 좌절한다면 과자 장사도 위험하다고 생각했다. 아무튼 시험삼아 헌 병 매입을 권유해 본 것이었다. 그런데 그는 상당한 노력가였다. 헌 병 매매 1년 동안 5백 엔이나 가까운 이익을 내었다. 옹은 그가 분투하는 모습을 보고 이 정도라면 문제없겠다며 원하던 대로 과자장사를 해 보도록 권했다. 그 또한 자신의 뜻대로 되어 기뻐했다.

그래서 그는 헌 병 장사는 이제 그만두고 과자점 개업 준비에 들어갔다. 옹의 원조에 의해서 작지만 과자 가게를 개업할 수가 있었다. 그래서 옹도 열심히 도와주었고, 자본 부족을 충당해 주는 일부터 개업 준비에 이르기까지 여러 가지 할 수 있는 한 도와 주면서 이 사람이 제대로 장사를 할 수 있도록 했다. 그도 또한 옹의 은혜에 깊은 감사를 하고, 오로지 과자 장사에 매진했다.

그는 수 년 뒤, 5, 6천 엔이라는 이익을 얻었고 한 사람의 과자상으로 성공했다. 그 후 10여 년의 노력을 계속하여, 마침내 진남포에서 과자 점포의 중진이 되었다. 그 후 그는 성공을 거두어 고향 교토로 돌아갔고, 수년 후에 고인이 되었다.

7. 학교 신축과 변천

옹이 육영을 위해 가장 힘쓴 금산포보통학교는 교기(校基)가 점점 견실해지고, 생도들의 성적도 뛰어나다고 평판이 높았다. 생도의 수는 매년 증가하여 1918년 240명이 되었다. 그래서 교사가 좁다는 말이 나오게 되었다. 옹은 현 학교 부지에 총평수 875평이라는 대지와 건축비 1만 1천 엔을 들여 건평 91평인 교사를 신축했다. 1919년 4월에 낙성식을 했다. 교원 수도 늘려, 교장 외에 3명이 되었다. 그해 경상비는 5천 5백 엔 정도로 늘어났다.

이렇게 학교건축비 같은 임시비를 내었고, 또 경상비는 매년 5천 엔 이상 늘어났음에도 불구하고 여전히 수업료도 받지 않고, 학용품도 종전대로 계속 지급했다.

그 무렵 지역 유지들이 수시로 상의를 했다.

"생도 학용품은 지금까지 오랫동안 도미타 옹에게서 받았는데 이전에는 생도 수가 적었기 때문에 경비도 소액으로 끝났지만 지금은 다른 부락에서도 오기 때문에, 생도 수도 늘고 경비도 늘어났다. 또 우리들도 이전과 달리 도미타 옹 덕분에 다소의 여유도 생겼다. 그러니 각각 사양하기로 하여 학용품만은 각자가 변통해야 하지 않겠는가."

"맞습니다. 그것이 좋습니다. 지금 학교를 세운 비용도 막대합니다. 더 이상 도미타 씨에게 폐를 끼쳐서는 안 됩니다."

"당연합니다. 학용품 부담만이라도 각자 변통하기로 합시다."

이구동성으로 바로 찬성을 뜻을 표했다.

그래서 그 뜻을 모아 대표가 도미타 옹과 게카치 교장에게 그 취지를 전했다. 옹이 "그렇게는 할 수 없습니다"라고 말했지만 학용품만은 생도들 측이 준비하겠다고 강하게 주장했다.

이보다 앞서 모자에서 책, 문구 일체를 지급받으며 공부를 했던 생도의 부형들이 옹의 은혜에 대한 보은의 뜻을 표하고 싶다며, 유지들이 상의하여 송덕비를 세워 옹의 덕을 칭송하고, 또한 영구히 전하기로 했다.

그 비표(碑表)에는

도미타 기사쿠 공 송덕비

덕(德)은 사방에 미치고, 공적은 넓기만 하니
집집마다 대를 이어 칭송하구나
저 비각을 세워
영원토록 계속되게 하리니

이라고 적혀 있다. 도미타 기사쿠 공(公)의 공이란 조선에서는 최고의 경어이다.

이 비각(碑閣) 내에 옹을 기리는 송덕사(頌德詞)가 있다. 가난을 물리치고, 환난에서 구제하고, 아동 교육에 진력한 공적을 칭송하는 사은(謝恩)의 뜻을 적었는데 그 내용은 아래와 같다.

도미타 기사쿠 공 송덕비각기(富田儀作公頌德碑閣記)

　　사람에게 재물을 나누어주는 것을 혜(惠)라고 하고, 사람에게 선(善)을 가르치는 것을 충(忠)이라고 한다. 대개 우리는 이 말을 듣기만 하였지 그런 사람은 만나지 못하였는데, 도미타 공 같은 사람은 이 모두를 다 갖추었다고 말할 만하다. 공은 내지인으로 금산포(金山浦)에서 광산을 개척한 것이 지금까지 13년이다.

　　타고난 성품이 자애롭고 선하며 재물을 가벼이 하고 의(義)를 좋아하였다. 어렵고 춥고 배고픈 이가 있으면 반드시 힘을 다해 그들을 구휼하였다. 멀거나 가까이 있는 가난한 사람들, 남녀 할 것 없이 다투어 모여들어서, 공에게 먹을 것을 받은 사람은 그 수를 헤아리기 어렵다.

　　공은 더욱 더 구휼하는 방안을 찾았다. 계옥(桂玉)[54]이나 유탄(油炭) 같은 것은 가정의 일용품으로 미리 준비해서 궁핍할 때를 대비했다. 이와 같이 구휼하므로 포민(浦民)이 이에 말미암아 찾아오니 그 수를 헤아릴 수가 없었다. 작년에는 또 150원을 내어 3개 면의 가난한 사람을 진휼하니 이 때문에 수 칸에 불과한 포구의 집은 큰 도회지로 변하였다. 선박과 수레가 왕래하는 것이 계속되자 포(浦)의 오른쪽에 터를 구하여 개척하고 그 곳에 학교를 세우니 이름하여 후코쿠코(富國黌)였다. 교사의 월급, 학생의 서적, 먹, 일체의 학교 비용을 모두 자신이 부담하였다. 그 외 산과 들에는 뽕나무 심고, 양잠하고 묘목 심고 과수원을 만들고, 가축을 기르는 데에 이르렀다. 사람의 모범이 되지 않는 것이 없었으니 공의 선행과 도타운 공적을 어찌 쉽게 말하겠는가? 어찌 잊을 수 있겠는가? 이에 일군(一郡)의 인사들이 칭송과 흥겨움으로 비각을 세워 그 전승이 오래 가도록 하였다. 전형실(全珩實) 군은 그 일을 주도한 사람으로, 나에게 글을 구하여 이에 기록하는 것이다. 나는 글이 짧아 사양하였으나 부득이하게 앞서 들은 것, 본 것으로 대략 글을 짓고 책임을 다하고자 한다.

1913년 9월 15일

은율군 전(前) 향교직원(鄉校直員)

매향(晚香) 홍성연(洪性淵) 씀

---

54) 땔나무는 계수나무보다 귀하고 쌀은 옥보다 귀하다는 뜻으로 물가가 비싼 것을 비유하는 말. 여기에서는 연료와 양식을 귀하게 가리키는 말이다.

사립금산포보통학교

도미타 기사쿠 옹 기념비

도미타 기사쿠 공 송덕비

그 후 황해도 각 읍내에 보통학교가 설립되었지만 그래도 역시 사립 금산포보통학교에 입학을 희망하는 자가 많았다. 신축할 무렵 신년도 입학지원자는 정원의 3배 이상이나 되었다. 예상 외로 많았기 때문에 어쩔 수 없이 선발인정(選拔認定, 인정이란 광산 관계에 연이 깊은 자를 우선으로 하고, 그 다음으로는 광산과 연은 없지만 재능 있는 자)을 하여 입학을 시키고 나머지 아동은 유감이었지만 거절했다.

그러한 분위기였기 때문에 생도의 실력도 좋았고, 사립학교였지만 공립을 능가하여 상급 사범학교나 고등보통학교 등에 입학하는 자가 많아졌다. 그리고 생도의 수도 늘었고, 또 경비도 막대하게 늘었다. 1922년경 옹의 경제가 상당히 좋지 않았다. 그럼에도 불구하고 육영사업을 계속 유지하여 1925년에 이르렀다. 그때 생도는 278명이 있었다.

옹은 시대 변화에 비추어 아동교육을 보니 종래 수업연한 4년으로는 이제 불충분하다고 생각하여 학년을 연장하여 5년 내지 6년으로 제도를 바꿔야 한다고 생각했다. 그러면 학급 수도 증가할 것이다. 그리고 특히 아동교육은 지방 문화를 향상시키고 국민생활의 기초를 배양하는 것으로 육영사업 중에 가장 중요한 일이라는 생각에 이르자 옹은 더더욱 무거운 책임을 통감했다.

그래서 언제까지나 이대로 경영해 간다는 것은 아동의 장래를 위한 것이 아니라 오히려 불행을 초래하는 결과를 낳는 것이 아닌가, 그것보다 오히려 이즈음에 공립학교로 바꾸어 학교는 이대로 황해도에 기부하기로 하는 것이 어떨까 라고 옹은 생각했다.

옹은 이것에 대해서 여러 가지 숙의를 거듭한 끝에 뜻을 정하고, 도청에 자문을 구하여, 공립보통학교로 승격을 상신했다. 그랬더니 지사도 지금까지 옹의 육영사업에 진력한 공적을 인정하여 그 뜻을 이해하고, 기꺼이 승낙하여 바로 공립으로 승격하게 되었다. 지금까지는 교장 이외에는 무자격 교원이었는데 공립이 되면서 자격을 요구하게 되었다. 그러나 지금까지의 관계상 그 사람들을 특별히 촉탁교사로서 그대로 일할 수 있게 하였다.

학교명은 금산포공립보통학교가 되었다. 교사와 부지, 옹의 경영 일체를 도에 기부했다. 1925년 4월 1일의 일이었다. 이제 사립보통학교는 공립으로 승격되어서 학교에 관한 일체의 모든 일은 옹의 손에서 떠났고, 옹과의 지금까지의 인연도 끊어지게 되었다.

그런데 얼마가지 않아 큰 사고가 발생했다. 막 인계한 금산포공립보통학교는 그 이듬해 대화재로 전소되었다. 실화(失火)였는데 바람이 많이 불어 거의 전소되어 버렸다. 마을 사람들은 굉장히 낙심하였다.

원래부터 빈촌이어서 재건축 비용을 충당하기가 쉽지 않았다. 당연히 건축비의 반액은 도청에서 보조를 받을 수가 있지만 예를 들어 총액 1만 엔이라는 견적으로 반액 5천 엔은 부락에서 돈을 내지 않으면 안 되었다. 그것은 이 빈촌으로서는 도저히 불가능한 일이었다. 부락 사람은 모이기만 하면 "이 일을 어쩐다"로 시종일관 했다.

이 화재에 대해 옹은 몹시 걱정한 결과 여러 가지 조사 후, 재건축비용 전액이 1만 5, 6천 엔이라는 대략적인 계산이 나왔다. 그래서 옹은 재건축 비용으로 하라며 건축비 반액에 상당하는 8천 엔을 이 부락에 기부했다.

금산포 부락 사람들은 꿈이 아닌가 하며 기뻐했다. 이 빈촌에서 이제 다시 학교는 없을 것이라며 슬퍼하고 있던 바로 그때 옹이 즉각 현금 8천 엔을 기부하여 바로 재건축 수속을 밟도록 원조해서 부락 사람들은 소생의 기분으로 눈물을 흘렸다.

이렇게 하여 도청에 재건축 수속을 하고, 곧 다시 종전의 대지에 지은 것이 현재의 공립보통학교이다.

그 후 얼마 안 있어, 지금까지의 졸업생과 부형들이 은밀히 상의를 하였다.

"지금까지 부모보다 더 큰 은혜를 받아왔는데 이번에 공립학교로 되어 옹과 인연이 끊어지게 되어 정말로 아쉽습니다. 특히 이번 학교 재건축에서도 우리 부락 갱생의 대은을 입었습니다. 이 끝없고 깊은 은혜에 대해서 자손으로 하여금 영원히 잊게 해서는 안 된다는 생각으로 뭔가 옹을 기리는 것을 하고 싶습니다"라는 취지로 협의를 하여 기부금을 모집했다.

빈촌이긴 했지만 은인의 송덕을 위해 마시고 싶은 술도 절약하며 참가했다. 그 결과 7백엔 정도 모였다. 아름다운 마음의 발로였다. 그렇게 하여 학교 부속 실습지역 내에 약 100평 정도의 지면을 구획하여 드높게 솟은 기념비를 세워 영원히 옹의 덕을 칭송하게 되었다.

사방 푸른 나무로 둘러싸여 있고, 사방 300m에 이르는 조용하고 고요한 땅에 세워진 화강암 비는 높게 하늘에 닿을 듯이 서 있다.

그 비문에는

도미타 기사쿠 옹 기념비 비문(富田儀作翁紀念碑碑文)

대중에게 베푸는 것은 지사(志士)의 뜻이고, 육영(育英)은 군자의 즐거움이다. 그리하여 이웃에게 베풀고 그 동족을 육성한다. 세상에 그런 사람이 있어 널리 베푸는 혜량과 교육하는 성심이 멀리 이국(異國)의 사람들에게까지 미쳤다면 누가 고맙게 여기고 우러러 보지 않겠는가?

도미타 기사쿠 옹은 효고 현 가와베 군 나카타니 촌의 사람이다. 그 성품은 공손겸양하고 온후하며, 그 행동은 부지런하고 검소하여 본디 지사, 군자의 기풍이 있었다. 명치 32년(1899) 평안남도 진남포부로 이주하여 은율 철광산을 경영하였다. 42년(1909) 2월에 사립 후코쿠코(富國黌)을 특별히 건립하여 금산포에 기부하였다. 여러 군(郡)의 조선인 자제를 널리 모집하여 초등교육을 실시하였다. 그 뜻은 진실로 동포로 바라보는 성의(盛儀)에서 나오는 것이었고 장차 지방이 발전하도록 하는 것이다. 44년(1911) 11월 시류가 진전됨에 따라 사립금산포보통학교로 개칭하였다. 교사(校舍)를 증축하고 학습기구를 완비하였는데 그 비용은 거액을 헤아렸다. 옹의 열성은 단지 일반 사람들에게 회자되는 것 뿐 아니라 그 칭송소리가 관청에까지 미쳤다. 그래서 올해 4월 이 학교가 공립으로 승격되고, 옹은 전체 학교 재물을 특별히 기부하였다. 또한 십수 년 전부터 무릇 공익에 공헌한 바가 심히 많았다. 이 도미타 옹은 지사의 뜻을 의(義)로 삼고, 군자의 즐거움을 기쁨으로 여긴 것이 아니겠는가? 우리들, 학부형 또한 그 은덕에 감사한다. 영구히 잊지 말자는 뜻에서 조금씩 재물을 모아 이에 하나의 비석을 세우고 기념하고자 한다.

건설자 전 사립금산포보통학교 학부형 일반유지
1925년 10월

라고 기록되어 있다.

옹이 오카야마의 시즈타니코(閑谷黌)의 이름을 본떠 후코쿠코(富國黌)를 건설한 이래, 공립보통학교로 인계할 때까지 여기에는 17년이라는 세월이 있었다. 그 사이를 하루와 같이 자부가 되고, 은사가 되어 다수 아동에 대하여 훈육지도에 진력을 다했다. 그 성적은 점점 향상되어, 이제 아동교육의 목적은 달성되어 교화의 성과는 영원히 빛날 것이고, 거칠고 게으른 폐풍(弊風)을 개선하여 미풍양속(美風良俗)으로 바꾸었다. 졸업생들의 활동을 보면 사범학교와 고등보통학교를 나와 교육가가 된 자도 있고, 금산포 형무소에 감수(監守), 감정(監丁)이 되어 활동하는 자, 군청 방면에 취직한 자 등 일일이 열거할 수 없을 정도이다. 또한 각 지방 면사무소에는 반드시 본교 출신의 사무원이 한 두 사람 근무하고 있다. 그 외 실업방면에 있는 자, 열심히 과수원을 경영하는 자, 가축 증식에 힘을 쏟는 자 등 그 수가 끝이 없다.

8. 공로자 게카치 이노스케 씨

금산포보통학교라고 하면 바로 그 설립 은인인 도미타 옹을 연상하는 것과 함께 여기에 묻어둘 수 없는 공로자가 있다는 것을 잊어서는 안 된

다. 그것은 1911년 이래 금산포보통학교 교장으로서 도미타 옹의 손발이 되어 많은 아동 교육에 진력한 게카치 이노스케 씨이다. 그는 높은 인격자로 교육의 길에 열심이었던 사람이었다.

1911년 1월부터 1927년까지 17년간을 하루같이 금산포보통학교를 위해 분골쇄신으로 육영사업에 애쓰고, 많은 생도들을 훈육하고 세상을 떠났다. 금산포 은율, 장연 서부면, 북부면 등의 지방 일원 부락이 모범촌이라는 이름을 얻기까지 옹의 덕이 있었던 것은 물론이지만 옹과 뜻을 같이하여 온힘을 다하여 옹을 도와 아동을 훈도하고 옹이 뜻 한 바를 유감없이 발휘하게 한 것은 그의 큰 공로이고, 옹의 덕과 함께 크게 칭송되어야한다.

그는 오랫동안 교직에 있으면서 오로지 도미타 옹의 교화방침을 명심하고 실천하였기 때문에, 이것은 곧 옹의 덕을 입은 것이긴 하지만, 직접 아동 교육을 담당한 그의 책임 또한 무거웠다. 그것과 함께 그의 뛰어난 공적도 있다. 당연한 일이지만 그 역시 금산포 일각에 송덕비가 세워져 다년간의 공로를 칭송받고 있다.

게카치 씨는 국가산업개발을 위하여 진력해 보고 싶다는 생각으로 재직 중에도 얼마간의 땅을 구해서 사과나무와 그 외의 농작물을 재배해왔다. 그 성적 또한 양호해서 자연히 재배상의 취미가 더 생겨 시작(試作)연구를 계속했다. 그러한 관계로 그는 일찍부터 스스로 과수원을 경영해 보고 싶다는 희망을 가지고 있었다. 기회가 되어 1927년에 오랫동안 종사해 온 교직을 그만두고 금산포에서 농원을 경영하게 되었는데 변함없이 지역의 지도자로서 중요한 위치를 차지하게 되었다.

이전에는 생도 교육상 연구를 하던 과수재배가 지금은 직접 현장에서 졸업생들과 똑같이 일하고 그들을 격려하면서 자신의 성적을 보여주어 후진들에게 모범을 보였고, 그렇게 산업진흥이라는 옹의 원대한 이상을 지역민들이 영구히 잊지 않도록 노력하였고, 또 사업이 하나의 자극이 되어 다른 사람에게도 감홍을 불러일으켜 사업 발달을 촉진하였다. 옹이 죽은 후에도 사람들의 마음에 깊이 새겨져 영원히 옹의 뜻을 잊지 않도록 노력했다.

그는 은율군 조산리에 70여 정보에 걸친 사과 과수원의 주인으로서 분투하였고, 이 지방 농회와 삼림조합[55] 특별의원, 평의원 등으로 천거되었다.

그는 또 학자금이 없는 생도들에게는 사비를 내어 상급학교에서 배우게 한 일도 적지 않았다고 한다.

9. 고등여학교 창설

옹의 장녀 요시코(よし子)가 13살 때의 일이다. 마침 그 다음 해는 여학교에 입학시켜야 했는데 그 무렵 진남포에는 아직 고등여학교가 없었다. 언제 신설된다는 말도 나오지 않을 때였다. 옹은 어디로 입학시키면 좋을지 생각하면서 내심 오사카고등여학교에 보낼까 하고 생각했다.

당시 읍내에 바바 요시조(馬場嘉藏) 씨의 장녀 마사에(政栄)도 동급생

---

55) 일본은 1908년 삼림법을 제정 공포하고, 임야를 국유·민유 기준으로 구분하여 대부분의 임야를 국유화하였다. 1911년에는 이러한 과정을 통하여 창출된 국유림을 보다 효과적으로 운용하기 위한 조처로 <삼림령>을 발포하였다.
삼림조합은 임야조사사업(1917~1924년 1차 査定事務, 1919~1935년 2차 裁決事務) 종료 무렵부터 각군별로 임야소유자들을 회원으로 조직된 단체이다. 제도상으로는 가입과 탈퇴가 자유로운 임의단체였으나, 실제로는 모든 임야소유자들을 강제가입시킨 관변단체였다. 各郡은 삼림조합원에게 조합비를 부과하고 이를 직원 급여 및 사무비로 충당함으로써 지방 재원으로 사용했다. 또한 조합을 통해 묘목 강매가 이루졌으며, 그리고 녹화정책이라는 명분하에 조합원들은 사유지에서의 채취를 금지당함으로써 재산권을 침해당하기도 했다. 이에 대표적으로 단천삼림조합반대투쟁에서 보듯이, 1930년 전후 삼림조합반대운동이 전국적으로 발생했다.
은율군 삼림조합은 1928년 7월 31일에 설립되었다(최병택, 『1908~1945년 일제의 임야소유권 정리와 민유림운영』, 서울대학교 대학원 국사학과 박사논문, 2007; 『매일신보』 1928년 8월 13일).

으로 내년에는 여학교에 가야 했다. 그도 지금까지의 관계상 가능한 한 옹의 딸과 같은 학교에 보내고 싶다는 생각을 하고 있었다.

그래서 바바 씨는 어느 날 볼 일이 있어 옹을 방문하는 김에 이것에 대해서 얘기를 했다. 옹은

"저는 그것에 대해 여러 가지 생각했는데 바바 씨! 타처에 있는 학교에 유학을 시키려면 학비가 얼마나 듭니까?"

"글쎄요, 최소한의 경비로 말씀드리면 월 25엔 정도 들지 않을까요. 그러면 연 3백 엔 거기에 임시비용을 가산하면 적어도 연 350엔, 4년이면 천 4백 엔 정도가 되겠네요."

"바바 씨, 제가 생각하고 있는 것은 4년간의 학자금 천 4백 엔을 한 번에 내어 보는 것이 어떨까 하고……."

"예? 그건 무슨 말씀이신지……."

"뜬금없이 이렇게 말하여 이해가 안 될 것입니다. 제가 생각하고 있는 것은 여기 진남포는 인구도 많아졌고, 따라서 언젠가는 고등여학교가 필요하게 될 것은 틀림없습니다. 그런데 지금 그 창립을 원한다고 해서 쉽사리 허가를 해 주지 않을 것입니다. 그리고 여자애는 남자애와 달리 멀리 공부시키려 보내는 것은 바깥세상의 위험도 많기 때문에 부모들이 고려하지 않으면 안 되는 것입니다. 그래서 생각하기를 이 진남포에 여학교 전신으로서 고등여학교 강습회라는 형식으로 만들어 보고 싶다고 생각합니다. 이름은 아무래도 상관없고, 그 비용은 처음부터 많이 할 수 없지만 지금 딸 유학비용 전부를 즉시에 출자하여 이것으로 충당하면 2, 3년 일반 여자생도를 교육시켜 여학교가 될 근원을 만들고, 충분한 기초가 만들어졌을 때 여학교 허가를 받으려고 합니다. 요컨대 윗쪽에서도 가능하면 수고를 들이지 않고, 여학교를 설립하고 싶어 합니다. 마침 우리 아이들이 그 나이가 된 것이 좋은 계기이니 바바 씨, 저와 공동으로 일종의 진남포 육영사업을 해 보고 싶지 않으십니까?"

"역시, 그거 좋은 생각입니다. 한번 의논해 봅시다"라고 하면서 바바 씨는 그 자리에서 찬성했다.

"그런데 여기서 가장 주의해야 할 것이 하나 있습니다. 그것은 당신과 내가 공동 출자를 하여 학교를 시작했다고 하는 것이 알려지면 생도들의 부모들은 꺼려하여 입학을 보류할지도 모릅니다. 그렇게 되면 모처럼의 계획도 허사가 됩니다. 그래서 이 출자관계는 극비로 부치고 일절 발표하지 않는 것으로 하고, 단지 학교 조직에 있어서 편의상 여학교 강습회(또는 보습학교) 같은 것을 연다고 하는 정도로 하여 책임자에게 양해를 구해두면 안 되겠습니까?"

"그럼 신학년도 다가오고 있으니까 빨리 교섭을 해 봅시다"라고 얘기는 마무리 되었다.

그 후 두 독지가는 진남포부와 학교에 교섭을 했다. 비용을 지참한 상담이여서 두말할 것 없이 성립되었다. 명칭은 당분간 여자보습학교로 하고, 이것을 진남포 고등소학교 내에 두기로 했다. 전문교사 외에 소학교 교사들에게 겸임을 촉탁해서 교편을 잡게 하고, 마침내 신학년을 맞이할 준비를 다 갖추었다. 1910년 4월의 일이었다.

마침내 신학기가 시작되었다. 입학지원자가 20여 명에 달한 것은 처음 시도치고는 대성공이었다.

본교 경영비로 옹은 3천 엔, 바바 씨는 천 8백 엔을 출자했지만 앞서 기술한 대로 출자관계는 절대 비밀로 했기 때문에 그러한 사정으로 창설되었다는 것은 누구도 모르는 일이었다.

세월이 흘러, 여자보습학교도 3학년을 마치고 4학년생이 생겼을 때였다. 옹은 바바 씨와 평안남도 도청에 가서 육영기관의 필요성에 따라 진남포고등여학교 설립의 필요성을 말하고, 현재 여자보습학교를 개칭 승격하여 진남포고등여학교로 하는 허가를 출원했다. 여기에 대해서 도에서는 상세한 조사를 다한 결과 옹과 바바 씨가 오늘날까지 보습학교에 진

력을 다한 것을 인정하여 승격을 허가했다. 단 실과라는 이름을 써야 했
는데 그것은 학제상 어쩔 수 없는 것이었다.

그해부터 승격되어 진남포부실과고등여학교가 되어 오가와 요시토
(小川義人) 씨가 교장을 겸임하였다. 현재 교사는 1916년 5월에 신축되었
고 1917년 4월 1일 공립 고등여학교로 승격되었다. 고등여학교 첫 교장
으로 우에노 나오키(上野直記) 씨가 임명되었다.

진남포공립고등여학교는 이렇게 해서 해마다 발달 성장해 왔다. 공립
여학교로 승격한 후에도 변함없이 옹은 학교를 아끼고 사랑하여 백과대
사전, 일본인명사전, 지명사전 등 유익한 서적을 기부하여 지도하는 데
편의를 도모했다.

제7장 공예미술 진흥

1. 고려요의 재흥

옹이 조선 고대 미술품인 고려자기 기술이 소멸된 것을 한탄하여 어떻게든 이 기술을 부흥시켜 먼 후세까지 전하려고 결심한 것은 1904년 봄이었다.

당시는 러일전쟁이 시작되었을 무렵으로, 진남포에 주둔 중인 군인 중에 육군 중좌 다카하시 기시치로(高橋喜七郎) 씨가 있었던 것은 앞 장에서 이미 말했다. 이 사람은 구마모토(熊本) 사람으로 고향에는 고려요가 있어 어릴 때부터 흥미를 가지고 있었다. 황해도 옹진(瓮津)에서 우연한 기회에 분묘에서 고대 고려자기를 발굴하여 그것에 대한 면밀한 연구를 한 적도 있었다. 그 후 재료, 산지 등에 대하여 더욱 조사하고 연구하여 훗날 제작의 소지를 차근차근 쌓아갔다.

그 후 교토(京都)에서 구라하시(倉橋)라는 부자(父子) 도공을 초빙하여 만들어 보았지만 아무래도 본래 고려자기의 우아한 아름다움은 나오지 않았다. 그래서 교토자기와 고려자기 중간쯤 되는 것을 만들고 있었다.

세월은 빠르게 흘러 1910년을 맞이했다. 그해 8월에 한일합방이 되었고, 초대총독으로서 데라우치(寺内) 대장이 취임하셨다. 그는 기골이 장

대하고, 지극히 엄격한 전형적인 무인이었다. 그는 옹을 매우 신임하여
옹의 사업에 대해서도 호의를 보였고, 옹 또한 총독에게 마음을 쓰는 일
이 많았다.

삼화고려자기공장의 이케가미 정무총감과 도미타 옹

삼화고려자기공장 작업실황

이미 옹은 데라우치 총독에게 조선의 고려자기를 복원시켜 후세에 전
하고 싶다는 평소의 포부를 말하고, 일찍이 사람을 초빙하여 만들어 보았
지만 충분하지 않았던 경험을 이야기했다. 이를 들은 총독은 옹의 특별한

의지에 감동하여 가능한 한 후원하고 싶어 하셨다.

데라우치 총독과 관계가 있는 사람으로 데라우치 신이치(寺內伸一)라는 사람이 있었다. 이 사람은 사가(佐賀)의 아리타공업학교(有田工業学校) 교장이었다. 이 학교 졸업생으로 구마모토 현 출신인 하마다 요시노리(濱田義德)라는 사람이 고려자기 연구를 하고 있었다. 2년 정도 전에 중국정부에 초빙을 받아 갔다가 만기가 되어 그때 고향에 돌아와 있었다. 그를 총독이 데라우치 교장을 중재로 하여 소개해 주었다.

여기에서 하마다 요시노리의 사람됨을 설명해 둘 필요가 있다.

문록연간(文禄年間 1592~1596)에 구마모토(熊本) 번주(藩主)인 호소카와 공(細川公)이 부산에서 고려자기 기술자 존해(尊偕)라는 자를 데리고 와서 다카다 자기(高田磁器)를 만들 것을 명했다. 다카다 자기는 고려자기 전통을 간직한 옛 고려자기이면서 호소카와 공이 사용하는 도자기로 전해지고 있다. 존해의 후예는 귀화하여 무사급 대우를 받으며 도자기를 굽고 있었는데 메이지 유신(明治維新) 때 폐번(廃藩)으로 인해 녹을 받지 못하게 되자 스스로 돈을 벌지 않으면 안 되었다. 그런데 사족이 장사를 하면 망한다라는 말이 있듯 자활의 길은 쉽지 않았다. 점점 영락해 갔는데 1894년경에 이르러서는 더더욱 쇠미해져 고려자기 기술은 거의 소멸되어 버렸다.

그 무렵 구마모토 번사인 하마다 로쿠로(濱田六郎)라는 사람이 이 고려자기가 쇠락해져 가는 것을 보고, 어떻게든 이것을 복원해 보고 싶다고 생각했다. 그래서 동지 6명과 같이 도자기 만들기를 시작했다. 가마는 하마다 땅에 만들고, 만드는 사람은 당시 명공을 초빙하여 만들어 보았다. 그런데 좀처럼 좋은 것이 나오지 않았다. 그것은 기술상의 비법을 타인에게 밝히지 않았기 때문이었다. 즉 기술은 오직 한 사람에게만 전수했다. 그러한 의미에서 직공도 한 단계 떨어져 아무래도 좋게 나오지 않았다. 하마다도 동지들도 유감스럽게 생각했지만 달리 방법이 없었다.

그렇게 하는 사이에 모두 조급증을 내게 되었다. 한 사람 두 사람 떠나고 끝내는 동지들이 모두 그만둬 버렸다. 그러나 오직 한 사람 하마다 로쿠로는 그곳에 남았다. 지금까지 한 사업을 휴지화하는 것은 아깝다, 어떻게든 반듯이 완성해야 한다는 결심으로 사업을 계속하기로 했다. 그 이후 하마다는 직공도 되고, 인부도 되어 일하면서 거의 결사적으로 연구를 계속했다. 그 노고에 대한 보상이 있어 점차 좋은 성과를 내었다. 열심히 노력한 결과 마침내 우아한 고품격을 갖춘 고대 고려자기 제법을 재연해 내었다.

조선의 고려자기는 진기함과 귀중한 것으로 상당히 명성을 얻고 있었다. 그런데 여기서 생각지 않은 대실패를 부르는 실수를 저지르고 말았다. 그것은 1902년경이었다. 파나마운하 개통 대박람회가 시카고에서 열린 적이 있었다. 거기에 이 고려자기를 출품하여 2등상을 받았다. 그 다음 해 미국인 3명이 와서 하마다 제품 전부를 상당한 가격으로 매입하고, 그뿐만 아니라 그 외에도 다수의 주문을 하고 돌아갔다. 그런데 그 주문을 숫자가 너무 많아서 지금까지의 직공으로는 할 수 없어 어쩔 수 없이 아리타요(有田窯) 쪽에서 5, 6인의 직공을 빌려와서 돕게 했다. 그것이 실패의 원인이었다. 아리타 직공은 고려자기에 대하여 숙련되어 있지 않은 것은 말할 것도 없었다. 그래서 그 제품은 파지가 상당히 나왔다. 합격품은 적고, 지출은 늘어갔다. 도저히 채산이 맞지 않은 결과가 되어 끝내는 대실패로 끝났다.

이보다 앞서 하마다 로쿠로가 고려자기 연구에 몰두하여 이제 조금만 더 하면 될 것 같은데 하는 시점에서 진전이 없어 힘겨워 하고 있을 때였다. 사가 공업학교장 데라우치 신이치 씨가 하마다의 사업을 시찰하러 온 일이 있었다. 당시 하마다의 장남 요시노리는 중학교 2학년이었는데 테리우치 교장은 하마다의 고려자기 사업에 지극히 열심인 것을 보고 "어차피 고려자기를 연구하려면 장남 요시노리 군을 공업학교에 보내어 전문적으로 연구시켜보는 것이 어떠한가"라고 권유했다.

하마다는 정말 그것이 첩경이라고 생각하고 바로 동의를 하고, 요시노리를 공업학교로 전학시켜, 그곳에서 전문적으로 고려자기를 연구하게 했다. 요시노리 소년은 본교에서 3년을 배우고, 졸업할 때 성적이 좋아서 모교의 조교가 되었다. 한편으로 오로지 고려자기 연구에 몰두하고 있었다.

그 후 1년 정도 지나서 야마구치 현(山口県) 하기(萩) 도자기공장의 기사로 초빙되어 갔다. 그 후 사가 가라츠(唐津)의 한 자산가가 헌상품(獻上品)으로 가라츠 자기를 제작하고 싶다며 와달라고 하여 거기에서 1년 반 정도 체재했다. 그 후 중국 북경국립 예당학당으로 초빙되어 갔는데 1년 정도 체류하고 사임 후 귀향했다.

도미타 옹이 고려자기 부흥에 대해 데라우치 총독에게 얘기한 것이 바로 그때였다. 총독은 바로 데라우치 교장에게 의뢰했다. 교장은 하마다 요시노리 씨에게 조선의 도미타 씨가 초빙하고 싶다고 하는데 갈 마음이 없는가 하고 물었다.

당시 고려자기의 비전(秘傳)을 알고 있는 자는 하마다 요시노리 씨 정도로 그 외에는 거의 없었다. 요시노리 씨는 이를 승낙했다. 그리고 도미타 옹의 계획에 의한 고려자기 기사로서 초빙되었다. 그때가 1911년 6월이었다.

하마다 씨가 처음 도미타 씨를 만났을 때에 "제일 먼저 묻고 싶은 것은 고려자기제작 창업 방침입니다만 이것을 만들어 이익을 얻으려는 생각이 있습니까? 또 그 외에 다른 생각이 있으신 겁니까? 만약 이익을 얻기 위한 계획이라면 여기서 그만두시는 것이 좋다고 생각합니다"라고 당당하게 자신의 의견을 말했다.

옹은 이것을 듣고 흥미로운 사람이라 생각했다.

조선 고대 미술품인 고려자기가 소멸된 것은 정말로 애석한 일이다. 따라서 나는 손익문제를 떠나, 조선을 위해 이것을 복원하여 후세에 전하고 싶은 생각이고, 이것을 만들어 이익을 얻으려고 하는 것은 아니다. 그래서 당신도 나의 뜻을 알고 기술상의 연구와 노력을 해 주어 진짜 고려자기를 만들어 주었으면 한다고 하니 "그렇습니까? 잘 알겠습니다. 그러한 방침이라면 저는 기쁘게 신명을 다하여 일하겠습니다."

그래서 정식으로 가마, 물레사, 조각사 등 필요한 설비, 인원 일체를 준비하여 삼화고려자기제작의 제일보를 내딛게 되었다.

이것은 마침내 일이 표면화되어 제작을 시작할 때의 일이고, 제조 연구, 원료수집, 재료 토질 조사 등 이 사업에 필요한 기초적 조사는 1906년부터 착수했다. 그 무렵 옹을 비롯하여 노다 료지(野田良二) 씨 등과 일을 분담하며 각 방면으로 신발이 닳도록 원료 탐구 조사에 힘썼다.

여기서 고려자기 제조법의 개요를 소개한다. 얼마나 수고가 많이 드는 것인가를 알 수 있을 것이다.

　우선 여러 종류의 원토와 원료를 혼합 조합하고 어떤 조작을 하여 점토를 만든다. 이 점토를 얻는 비율은 원토의 1/3정도이다. 이 제조공장은 원칙으로는 원토 산지에 설치해야 하는 것이지만 그것이 불가능해서 10여 리에서 20여 리 멀리 떨어진 곳에서 운반해왔다. 그래서 많은 경비가 필요했고, 다른 도기 원료에 비하여 약 3배나 비쌌다. 이것이 고려자기의 가장 불리한 점이다.

　다 만든 점토에 다른 재료의 토질을 섞어 점력을 강화하기 위해 일정 기간 저장했다가 약 1주일 정도 뒤에 이것을 꺼내어 손으로 잘 비빈다. 잘 비빈 점토를 물레 위에 올려놓고, 돌려가면서 기술자가 생각하는 형태로 만들어 낸다. 형태가 완성되면 4, 5일 내지 1주일 정도 그늘에서 말리고, 그다음에 그릇 밑받침을 붙이고, 밑받침을 얇게 해서 모습을 우아하게 만든다. 그 다음에 표면에 임의의 무늬를 그린다. 그것은 금속제 뾰족한 주걱으로 그림 또는 문자를 새긴다. 그 위에 다른 원료를 몇 번 반복하여 전체에 바른다. 이것을 건조시킨 후, 형에 따라서 평면으로 깎아 낸다. 그렇게 하면 조각된 곳에 집어넣은 것이 그대로 형태가 되어 그림이나 무늬가 나타나게 된다. 그것을 상감(象嵌)라고 한다.

　완성된 것을 섭씨 9백도의 열로 한번 굽는다. 그것을 일단 가마에서 꺼내어 유약을 바르고 다시 천 5, 6백도의 열(보통 도자기는 1천도 내외이다)에서 굽는다. 여기서 비로소 고려자기라는 것이 완성된다.

　이것을 굽는 데에는 경사진 가마를 만들고, 점토로 완성한 제품은 토기로 만든 용기 안에 넣어서 가마 안에 진열한다. 바람의 상태와 바깥 기온에 주의를 하면서 땔나무를 가마 입구에 넣어 태운다. 가마에는 상하에 창문이 있다. 그 창문으로 끊임없이 불의 정도를 살피고, 온도의 강약을 실수 없도록 한다. 가마에 불을 땔 때는 가마 앞에서 고사를 지내고 이틀 반 계속해서 불을 땐다. 이때는 만사를 제쳐두고 진지하게 한다. 더구나 그 사이에 잠시도 쉬지 않고, 자기는커녕 식사도 하지 않는 자세로 눈을 부릅뜨고 긴장한다.

고려자기는 이러한 순서로 제작되는 것인데 창업 당시 한 동안은 가마에서 꺼내어 보면 말도 안 되게 절반 이상은 모두 실패했다. 종업원들은 완전히 자신감을 잃을 정도로 실망했다. 세간에서는 "훌륭한 취미시군요"라고 냉소를 보냈다. 그렇지만 옹은 굴하지 않았다.

"사람들의 평판은 아무래도 좋다. 조선의 미술을 부흥하는 것이다. 조선을 위해서……"라고 자신의 의지를 굳게 믿었다. 모르기 때문에 저런 조소를 보내는 것이다. 아무튼 어디까지나 기술상의 연구와 숙련을 쌓아야 한다며 열심히 연구를 계속했다.

옹의 뜻을 받아들여 하마다 씨 또한 전심노력으로 연구에 매진했지만 매번 실패했다. 그러나 그도, 옹과 같이 실패에 굴하지 않았다. 견인불발(堅忍不拔)의 마음으로 채찍을 가하며 연구를 게을리 하지 않았다. 그 사이 조금씩 한 줄기 서광이 희미하게 보이기 시작했다. 그 중에는 좋은 것이 나올 수 있을 만큼 진보가 있었다. 옹도 거의 침식을 잊고 여기에 열중했다. 그 참담한 고생담은 눈물범벅일 정도이고, 하면 실패를 하고, 실패하면 또 다시 시작하고, 어떤 때에는 목욕재계하고 일심으로 신불의 가호를 빈 일조차 있다. 마침내 문득 깨달은 바가 있어 비로소 완성했다고 하는 전설적인 이야기가 있을 정도이다. 그렇게 한 걸음 한 걸음 연구 노력한 결과 마침내 고상유아(高尙幽雅)한 분위기를 갖춘 진짜 고대 고려자기에 못지않은 제작 기술로 발전했다.

그렇다고 해서 가마에 들어간 것이 전부 완전히 만들어지는 것은 아니다. 나왔을 때 승부가 난다. 아무리 신경을 써도, 2, 3할의 실패는 피할 수 없었다. 때로는 반수 이상이나 실패가 나와 울고 싶어도 울 수 없었던 일이 적지 않았다. 또 그것과 반대로 일품(逸品)이 나왔을 때에는 뛰어오를 정도로 기뻤다.

고려자기의 생명인 고상한 멋은 심해에서 발하는 맑은 진주 빛이 햇볕에 발하거나 아니면 배어나오는 에메랄드 색을 밀크로 녹인 듯한, 사람을 매료시키는 청자색이다. 상감청자는 일본에서도 다수 제작되고 있지만 그것은 크롬으로 만들기 때문에 간단하게 제작할 수 있지만 이 고려청자만은 진짜처럼 하려고 해도 아무래도 되지 않았다. 그것은 고려자기의 바탕이자 특징인 점토 그 자체가 가지는 특유의 성질이 일정한 열을 만나서 배어나오는 색이기 때문에 이것은 조선의 흙이 아니면 절대로 나타나지 않는다. 화학의 힘으로는 안 된다. 그래서 절대의 가치가 있고, 긍지가 있는 것이다.

그렇게 광택이 있는 듯 없는 듯한 유연하고 차분한 색은 유약에 목탄액을 섞으면 나온다. 고려시대에는 석탄액을 사용하여 돌의 분말을 녹였는데 석탄액을 사용하면 유약이 매끄럽게 흘러내리지 않아 구멍이 생기기도 하고, 균열이 생겨 흠집이 없는 것을 얻기가 어려웠다. 점점 연구한 결과 오늘날에는 그 결점을 보완하고 옛날을 능가할 만한 훌륭한 예술적 가치가 있는 것을 얻을 수 있게 발전했다. 그래서 제작품이 좋으면 그 가격도 상당히 높았다. 화병이 3백 엔, 과자 그릇이 30엔, 다기가 20엔 정도는 드물지 않았다. 일전에 궁내성이 150엔짜리 화병과 25엔짜리 과자 접시를 구입했던 영광스러운 일도 있었다. 단 옛날의 그것에는 못 미치는 점은 세월의 때가 묻지 않아 옛 것의 1/10 정도의 가치밖에 되지 않는다는 것은 유감이다. 본바탕만 뛰어나면 시대 따위는 아무래도 상관없는 일인데 이러쿵저러쿵 시대를 운운하는 것은 일본인의 버릇이다. 근래는 대부분 이해하지만 아직 그 경향이 없어지지 않았다.

작은 여담인데 이 사업은 처음에는 한두리에 공장을 세우고 제작을 하다가 1920년 구하라(久原) 제련소가 세워지게 되어 현재 억양기리(億兩機里)로 옮겼다. 이 공장은 조선인의 주택을 그대로 사용했는데 이것은 고려자기를 제작하는데 고치지 않는 것이 어울릴 것이라고 생각하여 조선식 그대로 사용했다.

창업 당시는 해마다 7, 8천 엔 정도의 손실이 있었는데 1915, 6년경부터는 4, 5천 엔 정도로 줄었다. 그 후 또 3, 4천 엔 정도로 점차 손실이 줄어가서 현재는 2천 5, 6백 엔 정도이다. 다른 일이라면 점점 이익이 많아진다거나 적아진다거나 하는 이익본위로 계산하는 것이 순서인데 이것은 결손을 전제로 하고 그것이 해마다 줄어들어 가는 것에 만족해 한다는 기준 설정이 달랐다.

이러한 분위기에서 이 사업은 처음부터 손실을 예상했고, 지금도 그 손실을 반복하고 있다. 오늘날까지 옹이 감당한 희생은 정말로 막대한 것이라고 말하지 않을 수 없다. 그렇지만 오랫동안 소멸된 고려자기가 오늘날 그 기술이 점점 정교한 경지에 이르러 그 제품이 조선과 일본에 유포되었을 뿐만 아니라 지금 내외국인으로부터 진품으로 인정받고 있으며, 그 정교한 기술을 칭송받기에 이른 것은 큰 성공이라고 해야 한다.

이 정도 성공할 수 있었던 것은 옹의 봉사적 열성에 의한 것은 물론이지만, 옹의 손발이 되어 일한 하마다 요시노리 씨 형제는 이 분야의 공로자이다. 그는 1911년 진남포로 초빙되어 온 이래, 동생 요시카츠(義勝) 씨와 함께 오로지 이 길에 매진하여 공헌한 바가 상당히 컸는데 요시노리 씨는 작년에 작고했다. 이쪽 분야로서는 상당히 애석한 일이었다. 형 요시노리 씨와 함께 고려자기 기술을 연구하고 그 조예가 깊은 동생 요시카츠 씨가 그 뒤를 이어 지금도 기사장(技師長)으로 부지런히 애쓰고 있다.

고려자기 제품은 지금까지 황실, 황족, 궁내성에서 자주 매입하는 큰 영광을 입었다. 1916년 박람회 때 데라우치 총독이 화병 한 쌍을 헌상하라고 했다. 그래서 고심을 하여 만들어 봤지만 좀처럼 좋은 것이 나오지 않았다. 정해진 시간이 다 되었지만 잘 되지 않았다. 옛날이라면 할복으로 죄를 물어야 할 일이지만 데라우치 총독은 "다시 한 번 더 만들어 보라"고 말씀하셨다. 그러나 30일이나 걸려 할 수 없었던 것을 앞으로 26일로 다가온 단기간으로 어렵다고 생각하고 옹은 거절했다. 그런데 데라우치 총독은 사정을 듣고도 "꼭 한 번 더 해 보라"고 해서 더 이상 거절할 수도 없어 받아들였다.

삼화고려자기 제품

그때부터 서둘러 10점 정도를 만들었다. 그 중 8점이 완성되었다. 그런데 이상하게도 이 8점이 완전하게 만들어졌다. 전에는 30일이나 걸려도 되지 않았는데 26일 짧은 기간에 8점이나 완전하게 만들 수 있었던 것은 크게 놀랄만한 일이었다. 마음가짐에 따라서 이렇게 다른 결과를 낳는다는 것을 옹은 감개무량한 얼굴로 말한 적이 있다. 그 8점 중에 선택을 하여 한 쌍을 헌상품으로 정하고, 그 외에 한 쌍은 박람회 개장식에 참석하시는 간인노미야(閑院宮)56)에게 올리고, 다른 한 쌍은 동행하신 고토(後藤) 백작에게, 나머지 한 쌍은 데라우치 총독에게 드렸다.

---

56) 구 宮家. 四親王家의 하나로 1947년 황족제도개혁으로 황적에서 이탈될 때까지 230여 년 동안 존속했다.

1928년 즉위식에서 야마나시(山梨) 총독57)이 봉축을 위해서 고려자기 화병 한 쌍을 헌상하게 되어, 1929년 1월 7일 총독부에 보내는 봉납 수속을 했다. 그 화병은 높이 2척5촌1푼, 둘레 4척7촌9푼, 구경 8촌4푼, 중량 10관목(貫目)인 걸작품으로 옹의 진심을 담아 제조했다.

청자로 이런 큰 작품을 만드는 것은 굉장히 힘들었고, 또한 전례도 없었다. 더구나 한 쌍 셋트품을 제작하는 것에 대하여 특별 고심을 하였다. 11월부터 경성과 진남포 두 곳에서 구웠는데 경정 공장에서 원형을 만들어, 1차 굽기까지 마친 것을 진남포 공장으로 운반하여 마무리 굽기 공정을 마쳤다. 여기서 처음으로 훌륭한 물건이 완성되었다. 표면에는 만개한 작약에 춤추는 봉황을 배치하고, 상부에는 학 모양을 넣어 실로 고려청자계에서 일품이었다.

이것을 만들 때 종업원들은 모두 목욕재계를 하고 제작에 임하였고, 상당히 부심했다. 점토로 만든 원형 10여 개를 버렸고, 20여 개를 가마 안에서 훼손되었고, 결국 30 몇 개 중에 신기하게도 딱 한 점 아무런 흠이 없는 것을 얻을 수 있었다. 미술학교 전문 교사인 모 씨가 이것을 보고 "이처럼 두 개가 한 번에 같은 배색으로 만들어지는 것은 신기한 일이다"라고 경탄했다고 한다. 그 사이 고심노력은 이만저만 한 것이 아니었다. 이것에 필요로 하는 경비도 만만찮은 것으로 원가로 치면 3천 5, 6백 엔은 들었다고 한다.

이것은 총독의 주문에 의한 헌상품이기 때문에 특히 정성을 들인 것은 물론이지만 그것만이 아니다. 유래가 있는 고급예술품은 그렇게 쉽게 만들어지는 것이 아니다. 1만 엔의 비용이 들어도 하나의 화병조차 얻을 수 없는 극단적인 경우도 왕왕 있다.

옹은 이렇게 고대 미술 복원의 하나로서 고려자기 제작에 전력을 다하

---

57) 야마나시 한조(山梨半造, 1864~1944). 육군 군인. 육군대신, 도쿄경비사령, 조선총독 등을 역임했다. 재임 중의 횡령사건이나 오직사건 등으로 평판이 좋지 못했다. 조선총독부 의혹사건에 연루되어 무죄 판결 후 모든 공직에서 물러났다.

였다. 그 때문에 최근까지 도자기 장려의 의미로서 총독부로부터 보조금을 받았다. 그 보조금 처리에 대해서는 다음에 기재되어 있는 시모무라 가이난 씨의 추억담에 있는 그대로이므로 여기서는 생략하기로 한다.

현재에는 경성 욘켄초(四軒町)에도 가마를 가지고 제작하고 있는데 이것은 1924년부터이다. 진남포 쪽을 삼화고려자기라 하고 경성 쪽은 한양고려자기라고 이름을 지었다.

진남포 공장에는 이름 있는 사람들이 가끔 참관하러 오셨다. 오타니 손유(大谷尊由),[58] 고 이케가미(池上)[59] 총감, 미즈노(水野)[60] 총감, 우가키(宇垣)[61] 총독 대리, 노무라(野村) 자작, 미나미(南)[62] 대장, 가나야(金谷)[63] 대장, 도야마(外山) 소장 그 외에 다수의 사람들이 보러 오셨다.

여기에 시모무라 가이난 박사와 스기무라 초닌칸 씨의 회유기(回遊記) 중의 한절을 인용한다.

시모무라 가이난(下村海南) 씨의 「추억」 중에서

조선의 도자기 사업의 오늘이 있는 것은 기사쿠 옹의 덕이다. 고려자기가 사라져 가는 것을 재현한 것은 옹의 힘이었다. 옹은 이를 위해 적지 않은 자산을 쏟아 부었다. 데라우치 총독 시대라고 기억하는데 총독부로부터 도자기 사업의 개량 진보를 위한다는 명목으로 2천 엔 보조금을 받았는데 옹은 그 전액을 도자기를 만드는 조선인에게 분배해 주었다. 적어도 얼마간은 당연히 자신의 주머니에 넣어도 좋을 텐데, 아니 대부분은 사복을 채우는 이 세상에 생돈

---

58) 1886~1939. 승려, 정치가. 오타니 고즈이(大谷光瑞)의 동생.
59) 이케가미 시로(池上四郎, 1857~1929). 경찰관료, 정치가. 오사카시장을 역임한 후 1927년에 조선총독부 정무총감으로 부임했다.
60) 미즈노 렌타로(水野錬太郎, 1868~1949). 내무관료, 정치가. 내무대신, 조선총독부 정무총감, 문부대신, 귀족원의원 등을 역임했다.
61) 우가키 가즈시게(宇垣一成, 1868~1956). 육군 군인, 정치가. 육군대신, 조선총독을 역임.
62) 미나미 지로(南次郎, 1874~1955). 육군 군인. 제8대 조선총독으로 부임하여 '내선일체'를 주장했다.
63) 가나야 한조(金谷範三, 1873~1933). 육군 군인으로 조선군 사령관을 역임한 인물.

을 들이고, 받은 돈은 깨끗하게 모두 내어놓은 거기에는 기사쿠 옹의 고결한 품격이 있었다.

또 빠뜨릴 수 없는 것으로 조선 아동 완구가 옹에 의해서 복원되었다는 것이다. 조선에는 일본제 완구는 있지만 조선 고유의 완구, 조선 습속, 풍토 역사에 어울리는 완구는 없다. 아니 없는 것이 아니라, 있었던 것이 없어진 것이다. 고혈(膏血)을 짜내어야 하는 조선의 가정에는 어느 샌가 그러한 완구도 흔적이 없어져 버렸다.『조선공론』의 기록에 의하면 기사쿠 옹은 "조선의 완구가 있을 것이다. 그것은 조선의 민족성을 알기 위해서나 아동 교육의 입장에서 생각해서라도 그것을 찾아낼 필요가 있다"며 몇 년인가 고심에 고심을 거듭하여 옹은 오직 한 직공이 지금 경성 어딘가에 생존하고 있다는 것을 알았다. 늙은 완구사는 동소문(東小門) 내 경학원(經學院) 뒤편에 넉넉하지 못 한 토막(土幕) 안에서 쓸쓸하게 두더지처럼 기거하고 있었다.

노완구사의 누추한 집을 방문한 옹이 완구를 만들려면 당장 돈이 얼마나 필요한가를 묻자 완구사는 고개를 갸웃거리면서 7백 엔 정도라고 답했다.

생면부지의 노옹의 말을 그대로 받아들일까를 고민하던 옹은 우연히 토막 안에서 느티나무 도구판을 봤다. 그것은 그가 일심으로 완구를 만들 때, 그것을 대(臺)로 하고, 그 위에서 세공을 한 도구판이었다. 그 판이 닳아서 윤기가 흐르고 있었다. 다랑어 뱃살과 같은 광택이었다. 언제나 작은 칼과 끌이 움직이는 것을 기다리고 있는 듯이 보였다. 옹은 노옹의 예술가로서 가지고 있을 법한 도구판에 대해서 그의 애착과 준비에 감탄하여 두말없이 7백 엔이라는 돈을 쾌척했다.

오늘날 조선 옛 아동 완구로서 시장에 나와 조선의 가정에서 찾고 있는 치졸한 것은 있지만 정말로 조선의 멋이 풍부한 완구는 이 노옹이 만든 것이라고 한다.

필자는 도미타상회 가게 앞에 진열되어 있는 조선도자기 중에 가격이 싼 것을 한 묶음 구해서 돌아왔다. 지금 오사카매일신문 중역실 옆 웅접실 유리 선반 안에 진열되어 있으며 가까운 시일 내에 신축한 백운루(白雲樓)로 옮길까 하고 생각 중인데 옹의 부보를 듣고, 초닌칸과 함께 방문한 진남포 도자기 제작공장 한 구석에서 꼼꼼히 말씀해주던 명공 가키에몬(柿右衛門)[64]을 생각나게 하는 고담(枯淡)한 옹의 풍모가 새삼스럽게 떠오른다.

---

64) 사카이다 가키에몬(酒井田柿右衛門). 에도시대 肥前国(佐賀県) 아리타(有田)의 陶芸家. 襲名으로 이어져 현재는 14대 사카이다 가키에몬이 활동 중이다.

스기무라 초닌칸 씨의 「진남포」

진남포에는 한낮에 도착해서 멀리 강서(江西) 고분을 보기도 하고, 도미타 기사쿠 옹의 도자기 제작소에 들리기도 하고, 공회당에서 강연을 하기도 하고, 강연 후 환영회에 참석하기도 하여 상당히 바쁜 하루를 보냈다. 도미타 옹의 삼화장(三和莊)에 돌아와 잔 것은 1시가 지나서였다.

도미타 옹의 도자기 제작소는 고려자기 제작하는 곳으로 듣고 있었다. 옹이 고려자기 제작에 뜻을 둔 이래 오늘에 이르기까지 고심은 눈물 없이 들을 수 없는 것으로, 하면 실패하고, 실패하면 다시 하고, 마지막에는 목욕재계하고 일심으로 신불의 가호를 빈 끝에 번쩍 깨달음이 있은 후에 비로소 완성되었다고 하는 전설적인 얘기가 있다. 가이난 씨와 나에게 뭔가 기념이 되는 것을 쓴다면 구워 주겠다고 해서, 신이 나서 둘이는 어렵게 생각하지 않고 손으로 빚어 간단하게 굽는 것이겠지 하고 서툰 글씨 몇 점을 써서 건넸는데 나중에 들어보니 고려자기는 5백도에서 2천도의 열을 더해서 굽는 것으로 적어도 삼일은 가마 안에 두어야 하고, 그리고 가마에 들어간 것이 반드시 좋은 도자기로 만들어지는 것은 극히 적다고 하고, 불을 가감으로 파래야 할 것이 하얗게 되기도 하고, 빨개야 할 것이 푸르기도 한다고 했다.

우리들이 사용한 검은 그림 도구도 철이 들어 있어 그 철을 녹여 좋은 상태로 검게 만들어 내는데 상당한 고심이 있었다고 했다. 유감스럽게도 고려자기를 모르는 두 사람 다 조금 많이 썼다.

2. 삼화 짜기(三和編)의 유래

천일초(天日草)[65] 또는 완초(莞草)[66]로 짠 지극히 면밀하고 예술적이며, 작은 물건에서 큰 물건에 이르기까지 정말로 예쁘게 짠 바구니가 있다. 조선에서는 이것을 제기(提器)라고 한다. 제기란 바치는 그릇이라는 뜻이지만 잘못 전해져 이것을 뎃키라고 부르게 되었다. 옛날 고려자기와 나전

---

65) 천일홍. 비름과의 한해살이풀.
66) 왕골. 사초과의 한해살이풀.

칠기 등과 함께 조선에서는 지극히 정교하게 만들어지고 있었는데 조선 시대부터 점차 사라져 지금은 제품을 볼 수가 없다.

1909년 가을 무렵, 옹은 중국 만주지방을 여행한 적이 있었다. 그때 기차 안에서 예쁜 바구니를 가지고 있는 중국인 한 사람을 만났다. 당시 옹은 제기라는 것을 몰랐는데 그 정교하게 짠 모양에 흥미를 느끼며, 손에 들고 여러 번 들여다보면서 마음을 빼앗겼다. 중국인에게

"이건 무엇이라고 하는 겁니까?"

"제기라고 합니다."

"무엇으로 만든 것입니까?"

"천일초로 짠 것입니다."

천일초라는 말을 듣자 생각나는 것이 있었다. 그것은 이전에 일본에 있을 때 다테(伊達) 백작가의 재산 경매가 있었는데 천일초로 짠 바구니 하나가 무려 4천 5백 엔에 팔리는 것을 현장에서 본 적이 있었다. 그렇지만 그것은 오래전의 일로 벌써 잊고 있었는데 지금 천일초라는 말에 갑자기 생각이 났던 것이다. 그러나 제기에 대해서는 아무런 지식을 가지고 있지 않았다. 그래서 옹은

"산지는 어디입니까?"

"조선 특산품입니다."

"현재 조선에서 이것을 제작하는 곳은 어디입니까?"

"잘 모르겠습니다만 지금은 그다지 없을 겁니다."

"그렇습니까? 역시 조선의 것들은 점점 없어져 가는군요."

"그렇습니다. 조선의 기술품은 어느 것이나 쇠퇴하고 있습니다. 단지 제기만이 아닙니다."

"정말 그렇군요. 이것을 견본으로 하여 배우면 만들 수 있습니까?"

"배우면 누구라도 만들 수 있습니다."

"이거 저에게 팔지 않겠습니까?"

“원하신다면……”

“가격은 얼마입니까?”

“1개 150엔입니다.”

가격이 너무 비쌌다. 이 작은 바구니 하나에 150엔이라니 당치도 않은 비싼 가격이었다. 그렇지만 그때 옹은 다테 백작가의 재산 경매 때를 생각하며 아까워하지 않고 바로 150엔을 지불하고 그 작은 제기를 샀다. 이 제기는 지금도 기념으로 도미타 가에 소장되어 있다. 길이 약 7촌, 폭 4촌, 높이 4촌 정도의 편물로, 상부에는 중국 능직 비단 주머니가 달려있다. 이 것이 150엔이라고 하면 누구의 눈에도 고가로 비쳐지겠지만 그 무렵은 생산품의 숫자가 적었기 때문에 그렇게 비싸게 불렀던 것이다.

옹은 이 낡은 바구니, 더구나 그렇게도 비싼 것을 무엇 때문에 산 것일까. 그것은 조선의 물산이 점차 소멸되어 그 흔적이 완전히 끊어지는 것을 걱정하여 적어도 이 제기의 모습과 이것을 견본으로 해서 제작하여 조선 고유의 미술품의 복원을 꾀하려는 원대한 포부가 옹의 마음에 잠재되어 있었기 때문이었다. 옹이 기획하고 실행하여 조선 공업 미술품 복원의 하나로서 지금 활발하게 제작 판매되고 있는 삼화 짜기는 이러한 연유에서 제작되게 되었다.

3. 조선 완구의 부흥

조선에는 고유의 풍습, 역사, 민속 등에 맞는 완구가 있었는데 이것은 고대 미술품인 고려자기와 나전칠기 등과 함께 소멸되었고, 시대의 추이와 다년간의 악정이 거듭되어 점차 사라져 버렸다. 그래서 조선의 아동은 조선의 고유한 완구의 재미를 맛볼 수 없었고 또한 풍속에 맞는 완구에 탐닉할 수가 없었다. 도미타상회 지점 주임 사사모토(笹本) 씨의 회고담에 의하면 옹은 이 점에 착안했다고 한다.

"조선에도 고유한 완구가 있을 것이다. 조선의 민속을 알기 위해서도, 아동 교육의 입장에서 생각해도 그것을 찾아 낼 필요가 있다"라고 생각하고, 조선 특유의 완구제작자를 조사했는데 찾을 수가 없었다. 그러나 옹은 실망하지 않고, 끈기 있게 찾고 조사했다.[67]

몇 년인가 고심을 거듭한 결과, 그 직공이 경성 어딘가에 생존해 있다는 것을 알았다. 1918년의 일이었다.

소식을 듣자 옹은 바로 그 직공을 찾아갔다. 조선 가옥은 복잡하게 얽혀 있어 쉽게 찾을 수가 없었다. 두 번째는 사사모토 씨를 대동하고 찾아다녔는데도 알 수가 없었다.

늦가을 어느 날, 세 번째에 겨우 동소문 내 경학원 뒤편에서 그 직공을 찾을 수가 있었다. 토막 안에 몰골이 말이 아닌 한 노인이 있었다. 뭐라고 형용하기 힘든 가난의 질곡에 움직일 수 없는 모습이었다. 그는 숙달된 조선 고유의 완구제작자라고 했지만 토막 같은 곳에 두더지처럼 칩거하고 있었다.

옹은 기뻤다. 그래서 "조선은 옛 완구를 제작하는데 어느 정도의 돈이 필요한가?"라고 물어 봤다. "7백 엔 필요합니다"라고 했다.

과연 이 노인에게 기술이 있는지 없는지 옹은 의심스러웠다. 기술이 있다면 돈을 그대로 삼키지는 않겠지만 그 기술이 어떤 것인지 의심스러웠다. 신용을 할 수 없었다. 그때 우연히 토막 안에서 느티나무 도구판을 보게 되었다. 그것은 그가 일심으로 완구를 제작할 때 쓰는 받침으로서, 그 위에서 직공의 손을 움직이게 한 생명과 같은 도구판이었다. 그 대가 닳아 윤이 나고 있었다. 다랑어 뱃살과 같은 광택이었다. 언제라도 작은 칼과 끌이 움직이는 것을 기다리고 있는 듯이 보였다. 옹은 고개를 끄덕였다.

---

67) 이하 도미타가 조선의 노완구사를 찾는 일화는 앞 절 '고려요의 재흥' 속의 '시모무라 가이난 씨의 「추억」 중에서'에 이미 소개되어 있다.

"좋다!" 라고 하고선 그 자리에서 7백 엔을 주면서 그의 예술 의욕을 채워주었다. 그렇게 조선완구 부흥을 꾀하려고 했다. 옹은 이 노인의 훌륭한 마음가짐과 예술가로서 가지고 있을 법한 도구판에 대한 그의 애착과 준비를 두말없이 신용했기 때문이었다.

이렇게 해서 그 노완구사는 옹에게 발탁되었다. 시내로 거처를 옮기고 오로지 조선완구 제작에 매진하였다. 그는 함(咸) 모라고 하는 노인이었다. 완성된 제품은 모두 옹이 매수했고, 완구점에서 이것을 판매했다. 옹은 완성품을 인수할 경우, 그 가격은 노완구사가 부르는 대로 지불했다. 또 가족들에게도 그 뜻을 전하여 가격을 깎지 않도록 말해두었다.

"완구 제작품은 노인이 말하는 대로 3엔이든, 4엔이든 또 10엔 20엔이라고 해도 그대로 사라, 가격을 깎으면 모처럼 일어난 조선 완구가 또 사라져 버린다"라고 하여 비싸다고 생각해도 그대도 지불하게끔 했다. 그렇게 가게에 내어다 팔 때는 원가 이하로 싸게 팔았다. 상당한 손실이 있었지만 조선완구 부흥을 위해 이러한 희생을 치렀다.

주된 제작품은 인형이었고 그 외에도 여러 가지 물건이 있었다. 그 중에는 상당히 훌륭한 것도 있었다. 지금도 조선 고유의 아동 완구로서 시장에 나와 조선인의 가정에서 찾고 있는 조선의 향토색 짙은 완구는 이 노인이 만든 것이다. 남대문 도미타 상회 3층에는 이런 완구의 잔해가 지금도 많이 남아 있다.

그 제품이 한번 시장에서 팔리기 시작하면 사람들은 다투어 산다. 또 조금 영리한 사람은 이것을 모방해서 만든다. 그것이 점점 많아져 시장에서 팔리게 된다. 지금 시내에서 조선완구가 증가한 것은 애초 이것이 동기가 되었던 것이다. 그 후 계속해서 완구 부흥에 힘을 쏟은 결과 제작 기술자도 늘고, 시장에서도 잘 팔리게 되었다.

조선 습속에 맞는 완구 세공은 일시 침체했었지만 이러한 옹의 힘에 의해서 지금 부흥의 기운을 얻게 되었다.

4. 나전세공(螺鈿細工)

그릇 표면에 패류(貝類)로 그림이나 문양, 문자 같은 것을 만들어 이것을 감입(嵌入)한 것을 총칭하여 나전세공(螺鈿細工)이라고 한다.

이 제작법은 진주조개, 전복, 앵무조개 등의 조개껍질을 평편하게 벗기고 숫돌로 갈아서 박편(薄片)을 만든다. 표면에는 옻칠로 임의의 글이나 그림, 문양 등을 그린다. 그 위에 옻칠을 전면에 칠하여 이것을 잘 건조시킨다. 잘 건조시킨 것을 희류산(稀硫酸)이나 초산(硝酸)에 약 15분간 담가 두면 옻칠이 부착하지 않는 부분은 점차 분해된다. 이것을 판 위로 옮기고 술로 전면을 가볍게 쓸어내리면 옻으로 쓴 부분만 푸른 조개의 광택 나는 무늬만 남고 다른 부분은 모두 떨어져 나간다. 이것을 준비한 그릇에 보리가 섞인 도료를 바르고 옻칠을 2, 3회 한다. 그리고 나서 후박나무 재로 그릇 표면이 나타날 때까지 문지른다. 그 위에 또 녹각가루로 닦아서 광택을 낸다.

그 밖에 여러 가지 제작방법이 있지만 여기서는 그 대략적인 것을 적었다.

나전세공이 조선에서 만들어지게 된 기원을 찾아보니, 고려시대에 중국으로부터 전해진 것으로 당시는 수요도 많아 활발하게 제작되었다. 조선시대에 들어와 일단 쇠퇴했다가 중기에 이르러 발흥하여 수요를 불러일으켜 제작되었다. 선조[68] 때는 관에서 나전칠기 제작소 등을 설치하여 한층 성행했다.

이 세공은 먼지가 많은 곳에서는 제품이 더러워져 광택을 잃어 완성도가 나쁘기 때문에 대부분은 바닷가 공기 청정한 곳에서 제작되었다. 그런 관계상, 조선에서는 옛날부터 경상남도 통영 해안에 작업소를 설치하여 칠기를 제작하게 했다. 그런데 임진왜란 때, 이 통영은 일본군에 의해 유

---

68) 원문에는 '宣宗'으로 표기되어 있는데, 이는 宣祖의 誤記이다.

린되었다. 제작소도 모두 파괴되어 버렸다. 통영에는 다이코 운하(太閤堀)라고 하는 것이 있는데 이것은 도요토미 히데요시가 명나라 장수에게 쫓겨 이 운하를 넘어 겨우 몸을 피했다고 하는 곳이라 전해진다.[69] 그 다음은 자연스럽게 쇠퇴 소멸하여 영원히 중단되었다.

이 나전칠기는 이처럼 수백 년 역사를 가진 조선 고대미술품의 하나로, 그 기술이 지극히 정교하지만 지금은 전혀 볼 수가 없다. 뿐만 아니라 근대에 이르러서는 그제작자도 거의 없는 상태에까지 쇠퇴했다.

경상남도에서는 수백 년의 역사를 가진 이 나전칠기가 이대로 소멸되는 것이 아쉬워, 부흥시키고 싶은 생각에 1911년 한일합방 무렵 은사금(恩賜金)에 의한 수산사업(授産事業)[70]으로서 나전칠기 전습소를 통영에 설립하고, 도제양성(徒弟養成)에 힘썼다(한일합방 때, 조선 수산의 뜻으로 폐하로부터 공채 3천 엔 은사금이 있었다. 이것을 조선각도에 적당하게 분배하여, 공채 이자로 각종 수산사업을 하고 있었는데 경상남도에서는 공채 이자로 나전세공 전습소를 통영에 만들었다).

그런데 막상 해 보니 경비가 많이 들어 수지가 맞지 않았다. 그 사이에 비용 출자가 곤란하게 되었다. 도(道)에서는 마침내 이 전습소 존폐에 대한 선후책을 강구하게 되었다. 그 협의 결과 폐지하기로 했다. 한편 조선 미술품 부흥에 열심이었던 옹에게 상담을 했다. 옹은 이를 듣고, 이대로 폐지해 버리면 끝내는 중단될 수밖에 없다고 생각했다. 아까운 일이니 어떻게 해서든 이것을 계속하여 후세에 전할 정도까지 만이라도 기반을 만들고 싶었다. 그래서 옹은 이것을 기꺼이 인수하여 통영 전습소에 나전칠기주식회사를(자본금 5만 엔) 설립하고, 도(道)로부터 산업장려금으로서 얼마간의 보조금을 받아 도제 양성 사업을 계속하였다. 이것은 완전히 개인의 이해관계를 떠나, 오로지 조선 고대미술품 제작기술이 사라져 가는

---

69) 임진왜란 때 도요토미 히데요시는 조선에 오지 않았으므로 이는 근거 없는 이야기이다.
70) 정부에서 실업자나 빈민들을 구제하기 위한 목적으로 일자리를 마련하려고 실시하는 사업이다.

것을 우려하여, 어떻게든 부흥시키고 싶다는 옹의 지극한 마음이었다. 1918년 4월의 일이었다.

이 주식회사라고 하는 것도 주식 대부분이 옹의 소유였기 때문에 이른바 옹의 개인 사업과 같은 것이었다. 그렇게 자비를 들이면서 고난을 헤치고 이 길의 기술자를 양성했다. 동시에 나전칠기 개량제작을 시작했다. 그렇게 수년 간 40여 명의 도제 즉 기술자를 양성했다. 그 사람들이 조선 전도에 산재하고 있다. 근래 나전칠기가 각 지방에서 생산할 수 있게 된 것은 이 도제들이 제작에 관여했기 때문이다.

그러나 관영으로서도 수지가 맞지 않은 것이 옹의 경영으로 옮겨갔다고 해서 타산이 맞을 리가 없었다. 처음부터 알고 시작한 일이지만 해마다 손실이 늘어갔다. 그 사이 막대한 희생을 치루면서 옹은 오로지 조선 고대미술을 부흥시키고 싶다는 열의로 계속했다. 점차 도제 양성도 상당한 성과를 올렸고, 그 목적 또한 대략 달성되어, 1928년에 이 나전칠기주식회사를 해산했다. 그 결산에 의하면 이 사업에서는 약 4만 엔 이상의 손실이 있었다.

그러나 이 사업을 이대로 포기하는 것은 창립 취지, 즉 고대 미술 부흥의 의미에서 생각하면 아무래도 아깝다고 생각하여 옹은 다시 그것을 인수하여 조직을 변경하고, 도제 양성은 폐지하고 단순하게 칠기제작소라 개칭하여 개인경영으로 바꾸었다. 종래 제작 기술자였던 하시다 스케타로(橋田助太郎) 씨가 경영책임을 맡아 현재도 계속하고 있다. 그 제작품은 연간 약 5천 엔 정도이다.

5. 조선미술품제작소

조선미술품제작소[71]는 원래 이왕가(李王家) 직속으로 조선 미술의 보존, 기술 향상을 목적으로 하여 도제 양성과 기술 연구에 많은 힘을 쏟아왔다. 그 결과가 좋아 양성된 도제는 시내에서 일가를 이루기도 하고, 또는 귀금속 공장에 고용되는 자도 많았다. 거의 중단되어 빈사상태였던 조선 미술도 부흥의 단서가 열리고, 그 작품 또한 우수하다고 일반인들에게 알려져 민간으로 옮겨도 상당한 발전의 전망이 보이게 되었다. 그래서 이왕가에서는 이것을 민간으로 옮기려고 하는 내의(內議)가 있었다. 그러나 적임자가 없는 한 이것을 위임하는 것은 극히 위험하므로 가볍게 할 수 없다는 것이 이왕가의 의견이었다. 그런데 이 내의를 알아내고는 우리야말로 적임자라 자청하면서 암중비약(暗中飛躍)하는 자가 적지 않았다. 그렇지만 이왕가는 이 중요한 사업을 다른 사람에게 쉽게 넘기려고 하지 않았다. 절대적으로 신용할 수 있는 사람이 아니면 위탁할 수 없다는 방침이었다.

그 후 이왕가에서는 민간 이전을 위해 계속해서 그 적임자를 물색했다. 도미타 옹이 다년간 자비를 아낌없이 투자하고, 큰 희생을 치르며 삼화짜기, 고려자기, 나전세공 등과 같은 조선 미술품 복원에 전력을 다하고

---

71) 조선미술품제작소의 전신은 1908년 10월 당시 서울의 대표적 상인이었던 李鳳來, 白完爀, 金時鉉 등이 설립하고 송병준이 고문으로 참가했던 한성미술품제작소이다. 창립 초기 자본금 10만 원으로 출발했으나 결손이 누적되면서 4만 원으로 축소되게 되자, 1911년 이후 李王職에서 매년 1만 원씩 보조했다. 1913년 6월 이후 이왕직에서 각종 물품 조달과 재원 마련을 위해 부속사업으로 직영하게 되면서 '이왕직소관미술품제작소'로 명칭도 바뀌었다. 금은세공, 染織, 석공, 목공 제품을 생산했다. 그러나 유동자금 부족, 판매 부진으로 결국 1922년 8월 민간에 매각되어, 주식회사조선미술품제작소로 전환되었다. 창립기 회사 경영진은 조진태(사장), 村井文太郞(전무), 그리고 이사는 富田儀作와 白完爀, 金漢奎, 李柄學 등이었다(오미일, 「수공업자에서 기업가로」, 『역사와 경계』 51, 2004, 10~12쪽).

있는 그 성의를 인정하여 도미타 옹이라면 이왕가 쪽에서 나서서 회사조직 일체를 맡기고 싶은데 옹의 진심은 어떤지를 유력자를 중개로 하여 은밀히 그 뜻을 옹에게 물어왔다.

옹은 자신은 여러 사업에 관여하고 있는 관계상 이것을 인수해도 충분한 힘을 기울일 수가 없고 그러면 결국 이왕가의 뜻에 부응할 수가 없게 되는 사정을 이야기하고 거절했다. 그런데 "만약 당신이 승낙하지 않으면 민간으로 옮기는 것은 여기서 보류할 수밖에 없다. 그러면 이왕가로서는 상당히 곤란해진다. 그 점을 이해하고 부디 받아주기를 부탁한다"라는 간절한 뜻을 전해왔다. 그래서 옹은 숙고한 끝에 어쩔 수 없이 이것을 인수하기로 했다.

여기에 이왕가는 옹과 꼼꼼히 숙의를 하여, 이것을 주식 조직으로 하고, 명칭을 주식회사조선미술품제작소라고 했다. 공적자본금 1백만 엔, 1/4 불입, 5천 주는 이왕가가 전액 불입하여 소유주로 하고, 옹은 창립위원장이 되었다. 전 조선에 걸쳐 유력자 45명의 찬성을 얻어 이들을 발기인으로 하고, 이왕가가 인수한 것 외의 주식 1만 5천 주 중에 6천 주는 이들 발기인들이 인수하고, 남은 9천 주는 공모를 하지 않고, 찬성자를 구해서 인수하게끔 했다.

그런데 전년도의 재계 불황의 여파로 금융은 경색되었고, 경기는 극히 부진할 때여서 신청 취소나 불입이 불가능한 자가 다수 나왔지만 이것도 옹의 분주 진력에 의해 대체적인 윤곽이 잡혔다. 마침내 창립업무 일체를 끝내고 1922년 8월 영업을 개시하게 되었다.

'사장은 조선인일 것'이라는 정관에 의해 조진태(趙鎭泰)[72] 씨가 사장

---

72) 1875년 武科에 응시하여 관직에 나아가 정3品 通政大夫로 승급하여 五衛將(1892), 外部參書官(1903)을 역임했다. 41세 되던 해인 1895년 군직을 사임하고, 軍部被服株式會社를 설립하여 납품하면서 재계에 진출했다. 1897년 안경수와 마차주식회사를 설립하고, 1899년에는 황실의 지원을 받아 대한천일은행 설립을 주도했으며 1903년에는 중앙은행의 이사를 맡았다. 경성상업회의소 회두(1905)로 경성 상업계를 대표했던 그는 메가타(目賀田種太郎)의 화폐재정정리사업에도 협력하여, 한성공동창고회사 사

이 되고, 일본인인 옹은 단순히 이사라는 이름이었지만 사업 사무를 혼자 다 짊어지고 다년간 재계의 불황이었는데도 계획이 실패하지 않고 발전하는 데 진력을 다한 노고와 공적은 정말로 뛰어났다.

조선미술품제작소의 제작품 종류는 장신구, 금은기(金銀器), 나전칠기, 당목세공(唐木細工), 청동주물, 필묵(筆墨) 등이었는데 1928년 11월 즉위식 봉축에 즈음하여 조선 총독은 나전 세공으로 된 꽃무늬가 든 화대(花臺)를 헌상하려고, 여기에 의뢰하여 화대(花臺) 한 벌을 제작했다. 이 제품은 조선산 재료만으로 제작되어, 4개의 다리에 무늬가 들어있는 미려한 것으로 제작비 4천 엔이 들어갔을 정도로 뛰어난 걸작이었다.

6. 조선미술공예관

조선은 협소한 반도국이다. 그 지리적인 관계상 예부터 인접 여러 나라들로부터 여차하면 침략을 받았고, 멸시 받은 것은 분명한 사실이다. 그렇지만 그러한 견해가 있는 반면에 안으로 들어가 조선제품을 연구해 보면 그중에는 평범하고 조악(粗惡)한 것이 많지만 상당히 괜찮은 것도 있다. 모기장과 같은 것도 귀족들이 사용하는 것을 보면 누에고치에서 빼낸 실로 만든 것을 사용하였다. 이러한 것은 얼핏 좋아 보이지만 실용적이지 못 하고 비경제적이다.

옹이 조선 수공예품 발달을 도모한 것에는 애초부터 깊은 의미를 가지

장(1905), 漢城手形組合長(1905), 漢湖農工銀行 창립위원(1906)으로 활동했다. 그 외에 동양척식주식회사 감사(1908)로 활동했고, 1916년 조직된 친일단체 대정친목회에 참여했다. 1920년 3월 창립된 조선실업구락부의 초대회장으로 추대되었으며 마침내 중추원 참의(1927)로 임명되기도 했다(『대한제국관원이력서』 31, 731쪽; 이승렬, 「한말 일제하 경성의 은행가 조진태 · 백완혁 연구」, 『한국근현대사연구』 36, 2006, 114~148쪽).

고 있었다. 구미강대국에서는 조선이라고 하면 어느 누구도 그 존재를 알지 못 한다. 그래서는 정말로 유감스러운 일이다. 조선 특유의 산물을 발전시키려면 그 물품을 구미제국에 수출하여, 그것으로 동양에 있는 조선의 존재를 알리고 싶다는 간절한 희망과 계획을 가지고 있었다.

그런데 여기에 아쉬운 것은 구미 상인은 대량 매매와 지속적인 매매가 아니면 굳이 매매하려고 들지 않았다. 도중에 물건이 품절된다는 것은 가게 신용과 관계되기 때문이었다. 한 예를 들면 옹이 힘들게 만든 삼화 짜기(제기)와 같은 것도 수출할 의도로 조사를 해 보니 생산이 1년에 불과 1만 점 정도로, 5만, 10만이라는 대량생산품으로 계속 수출하는 일은 도저히 불가능 했다. 그러한 이유로 그 계획은 모두 중지되어 버렸다.

그리고 미술품의 비교 연구를 해 보니, 일본은 정말로 색채의 미가 풍부하고, 중국은 형태의 미가 풍부했다. 옛날 변화(卞和)의 옥은 여산(厲山)[73] 기슭에서 얻었는데 미옥(美玉)이 전해지고 있고, 지금도 여전히 천연산이 나오고 있다. 그것은 옛날 옥과는 다르겠지만 아무튼 이러한 나라 특징이 다른 데서는 없을 것이다. 그러나 지금의 중국 미술을 보면 기술상에 있어서는 지극히 무취미하고 변화가 거의 없고 정신이 담겨 있는 것은 지극히 적다. 그것에 비하여 조선의 미술품에는 정신적인 아름다움이 담겨 있다. 이것은 애초부터 이유가 있다.

고대 조선은 동남쪽으로는 바다를 사이에 두고 일본과 인접하고 있고, 북쪽으로는 만주와 접하고, 그 뒤에는 러시아가 가로놓여 있다. 서쪽으로는 중국대륙이 자리를 잡고 있다. 이렇게 사방의 대국은 언제 공격해 올지 모른다. 어느 방향으로도 수족을 뻗칠 수가 없다. 이런 상태이기 때문에 돈을 가지고 있어도 언제 뺏길지 모르고, 집을 지어도 언제 다른 사람에게 뺏길지 모르고, 훌륭한 사람이 되는 것도 불가능한 환경이었다. 그러한 이유로 적어도 미술품 제작에 있어서만은 스스로 마음을 위로하기

---

73) 중국 장안의 동북쪽에 있는 산.

위해서 뭔가 만들어보고 싶은 정신적 욕구가 있었다. 그래서 만들어진 작품에는 조금도 속된 마음이 없다. 즉 팔기 위해 만든다거나, 다른 사람에게서 칭찬을 받기위한 기술적 긍지를 목적으로 한 것이 아니기 때문에 정말로 순수하고 넉넉하고, 더구나 정신적인 미를 발휘하는 것이 가능했다. 예를 들면 어떤 병에 둥근 모양이 전면에 3개 있는 것도 있거니와 한 면에 2개 또는 하나만 있는 것도 있다는 점은 그것을 만든 사람의 기호에 맞게 만든 것이고, 그것이 진정한 정신적 미(美)라고 미국 사람들이 평을 한 적이 있을 정도이다.

그런 식으로 해석을 하면 조선 미술품은 굉장히 귀중한 것이다. 고려자기도 옛날에는 돈으로 만들기 위해 만든 것은 하나도 없다. 이것은 부모님이 사망했을 때, 3년 동안 시묘살이를 하지 않으면 안 되는 효도가 근본이 되어 1백~2백 개나 만들어 그 중에 가장 흡족한 작품을 묘에 묻어 부모의 영전에 바쳤다. 그 외에의 것은 모두 원토로 되돌렸고, 그 어떤 것도 돈으로 만들려는 욕심에서 비롯된 것은 하나도 없다. 미술품과 공예품 등은 모두 그 궤를 같이 하고 있다. 그래서 고귀한 점이 있는 것이다. 그래서 조선 고대 미술품에 있어서는 정말로 가치 있는 훌륭한 것이 많이 남아 있다.

그런데 조선의 제품이라고 하면 한결같이 멸시하는 경향이 있어 정말로 유감스럽다. 그래서 조선공예 미술품을 공개하여 그 가치를 알리는 일은 종래의 잘못된 점을 시정하고, 나아가 계몽개발의 성과를 거두어, 한편으로는 일선융화에 일조가 될 것이라고 옹은 생각했다.

그래서 남대문에 있는 지금 도미타상회 뒤편에 조선미술공예관을 세웠다. 거기에는 조선의 신구 공예 미술품을 수집 진열하여, 일반 대중에게 무료로 관람하게 했다. 1921년 봄의 일이었다. 이것을 설립하기 위해서 약 15만 엔이 필요로 했다.

이 공예관의 경영은 5년 정도 계속되었는데 관람은 무료였다. 물건은

상당히 훌륭하여 그 관리에 돈이 상당히 들었다. 개인 경영으로서는 부담
이 너무 컸을 것이다. 경영은 점차 힘들어 졌다.

그래서 어쩔 수 없이 정리를 하게 되었고, 오사카의 야마나카(山中) 상
회와 교섭을 하여 전부 한꺼번에 양도해 버렸다. 1926년의 일이었다. 그
중에는 두 번 다시 얻기 힘든 명기와 진기한 물건들이 많았는데 그것들을
모두 야마나카 상회에 양도한 것은 아쉬운 일이다. "아깝다⋯⋯"라고 안
타까워하지 않은 사람이 없었다.

양도 가격은 창립 비용과 매입 가격의 절반에도 미치지 못한 정도였다.

제8장 사회사업

1. 공제사(共濟社) 창립

진남포는 대동강의 하류이고, 바다로 유입되는 곳으로 항구이면서 동시에 어업도 성행하고 있었다. 동기는 유빙 때문에 수상 운반 작업이 두절되어, 수상 작업은 거의 중지되었다. 그래서 대부분의 어민 노동자는 동절기에 일거리가 없었다. 소인이 한가하면 결코 좋은 놀이를 하는 법이 없다. 절도 도박 그 외에 죄를 범하는 일도 있어 풍기가 점점 문란해지는 경향이 있었다. 그것이 매년 반복되어 식자들 사이에서는 내심 걱정하는 자도 없지 않았지만 더 나아가 이것을 고치려고 하는 자는 없었다. 옹은 일찍이 이것을 보고, 어떻게 해서든 이 악습을 교정하여, 이런 생각들을 전환시켜 주고 싶었다. 그렇게 하려면 무엇이 좋을까, 옹은 그 방법에 대해서 나가타 이와키치(永田岩吉) 씨에게 자문을 구했다.

나가타 씨는 우체선회사의 기선사무장으로서 광석을 적재하기 위해 진남포에 출입하면서 옹을 알게 되었고, 옹의 인격을 흠모하여 끝내는 사무장을 그만두고 진남포로 온 사람이었다. 자기 사업을 경영하면서 옹의 손발이 되어 도왔다. 그리고 진남포를 위해 애쓴 공로도 적지 않다.

그 역시 이러한 폐습을 한탄하고 있던 한 사람이었다. 옹의 말에 바로 찬성하고 옹과 함께 이 계획에 진력했다.

당시 부윤은 나카노 다사부로(中野太三郞) 씨였다. 옹은 그런 취지를 가지고 의논을 했다. 나카노 부윤도 그 뜻에 크게 찬성을 해 주었기 때문에, 옹은 더 나아가 그 방법을 연구하여, 우선 건물을 구하기로 했다. 당시는 유곽 소재지가 다른 곳으로 막 이전한 때였다. 유곽 중에 세국루(勢國樓)라는 집 한 채가 남아 있었다. 옹은 그 집을 옹의 결정으로 사 들였다(그 대금은 1천 6백 5십 엔이었다). 그리고 나가타 씨에게 "당신이 생각하는 대로 해 보게. 요컨대 젊은 어부들의 나쁜 놀이를 없애는 것인데……뭔가 생산적인 일을 해서 얼마간이라도 임금을 손에 쥘 수 있는 일을 만들어야 하네. 우선 어망뜨기도 좋을 것이고, 새끼꼬기, 짚신 만들기 같은 것을 시켜보면 어떻겠는가?"라고 하며 재촉을 했다.

그래서 나가타 씨는 옹의 의뢰를 받아 옹이 사 들인 세국루를 수리하여 주택용으로 고쳐서 계획을 진행하게 되었다.

한편 옹은 본 사업 자금 조달에 대해서 나카노 부윤과 협의를 했다. 부윤도 당초부터 공감하고 있었기 때문에 부내 유력자를 소집하여 그 취지를 의논하였다. 모인 사람은 50여 명. 그 취지에 모두 찬성을 했다. 상당한 돈을 추렴하여 자본을 만드는 데 합의를 했다. 그 출연금 예약이 7, 8천 엔에 이를 정도로 상당한 효과를 거두었다. 그런데 불입할 단계가 되자 돈은 좀처럼 나오지 않았다. 실제 모인 돈은 약 5백 50엔 정도였다.

이것을 본 옹은 사람의 마음은 신용할 수 없다는 것을 통절하게 느꼈다. 어쩔 수 없이 다른 출연자가 없으면 자기 혼자서라도 이 사업을 수행하려고 결심했다. 그래서 다른 사람과는 상관없이 우선 60주 즉 3천 엔이라는 돈을 내었다. 그렇게 하여 이 사업을 추진하려고 했다.

당시 바바 요시조(馬場嘉蔵) 씨는 진남포에서 유지였다. 이 일을 듣고 크게 옹을 동정하여 "그렇다면 저도 얼마간의 주식을 사겠습니다"라고 하여 29구좌 1,475엔을 내어 옹의 사업을 원조했다.

이것을 공제사라고 이름지었다. 옹은 추천을 받아 사장이 되었고, 조선에서는 유례를 찾기 힘든 본 사업을 실행하게 되었다. 1911년 말의 일이었다.

우선 볏짚 세공을 비롯하여, 어망뜨기, 양초, 제지업, 방직업, 면류, 삼화 짜기 등 순차적으로 사업을 확대해 나갔다.

볏짚 세공

공제사 사업 중 제일 먼저 착수한 것은 볏짚 세공이었다. 각 부락 면장과 의논을 하여 "직업이 없는 자에게는 일을 줄 테니까 공제사로 나가도록 하라"고 권해 보았다. 그렇지만 어느 누구 한 사람 오는 사람이 없었다. 누누이 권유를 시도해 봤지만 좀처럼 오지 않았다. 그래서 어쩔 수 없이 그들 각각의 가정에서 일을 시키려는 생각으로 재료인 볏짚을 가져가게 했다. 그런데 놀랍게도 그 볏짚은 일하는 데 사용하지 않고, 모두 연료로 태워버렸다. 옹도 아연질색 했다.

조선인 부랑자는 대개 이런 상태였기 때문에 일을 마무리 하는 것도 쉽지 않았다. 그래도 여러 가지 궁리 끝에 이 사람들을 수용했다. 그렇게 하여 그들에게 먼저 새끼를 꼬게 하여, 생산품을 각 수요처에 파는 단계까지 이르렀다.

그때부터 점점 사람들이 모여들어 이 사업도 상당히 성황을 이루었다. 그때 새끼뿐만이 아니라 짚신도 만들고, 다다미 속 등도 만들면서, 또 한편으로는 무직자들을 모으는 데 힘을 쏟았다. 이렇게 해서 공제사의 일은 순조롭게 진행되었고 겨울 내내 일이 없어 방일유타(放逸流惰)에 빠지는 악습도 점점 개선되었다.

그 무렵 나가타 씨의 손발이 되어 공제사 일을 하고 있던 사람으로 시마모토 초타로(島本長太郎)라는 사람이 있었다. 정직하다고 이름이 알려져 있었는데 이 사람도 도미타 옹에게 구제를 받아 공제사에 몸을 의지하여 갱생한 사람이었다.

한편 진남포 항구 신축 작업이 1914년 봄에 끝났다. 그때까지 진남포 분감(分監)의 수인(囚人)들이 이 작업에 차출되었는데 신축 작업 종료와 함께 수인들의 일도 없어졌다. 그래서 분감으로부터 "뭔가 수인들이 할 수 있는 일이 없는가"라고 공제사에 교섭을 해왔다.

그래서 나가타 주임이 조사를 해보니, 수인은 임금이 싸서 수지가 괜찮을 것이라고 예상하고 옹의 동의를 얻어 볏짚 세공을 수인에게 시키기로 했다. 그래서 새끼 꼬는 방법, 짚신 만드는 방법을 가르쳤다. 새 볏짚만 사용해서는 상대적으로 비싸서 헌 가마니를 사들여 그것을 원료로 해서 상당히 좋은 성적을 거두었다.

그 무렵 다행스럽게도 광양만(廣梁灣)에 염전이 만들어졌다. 거기에 사용될 가마니 주문이 들어왔다. 그 다음에는 구하라(久原) 제련소에서 3말들이 가마니 주문이 들어오는 등 상당한 주문이 있었기 때문에 의외로 좋은 성과를 거두었다.

이 외에 다다미 제작도 수인들에게 시켰는데 그 무렵 평양법원의 요다(依田) 판사가 "볏짚으로 하는 일은 먼지가 많아 기관지병에 나쁘기 때문에 수인의 일로서는 적당하지 않다, 다른 일로 바꿀 수는 없는가"라고 제안해 와서 다다미 제작은 그것으로 폐지해 버렸다.

그 후에 도청 쪽에서 볏짚 세공 장려가 있었는데 진남포에서는 이미 옹의 계획에 의해 실업자 구제를 위해 공제사를 만들었고, 이러한 경과를 거쳐 고심 경영의 볏짚 세공이 이루어졌다. 더구나 그 실적으로서 부랑유타(浮浪遊惰)하는 악습이 점점 개선되어 근로에 대한 미풍을 가져왔다.

그때부터 공제사에서는 볏짚 세공만으로는 범위가 좁으니 뭔가 다른 유익한 사업이 없을까하고 연구에 연구를 거듭했다.

베틀업

조선의 베틀은 조악하고, 보통 작업복, 목면 정도에 한해서 사용할 수 있는 것으로 견직물 등을 짤 수가 없다. 그래서 일본 베틀을 전습시키기 위해 옹은 이전부터 베틀업 전습소를 만들고, 전습생을 양성한 일이 있는데 공제사는 이것을 이용하여 베틀업을 시험해 봤다. 그 종류로서는 목면, 의견사(擬絹絲), 와사(瓦斯), 견직물 등으로 상당히 전망이 있었다. 그래서 더 나아가 장래가 유망한 가이키(甲斐絹)[74]를 짜는 베틀 연습을 시도해 봤다. 이것은 전문 교사를 초빙해서 열심히 가르쳤더니, 기술이 상당히 진보 발달하여 우수한 품질을 만들어 낼 수 있었다. 그 후 공진회, 박람회 등에 출품하여 상패를 받을 정도로 발달했다.

교사로서는 가마타 기헤에(鎌田喜兵衛) 씨, 그 다음으로 모리타(森田)라는 여교사, 그리고 온다 츠네지로(恩田常次郎) 씨 등이 부임했다. 1914년경이 되어 가도마 슈시(門馬終子, 여자이름 같지만 남자이다)라는 베틀 교사가 와서 수인들에게 베틀을 가르친 적이 있었는데 이 사람은 일하는 도중에 가버려 베틀 수업은 중지되었다.

그 후 옹의 집에 베틀 짜는 공간을 만들어 베틀 전습을 계속했다. 교사는 이노우에(井上)라는 사람으로 여기서는 일반 희망자만 가르쳤다. 일본인도 조선인도 진남포에서는 베틀을 배운 사람이 많은 것은 이러한 사정에 의한 것이다.

삼화 짜기(원명 提器)

공제사에서는 이익을 창출하는 일은 하지 않았기 때문에 자본을 소비할 뿐이어서 경영상 힘든 상황까지 오게 되었다. 옹은 나가타 씨와 함께

---

74) 견직물의 일종으로 甲斐國(지금의 야마나시 현)에서 만든 것이 시초이다. 코트나 양복의 안감으로 많이 사용되었다.

그 대책을 강구했는데 이렇다 할 생각이 나지 않았다.

그래서 옹은 지난 중국 여행 때, 기차 안에서 사 온 제기 제작을 시도해 보려고 나가타 씨에게 이것에 관한 조사를 하게 했다. 나가타 씨가 이를 조사해 보니, 이 또한 상당한 귀중한 것으로 수요가 많다는 것을 알았다. 그래서 점차 볏짚 세공 대신에 이 바구니를 수인들에게 짜게 했다. 이것을 지역 이름을 붙여 삼화 짜기(三和編)라고 했다.

그 후 황해도 안악군에서 도쿄 부근의 사람이 새로운 아이디어를 가미한 바구니를 가지고 와서 판매방법을 의뢰한 일이 있었다.

그 후 삼화 짜기로 만든 바구니는 수인들에 의해 멋지게 제작되어 대소 여러 가지의 미장(美裝)을 갖춘 제기 즉 삼화 짜기가 조선 고대 미술 복원의 산물로서 도미타상회의 가게를 장식하게 되었다. 판매가 시작된 것은 1916년 봄 무렵이었다.

그때 우연히도 마술사 덴카츠(天勝)[75] 일행이 흥행을 위해 진남포로 왔다. 그 덴카츠가 이 바구니들을 보고 "이거 진기한 물건이네" 하면서 샀다.

덴카츠 일행 수 십 명이 예쁘게 치장을 하고 마을을 돌기 위해 차로 줄지어 행진할 때 한 사람 한 사람이 이 바구니들을 손에 들고 있었다. 그것은 마치 삼화 짜기로 만든 바구니를 덴카츠 일행이 홍보하는 듯했다. 덴카츠 일행의 이색적이고 예쁜 모습과 함께 각자 손에 든 바구니가 더할 나위 없이 아름답고 진기하여 부내 사람들의 눈에 선명하게 각인되었다. 그것이 동기가 되어 갑자기 그 수요가 증가하여 굉장히 많이 팔리게 되었다.

그 후 계속해서 매상이 올라갔다. 그리하여 공제사 수입도 다소 산출할 수 있게 되었다.

그 제작법에 관해서는 여러 가지 연구가 있지만 그 후에 황해도 안악군(安岳郡)에서 제작된 바구니는 색깔 배합이 굉장히 좋고, 뭐라 표현할 수

---

75) 쇼코쿠사이 덴카츠(松旭斎天下勝, 1886~1944). 유명한 여성 마술사로 天勝一座를 조직하여 일세를 풍미했다.

없는 차분한 색 배합으로, 공제사도 어떻게든 이 색 배합을 만들고 싶어 열심히 연구했지만 아무리 해도 할 수가 없었다. 그래서 견습생 여러 명을 안악으로 파견하여 배우게 했지만 그래도 그 색 배합은 체득할 수 없었다. 결국 그 지방에서 자라는 풀의 특색으로 다른 곳의 풀로는 그 특별한 색 배합을 나타낼 수 없다는 것을 알았다. 짜는 기술에 있어서는 진남포 쪽이 월등히 정교하고 우수하여 우량품을 만들 수 있었다. 그것이 점차 발달하여 오늘날에는 진남포의 것이 가장 우수하다고 말하고 있다.

이것에 필요한 원료는 완초(莞草), 천일초(海茅草) 등인데 완초는 늪지에서 자라는 수초이고 대부분 금천(金泉) 지방에서 생산되고, 천일초는 평안남도 황해도 연안 간석지에서 자라는 풀이었다. 이것을 마르지 않은 상태에서 가늘게 잘라서 잘 쪄서 쓴맛을 우려내고 거풍을 시켜가며 건조시켰다. 건조 시 잘못하여 비를 맞히면 색이 나빠지기 때문에 주의를 요했다. 마른 풀을 2가닥씩 묶어 꼬는데, 20미터를 만드는 데 80전이라는 임금이 들었다. 짤 때는 간편한 목형 같은 것으로 짜는데 1913년경부터는 진남포 형무소 수인들이 만들었다. 일찍이 평양 형무소에서도 만들게 했는데 지금은 중지되었다. 생산고는 1년에 약 8천 개 정도였다.

원래는 아주 작은 것이라도 150엔을 주지 않으면 살 수 없는 고가였는데 옹의 발의로 복원 된 이후, 지금은 많은 사람이 생산하게 되어 가격이 많이 싸졌다. 그러나 짜는 방법이 면밀하고 수고가 많이 들어 아직도 가격은 높은 것은 어쩔 수가 없는 일이었다.

1928년 11월 즉위식에 옹은 봉축 헌상품으로 완초 제품, 해모초 제품 각각 한 개씩 헌납하겠다며 도 당국을 통하여 궁내성에 타진을 하였더니, 받아들인다는 명령이 있어 무한한 영광으로 생각하며 정성들여 제작하여 헌상했다. 그것은 두 장 모두 사방 6척으로 무늬는 욱일백운학(旭日白雲鶴)이었다. 둘 다 다실에서 쓰는 깔개였다. 이것을 제작하는 데에 재료는 많이 안 들었지만 이것을 짤 때 연인원 1,200명을 필요로 했다고 한다.

면류 제조

　1913년 바바(馬場) 씨가 소면(素麵) 기계를 사 와서 공제사 사업으로 면류를 제조하게 되었다. 제품 판매는 경성 공익사(共益社)[76]에 교섭을 하였다. 이 공익사 제품은 용기, 포장은 같아도 상자 중간까지는 짚을 넣고, 소면은 아주 조금 그 상반부에 넣어 한 상자 3엔 60전 정도로 팔았다. 이쪽은 한 상자 가득 넣어서 6엔에 팔았다. 사는 사람 쪽에서는 내용까지 조사하지 않으니까 단지 표지가 같은 상자인데 2엔 이상이나 비싸다고 하여 아무도 사지 않았다. 경쟁상 실패했다. 처음 경성 공익사에서는 이백 내지 천 상자를 인수하겠다는 신청을 하여 그것에 맞춰 제조했는데 실제 이런 상태인지라 조금도 팔리지 않았다. 전부 재고가 되었고, 1년 가까이 방치되었다. 그런데 제조법이 미숙한 것도 있어, 벌레가 생기기 시작했다. 큰일이었다. 이대로 둘 수도 없고, 어떻게 할 수도 없어 어쩔 수 없이 6엔 하던 것을 2엔 50전 정도로 팔아서 정리를 했다. 이 사업은 대실패로 끝났다.

제지업

　1913년 봄, 기술자를 초빙하여 원료와 기구를 준비하여 종이 제조에 착수했다. 그런데 기사의 기술이 미숙하여 종이가 한 장씩 한 장씩 떨어지지 않는 조악한 것이었다. 그래서 그 사업은 중단 되었다가 그 후에 형무소 수인에게 종이를 뜨게 했다. 수인 중에 종이뜨기를 아주 잘 하는 사

---

76) 共益社는 日人 西原龜三이 日本製 綿布의 韓國市場 浸透를 위하여, 朴承稷을 포함한 韓國人 布木商 30~40명과 함께 1907年 서울에서 설립한 會社이다. 이후 박승직은 1914년 자본금 1백만 원(불입금 437,500원)의 주식회사로 전환시켜 경영했지만, 자본금의 절반 이상을 이토추합명회사(伊藤忠合名會社)와 일본인들이 출자한 일본인 회사였다(강진갑, 「韓末 韓日合作會社에 對한 一研究 : 勸業合資會社와 共益社의 事例를 中心으로」, 한양대학교 사학과 석사논문, 1984).

람이 있었다. 살인강도범이었는데 종이 제조법은 상당히 정교하여 수인
들에게 가르치게 했다. 기계는 3대 정도로 제작을 계속했다.

양초와 어망

양초도 1913년 봄부터 만들었는데 원료를 현금으로 사야 했고, 양초
모양이 자꾸 변해서 도저히 수지가 맞지 않다는 것을 알고 얼마 안 가서
그만두었다. 이 모양이 바뀌는 것은 기계업자의 상술로 신형 기계의 매출
을 올리려했기 때문이었다.

어망 제작도 시도해 봤다. 이것은 그 무렵 도청 쪽에서 의뢰가 들어와
투망 한 개를 짰다. 그 외에는 은사금으로 조선인에게 지급되는 안강망
(鮟鱇網) 제작법을 위탁받아 제작하는 정도이었고, 그 후 폐지했다.

그 후 시대의 추이 변천에 따라 일의 종류도 다소 변했지만 이러한 각
종 사업은 모두 조선인 무직 부랑자들에게 직업을 주고 지방의 풍기를 교
정하고, 또 한편으로는 개인 경제에 도움을 주고 싶다는 옹의 봉사적, 의
협적 정신의 발로였다. 그 성적은 차근차근 나타나기 시작했다. 지방 개
선의 성과도 거두어, 진남포 마을을 '평화의 땅(平和境)'으로 다른 지역에
서 부르게 되었다.

옹은 아직 처음 뜻한 바가 관철되었다고 할 수 없지만 목적의 대부분은
달성되었으므로 이제는 거기서 손을 떼려고 1926년 해산 수속을 밟았다.
해산할 때 출자금은 각 출자자에게 돌려주었고, 사옥으로 쓰고 있던 세국
루 건물은 8백 엔에 팔았다. 그리고 수지 결제를 했더니 손실고가 상당히
많았다. 그렇지만 그 손실은 모두 옹이 부담하기로 하고 결제를 끝냈다.

공제사 사업이었던 삼화 짜는 특별히 옹이 인수하여 장선원(奬善院)의
일로서 지속시켰고, 그 후에도 활발하게 제작되고 있다.

2. 장선원(奬善院)

진남포는 1897년 10월에 개항했다. 그 이후 발전을 거듭하여 구(區)재
판소가 설치되고 1910년 진남포 분감(分監)이 만들어졌다. 수감자가 증
가하자 출옥하는 자도 점점 많아졌다.

출소자는 신병 인수할 사람이 있는 사람은 문제가 없었지만 없는 자의
출소는 매우 문제가 많았다. 또 만기사면이 되었다고 해도 형무소에 있었
다고 하면 세상 사람들은 보통 사람과 같이는 보지 않았다. 악인 취급하
고 위험시하여 상대를 하지 않으려는 경향이 있었다. 그래서는 출소자가
세상에서 홀로 설 수가 없었다. 세상에 녹아들지 않는 결과는 어떻게 될
것인가. 곧바로 의식(衣食)이 곤란해지고, 끝내는 대부분 옳은 길로 나아
가지 않는다. 만기 출소자는 본래의 착한 사람으로 돌아가고자 하지만 먹
고 살기가 힘들어지면 다시 죄를 짓지 않는다고 보장할 수 없다. 그렇게
되면 예사 일이 아니었다. 정말로 두려워해야 할 일이었다. 그래서 만기
출소자를 어떻게든 보호해 주지 않으면 안 되었다. 보호 기간이 있고 없
는 것은 출소 후의 선악 선택의 기로가 된다고 옹은 생각했다. 또 "어린 아
이를 키워 선량한 어른으로 만드는 데는 긴 시간이 걸린다. 그렇지만 지
금 악한 일을 한 것을 개조시켜 선도하고 진심으로 진실하고 선량한 사람
으로 바꿀 수 있다면 그것은 악한 사람이 한사람 없어지고, 선량한 한사
람이 태어나는 것과 같은 큰 수확이다"라고 옹은 생각했다.

그래서 옹은 출소자 보호회를 창설하여 이러한 불행한 사람들을 보호
하고, 세상의 해독을 조금이라도 없애고 싶다는 생각을 했다. 그리하여
시즈오카(静岡)의 긴바라 메이젠(金原明善)의 출소자 보호사업을 참고로
하려 했다.

여기서 긴바라(金原)가 재소자 갱생 사업을 하게 된 동기에 대해 언급
하면 다음과 같다.

우국지사 가와무라 교이치로(河村矯一郞)가 국사범(國事犯)으로 수감된 적이 있었다. 그런데 출옥 후 그는 긴바라에게 말했다. '출소는 현세의 지옥이다. 먹을 것도 충분하지 않거니와 위생도 나쁘다. 징역이라고 하면 죄를 벌하는 의미이겠지만 현재의 상태로는 죄를 더 부추기는 것이 된다'라고 말하자 긴바라는 동감했다. 그러나 감옥 제도를 개량하는 일은 민간에서는 불가능했다. 우선 그 불행한 출소자를 보호해야 한다는 생각으로 일에 착수한 것이 1880년 가을이었다고 한다.

그 후 긴바라의 알선으로 가와무라는 시즈오카의 전옥(典獄)77)으로 등용되었다. 감옥 개량은 가와무라 전옥에 의해서 서서히 행해졌다. 가와무라는 감옥 개량을 계획하고 긴바라는 밖에 있으면서 출소자 보호소를 경영하려고 했다. 거기에는 기본금이 필요했다. 이것을 만들려고 지역 유지 독지가들을 설득했다. 그렇지만 당시 이 일에 귀를 기울이는 자는 없었다.

그 무렵 가와무라 전옥은 재소자의 회개에 대해 열심히 훈계했는데 이것으로 인해 마음을 바꾼 사람이 적지 않았다. 그 중에는 이름은 잊었지만 온갖 죄악을 저지른 자로 간수도 압정(押丁)도 완전히 손을 놓을 정도인 자가 있었다. 이 수인은 가와무라의 열성적인 훈계로 진심으로 회개했다.

"기금까지의 많은 죄를 저질렀는데 앞으로는 완전히 바꾸겠습니다. 도의에 어긋난 일은 결코 하지 않겠습니다. 귀관의 뜻을 마음에 새기고 잊지 않겠습니다"라고 맹세했다. 가와무라도 기뻤다. 그리하여 만기가 되어 그 수인을 방면했다. 이 사람은 시즈오카 사람으로 10년 이상 감옥이 있었다.

집에 돌아가 보니 사는 사람도 바뀌었고, 아내는 옛날의 아내가 아니었다. 다른 남자와 결혼하여 아이를 3명이나 낳고 살고 있었다. 어떻게 할 방법이 없었다. 그래서 친척들에게 부탁하여 "부디 좀 재워주십시오"라고 부탁했지만 "너 같은 악인은 재워 줄 수 없다"라고 거절했다. "그러나 지금은 회개했습니다. 어딜 가려고 해도 돈 한 푼 없습니다. 적어도 오늘 하룻밤만 마당 구석이라도 빌려주십시오"라고 손을 모으고 몇 번이나 부탁해 봤지만 허사였다.

그는 맥없이 거기를 떠났지만 갈 만한 곳이 없었다. 먹을 것도 없고, 잘 곳도 없어 어찌할 바를 모르다가 끝내는 경찰에게 애원했다. 그러나 경찰 손도 역시 차가웠다. "출옥한 자는 경찰이 도울 수 없다"라고 쌀쌀맞게 내쫓았다. 거기서도 피도 눈물도 없었다.

천애의 고객(孤客), 떠도는 나그네, 천지는 넓지만 작은 몸뚱이 하나 둘 곳

---

77) 교도소의 우두머리.

이 없었다. 회개하기 이전이라면 어떤 악한 일을 해서라고 이슬은 피했을 것이지만 지금은 가와무라 전옥의 훈계가 귀에 남아 있었다. 몸에 새겨져 있는 나쁜 짓을 해서는 안 된다. 그렇지만 먹을 것이 없고, 일할 수도 없고, 사람들은 상대도 해 주지 않고, 자신만은 회개해서 착한 마음을 가지게 되었다고 해도 사람들은 인정해 주지 않았다. 신도 부처님도 없는 세상인가하고 한탄과 비탄에 빠졌다가 끝내는 절망했다. 그는 결심을 하고 긴 유서를 남기고 마을 연못에 몸을 던졌다.

당시 시즈오카 현에서는 이 얘기로 들끓었는데 이것을 들은 긴바라는 "출소자 보호의 필요성은 이래서 있는 것이다"라고 절규했다. 이 사람은 회개를 했는데도 세상이 받아들여주지 않아 스스로 목숨을 끊었다. 그렇지만 이런 경우 모두 죽지는 않는다. 만약 자포자기가 되면 세상에 흐르는 해독은 어느 정도일지 모른다. 앞으로도 있을 출소자들을 보호할 필요는 여기에 있다고 긴바라는 소리를 높여 설득했다. 그 결과 8천 엔의 돈을 모아 만든 것이 바로 시즈오카 출소자 보호회사였다.

이것이 긴바라가 출소자 보호회사를 만든 주된 동기였다.

이러한 사정에 비추어 볼 때 특히 이 조선에서 출소자 보호사업은 가장 필요한 것이라고 옹은 생각했다. 그래서 1913년 2월 옹이 주재하는 공제사의 일부를 보호소로 충당하고 출소자 보호 사업을 시작했다.

출소자 보호란 만기출소한 자로서 갈 곳이 없는 자의 보증인이 되어 신병을 인수하고, 집이 있는 자는 여비를 지급해서 돌려보내고, 돌아갈 곳이 없고 일도 없는 자는 머무르게 하여, 일을 주고 급료를 지급하여 자활의 길을 터주는 일이었다. 이것을 공제사 사업으로서 1년간 했다. 그 사이에 보호를 받은 사람은 일본인 4명, 조선인 3명이었다.

그 결과는 매우 좋았다. 점점 견실해져 가야 하는 중요한 사회사업이라고 생각했기 때문에 옹은 부내의 유지들과 상의를 하여 1914년 1월 새롭게 이들 보호기관을 설립하여 장선원(獎善院)이라고 이름을 정하고, 일반 자선가의 기부를 받아 출소자 보호사업을 경영할 수순을 진행했다. 그리고 옹은 추천을 받아 원장이 되었다.

그런데 막상 실행을 해보니 출소자를 수용해야 할 기숙사가 필요했다. 기숙사가 없으면 보호의 실적을 올리기는 어려워 1917년 부(府) 소유인 현재 가옥을 사들여 수리를 하여 출소자 수용소로 충당했다. 그 다음해에는 주사 겸 서기 한 사람을 고용하여 현장감독을 맡겼다. 그 이후 출소자 보호 지도에 애쓰고 있다. 주사로서는 유야마 고타로(湯山光太郎) 씨가 취임했다.

장선원의 전모를 알 수 있는 본원 규정 전문을 아래에 실어 둔다.

진남포 장선원 규정

제1조 본원은 출소자로서 친족이나 연고가 없고, 또 생업을 지탱할 직업이 없는 자를 보호 감독하여 자립자영의 길을 열어 천선개오(遷善改悟)의 성과를 거두는 것을 목적으로 한다.
단 출소자가 아닌 사람도 필요하다고 인정되면 일시 이를 보호할 수 있다.

제2조 본원은 장선원이라고 칭하고 이를 진남포부 신흥리(新興里) 107번지에 둔다.

제3조 본원에서 출소자 보호는 아래와 같은 방법에 의해서 행한다.
1. 선량한 가정집에 고용인으로 소개할 것
1. 농공업의 일용공 그 외에 적당한 사업에 종사시킬 것
1. 자활의 길이 서면 보호를 해제하고 내보내거나 가정으로 복귀시킬 것.

제4조 본원의 보호를 받기 위한 신청이 있을 때는 원장은 우선 그 신분 그 외에 제반 관계를 심사하고 그 사람으로 하여금 본원의 규정을 엄수하고 천선개오(遷善改悟)의 열매를 거두겠다는 취지를 서약하게 한 후에 이를 승낙한다.

제5조 본원 유지는 본원 찬조원, 평의원 및 자선가의 기부금으로 충당한다.

제6조 본원은 아래와 같은 관리인을 둔다.
원장 1명. 원무를 모두 관리하고 본원을 대표한다.
이사 1명. 원장을 보좌하여 원무를 처리하고 재원자를 감독한다.

평의원 약간 명. 본원에 관한 중요사항을 심의한다.

제7조　원장 및 이사의 임기는 각 2년으로 한다.

제8조　본원의 취지에 찬성하여 금품을 기부한 독지가를 찬조원으로 한다.

제9조　평의원은 찬조원 중에서 호선하기로 한다.

　　　　단 창립 때는 발기인이 평의원으로 추선한다.

제10조　본원은 서기 약간 명을 두고 이사의 명을 받아 서무 및 회계에 종사
하게 한다.

제11조　원장은 평의원을 선정하고 이사 및 서기는 원장이 이를 촉탁한다.

제12조　관리원은 모두 무보수로 한다.

　　　　단 이사에는 평의원회 의결을 거쳐 금품을 지급할 수도 있다.

제13조　서기에는 아래와 같은 수당을 지급할 수도 있다.

　　　　1. 일본인 30엔 이상 100엔 이하

　　　　2. 조선인은 15엔 이상 40엔 이하

제14조　규정의 개폐 또는 평의원의 증감은 평의원회에서 이를 결정한다.

제15조　평의원회는 필요에 따라 회의를 연다.

　　　　단 회의를 생략하고 회람의결로 대신할 수도 있다.

제16조　본원에는 아래와 같은 장부를 비치한다.

　　　　1. 기부금품 수납장

　　　　1. 취업부(就業簿)

　　　　1. 현금출납부

　　　　1. 비품대장

　　　　1. 소모품대장

　　　　1. 일지

　　　　1. 선서부(宣誓簿)

제17조　재원자에게는 매주 1회 이상 수신훈화(修身訓話)를 하고, 또 지망
자는 학습을 시킬 수 있다.

제18조　본원의 소득금은 모두 은행 또는 우편국에 예금하고 원내에 현금
을 두지 않는다.

　　　　단 일상 필요 한정 금액은 그 한도 내에서 비치한다.

제19조　재원자를 고용하려는 자가 있을 경우 본원은 직접 고용주에게 근
로 및 임금을 약정하고 여기에 응하는 자로 한다.

제20조　재원자의 소득인 임금은 매월 이를 계산하여 식비 그 외에 잡비를

제한 잔액 및 입원할 때 소지한 돈을 본인의 이름으로 은행 또는 우체국 저금하게 하여 이자를 얻게 하고, 통장은 본원에서 보관하여 낭비를 방지한다. 보호를 해제할 때는 이것을 본인에게 교부한다. 재원자로부터 저금 지급 청구가 있을 때에는 그 사정을 조사하고 필요하다고 인정될 경우 이것을 승낙하고 지급한다.

제21조 재원자에게는 침구 및 근로용 도구를 대여하는 것 외에는 계절에 맞는 옷과 이발 등에 필요한 비용은 스스로 변통하도록 하고 만약 할 수 없는 자에게는 대여 또는 혜여(惠與)할 수도 있다.

제22조 재원자가 본원 또는 타인에게 손해를 입혔을 때는 그 정상을 참작하여 보관 저금으로 배상하게 할 수도 있다.
　　　　본원은 어떠한 경우라도 재원자의 행동에 대해서는 일체 그 책임을 지지 않는다.

제23조 재원자가 도망갔을 경우 남아있는 금품은 6개월간 보관했다가 본원 자금으로 한다.

제24조 재원자가 사망 시 인수자가 없을 때는 본원에서 이장하고 사망자의 금품이 비용을 충당하고 남았을 경우 친족에게 교부하지만 만약 수령인이 없을 때는 본원의 자금으로 한다.

제25조 재원자의 자립자영의 길이 열렸을 때는 보호를 해제한다.

제26조 원장은 매년 6, 12월 2회 본원의 사업성적 및 회계출납에 관한 사항을 원내 일정 장소에 공시한다.

제27조 본 규정은 1914년 1월 10일부터 실시한다.

진남포 우체국

이 세상에는 한번 징역살이 한 자는 사람들로부터 배제되어 보통사람들과 같은 대접을 받지 못 하는 경향이 있는 것은 어쩔 수 없다 하더라도 비록 한 번 나쁜 짓을 하고 징역을 살았어도, 마음만 고쳐먹으면 선량한 백성이 되고, 훌륭한 마음가짐을 가진 사람이 된다.

일전에 이 장선원에 들어와 보호받은 사람으로 강도 살인범인 염연창(廉連昌)이라는 자가 있었다. 이 출소자는 회심의 흔적이 뚜렷했기 때문에 어딘가 확실한 곳에 일을 시키고 싶다고 생각한 옹은 각 방면으로 알아보아 진남포부에서 신발가게를 하는 나가타 이와키치(永田岩吉) 씨의 입주 고용인으로 취직을 시켰다. 나가타 씨도 그를 출소자라고 보지 않고, 가게의 일 일체를 그에게 맡겼다.

그 사이에 주인인 나가타 씨는 일본으로 여행을 가게 되었는데, 부재중을 부탁하면서 "아이들이 있으니까 잘 보살펴 주시게"라고 부탁하고 출발했다. 그는 그 후 주인의 말을 새기며 굉장히 열심히 일했다. 특히 아이들을 소중하게 보살핀 것은 뭐라 표현할 수 없을 정도였다. 일본에서 돌아온 나가타 씨는 이것을 가족 모두에게서 전해 듣고 흡족해하며 만나는 사람마다 칭찬을 했다.

이렇게 그는 3년 정도 나가타 씨 가게에서 일하고, 1923년 용정리(龍井里)에 있는 미장공의 양자가 되었다. 그 후 지금까지 아무런 과실 없이 착실하게 일하고 있다.

김영호(金永浩)라고 하는 사람은 1916년 강도상해로 징역 10년형을 받았다. 1924년 사면되어 나오게 되었지만 갈 곳이 없어 장선원의 보호를 받게 되었다. 인력거 인부가 되려고 했지만 경찰은 전과자에게 손님을 접대하는 일은 허가하지 않았다. 그래서 장선원에서는 경찰과 교섭을 하여 본인의 신병은 도미타 옹이 책임지고, 또 본인 또한 반성하고 회개함이 남다르니 허가해 달라고 간절하게 부탁했다. 경찰은 도미타 옹의 보증하에 겨우 허락을 해 주었다. 그 후 불경기로 인해 전업하여 지금은 부내의 청소마차부로 채용되었고, 1927년 결혼까지 하여 아무런 불편함 없이 착실하게 일하고 있다.

이윤종(李允鐘)이라는 사람이 있었다. 그는 개성 소년형무소에 수감 중이었던 1924년 사면을 받아 출옥했는데 갈 곳이 없어 장선원에 보호를 신청했다. 장선원에서는 이를 받아들여 의사 집에 밥을 짓는 고용인으로 일하게 되었다. 그 후 우체국에서 일하기도 했다. 지금은 사무원으로서 지극히 착실하게 근무하고 있다.

이런 사람들은 장선원에서 신세를 진 출소자의 한 두 예이지만 그 외에도 장선원에서 보호해 주었던 자가 많았다. 본 전기 집필 당시 이 장선원에서 보호를 하고 있던 사람은 3명이었다. 세 사람 모두 강도 살인범으로 한 사람은 신발공, 한 사람은 목수, 또 한 사람은 마차 인력거꾼이었다. 세 사람 모두 지금은 완전히 선량한 사람이 되었고, 가정까지 꾸려 각자의 길에서 착실하게 일하고 있다. 출옥 후 누구나 5, 6년 정도 상당히 긴 시간 보호를 했다.

도청 등의 의견으로는 그 정도 길게 보호할 필요는 없다고 하지만 이 장선원의 생각은 달랐다. 강도 살인범 같은 자는 사회에 나와도 사람들이 상대를 해 주지 않는 경우가 많다. 그럴 경우에는 또 어떤 흉악한 마음으로 변할지 모른다. 그래서 가능하면 빈틈없고 정성을 다해 돌봐주어 신변이 안정되고, 독립생활을 할 수 있을 때 사회에 내 보내는 것이 안전한 방법이니 그때까지는 보호해야 한다고 하여 옹의 주장으로 이렇게 긴 시간 보호하고 있었다.

일본인 출소자 중에서 이 장선원의 보호를 받고, 지금은 상당한 재산도 모으고, 지위도 얻어 활동하고 있는 사람은 두 사람 정도이지만 이제는 전과자라고 하는 멍에도 세상 사람들이 잊어버려 평온한 생활을 영위하고 있다.

1913년 창립한 이래 1928년까지 통계를 보면, 그 사이 일본인이 18명,

조선인이 128명 그 외에 일시 보호를 한 자가 일본인 23명, 조선인 197명
에 달하고 있다.

장선원의 보호를 받은 출소자들은 집으로 돌아가거나, 다른 곳에 가서
자활의 길을 세우고 있는 자도 적지 않은데 그 모두가 옹을 자부처럼 공
경하고, 장선원이 추구하는 바에 깊은 감동을 받고, 유야마 고타로(湯山
光太郎) 주사 등의 호의에 감사하고 있었다. 각 가정에 돌아간 후, 옹의 은
혜에 대한 감사의 편지를 보내는 자도 많았다. 그것이 돌아갔을 때만이
아니고, 좋지 못한 필적이라도 절기마다 서면으로 안부를 묻고 옹의 은혜
에 고마움을 전하는 글들은 진실로 기특할 정도였다.

출소자 보호 사업은 일본에 현지에서는 사회사업이나 관영으로 하는
데 진남포만은 개인 경영이고, 옹과 그 외에 여러 명이 공동으로 경영하
였다. 또 자선가의 기부도 있었지만 그 경비의 대부분은 옹이 사재를 털
어 변통했다.

이것을 천황이 듣고 기특한 일이라 하여 1924년 황실문장이 든 은배
(銀盃) 한 개와 2백 엔을 하사했다.

출소자 보호 감독 사무에 10년 이상 관계한 일로 즉위식 연회장에서 기
념훈장을 받게 되었다. 진남포 장선원 주사 유야마 코타로 씨가 출소자
보호 감독에 종사한 것은 1918년 5월부터 1928년 11월까지 만 10년 4개
월이나 된다. 그런데 수속이 누락되어 1928년 11월 즉위식 때 기념훈장
과 연회에는 참석하지 못했다. 이것은 정말로 유감스러운 일이라고 옹은
생전에 여러 번 말을 했었다.

인간사 알 수 없는 법, 그 후 얼마 안 있어 옹은 이 세상을 떠났다.

1925년 4월에 금남포에 선린회(善隣會)를 만들어 출소자 보호 사업을
하고 있었다. 사무실은 이미 옹이 건립에 간여한 금산사(金山寺) 내에 두
고, 옹은 여기에 기본금을 기부하여 수용 가옥을 무상으로 사용하게 하
고, 수리까지 일체 옹이 부담했다.

3. 사립감옥

옹은 다수의 사업에 간여하고 있었던 관계상 수시로 총독부에 출입하
며 사업상의 상의를 하고 있었다. 그 무렵 당시 법무국장으로부터 상담이
있었다.

"조선에는 외업전문(外業專門)을 하는 감옥이 없다. 이것을 해 보고 싶
은데 어디 적당한 곳이 없을까요?"

외업전문으로 하려면 다수의 수인들이 가능한 한 일탈하는 일이 없도
록 해야 한다. 그러기에는 광산의 채굴사업 등이 적당하지 않겠는가 하는
생각이 들어 "그렇다면 저의 금산포 광산에서 써 보면 어떨까요?"라는 제
안에 국장은 옹에게 의뢰를 하였다.

그래서 옹은 1918년 6월경, 사비를 털어 감옥 분감을 금산포에 건설했
다. 부지는 3천 141평, 주택 부지는 2,590평, 경작지 6,325평이라는 토지
를 선정하여, 여기에 감방, 사무소, 주택 그 외에 모두 39동을 신축했다. 신
축 경비 59,872엔이 필요했다. 수인은 3백 명까지 수용할 수 있도록 설계
했다. 신축 청사는 아직 완성되지 않았지만 감방이 생겼기 때문에 그 해 8
월 24일 개청하게 되었다. 이를 평양형무소 진남포지소 금산포출장소라
고 명명하고, 부지, 건축물, 부속지 전부를 무상 대부하기로 하고, 150명
에서 200명 정도의 수인을 수용하여 1919년부터 채광사업에 동원했다.

처음 두 군데 갱구에 수인 250명을 썼는데 그 실적을 보면 수인의 발에
족쇄가 달려있어 다소 자유를 구속하기 때문에 일은 보통 인부처럼 민첩
하게 할 수 없는 결점이 있었다. 그 대신에 임금이 싸다는 일장일단이 있
었다. 광산 입장에서는 보통 인부에 비해서 조금 싼 정도로, 큰 이익이 있
는 것은 아니었다. 특히 한편에서는 감옥을 세우는 데에 막대한 자금이
들었다. 그 금리로 타산을 해도 수지가 맞는 일은 아니었다. 단 수인을 외
업에 이용하려는 시도이었기 때문에 이것에 대해서 옹은 큰 손해를 감수

해야 했다. 그 후 지금까지 계속해서 해오고 있다.

　그런데 옹은 시류의 추이를 보고 생각하는 바가 있어 1929년 옹이 세운 감옥의 부지, 건물 일체를 총독부에 기부했다.

진남포 장선원

황해도 은율군 금산포 형무지소

제9장 가문의 영예

1. 칙정(勅定) 남수포장(藍綬褒章)을 받다

옹의 덕행은 마침내 천황의 귀에 들어갔다. 공중의 이익을 도모하여 그 공로가 현저한 점을 치하하시며, 1912년 12월 12일 칙명으로 남수포장을 내렸다. 이는 조선에서 처음으로 훈장을 하사받은 일로, 옹의 영광만이 아니라 가문의 영예는 실로 끝이 없다.

훈장에 이르기를

효고 현 가와베 군 나카타니 촌

도미타 기사쿠

자성온후(資性溫厚)하여 일찍이 뜻을 식산홍업에 두고, 1899년 조선으로 건너가 철광을 탐검(探檢)하여 은율산 채굴에 전심으로 종사하여, 그 경비와 사비를 쏟아 진남포에 화원을 열고, 각종 초목을 재배하여 사민(士民)의 유원지로 함으로써 식목사상 보급에 이바지 하고, 또 종묘장을 설치하여 종묘를 무료로 배부하여 목축을 번식시켜 산업 개발에 힘쓰며, 또한 매년 수천 금을 들이기를 아끼지 않았다. 또는 일본 내지 농부를 이동하여 경작하게 하고, 동지를 규합하여 농회를 조직하여 농사 진흥을 꾀하였다. 양잠장(養蠶場)을 설치하여 잠업을 장려하고 잠업전습소를 열어 전습생을 양성하였다. 또 학교를 일으켜 조선인 자제 취학을 권장하는 등 참으로 공중의 이익을 도모한 공적이 분명하여 1881년 12월 7일 공포된 칙명에 의하여 남수포장을 하사하여 그 선행을 표창한다.

1912년 12월 12일

상훈국 총재(賞勳局總裁) 종2위 훈3등(從二位勳三等)

백작 오기마치 지츠사네(正親町實正)

이 증(證)을 심사하여 제 695호로서 훈장부 책에 증명한다.

상훈국 서기관(賞勳局書記官) 정5위 훈4등(正五位勳四等)

후지이 요시자네(藤井善言)

1913년 1월 20일, 평안남도 도청 청사에서 칙명 남수포장 수여식이 거행되었다.

당일 식장에는 마츠나가(松永) 도장관 외에 시노다(篠田) 도내무부장, 혼다(本田) 평양부윤, 나카노(中野) 진남포부윤, 구마가야(熊谷) 평양민장, 하라다(原田) 진남포민장, 하야시(林) 도참사, 우치다(內田) 평양민회의장, 바바(馬場) 진남포민회의장, 마츠이(松井) 평양실업협회회장, 나가토미(長富) 진남포상업회의소회장 등 주요 관민 50여 명이 참석했다. 마츠나가 도장관은 자리에서 일어나 훈장 기(記)를 낭독하고, 다음으로 남수포장을 수여했다. 이때 시노다(篠田) 내무부장이 앞으로 나와 훈장함을 열어 백금으로 빛나는 찬란한 남수포장을 옹의 가슴에 달아주자 내빈 일동은 우레와 같은 박수를 보냈다. 만당감격(滿堂感激)에 취하는 듯 했다.

이때 마츠나가 장관은 다시 일어나 아래와 같은 식사(式辭)를 낭독했다.

방금 낭독한대로 1899년 칙명으로 제정된 훈장조례에 의해 1912년 12월 12일 우리 진남포에 거주하는 도미타 기사쿠 군에게 남수포장 하사가 결정되어, 오늘 1914년 초에 즈음하여 전달되는 이 자리에 참석해주신 여러분들에게 진심으로 감사합니다. 여러분도 같은 마음이시겠지만 한일합방 초이고 더구나 이런 공전(空前)의 식장에 서서 직접 도미타 씨가 훈장을 받는 것은 보는 것은 진심으로 명예라고 생각하고, 또 축하하지 않을 수 없습니다. 도미타 씨의 공적은 훈장 기에 실려 있는 것이 명확하므로 본관의 설명을 덧붙일 필요가 없습니다. 그렇지만 본관 직무상의 입장에서 일반 일본인의 사업 상태를 볼 때 관, 공, 농, 상, 공 각각의 직업을 찾아 이 땅으로 이주하여, 우리 총독 시정 방침에 따라 경영을 하고 있는 일본인 다사제제(多士濟濟) 중에서 참으로 그와 같이 공공의 이익을 도모하는 일을 시종일관 추진한 이는 드물어 칭찬을 아니 할 수가 없습니다. 그래서 총독 각하께서 바로 본관의 신청을 받아주셔서 오늘 이 훈장을 하사받게 되었습니다. 오직 도미타 군 한 사람만의 영광이 아니라, 우리 조선에 있는 일본인의 영광입니다. 총독정치 초기에 이러한 명예 훈장을 하사받아 우리 평안남도에서는 참으로 그와 같은 독지가를 배출한 것이 기쁘고, 앞으로 도미타 씨를 효시로 하여 더욱 더 공익사업에 힘써, 일본인뿐만 아니라 조선인들 사이에서도 이러한 명예로운 인사가 다수 배출되기를 희망합니다.

오늘 훈장전달식은 너무 간단하고 또 일부의 인사만 참석하여 거행되었지만 그 영향은 한 지방이나 도에 그치지 않고 널리 조선에 미치리라고 믿습니다.

또한 저는 한 사람의 친구로서 축하의 말을 하려고 하나 할 말이 너무 많아 할 수가 없고, 이 기쁨 또한 말로 다 표현할 수가 없습니다.

단지 도미타 씨의 가슴에 빛나는 훈장이 장차에도 몇 개가 더해지기를 기대합니다.

삼가 정중하게 도미타 군 가문의 영광을 축하합니다.

그 다음, 옹이 일어나 다소 굳은 표정으로 아래와 같은 답사를 했다.

오늘 이 부족한 저에게 남수포장 수여식을 해 주시고, 조야진신(朝野縉紳) 여러분께서 참석해주신 것은 저의 영광으로 이보다 더한 것이 없습니다. 부족한 저는 항상 성은에 만분에 일이라도 보답하여 작지만 국가에 공헌하려고 미력을 경주했지만 하던 일들이 뜻과는 달리 아직 이렇다 할 공적 운운할 것이 없는 점을 부끄럽게 여겼습니다. 그런데 이 과분한 훈장을 받고 이 성대한 식을 올리게 되어 감격하지 않을 수 없습니다. 향후 더욱 충성을 다하여 국가의

일에 정성을 다하여 이 영광에 어긋나지 않겠다는 것을 기약하는 것으로 답사
를 대신합니다.

다음에는 내빈대표로서 혼다 평양부윤, 거류민 대표로서 하라타 진남
포민장, 평안남도 군수를 대표해서 중화(中和) 군수 안승렬(安承烈) 씨,
조선인 대표로서 임(林)도참사 등이 각각 축사를 읽었다. 이렇게 해서 식
은 정숙한 감격 속에서 끝났다.

2. 관민합동 축하회

옹이 일생의 영광으로 남수포장을 하사받은 일은 옹과 그 가문의 명예
에 그치지 않았다. 평남 사교단체는 이 영광을 함께 축하하기 위해 1913년
1월 26일 밤, 관민합동 대축하회를 진남포 조일관(朝日館)에서 개최했다.
그날 저녁, 회장은 화려한 장식을 하고, 문 입구에 환영문을 설치하고,
전구장식으로 불을 밝히고, 홍백 휘장을 둘러 한층 광채를 더했다. 식장
인 큰 홀 정면에는 금색 병풍이 백열등에 그 빛을 더하고 새하얀 얇은 천
으로 뒤덮인 탁자 위에는 녹음 짙은 소나무 분재를 놓는 등, 내외 장엄하
고 아름다운 기운이 회장 가득 넘치고 있었다.
정각이 되자 마츠나가 도장관 외, 관민유력자 200여 명으로 그렇게 넓
은 식장도 빈자리 하나 없게 되었다. 모두 자리에 앉자 나카노 진남포부
윤은 간사 일동을 대표해서 아래와 같은 개회사를 했다.

우리 지역 도미타 옹이 이번 남수포장을 하사받으신 것에 대해서 평생 옹
을 만나오면서 옹의 고풍에 감화 받은 사람들이 서로 이 자리에 모여 관민 일
동 축하회를 열게 되었고, 제가 발기인을 대표해서 축사를 읽게 된 것은 정말
로 영광입니다. 옹이 광산, 농업, 식목 교육의 공적이 위대한 사실은 대개의 사

람이 아는 바이고 다시 여기서 말할 필요가 없지만 단 이 같은 명예로운 위인을 우리 지역이 배출한 점은 여러분과 같이 크게 축하할 일이라 오늘 여기서 축하회를 개최하는 바입니다. 오늘 저녁은 평양에서 마츠나가 도장관 각하를 비롯하여 다수 지인 인사들이 참석하였고, 이렇게 성대한 집회를 개최할 수 있어 저는 기뻐서 어쩔 줄 모르겠습니다. 식장의 설비가 완전하게 갖추어지지 않았지만 부디 옹을 위해서 크게 마음을 다하여 축하해 주시기 바랍니다.

다음으로 주빈인 옹은 다음과 같이 답사를 했다.

불초의 몸이고 무엇 하나 이룬 것이 없음에도 불구하고 이번에 분에 넘치는 명예스런 훈장을 수여받게 되어 영광이 몸에 넘쳐 황송스럽기 그지 않습니다. 그리고 이것은 결코 저의 힘이 아니라, 마츠나가 장관을 비롯하여 그 외에 관민 유지 여러분이 도와주시고 지도해 주신 덕택이라고 생각합니다. 그런데 오늘 저녁 멀리 평양에서는 장관 각하를 비롯한 관민 제군, 여기 진남포에서는 나카노 부윤을 비롯한 관민 여러분께서 이렇게 많이 참석해 저를 위해 축하해 주시니 이보다 더 큰 영광이 없습니다. 앞서 수여식을 할 때 도처에서도 감격의 눈물로 답사를 제대로 할 수 없었는데 오늘 저녁도 황송과 희열과 영광뿐입니다. 단 이후에도 여러분의 응원에 힘입어 미력을 다하려고 합니다. 바라건대 도움을 아끼지 말아 주십시오.

라고 감격에 넘치는 감사를 표하고 단상을 내려가자 마츠나가 장관은 거구를 단상으로 옮겨

이번 우리 지역에서 도미타 옹이 영광스런 남수포장을 하사받은 것에 대해서 관민 유지가 서로 이를 진심으로 축하하는 자리를 열게 되었습니다. 저는 이 자리를 빌려 지금까지의 경과를 말씀드리고 싶습니다.

돌아보면 1910년 제가 경성에서 본도로 전근해 오자마자 당시 군사령관 오쿠보(大久保) 각하는 저에게 말씀하시기를

"평안남도의 독지가로 도미타 기사쿠 씨라는 사람이 있는데 공적이 너무 뛰어난데 귀관은 이 사실을 아시는가"라고 했습니다. 그렇지만 저는 그 당시 잘 모른다고 답을 하고 크게 부끄러워하면서도 또 한편으로는 마음 든든하게

느끼면서 부임했습니다. 평양에 온 이후 곧이어 남포로 갔지만 옹은 방문하지 않았습니다. 저도 명리를 쫓는 자가 아닐까하고 의심스러워 방문하지 않았습니다. 그 후 어떤 자리에서 처음으로 만나게 되었을 정도인데 그 진짜 모습을 알게 된 이상, 1844년 훈장 하사 관련 법령에 의해서 그 치적을 조사할 필요가 있었고, 여기에 당시 혼다 부윤에게 이것을 조사하게 하고, 다음으로 현 나카노 부윤께도 같은 일을 부탁했습니다. 그리고 작년 여름 은율 광산으로 가서 시찰한 결과 철이 완전히 없어져도 농촌 산촌의 경영은 정말로 수백의 관민 생계를 유지할 설비가 되어 있는 것에 놀랐고, 다른 지방 사업 같은 것은 극히 작은 부분이지만 은율을 보지 않고는 옹의 공적은 말로 다 할 수 없었습니다. 그 공적이 정말로 법령이 정하는 것과 합치하는 것을 본 저는 바로 작년 가을 초에 이것을 총독부에 상신하였고 수상을 거처 아무런 문제없이 훈장을 받게 되었습니다. 저의 전 임지 시마네 현(島根県)에서는 위와 같은 훈장을 받은 자는 오랜 기간 동안 불과 2사람 밖에 배출하지 못했는데 옹의 공적은 일본에서도 자랑할 만합니다. 하물며 조선에 있어서는 말할 필요가 없습니다. 저는 지금 조선 그 중에서 제 관내인 평안남도에서 조선에서 첫 위인을 배출하게 된 것을 진심으로 기뻐하고 있습니다. 또한 저는 오늘 저녁 모임을 축하하고, 옹의 고향 효고 현 가와베 군 나카타니 촌의 촌장 앞으로 축전을 보내기를 희망합니다.

라고 말을 끝내고 단상을 내려왔는데 열의가 얼굴에 넘치고, 옹의 덕행의 핵심을 모든 진정을 담아서 칭송했다. 다음으로 장중화(張中華) 중화민국 영사가 유창한 영어로 인사를 한 후, 친구인 니시자키 츠루타로(西崎鶴太郎)가 단상으로 올라갔다.

저는 한 사람의 친구로서 옹에 관한 한 미담을 소개하려고 합니다. 옹이 처음 경영한 은율 광산은 정미정변(丁未政變) 때 국유화되었습니다. 옹은 이에 대하여 당국에 질문했지만 이 같은 경우 개인의 권리가 경시되는 것은 어쩔 수 없다는 대답에 옹은 어떤 불평도 하지 않고 말없이 물러났는데 그 후 그 지역 조선인 수백 명이 연서를 하여 옹을 위해서 이를 청하였습니다. 당국이 그 정상을 참작하여 다시 옹에게 위임하게 된 이유는 실로 옹의 덕행 때문으로 위대한 치적이 있었기에 가능한 일이었습니다.

라고 말했다. 다음에는 하라다 민장이 축전, 축사, 축가 등을 보고하고, 당시 상업회의소 회장인 하야시 다다아츠(林祐敦) 씨의 축사가 있었다. 동본원사(東本願寺)의 아사쿠라 게이유(朝倉慶右師)가 화경회(和敬會)의 대표로서 옹의 덕행 선행을 송찬(頌讚)하고, 구로코마(黑駒) 보통학교장의 축사 낭독이 있었다. 연회의 분위기가 무르익었을 무렵 마즈나가 장관의 선창으로 도미타 옹의 만세 삼창이 있었다. 장 영사가 선창하여 마즈나가 장관의 건강을 축원했다. 그리고 혼다 부윤이 일어나 "옹의 선행과 덕행에 대해 여러분들이 직접 하나도 남기지 않고 모두 말하였습니다. 바라건대 전보로 오늘의 성황을 총독각하께 보고하고 아울러 감사를 표하기를 바랍니다"라고 제의했다.

만장 박수 속에 이것이 가결되었고, 민장은 아래와 같은 전보를 낭독했다.

총독각하 귀하
오늘 관민 2백여 명 도미타 기사쿠 씨 남수포장 수여 축하회를 열고, 이에 삼가 각하께 이것을 보고 드리는 영광과 더불어 감사를 전합니다.

효고 현 가와베 군 나카타니 촌장 귀하
오늘 관민 일동은 귀촌 출신자인 도미타 기사쿠 씨의 남수포장 수여 축하회를 열고 삼가 이를 귀촌에 보고하는 영광을 가집니다.

회장에 모인 사람들은 박수로 찬성하고, 다음에는 여흥으로 요곡(謠曲) 및 예기(藝妓)들의 춤이 있었다.

그 사이 발기인 중의 한 사람이 "이번 도미타 옹에 대한 축사, 축연, 시가는 옹의 치적과 함께 이것을 하나의 책으로 만들고 싶은데 여러분 생각은 어떻습니까"라고 의견을 물으니 만장일치로 찬성했다.

그러는 사이에 데라우치 총독 앞으로 보낸 감사전보에 대한 답신이 왔다. '이번 도미타 씨가 받은 영광에 대해 축하회를 개최한다는 소식을 들

으니 기쁩니다. 각 지방에서 이러한 독지가를 배출하기를 희망합니다'라
는 내용을 낭독했다. 시간은 밤 10시 반, 식장 가득 축하의 말과 웃음 속에
서 아쉬운 폐회를 알렸다. 당일 데라우치 총독을 비롯한 조야의 명사, 각
지 지우 및 고향으로부터 보내온 축전, 축사, 시가 등이 백 수십 통이나 되
었다.

3. 헌곡(獻穀)의 은혜를 입다

신상제(新嘗祭)란 그 해의 햇곡식으로 만든 신주(神酒), 신찬(神饌)을 천
황이 직접 천조(天祖)와 천신지기(天神地祇)에게 받치고, 그 다음 직접 드
시고 남은 것들을 문무백관에게 하사하는 행사이다.

대상제(大嘗祭)란 폐하 재위 후, 처음으로 행하는 신상제 의식으로서 신
사(神事)의 일 중에 가장 중요한 것이다. 11월 중에 23일(卯日)에 행하는
것으로 정해져 있고, 제단을 두 군데 설치하는데, 동쪽을 유기(悠紀), 서
쪽을 주기(主基)라고 한다. 신찬으로 하는 곡물은 미리 예기와 주기의 땅
으로 점지된 정원에서 바치고 당일 천황은 우선 유기 전(殿)에 다음은 주
기 전(殿)으로 가시어 친히 신사(神事)를 보신다. 생각건대 궁중에 계시면
서도 곡물을 귀중하고 중히 여긴 것은 예부터 지금까지 변함이 없다. 이
것은 실로 천황이 몸소 만민을 대신하시어 천지신명에 대한 보은의 행위
이다.

옹은 이 제사에 바칠 신곡(新穀)을 경작 헌상하라는 영광스런 명을 받
았다.

헌곡재전의 도미타 옹

신상제(新嘗祭)

경작지 지진제(地鎭祭)[78]

1914년 11월 교토에서 행해질 대상제의 유기, 주기 양전에 헌납할 신곡을 조선에서도 헌납하라는 결정을 하셨다. 대대로 헌곡(獻穀) 경작은 국내의 인격 고매한 호농 여러 명을 물색하고, 이들을 심사하여 그 중 가장 덕망 있는 자를 지정하였다. 이런 중대한 조선 헌곡의 은명(恩命)이 도미타 옹에게 하사되었다. 옹은 이 영광을 입고 곧바로 경작 준비에 들어가, 총독부 내무국 사회과 촉탁으로 전 신관(神官)인 와타나베 아키라(渡邊彰) 씨의 지도를 받아 토지를 선정했는데, 삼화농원(三和農園)의 경계 주변에 참으로 청정한 물이 솟아나는 곳이 있었다. 사방에 불결한 것이 없었기 때문에 적당한 장소라고 생각되었다. 이 지점을 택하여 관개의 수원으로 삼고, 그 옆에 땅이 비옥하고 통풍 일사 모두 적당하고 청정하여 관개에 편리한 30평을 본전(本畑)로 정했다. 그 주변에는 도랑, 도로, 삼

---

78) 건축 토목공사에 앞서 地神에게 공사의 안전무사를 기원하는 祭儀.

중의 울타리를 만들고 그 밖으로 부전(副畑)을 만들었다. 본전 구석구석에는 송죽을 심어 금줄로 치고, 그 바깥에는 2척 가량의 논두렁을 설치하고, 그 외부에는 폭 2척정도의 용수로와 두렁을 만들고, 다시 폭 6척의 해자를 파고, 바깥으로 두렁을 만들어 목책을 세우고, 그 바깥을 따라 길을 만들고, 본전 정면에는 문을 달아 폭 한 칸의 길을 정문 도로로 삼았다.

본전, 부전 모두 종자는 지극히 엄격하게 고르고, 비료는 부정한 것이 섞이지 않은 콩깻묵 종류를 이용하였다. 용수를 끌어 들이는 데는 수원지에 목죽의 관과 홈통을 설치하고, 용수로에는 깨끗한 자갈과 모래를 채우고, 거기를 통과시켜서 물을 본전으로 끌어들이는 구조였다.

이러한 준비가 다 되자 4월 23일 오후 2시, 장엄한 지진제를 거행하였다. 즉 그 토지 사방에 금줄을 치고, 제죽(齊竹), 현목(賢木)에 마와 유포 네 가닥을 드리우고, 입장식을 했다. 신리(神籬)를 세우고, 8개의 다리가 달린 상과 신찬성대(神饌盛臺) 등을 준비하여 신찬을 올렸다. 경지 아래쪽에는 홍백의 만장을 쳐 참배자의 휴식소로 했다.

이 날 참례한 사람은 시노다(篠田) 도내무부장, 나카노 부윤, 노기(野木) 기사, 미야케(三宅) 기사, 부협의원, 각 관아, 은행 대표자 및 신문기자 등 약 200여 명, 그 외에 공립 실과고등여학교, 소학교 2학년 이상 남녀생도 550여 명, 공립보통학교, 간이 상업전습학교, 은율보통학교 생도 1천여 명 등으로 추정된다. 제주(齊主) 직원이 불소(祓所)에 착석하자, 제주 먼저 일읍(一揖)하고, 신강(神降)의 사(詞)를 올리고, 이어서 신찬, 제주 축사, 다마구시(玉串)[79] 올리고 배례했다. 도미타 옹은 의관을 갖추고 공손하게 배례하여 신찬을 올렸다. 제주가 승신(昇神)의 사를 올리는 것으로 식을 끝내고 일동 회장에서 물러났다. 참배자에게는 신전(神前)에 올린 홍백 경병(鏡餠) 한 세트가 배부되었다.

그 후 옹은 열심히 헌곡할 조(粟) 경작에 몰두하여 훌륭한 수확을 거두

---

79) 비쭈기나무 가지에 닥나무 섬유로 만든 베오리나 종리 오리를 단 것. 신전에 바치는 것.

어 들였다. 그런데 그 해 황태후 폐하가 붕어하셨기 때문에 즉위식이 연기되었다.[80) 따라서 그 해 재배한 대상제 헌곡은 신상제 때 헌곡하게 되었다.

헌곡 조(獻穀粟) 수확

헌곡할 조는 그 후 양호한 발육을 하여 수확시기에 들어갔기 때문에 총독부로부터는 나카무라 농무과장 대리로서 미츠이(三井) 기사가 금산포로 와서 나카노 부윤, 가츠라기(葛城) 경찰서장 등의 입회하에 9월 20일 수확했다.

수불식(修祓式)[81)

10월 11일 오전 11시 헌곡할 조의 수불식이 행해졌다. 식장 입구에는 일장기를 교차해서 꽂고, 문내에 접수처를 두고, 정각에 제주 이하 직원이 착석하였다. 우선 총독부에서 나온 와타나베 씨가 불사태마대행사(祓詞太麻大行事)를 집행했다. 강신식(降神式)을 행한 뒤 헌곡 경작자 도미타 옹이 의관정제하고 다마구시를 봉납했다. 이어서 총독부 노기 기사, 도 기사 미야케, 총독부 기다(喜田) 기수, 도미타 데츠조, 농장기술자 다카츠 게이사부로(高津慶三郎), 시노다 내무부장, 나카노 부윤, 가츠라기 서장, 요다(依田) 판사, 신도(進藤) 검사, 오가와(小川) 세관장 대리, 오카자키(岡崎) 판사, 나리타(成田) 우편국장, 나카야마(中山) 역장, 오타(多田) 분감장, 오가와(小川) 소학교장, 츠치야(土屋) 보통학교 훈도, 온다(恩

---

80) 메이지천황의 황후 쇼켄황태후(昭憲皇太后)가 1914년 4월 9일에 사망하여 다이쇼(大正)천황의 즉위식이 연기된 사실을 의미한다. 쇼켄황태후와 메이지천황 사이에는 자식이 없었기 때문에 메이지천황과 측실 사이에서 태어난 다이쇼천황을 양자로 받아들였다.

81) 목욕재계하는 의식.

田) 전습소 교사, 바바 요시조, 학교조합 직원 다나베 사스케(田邊佐助), 십오일회 대표 나카타 이와키치, 화경회 대표 아오야마 시게히로(靑山慈啓), 신문기자대표 다치자와 덴민(立沢天民), 상업회의소 대표 노다 료지(野田良二), 츠카노 도시조(塚野季三), 도미타 다이조(富田泰三) 제씨가 순서대로 다마구시를 올렸다. 다음으로 옹이 파종에서 수확까지 보고의 말을 낭독하고 식이 끝났다.

그 후 일동 기념사진을 찍고 삼화농원에서 내빈 일동 향응이 있었는데 연회 중간에 와타나베 씨의 제안으로 일동 건배, 도미타 옹의 만세 삼창을 하고 대성황리에 모임을 마쳤다. 이 날 출석자는 150여 명이었고, 그 외에 진남포 각 학교 생도, 베틀 전습생도 참석했다. 그 후 바로 총독부에 헌납집진(獻納執秦)을 신청하게 되었다.

아래는 신상제 헌곡 조 경작에 즈음한 옹의 상신서이다.

신상제공어신속경작상황상신(新嘗祭供御新粟耕作狀況上申)

미신(徵臣) 기사쿠

미천한 몸으로서 외람되게도 1914년 신상제의 공물인 조 경작의 영광된 명을 받아 황송하여 몸둘 바를 몰랐습니다. 오로지 지성민면(至誠黽勉)으로 그 업에 매진하여 여기 청정신선(淸淨新鮮)한 조를 수학함에 따라 삼가 여기서 경작 상황을 아래와 같이 상신합니다.

애초 이번 경작은 신영토에서 처음 있는 일이었습니다. 경작지 선택을 비롯하여 제반의 것에 이르기까지 세세한 주의를 하여 하나하나 관의 지도를 받았습니다. 경작지는 고조청정(高燥淸淨)하고, 지세는 남쪽으로 향한 조선 평안남도 진남포부 마산리 75호 내에 있는 350평을 정하여, 우선 지면을 평탄하게 하고 그 중앙에 넓이 6칸, 길이 5칸의 면적 30평을 구획하여 그것을 본전으로 하고, 그 주위에 폭 2척의 두렁을 만들고, 네 귀퉁이에는 대나무를 심어 금줄을 쳤습니다. 그 바깥쪽으로 폭 한 칸의 빈 해자를 파서 오수의 침입을 막고, 빈 해자 주위에 다시 폭 1칸의 두렁을 설치하고, 그 위에 목제 울타리를 둘렀습니다. 또 이 바깥쪽 폭 2칸을 밭으로 만들고, 그 외부에 두렁을 만들고 그 위에 마름모 모양으로 대나무 담을 둘렀습니다. 끝 울타리와 대나무 담 남쪽에는 문을 설치하여 본전에서 폭 1칸짜리의 통로를 만들었습니다. 남쪽 경사면에는 석재로 계단을 쌓아, 올라가는 입구 오른쪽에 신상제 공물 신곡 경작지라는 팻말을 세워 부정한 자가 들어가서는 안 된다는 조선총독부의 경고문을 내걸었습니다. 또한 경작지에 접한 3,870척의 소유지 경계선에는 말뚝을 세워 4단으로 철선을 쳐서 사람과 동물의 접근을 막았습니다.

4월 23일 아침, 본전 중앙에 새 멍석을 깔고, 남쪽에 다리가 8개인 높은 상을 놓고, 그 위에 신리(神籬)를 세우고 상을 준비하여 신찬을 올렸습니다. 조선총독부 이하 도부직원 및 경찰관리, 학교직원, 생도 그 외에 관민 다수가 열석한 가운데 경건하게 지진제를 지내고, 다음날 24일 조선총독부 권업모범장(勸業模範場) 기사의 감독 하에 이전 총독부로부터 하사받은 '평양'이라고 하는 조선종 조를 토기에 넣어 청결한 농기구를 사용해 조심스럽게 파종을 하였다. 매년 조 파종 시기인 4월 중순은 전월부터 시작된 가뭄으로 비가 적은 까닭에 바닥에 까는 흙을 비교적 두텁게 하고, 또 다시 짚을 깔아서 건해를 막고, 맑은 날에는 매일 박모적의(薄暮適宜)하게 물을 주어 발아를 촉진하였더니 5월 7일에 이르러 일제히 발아했습니다. 이후 건해예방에 힘써 5월 13일, 20일, 27일 3회에 걸쳐 솎기를 하여 포기 간격을 3촌 5부로 하였습니다. 또 약을 살포하여 병충해를 예방하고 잡초 발생을 막았습니다. 5월 29일, 6월 9일에 중경(中耕)과 흙덮기를 하고, 7월 11일 조가 열렸습니다. 성숙기에 들어가서는 비가 너무 많이 왔지만 배수 시설을 완비하여 재해는 없었습니다. 9월 2일 다 익었으므로 오후 3시 조선총독부 이하 도부직원 및 경찰관리 입회하에 정성스럽게 베었습니다. 충분히 건조하여 새롭게 만든 절구를 이용하여 정백(精白)하였습니다. 10월 11일 조선총독부 이하 도부직원 및 경찰관리 입회하에 새 짚으로 포장하고, 이것을 백목 상자에 넣어 금줄을 치고, 신전에 신찬을 올려 엄숙하게 수불식(修祓式)을 행하고, 15일 도부직원 및 경찰관의 호위 하에 조선총독부로 송납(送納)하여 봉진(奉秦)을 신청하였습니다.

파종 이래 생육기간 동안 오랜 가뭄이 지속되었습니다. 성숙기에는 기후가 대체로 음습(陰濕)했지만 조선총독부와 도청에서 여러 번 경작지로 와서 경작상의 주의를 받아 많은 도움이 되었습니다. 또 이 기간 신(臣)은 매일아침 신전에 배례하여 오로지 조의 풍작을 기원하였으며, 경작 종사 때는 반드시 목욕재계하여 심신을 깨끗하게 한 다음 새롭게 만든 마복(麻服)을 입고, 새로이 제작한 농기구를 이용하여 조금도 타인 및 우마의 힘을 빌리지 않고 일심으로 성업에 종사하였습니다. 조는 한발, 풍우, 해충 등의 재해를 만나는 일없이 충분히 발육하였습니다. 추수를 마치고 여기에 헌납의 영광을 다할 수 있게 된 것은 필경 신명의 가호가 있었기 때문이라고 생각합니다. 성은에 깊은 감격을 억누를 수가 없습니다. 감히 삼가 올립니다.

1914년 10월 15일 조선 평안남도 진남포부 상와초 63번지
미신 도미타 기사쿠

대상제(大嘗祭)[82]

1915년 옹은 즉위식[83]에서 유기(悠紀), 주기(主基) 양전에 올릴 헌곡을 경작하라는 명을 다시금 하사받았다. 5월 6일의 지진제에는 총독부로부터 구루마다(車田) 시보(試補), 노기 기사, 시노다 내무부장, 미야케 기사 대리, 히시카와(菱川) 기사 등이, 그 외에 진남포 각 관민, 일본 내지와 조선의 학교 생도, 은율소학교 생도 등 많은 참석자가 참례했다. 식장은 사면에 금줄을 치고, 제죽(齊竹)와 현목(賢木)에 마(麻)와 유포(由布)를 네 줄로 드리워 장식을 하고, 다음으로 신리(神籬)를 세웠다. 제주가 앞으로 나아가 강신을 고하고, 신찬을 올리고, 축사를 하고, 다마구시를 올렸다. 이어서 구루마다 시보, 노기 기사, 도미타 옹 및 각 대표자가 순서대로 다마구시를 올렸다. 끝으로 제주가 승신(昇神)의 사를 고하고 일동 퇴장했다. 그 후 관민 유지는 삼화화원 대동각(大同閣)에 모여 신주(神酒)의 향응을 받고 오후 4시에 해산했다.

그 후 옹은 다시 청정한 대울타리 안에서 열심히 헌곡 조 경작에 헌신을 다하였다.

원래 이 헌곡 경작지에는 삼중의 울타리가 쳐 있었다. 그 안에는 누구

---

82) 천황 즉위 후 처음 지내는 新嘗祭.
83) 황태후 사망으로 연기된 다이쇼천황의 즉위식은 1925년에 거행되었다.

도 들어갈 수가 없다. 단 수명자(受命者)인 옹 한 사람만이 아침 일찍부터 그 안에서 경작을 했다. 대울타리 밖에는 사람이 있어 경작상의 이상한 점을 지시해도 상관없지만 울타리 안에는 아무도 들어갈 수 없었다. 부전으로 바깥쪽에도 밭을 만들었다. 이것은 예비 밭으로 본전의 결과가 충분하지 않을 경우를 대비해서 만든 것이었다.

열심히 경작하여 가을 수확철이 되었다. 9월 2일 오전 10시부터 경작 제전에서 헌곡 조의 수확식을 행하였다. 감독관, 기술관, 부윤 및 경찰서장 등의 입회하에 정성껏 베었다. 그 후 3일간 건조시킨 후 좋은 열매를 골라 정미하고, 깨끗한 마대에 넣어 백목 상자에 담아, 10월 12일 수불식을 거행했다. 15일 총독부에 헌납집진(獻納執奏)을 신청하기에 이르렀다.

대상제공어신속경작에 대한 옹의 상신서를 아래에 적어 둔다.

대상제공어신속경작상황상신(大嘗祭供御新粟耕作狀況上申)

미천한 몸으로 외람되게도 대상제 공물인 신속(新粟)를 경작하라는 어명을 받들어 몸 둘 바를 몰랐습니다. 오로지 열의와 성의로 그 일에 임하여 오늘 청정신선(淸淨新鮮)한 조를 수확하였고, 이것을 봉헌하는 영광을 누리게 되어, 삼가 그 경작 상황을 말씀드리겠습니다.

대상제에 공물로 바치는 조 경작은 원래 조선에 있어서 처음 있는 일로서 여러 가지 일 중에 가장 세심한 주의를 필요로 했기 때문에 하나하나 관서의 지도를 받았습니다. 경작지는 평안남도 진남포부 원당면(元塘面) 마산리(麻山里) 75호, 고조청정(高燥淸淨)한 토지로서 작년 신상제 공물을 위해 경작했던 곳입니다. 이 땅은 원래 남쪽으로 경사져 있고, 약간의 소나무와 잔디가 있었던 곳을 개간하여 350평을 정리하여 그 중앙에 동서 6칸, 남북 5칸의 땅을 구획하여 정전(正畑)으로 하고, 그 주위에 폭 2척 가량의 두렁을 만들고, 네 귀퉁이에 작은 대나무를 세워 줄을 쳤습니다. 그 밖으로 폭 한 칸의 호를 파서 오수 침입을 막았고, 또 한 칸 폭의 두렁을 설치하여 그 위에 목제 울타리를 둘렀습니다. 그리고 그 바깥쪽 폭 두 칸을 부전(副畑)으로 하고, 그 밖에 폭 2척의 두렁을 만들었습니다. 그 위에 마름모꼴로 대나무 울타리를 쳤습니다. 목재

울타리와 대나무 울타리 정면에는 문을 달아 본전에서 폭 1칸 정도의 통로를 만들고, 남쪽 경사면에는 석재로 계단을 만들어 올라가는 입구 오른쪽에 대상제 공물 신곡 경작지라는 팻말을 세웠고, 부정한 사람의 출입을 금지한다는 조선총독부 팻말도 함께 세웠습니다. 또한 경작지에 접한 주변 소유지 경계에는 말뚝을 박아 철선을 4단으로 둘러, 제일 바깥에 철책을 세워 사람이나 가축이 들어오는 것을 막았습니다.

　4월 16일 병충해 예방을 위해 지면에 건초를 깔고 소각하였고, 다음날 두께 2촌 정도로 신토(新土)를 쌓아올리고 그 뒤 표토를 잘게 부수어 평평하게 했습니다. 비료는 반 정보마다 대두 껍질 30관, 목탄 10관, 과인산석탄 3관의 비율로 뿌렸습니다. 5월 6일 주경작지 중앙에 멍석을 깔고 남북으로 다리가 8개 달린 상을 놓고, 그 위에 신리(神籬)를 세우고, 그 앞에 상을 준비하여, 신찬을 올렸습니다. 조선총독부 이하 도부직원, 경찰관리, 학교 직원, 생도 그 외에 관민 다수가 참석한 위에 공손히 지진제를 거행하였습니다. 다음날인 7일 감독기술관 입회하에 먼저 총독부로부터 하사된 '평양'이라고 하는 조선종 조 종자를 파종하였습니다. 5월 11일 발아를 시작하여 14일 전부 발아되어서 24일에는 솎음질을 했습니다. 그 다음 6월 5일과 12일 다시 솎음질을 하였고 포기 사이를 3촌 5부로 유지하게끔 했습니다. 5월 31일, 6월 15일과 29일 중경(中耕)을 하고, 7월 14일에 배토(坏土)를 하였습니다. 제초는 발아 후 때때로 하였습니다. 그 외에 6월 29일 병충해 예방을 위해 약제를 살포하기도 하고, 다음달 7월 17일 좁쌀이 열리기 시작하여, 20일에는 이삭이 다 열렸습니다. 그 후는 항상 새를 쫓는 데 애쓰며 오로지 익기를 기다렸습니다. 9월 2일 완전히 익었기에 같은 날 오전 발수식(拔穗式)을 하고, 감독기술관, 부윤, 경찰서장 등의 입회하에 공손하게 추수를 하였습니다. 3일간 햇볕에 건조시킨 후에 이삭을 잘라 새로 만든 맷돌을 이용하여 정백(精白)하였습니다. 깨끗한 마대에 넣고 이것을 백목 상자에 넣어 10월 12일 평안남도 장관대리, 감독기술관, 부청결창서 외의 관아 직원, 학교 직원, 생도 등 다수 유지들이 참석하여 엄숙한 수발식(修拔式)을 거행하였습니다. 같은 날 15일 도부 직원 및 경찰의 호위 하에 조선총독부로 보내져 집진(執秦)을 신청하게 되었습니다.

　다행히 발아 이후 기후가 대체로 좋았고, 발육 생장도 양호하였습니다. 성숙기간에 심한 가뭄을 만나 부근의 조는 성숙불량이었지만 어속(御粟)은 그 기간 수시로 관수를 하여 한발 피해를 입지 않고, 완전히 풍성하게 익었고, 품질도 우수했습니다.

파종 이래 수확에 이르기까지 백여 일 동안 저는 매일 아침 신전에 배례를 하고, 오로지 어속(御粟)의 경작이 잘 되기만을 빌었습니다. 경작에 임해서는 반드시 목욕재계를 하고 심신을 깨끗하게 하고 새로 만든 마복을 입고 깨끗한 농기구를 이용하여 조금도 다른 사람이나 우마의 힘을 빌리지 않고 지극정성으로 그 일에 임하였습니다. 어속(御粟)은 한습, 풍우, 병충해 등의 재해를 만나지 않고, 충분히 익은 연후에 추수를 하여 지금 헌납의 영예를 다할 수 있는 것은 필시 신명의 가호와 무궁한 성은에 의한 것으로 깊은 감사를 느끼지 아니 할 수 없습니다. 삼가 말씀 올렸습니다.

1915년 10월 15일
조선 평남도 진남포부 삼화초 63번지
미신(微臣) 도미타 기사쿠

4. 즉위식 참례와 서훈(敍勳)

다이쇼천황의 즉위식은 1915년 11월 10일 교토에서 거행되었다. 그때 옹은 조선재주자(朝鮮在住者) 대표로서 이 즉위식에 참석을 명받았다. 문무백관과 함께 식장에 도열하여, 입신(入臣)의 영광을 받아 이보다 더한 것은 없다며 감격했다. 참석하고 돌아온 후 옹은 당시의 감상을 "즉위식장은 오로지 삼엄, 정숙이라는 표현 외는 없고, 참석자는 정연하게 식장의 신성함에 감동되어 숨소리조차도 내지 않았다. 참으로 황홀하여 일대 광명의 세계를 꿈꾸고 있는 것 같았다"라고 말했다.

옹은 일생의 영광으로 즉위식에 참석한 그 날, 외람되게도 훈6등(勳六等)에 제수되어 단보장(端寶章)[84]을 수여받았다. 옹은 거듭되는 은총에 오로지 황송해서 어쩔 줄 모르고, 성은무궁(聖恩無窮)하여 초망(草莽)의 미신(徵臣)에까지 이르렀다며 감격과 감사의 마음을 숨기지 못했다.

---

84) 일본제국의 훈장은 旭日章, 寶冠章, 瑞寶章 세 등급으로 나뉘어져 있다.

5. 헌곡기은비(獻穀紀恩碑)

옹은 전술한 것과 같이 1914년 및 1915년 두 번에 걸쳐 헌곡의 성은을 입었다. 더구나 훌륭하게 그 대임을 완수할 수 있었던 것은 황은이 무궁하여 감히 표현할 수 없을 정도이고 일가일문(一家一門)의 영광으로 더 이상 없다고 깊이 감사했다. 그래서 헌곡 경작지에 기념비를 세워 이것을 만세에 전하려고 하였다. 경작지내에 장엄하고 화려한 기념비를 세우고, 이름 하여 헌곡기은비(獻穀紀恩碑)라고 했다. 이 비의 제자(題字)는 당시 조선총독 데라우치 마사타케 백작의 필적이고, 비문은 옹이 집필했다.

헌곡기은비(獻穀紀恩碑)

다이쇼 4년(1915) 11월 10일 현 천황께서 교토로 납시어 즉위의 의전[85]을 거행하고 대상제(大嘗祭)를 행하셨습니다. 신찬(神饌)으로 쓸 신곡(新穀)을 여러 고을에서 분담하여 올리는 것이 상례입니다. 미신(微臣) 기사쿠는 조선에서 십 수 년을 살면서 농장을 경영하고 밤낮으로 부지런하게 일하였습니다. 황송하게도 조정에서 일전에 황량(黃粱)[86]을 진헌하라는 명을 듣고 저는 감격하여 목욕재계하고 하늘에 기도를 드렸습니다. 벌써 파종하고 이미 거두어 들여놓았습니다. 비바람은 때를 맞추어 불어 농사에 해가 없었고 삼가 근신하고 토지가 비옥하여 곡식 알알이 향기를 품었습니다. 가만히 기뻐서 축하하면서 '이 쌀은 진헌할 만 것이다'라고 하였습니다. 가만히 생각해보니 조선 13도가 이미 우리 일본국의 지도에 귀속되었습니다. 대상제에 쓰일 좋은 곡식으로 특별히 조선에서 난 것을 기쁘게 바치는 이유입니다. 천황께서는 지극히 성스러우시고 지극히 어진 분으로 농사의 어려움을 몸소 살피시고 새로운 백성(조선인)의 뜻도 장려하시어 밝기가 해와 같으십니다. 어찌 근신하며 부지런하지 않을 수 있겠습니까? 하물며 대제를 치르는 시절에 즈음하여 저는 처음으로

---

85) 即位大典. 앞서 설명한대로 다이쇼천황의 즉위식은 메이지천황의 3년상과 황태후의 사망으로 인해 1915년에 거행되었다.
86) 메조. 찰기가 없는 조.

곡식을 바치라는 성은을 입었습니다. 이는 진실로 나 한 몸의 광영이며 또한 진실로 자손들의 경사입니다. 이에 황량 밭 중앙에 비석을 세워 하늘같은 은 혜를 삼가 기록하고 천황의 만수무강을 기원하면서 오로지 후손에게 경계로 삼고자 합니다.

성상즉위대전길일(聖上卽位大典吉日)
미신(微臣) 도미타 기사쿠 머리를 조아리며 글을 올림

헌곡기은비(비명은 테라우치(寺內) 총독이 씀)

이것과 함께 옹은 조선 계발(啓發)은 이토 통감, 소네 통감을 비롯하여 역대 총독에 힘입은 바 크다고 하여, 이를 기념하고 후세에 전하는 뜻에 서 각 통감과 총독의 자필을 석비에 새겨 넣었다. 이토 공의

누각에 앉아 대동 강물에 떨어지는 달그림자 바라보니

인정[87]에 잠긴 온 세상은 절기가 가을과 같구나
두던 바둑 한판은 여전히 끝나지 않았는데
오경[88]에 뜬 봄 달이 새로운 근심을 비추네

라는 시를 새긴 비를 삼화화원 높은 곳에 세우고, 또 공원 중복에는 소네(曾禰) 통감의

경운족위(耕耘足慰)

라는 4문자를 새긴 비도 세워져 있다. 화원을 산책하는 손님들로 하여금 천천히 사라진 영웅의 모습을 기리게 했다. 역대 총독의 제자(題字)는 아직 적당한 돌을 얻지 못하여 건립하지 못하고 있다.

제막식과 은행개업 피로연

1916년 11월 12일 헌곡기은비가 준공되어 제막식을 하였고, 아울러 도미타합자회사와 삼화은행의 개업 피로연이 열렸다. 하늘은 맑고 높은 늦가을 오후 2시, 구도(工藤) 도장관, 무카이(向井) 검사장을 비롯하여 평남 관민 유력자 수백 명의 내빈이 식장에 참석했다. 올려다보면 근엄하게 우뚝 솟은 영석(影石)의 비면(碑面)에 헌곡기은비라는 큰 글자가 힘에 넘치는 필체와 조각 기술의 묘가 어우러져 선명하게 빛나고 있었다. 곧 수불을 끝내고 찬을 올린 후, 의관속대(衣冠束帶)한 신관이 정중하게 축사를 고하고, 도미타 제주는 몸을 움츠린 채 조심스럽게 다마구시(玉串)를 봉헌했다. 그리고 비문을 낭독하고 이어서 구도 장관이 아래와 같은 축사를 낭독했다.

---

87) 사람이 자는 시각. 즉 밤 10시경.
88) 새벽 3시~5시.

축사

  1914년 조선에 처음으로 신상제공어헌곡(新嘗祭供御獻穀)의 명이 강하하자 도미타 기사쿠 씨가 그 명을 받들어 제전경작(齊田耕作)에 힘썼다. 이어서 1915년의 즉위식에 즈음하여 재차 대상제공어헌곡(大嘗祭供御獻穀) 재배의 명을 받아 목욕재계하고 스스로 쟁기 가래질을 하여 제전(齊田)을 일구었다. 옹은 마침내 잘 봉납(奉納)하여 대임을 완수했다.

  원래 신상제는 황실의 대제로 간주되고, 대상제는 즉위예법 중 가장 중요한 의전이다. 도미타 씨가 전후 계속하여 공물로 올릴 헌곡 재배의 명을 받은 것은 가문의 영광일 뿐만 아니라 본도(本道)의 영예이다. 아마도 그의 봉국성충(奉國誠忠)이 항상 이 세상의 의표로서 진력을 다한 결과가 아닐 수 없다. 이번에 헌곡기은비를 세우는 데 있어 오늘 그 식을 거행하게 된 점 경축하지 않을 수 없다. 생각건대 그의 뜻 깊은 사적은 패수(浿水)[89]의 물과 함께 마르는 일 없이 오랫동안 이어질 것이다. 오늘 여기에 참석하여 한마디 축사를 올리는 바이다.

1913년 11월 12일
조선총독부 평안남도장관 종4위 훈4등
구도 에이이치(工藤英一)

  이어서 나카노 부윤과 니시자키 상업회의소 회두가 각각 다음과 같은 축사를 낭독했다.

축사

  1915년 11월 10일 금상폐하 즉위식을 거행함에 있어서 도미타 기사쿠 씨는 대상제공어헌곡 재배의 명을 받고 목욕재계하고 몸을 조아려 경작에 임하여 제전에서 생산된 조를 진상하여 그 임무를 잘 수행하였다. 생각하건대 그가 조선에 거주한 십여 년 농사에 종사하여 근직정려(勤直精勵) 산업 계발에

---

89) 대동강의 옛 이름.

임하여 조선의 산업 발달에 이바지한 점 적지 않다는 것이 황실에게까지 이르러 이 영광을 입게 되었다. 이것은 단지 도미타 씨 일신의 영광일 뿐만 아니라 실로 우리 진남포부의 영광이다. 엎드려 성은이 뜻하는 바를 기리니 농사 장려에 전념하라는 것이 분명하다. 이에 그는 비를 세워 천은(天恩)에 그 끝이 없는 사실과 가업을 소홀이 해서는 안 된다는 뜻을 영원히 세상에 남기려고 헌곡기은비라고 이름하였다. 지금 그것이 완성되어 여기에 건비식을 올리는데 소관 말석에 참석하여 감격을 주체할 수 없어 다듬지 못한 문장으로 축하를 하는 바이다.

진남포 부윤
나카노 다사부로(中野太三郎)

축사

도미타 기사쿠 씨는 자성독실(資性篤實)하며 봉공을 성실히 하고, 일찍이 농사에 뜻을 두고 업에 종사하기를 10여 년. 조선 농사에 공헌한 바가 적지 않다. 정말로 이 업계의 모범이다. 작년 가을 금상폐하 즉위식 때 도미타 씨의 이야기를 위에서 들으시고 대상제에 받칠 신속(新粟)을 헌상하라는 성은을 하사했다. 여기에 도미타 씨는 감격하여 스스로 어찌할 바를 몰랐다. 진남포 삼화화원의 남쪽에 청결한 지구를 선정하여 목욕재계하고 스스로 경작에 종사하여 헌납의 대임을 완수했다. 이것은 단지 도미타 씨 한 사람과 가문에 한정되는 것이 아니라 진남포의 무한한 영광이다. 생각하건데 대상제에 즈음하여 특히 헌곡의 명을 조선에 내리신 것은 신영지 동포에 대하여 농사를 걱정하는 뜻으로 참으로 성은이 광대하고 자비롭다. 새 영지의 사람들은 반드시 분발하여 농사 계발을 하고, 그것으로 성은에 보답해야 할 것이다. 도미타 씨는 성은에 감읍하고 황은의 자비롭고 넓음을 길이 전하기 위해 경작지에 기은비를 세워 대관진신들의 임석을 청하여 엄숙하게 오늘 그 제막을 거행하게 되었다. 말석에 참가하여 장엄한 기은비를 우러러보고 진남포를 위해 진심으로 축하를 하니 기쁜 마음을 감출수가 없다. 여기에 진정을 피력하면서 축사에 대신한다.

1916년 11월 12일
니시자키 츠루타로(西崎鶴太郎)

마지막으로 도참사 하야시 다다아츠(林祐敦) 씨의 축사 낭독으로 엄숙한 식이 끝나고, 일동은 바깥 울타리 내에 있는 회장에서 축하연회장으로 옮겼다. 그 자리에서 옹은 감사의 인사를 하고, 헌곡의 명을 받은 영광에 대하여 감사의 뜻을 피력했다. 이어서 도미타합자회사와 삼화은행 창립의 유래에 대해 말하고, 앞으로 많은 도움을 청하였다. 점원 모 씨는 이것을 조선어로 통역하여 조선인 측에 그 뜻을 전했다. 뒤이어 구도 장관은 감사의 말을 전하면서 "삼화은행 설립은 조선에서 처음 시도하는 것으로 그 목적을 관철하고 장래 발전을 꾀하기 위해서는 우선 사원의 분투노력이 필요하다"고 이야기했다. 옹은 삼화은행의 지배인 후지모토(藤本) 씨를 소개하고, 이어서 무카이(向井) 검사장의 제안으로 도미타 씨의 만세삼창을 하고 일동 건배한 뒤 축하연을 끝냈다. 그 후 화원의 원유회장으로 옮겨갔다. 거기서 다양한 여흥이 개최되어 대성황을 이루었다.

제10장 금융기관의 창설

1. 삼화은행(三和銀行)[90] 창립과 변천

옹은 일찍이 독일 서민은행법을 열심히 연구한 적이 있다. 서민은행법
이라고 하는 것은 대인주의(對人主義)로 프랑스법인 대물주의(對物主義)
와는 완전 반대이다. 일본의 은행법은 프랑스법에 준하여 대물주의 은행
인데 대인주의 은행이 없는 것은 정말로 유감이라며 옹은 그 결함을 통감
하여 어떻게든 대인주의 은행을 설립하여 일반 공중의 편의를 도모하려
는 희망을 가지고 있었다. 즉 담보물을 가지지 않은 사람에게도 똑같이
돈을 빌려주어 도움을 주고, 사람을 신용하여 무담보 대부를 한다는 방침
이었다. 그런데 이 은행을 창립하는 데에는 자금이 없었다. 기약도 없이
때가 오기만을 기다릴 수밖에 없었다.

1915년 세계대전으로 철 가격이 앙등했다. 그 무렵이었다. 옹은 중화

---

90) 주식회사 삼화은행은 1916년 10월 조선총독부로부터 설립인가를 받고 진남포부 三
和町에 설립되었다. 일반은행업무를 취급했는데, 주로 진남포지역의 중류 상인층이
나 기업가에게 산업금융의 편리를 제공하는 것을 영업방침으로 했다. 은행장은 도미
타 기사쿠, 이사는 富田徹三·富田精一·富田高助이었다. 자본금 30만 원(불입금 7만
5천 원)의 이 소규모 은행은 결국 1921년 9월 평양은행과 합병하여 大同銀行으로 전
환됨에 따라 진남포 지점으로 변경되었다.

군(中和郡) 산 속에서 광대한 철산을 발견했다. 당시 중화군까지 전차를
부설하는 데는 약 60만 엔이 소요될 것으로 예상되었다. 그것을 아사노
소이치로(浅野総一郎)[91] 씨가 출자하기로 했는데 유감스럽게도 이 철산
에는 다량의 인산(燐酸)이 함유되어 있어, 소자본으로는 경영이 힘들 것
이라고 판단했다. 그래서 옹은 아사노 씨와의 공동경영이라면 채굴해도
좋겠지만 돈을 빌려 단독 경영을 하는 것은 위험하다고 생각했다. 그러는
사이 사원 중에는 "이 광맥은 유망하므로 돈을 빌려서라도 채굴해 보고
싶습니다"라고 의욕 충만하게 권하는 자도 있었지만 옹은 경거망동하지
않았다.

여러 가지 고민 끝에 마침내 규슈제강회사 회장인 야스카와 게이이치
로(安川敬一郎)[92] 씨에게 상담을 했다.

"이 철산 채굴권을 그냥 드릴 테니 받아 주십시오. 이대로 버리기에는
아깝습니다"라고 말했다.

야스카와 씨는 옹의 인물됨을 알고 있었다. 지금 이렇게 욕심을 버린
옹의 마음을 듣고 한층 더 그 인격을 인정했다.

"네, 받겠습니다. 그러나 무상으로는 곤란합니다. 조금이나마 돈을 지
불하고 받고 싶습니다"라고 했지만 옹은 어디까지나 무상양도를 주장하
여 야스카와 씨 쪽에서도 "그렇다면 말씀대로 무상으로 받겠습니다. 그
대신 뭔가 당신이 바라는 것이 있다면 말씀해 주십시오"라고 했다.

그래서 옹은 "그렇게 말씀하시면 마음속에 있는 작은 희망을 말씀드리
겠습니다"라고 미리 품고 있던 서민은행 즉 절대적 대인주의 은행을 만
들고 싶다는 생각을 허심탄회하게 말했다. 그리고 "자본이 없어 설립을

---

91) 1848~1930. 실업가. 아사노재벌의 창립자. 시부사와 에이이치를 알게 됨으로써 산업
자본가로 변신했다. 시부사와의 보증으로 아사노시멘트를 설립했다. 업계 수위를 점
해 '시멘트 왕'이라 불리웠다.
92) 1849~1934. 실업가. 메이지광업의 창설자이자 야스카와전기제작소(현 야스카와전
기)의 설립자이기도 하다. 중의원의원, 귀족원의원 등을 역임했다.

못 하고 있는데 다소의 원조를 바랄 수가 있다면 바랄 것이 없겠습니다. 이것은 개인적인 영리사업이 아니고, 목적은 일반 공중의 편리를 도모하려고 하는 것에 있습니다. 이 점 양해를 얻고 싶습니다"라는 뜻을 전했다.

이를 듣고 야스카와 씨는 기발한 옹의 계획에 감동했다. 서민은행, 대인주의, 무담보대부, 일반인을 돕는다, 멋지고 괜찮다, 원조해야겠다고 동조하였다.

"그렇습니까? 잘 알겠습니다"라고 야스카와 씨는 금일봉을 옹에게 주었다.

열어보니 안에는 10만 엔이 들어 있었다. 그것이 대인주의 은행 설립 원조의 의미를 포함하는 것은 말할 필요도 없었다. 옹은 그 호의를 감사하면서 받았다. 그리고 지금까지 광산 관계자들에게 3만 엔을 배분하고 나머지 7만 엔을 가지고 서민은행 창립 자본으로 했다.

당시 조선의 은행법에 의하면 은행설립 자본금은 최소한도 50만 엔이라고 규정하고 있었다. 그것의 1/4을 불입하려면 12만 5천 엔이라는 현금이 필요했다. 그런데 현금은 7만 엔만 있을 뿐 규정상의 자본금에 미치지 못했다. 그래서 옹은 7만 엔으로 가능한, 다시 말해 30만 엔 정도의 자본으로 창립하려고 생각했다. 그런 취지를 진정(陳情)하여 자본금 30만 엔의 서민은행 설립 허가를 데라우치 총독에게 출원했다. 총독은 이를 듣고 은행설립 취지에 크게 동감을 표하며 바로 그 자리에서 탁지부장관(度支部長官)을 불러 문의하고 수속을 밟게 했다. 그래서 현지 설립에 이르기까지는 여러 가지 곤란이 있었지만 데라우치 총독의 특별한 양해를 얻어 1916년 11월에 이르러 자본금 30만 엔의 서민은행 창설을 보게 되었다. 이것을 삼화은행이라고 불렀다.

은행 설립 취지는 다음과 같다.

은행설립에 대하여

도미타 기사쿠 술

불초 미력함을 무릅쓰고 감히 오늘 하층 금융기간으로서 주식회사 삼화은행을 설립하려는 것은 실로 다년간 가슴에 품어 온 이상의 한 자락을 실현한 것이지, 결코 우연히 안을 낸 것이 아닙니다. 여기에 그 경과 개요를 말씀드리니 여러분의 관심과 배려를 바랍니다.

저는 지난 1899년 10월 오사카시 고니시 와사부로란 사람의 경성지점 개혁의 임무를 받고 단신 조선으로 건너왔습니다. 그 당시 수년간은 지점 개혁을 하는 한편 자칫하면 공상에 사로잡혀 일확천금의 꿈에 현혹되어 은율의 철산, 평양의 무연탄 등을 가지고 오로지 지점 만회의 수단으로 삼아, 하루라도 빨리 성공해서 금의환향하려는 생각만 한 결과, 오히려 주가(主家)의 자본까지 탕진하였고, 더 나아가 친구 지인에게도 폐를 끼치고, 그 외에 얻을 수 있었던 자금도 끝내는 손실을 보게 되었습니다. 그제서야 심기일전하여 완전히 구태에서 벗어나 전화위복의 단서로 잡고 오로지 착실 온건한 방법으로 사업에 매진하여, 우선 1906년 7월 가족 모두를 진남포로 오게 하여 여기에 뼈를 묻을 각오로 은율철산 채굴 및 농사 경영에 정진했는데 불행하게도 폭도들의 봉기를 만나 오랫동안 휴업을 했을 뿐만 아니라 각지에서 도망 온 사람 수십 명이 광산에서 수개 월 동안 진을 치는 상황을 맞이하였습니다. 이와 동시에 광산은 당시 조선 궁내부가 직영하게 되어, 채굴권을 반납하지 않으면 안 되어 일시 좌절을 했습니다만, 당국을 비롯하여 해당 지역 조선인, 진남포와 그 외에 넓게는 동포 여러분들의 두터운 동정에 의해 해를 거듭함에 따라 사업은 점차 호조를 띄게 되었고, 상당한 이익도 보게 되었습니다. 뒤돌아보면 이런 이익은 앞서 말씀드렸듯이 각 방면에서 많은 원조가 있었기 때문입니다. 만약 종전과 같이 자영(自營)을 계속하고 있었다면 오늘은 없었을 지도 모릅니다. 따라서 미력한 불초 혼자만의 힘으로 획득한 것이 아니기 때문에 함부로 이것을 사유화해서는 안 된다고 생각하여, 약간 실험적인 개발 및 공익의 일환에 이바지하고자 우선 농업과 관련하여 잠업, 목축, 임업 더 나아가서 묘종밭, 과수원을 만들고, 잠업 및 베틀 전습소를 열었습니다. 또 한편으로 도자기 제조, 제지, 천일초 바구니 짜기 등 수공업에서 수산업 일부에도 관여했습니다. 또한 조선인 아동에 대하여 국어와 수공업 교육을 실시하였는데 원래부터 저는 학문이 얕고 재주가 없어 기대한 효과를 올리기 어려웠습니다. 자랑할 만한 것이 아닌데 뭇사람들이 칭찬을 해 주시니 부끄러웠습니다. 그런데 뜻밖에도 1912년 12월 12일 외람되게도 남수포장을 받게 되었고, 1915년 11월 10일 즉 위식 참석의 영광을 받았을 뿐만 아니라 특히 당일 훈6등의 서보훈장(瑞寶褒章)을 하사받는 성은을 입게 된 것은 무한한 영광으로 황공하여 몸 둘 바를 몰랐습니다. 지성봉공의 결심을 굳게 다지고 일생의 노력을 다하여 오랜 이상을 관철하는 것으로 성은의 만분의 일이라도 갚으려고 합니다.

지금 조선에서는 하층 금융경제를 조절하고, 또 중류 이상의 조선인들이 무턱대고 유타안일(遊惰安逸)로 흘러 도원동리(桃源洞裏)의 꿈만 탐하고 있는 폐단을 넓게 구제해야 합니다. 이것을 개선할 수단으로서 적당한 수공업을 진흥시킬 필요가 있습니다. 우선 먼저 당 지역 일반인들에게 근검저축의 미풍을 장려하고, 또 각지의 부원(富源)을 널리 소개하여 산업개발에 이바지할 목적으로 진남포에 모범적인 소 금융기관을 설립하여 소산업자의 구제와 동시에 수공업 지도계발에 힘쓰고, 여기에 적당한 여러 종류의 설비를 완성시켜 피차 상응할 수 있도록 기획하였습니다. 그리고 하층금융에 관해서는 구미(歐美)의 서민은행이나 일본에서 시행되고 있는 산업조합의 취지 등은 이상에 가까운 것이지만 이것을 자세히 살펴보면 우리나라 산업조합 중에는 저축과 출자의 반면에 그것을 초과하는 책무의 부담에 힘들어 하는 조합원이 있습니다. 아니면 그 목적에 철저하지 않고, 경영을 잘 못하는 자가 있어 중도에 좌절하고, 기초가 튼튼하지 않고 여러 가지 폐해가 있어 그 모범을 찾기 어렵습니다. 특히 조선에서는 아직 해당 조합법 같은 특종 법규제정이 없을 뿐만 아니라 일반적인 사상, 민정, 경제상의 상태에 비추어 보아 이 법규제정은 시기상조인 느낌이 있기 때문에 오히려 스스로 주된 책임을 지고, 위와 같은 이상을 실현할 수 있는 가장 편리한 금융기관의 설립이 필요하다는 것을 알았습니다만 자본금이 거기에 따라주지 않아 유감스럽게 세월을 보내다가 때가 성숙하여 여기에 주식조직에 의해 30만 엔(제1회 불입 7만5천 엔)이라는 자본금으로 소은행 설립을 발기하게 되었습니다.

이보다 앞서 중화군을 비롯한 2, 3의 철광구를 출원하여 그 광업권을 얻었습니다만 사업을 일으키는 데는 거금이 필요하여 간단하게 착수할 수가 없었기 때문에 우선 시굴(試掘)을 주로 하면서 시기를 기다릴 것인지, 아니면 유력한 광업가에게 위탁하여 부원(富源)을 개척할지를 고민하던 중, 때마침 제철사업 진흥의 기운을 만나 이전부터 존경하고 있던 야스카와 게이이치로 씨로부터 해당 광구를 매입하겠다는 교섭을 받았습니다. 저는 인격, 명성이 높은 대광업가인 야스카와 씨에게 전부 일임할 생각을 가슴에 품고 있었기 때문에 바로 답하여 무조건 제공을 승낙하고, 그 매매가격 같은 것은 감히 묻지도 않았는데 야스카와 씨는 제가 일찍이 서민금융에 뜻이 있음에도 불구하고 아직 뜻을 펴지 못하고 다년간 고심하고 있다는 사실을 알고, 광구 가격을 별도로 해당 목적에 필요로 하는 자금에 충당하라고 온정을 베풀어 주셨습니다. 총독부의 은행 자본금 제도 내규를 야스카와 씨에게 알려주고 그것을 기준으로 광구 접수를 결정하고 소요 자금을 조달할 수 있었습니다. 이것은 바로 은행 설립의 근원이 되었습니다. 당시 야스카와 씨는 이미 모 방면에서 풍부한 제철 원료 수급 계약을 하고 있었기 때문에 굳이 앞서 말한 철광을 필요로 하지 않았음에도 불구하고 어디까지나 후의로 당초 제안에 따라 해결해주신 것은 오로지 야스카와 씨의 마음 깊은 배려와 높은 덕이 그렇게 한 것이라고 알고 깊은 감사를 드림과 동시에 제가 해당 자금에 대하여 도의상 책임이 크다는 것을 느끼고 영원히 그 뜻을 명심하여 야스카와 씨의 후의에 보답할 것을 기약합니다.

생각건대 은행 업무는 특히 견실한 신용을 존중하고, 아주 적은 돈이라도 소홀히 할 수 없습니다. 특히 하층금융에 있어서는 물질적 신용 외에 그 인물과 자금의 용도에 중요성을 둘 필요가 있습니다. 상당한 담보 제공이 있어도 그 인물의 신용 혹은 자금 용도에 적합하지 않는 것은 거래에서 크게 경계 고려를 해야 하므로 방만하게 수요에 맡기거나 온정에 이끌려 자금을 운용해서는 안 됩니다. 즉 신용조사 방침 같은 것도 유형재산, 자금이용 정도 외에 본인의 성격, 소행, 체력, 기량, 약속이행 상황, 공공심의 유무, 가업의 근태 및 저축양태, 조세공과의 납부상황, 가내의 화합, 신앙 그 밖의 교의에 대한 관념 등까지 심사하여 참고 자료로 삼아 자금 용도를 적확하게 하여 하층금융조절의 책임을 다하려고 합니다. 이것이 바로 특수 임무를 띤 본 은행 당연의 조치이고, 또 제가 야스카와 씨의 높은 뜻에 보답하는 길입니다.

당초 제가 이 계획을 수립할 때, 적은 자본을 가지고 혼자서 하기에는 신분도 재산도 모두 충족하지 않다는 것에 약간 주저하였습니다만 사업의 성패는 처음부터 예측하기 어렵거니와 널리 협동찬조를 구하기 위해 다른 사람에게 누를 끼쳐서는 안 된다 생각하고 몸바쳐 경영할 결심을 했습니다.

우선 저축 장려 등을 실천하는 데 모범을 보이는 것보다 나은 게 없습니다. 그래서 저는 저의 집안 내에 저금모임을 만들어 연액 1만 엔을 모을 계획을 세운 이후 벌써 1년이 지났습니다. 그리고 제가 경영하고 있는 종래의 사업을 통

일 정리하여 합자회사를 조직하여 질서와 제재가 있는 경영 하에 점점 신용을
쌓아 탄탄한 기초를 만들고 있습니다. 또 한편에서는 특종 농업 과수원 및 수
공업 권유와 함께 제품 판매를 하고, 아울러 산업을 소개하는 보조시설로서
경성에 한 점포를 열어, 보통 소매점과는 그 취지를 달리하여 각 도에서 만든
수공업품은 당분간 수수료 없이 판매 및 소개될 수 있도록 개점할 때는 그 목
적을 향해 최선을 다하려고 합니다. 은행 업무 방침에 대해서는 취지서 그 외
에 발표한 것처럼 경영 일체를 지배인에게 맡기고 저의 일생 사업으로서 소
산업자들을 지도하고 가르치는 일을 비롯하여 넓게 근검저축을 장려하고 산
업 개발에 노력하는 한편 종교가와 협력하여 세상인심을 위해 미력을 다할 생
각입니다. 훗날 조선에 서민금융에 관한 법규가 만들어지는 때는 저의 오랜
이상이 실현되는 날입니다. 그때는 더욱 더 분발하여 처음의 뜻을 관철할 것
을 기약하며 미력하나마 봉공의 뜻을 피력하고 싶습니다.

　이 은행 창립에 대한 옹의 진심을 솔직하게 말하면, 경영에 있어서는
1/4 불입액인 7만 5천 엔의 회수가 도저히 어려우니 이것을 버릴 각오로
해보자라고 결심했었다.

창업시의 삼화은행

그런데 막상 개업을 해보니 절대 대인주의로 담보 없이 대부해주는 신용대출이어서, 빌리는 사람도 예금하는 사람도 상당히 많았다. 7만 5천 엔을 불입한 은행이 2, 3개월 사이에 40만 엔 이상의 예금과 대부를 할 수 있을 만큼 번창했다. 총독부에서는 이것을 위험시하여 예금자 보호라는 의미에서 엄하게 단속했다. 보통이라면 연 2회 정도의 감사로 끝나는데 삼화은행에는 거의 매달 감사가 나왔다. 아무래도 무담보 대출이고, 그래서 뭔가 확실한 방법에 의해 정리를 해두지 않으면 안 된다고 생각했다.

또한 그 무렵 평양에서는 평양은행이라는 것이 있었다. 은행가들은 삼화은행의 융성을 보고, 약간 질시를 했다. 호시탐탐 그들은 은밀히 때가 오기만을 기다려 삼화은행을 없애려고 만반의 준비를 하고 기다리고 있었다.

한편 삼화은행은 총독부의 간섭이 점점 더 심해져서 정리를 하려는 단계까지 진행되었다. 평양의 은행가들은 기다리던 때가 왔다고 생각하고 바로 평양은행과 합병하려는 교섭을 시작했다. 교섭에 대해 옹은 장래 경영 상태를 깊이 고려하고 고민한 끝에 합병은 피할 수 없는 것이라 통찰했다. 곧 간부들과 의논한 끝에 평양은행과 병합하기로 하고 이에 진력하기로 했다. 삼화은행으로서는 총독부 쪽에서 위험하게 생각한 것은 사실이지만, 자체 성과가 좋아 적립금도 상당한 액수를 가지고 있었기 때문에 독립경영 쪽이 훨씬 유리한 것은 분명했지만, 그것이 소자본의 슬픔으로 대자본에 대항하여 경영해 나가는 것은 현실적으로 많은 어려움이 따르기 때문에 어쩔 수가 없었다.

이 일은 옹이 직접 교섭을 담당했는데 교섭 중간쯤 평안남도 장관이 중재를 하겠다고 해서 어느 정도까지는 진행된 일을 옹은 그대로 장관에게 일체의 모든 것을 일임해 버렸다. 그런데 츠카노(塚野) 이사, 노다(野田) 감사 등은 걱정을 했다. 장관에게 일임해 버리면 어떤 불리한 조건이라도 받아들이지 않으면 안 되고, 그렇게 되면 병합이 의미가 없어진다며 반대를 했다. 그러나 옹은 "한번 그렇게 이야기한 이상 남자로서 식언을 할 수 없다"라고 하며 그대로 맡겼는데 이번엔 명칭이 평양은행을 그대로 답습한다는 이야기가 들려왔다.

"그렇게는 안 됩니다. 그래서는 병합의 의미가 완전히 없어져 버립니다"라고 이번에는 옹도 불쾌해하면서 걱정을 했다. 그래서 옹은 "비록 일임했다고 해도 이렇게 중요한 점은 쌍방의 양해를 얻어 결정할 필요가 있다"는 것을 병합 알선자인 미노베(美濃部) 선은총재(鮮銀總裁)93)에게 알렸다. 그것은 당연한 이유였다. 그래서 "그렇다면 적당한 이름을 만들자"라고 되어 '대동은행'이 되었다. 이 이름은 미노베 총재가 명명한 것이다.

그런데 병합은 했지만 200만 엔 규모의 큰 은행인 만큼 그 계통의 허가는 상당히 어려워 쉽게 허가가 날 것 같지 않았다. 그래서 본 은행의 설립 취지로 삼화은행을 병합 원조한다는 조건을 붙이고서야 겨우 허가를 받아냈다. 어디까지나 삼화은행은 손해를 보는 입장이었고 거의 희생을 당하는 것이나 마찬가지였다.

그때 옹은 어떤 사람에게 "병합으로 나는 손해를 봤지만 병합으로 인해 경제계가 안정된 것은 바람직한 일로서 그것으로 나는 만족한다"라고 했다.

당시 조선은행의 서무과장이던 요코야마 나오츠치(橫山直槌) 씨를 추천하여 이사로 하고, 10만 엔을 조선은행이 출자하여 마침내 대동은행(大同銀行)94)은 설립을 보게 되었다. 세상은 옹을 지목하여 이사가 될 야심으로 병합을 했다는 등 여러 말을 퍼뜨리고 있었지만 청렴한 옹은 그러한 명리를 쫓을 마음이 추호도 없었다. 단 삼화은행 설립 취지를 어디까

---

93) 미노베 슌키치(美濃部俊吉, 1869~1945). 홋카이도척식은행, 조선은행 총재를 역임. 유명한 헌법학자 미노베 다츠키치(美濃部達吉)의 형이다.
94) 1920년 3월 평양에 자본금 2백만 원(불입금 50만 원)으로 설립된 주식회사 형태의 민간은행. 사장은 橫山直槌이고 이사는 富田儀作, 宮川五郎三郎, 大橋恒藏, 伊藤佐七 등이었다. 진남포, 평양 鷄里, 황해도 재령에 지점을 두고 영업했다. 1921년 9월 진남포 삼화은행과 합병하여 대동은행으로 전환되었다.

지나 관철시켜 일반인들이 자유롭게 금융과 관계를 맺을 수 있도록 하는 것만을 마음속으로 생각하고 고민했다.

드디어 대동은행은 영업을 개시했다. 그 후 1년 정도의 세월이 흘렀다. 그런데 그 후 대동은행의 실적은 좋지 않았다. 불행하게도 2백만 엔 정도의 불량대출이 발생해 대손도산(貸損倒産)이 되어, 끝내는 파산을 피할 수 없는 운명에 서게 되었고, 주가는 급락하여 1/4로 떨어졌다. 당시 옹은 이사의 한 사람으로 주식 수 1만 3천주 정도를 가지고 있었다. 배당을 받지 않고 모아두었던 돈도 약 5만 엔 정도 남아있었는데 이렇게 위태로운 지경에 이르자 이 돈도 받을 수 없게 되었다.

은행 실적이 좋지 않은 것에 대하여 중역 회의를 열어 협의를 거듭하여 선후책을 강구하였다. 그중에 경성에 상업은행(商業銀行)을 세워 대동은행을 병합하는 것이 어떤가라는 이야기가 나왔다. 이것은 상당히 설득력이 있어 점점 구체화되었고, 그 계통의 허가도 받을 수 있게 되었다. 마침내 조선상업은행이 창립되고, 대동은행을 병합하게 되었다.

그런데 대동은행의 업적이 좋지 않아 주가가 폭락하여 불입액의 1/4로 되었는데, 이번에는 상업은행이 인계한다고 하자 더욱 떨어져 1/2로 떨어져버렸다. 그 같은 이유로 옹이 일전에 야스카와 씨로부터 받은 은행 창립 원조의 의미를 담은 7만 엔은 1만 7천 엔이 되고, 8천 엔이 되어 대부분 소멸해 버렸다.

앞서 서민은행으로 설립한 진남포의 삼화은행은 대동은행이 되고, 지금은 조선상업은행의 지점이 되었다. 그러나 삼화은행은 대인주의로 절대적으로 사람을 신용하는 점에서 사회 신용을 향상시킨 공은 상당히 컸다. 한때는 잘 진척되지 않았지만 그 후 세상으로부터 신용을 얻게 되었고, 지금까지 조선상업은행 지점으로서 우수한 성적을 거두고 있다.

2. 도미타합자회사(富田合資會社)[95] 설립

이 보다 앞서 옹은 은행업을 시작할 무렵 자신이 관리하는 영업을 합자 조직으로 할 필요를 느끼고, 1916년 11월 도미타합자회사를 설립했다. 회사 자본금은 5만 엔, 사장은 옹 스스로 맡고, 사원은 옹의 일족으로 충당했다. 그 업무는 철광채굴 청부, 농업, 목축, 어업, 도기제조 판매 등의 경영이었다. 옹 개인의 일로서는 삼화화원, 잠업, 베틀업, 금산포보통학교 등에 관여하는 것으로 하고, 회사와 개인의 일을 엄연하게 구별했다. 이것은 시기적절한 설립이어서 옹도 또한 후일에 대한 걱정 없이 적극 공익에 매진할 수 있게 되었다.

---

95) 도미타합자회사는 1916년 11월 농업, 철광채굴운반청부업, 목축업, 어업, 도기제조업을 목적으로 설립되었다. 설립 당시 자본금은 5만 원(적립금 3만 원)으로, 본점은 진남포에 두었다(『조선총독부관보』 1916년 11월 16일; 『조선은행회사요록』 1921년판).

제11장 조선개발을 위해서

1. 과일동업조합

옹은 진남포 지방산업 발전을 계획하고, 스스로 실천하면서 진지하게 사과 재배를 권유 지도했다. 그 결과 사과재배는 점점 성행하여, 그 생산은 해마다 증가했다. 처음에는 임의 조합을 조직하여 생산 판매의 공동이익을 도모했는데 그대로는 불편함을 느끼게 되었다. 그래서 뭔가 방법을 다시 찾아 조직을 변경하여 동업자의 편리를 꾀하고 싶었다. 또 구매와 판매에서도 같이 합동 일치된 행동을 취하지 않으면 좋은 결과를 얻을 수 없으니 협동의 결실을 거두기 위해서는 자금이 필요하다고 옹은 항상 생각하고 있었고, 틈만 있으면 먼저 솔선하여 이 문제를 상의했다.

다행스럽게도 1910년 무렵 총독부령으로 중요물산동업조합령96)이 공

---

96) 1915년 7월 13일 제령 제3호로 공포되어 동년 10월 1일부터 시행되었다. 전문 29조의 이 법령은 조선의 농업과 축산업, 공업 등 각종 산업의 생산, 판매를 통제하기 위한 목적으로 시행되었다. 주요 내용은 1조: 중요 물산의 생산 제조 또는 판매에 관한 업을 영위하는 자는 그 생산 제조 또는 판매상의 폐해를 교정하고 공동의 익을 증진하기 위해 동종의 업을 영위하는 자 또는 중요 물산 및 밀접한 관계가 있는 업을 영위하는 자가 서로 모여 동업조합을 설치할 수 있다. 제2조: 동업조합은 법인으로 하며, 영리사업을 행할 수 없다. 3항: 동업조합을 설치하려고 하는 자는 조합원이 될 자 5인 이상이 발기인이 되어 정관으로 만들고 그 地區 내에서 同種의 영업을 하는 자 2/3 이상의 동의

포되었다. 그래서 옹은 바로 동업자와 협의하여, 법인조직인 과일동업조합을 조직하였다. 목적은 구매와 판매를 공동으로 하는 것이었다. 조직은 강제의 의한 회원이 2/3, 임의 가입 회원이 1/3로 했다.

그런데 이것을 실행해 보니 상당히 어려웠다. 생산 지도기관, 판매기관, 조사기관, 자문기관이라는 것을 설치하여 지방의 상황, 사업 발전의 추세 등을 조사해서 조합 업무 자료로 하는데 상당한 비용이 들었다. 그 경비는 예산의 상당액을 차지했지만 회비 미납이 많고, 그에 반해서 인건비는 많이 필요하여 항상 경비가 부족한 상황이었다. 그 부족분은 조합장인 옹이 모두 사비로 충당했다.

그 후 황주(黃州), 대구, 삼랑진, 진남포 등 네 군데에 있는 동업조합이 연합하여 과일동업조합연합회를 조직했다. 옹은 회장으로 추대되었다.

그 후에 출하조합을 조직하여 옹은 여기서도 조합장이 되어 활동하며 일본, 만주 방면의 출하와 배급 조절을 했다. 상재(箱材)[97]를 신의주 영림창고에서 사들이는 길을 연 것도 그때의 일이었다. 이것은 당시 상공과장의 권유에 의한 것이었는데 불행히도 약 1년 정도 뒤 해산해 버렸다.

를 얻어야 총독의 인가를 얻을 수 있다. 4조: 동업조합은 설치 인가를 받을 때 성립된다. 5조: 동업조합 지구 내의 동업자는 그 조합원이 된다. 다만 특별한 사유로 인해 총독의 인가를 받은 자는 이 제한을 받지 않는다. 8조: 동업조합은 정관이 정한 바에 따라 조합원의 생산 제조 또는 판매에 관계된 물품의 검사를 할 수 있다. 10조: 동업조합은 정관이 정한 바에 따라 조합원의 請求에 의해 물품의 가공을 하거나 또는 물품의 판매 또는 원료품의 구입을 매개할 수 있다. 21조: 동업조합은 그 목적을 충분히 달성하기 위해 법인자격의 동업조합연합회를 설치할 수 있다.
이 법령에 의거하여 米·대두·牛·豚·家禽 및 그 축산물·면화·누에고치·과실·직물·종이·釀造品 등의 업종이나 그에 관계된 업을 영위하는 자는 동업조합을 설치하게 되었다(『매일신보』 1915년 7월 13일;『조선총독부관보』 1915년 7월 13일, 8월 12일).
97) 목재의 한 종류.

2. 시정기념공진회(施政記念共進會)[98] —공로표창을 받다—

경성 오곤초(黃金町) 화족회관(華族會館)에서 농업공진회가 개최된 것은 1910년의 일이었다. 산업에 열심이었던 옹은 솔선하여 각종 농산물, 광산품 등을 출품하고, 관민 유지와 함께 적극 본회를 위해 힘썼는데 그 공로로 인해서 출품인 대표로 선정되는 영광을 받아 축사를 낭독했다. 이것으로 옹은 출품인 대표가 되었다.

그 다음에 1913년 가을, 평안남북도, 황해도 삼도 합동으로 박람회를 진남포에서 열었다. 부윤은 주최자로서 회장이 되고, 옹은 이사장으로서 진력했다. 그 무렵 옹은 이사장으로서 진남포상업회의소[99] 회장직에 있

---

98) 일제는 식민통치 5년간의 성과를 선전하기 위해 1915년 9월 11일~10월 31일 始政五年記念朝鮮物産共進會를 개최했다. 공진회 위원은 조선총독부 및 소속 관서의 각 과장 28명, 그리고 평의원은 총독부 각 국장, 도장관, 각 지역상업회의소 회두, 조선인 실업가, 유력자 등으로 구성되었다. 공진회 장소는 경복궁이었는데 여기에 진열관으로 제1호관·제2호관·審勢館·미술관·기계관·參考館·博愛館·농업분관·수산분관·미술분관·참고미술관·인쇄사진관·觀測館·철도국특설관·營林廠特設館·동양척식주식회사특설관 뿐만 아니라, 牛舍·鷄舍·羊豚舍까지 설치했다. 공진회 때 대부분의 건물은 임시로 만들어졌으나 미술관은 석조건물로 지어졌는데, 이후 조선총독부박물관으로 사용되었다. 공진회 출품물은 조선의 産物·산업·교육·위생·토목 등 일제 병합 이후 조선의 변화상을 과시·선전할 수 있는 물품들로 전시되었다. 조선총독부는 출품된 물품을 심사하여 각 부문별로 명예금패·금패·은패 등의 상을 수여했다(富永嘉藤壽, 『조선산업계』, 조선신문사, 1916, 32~66쪽; 『매일신보』 1914년 7월 5일).

99) 1906년 진남포 거주 일본인들 사이에 상업회의소 설립 논의가 전개되다가, 1907년 5월 인가 신청을 하여 같은 해 7월 창립인가를 얻었다. 당시 창립위원은 原田鐵策 외 11명이었다. 1915년 7월 制令으로 조선상업회의소령이 발포됨으로써 舊 진남포일본인상업회의소는 창립 9년 만에 법적으로 해산되고, 같은 해 12월 진남포상업회의소가 설립되었다. 이때 회원의 자격은 영업세 3원 이상 납부자로 정했는데 일본인 145인, 조선인 55인 합계 200인이 신청회원이었다. 마침내 1916년 6월 17일 조선총독부 인가를 받아 설립되었다. 이 진남포상업회의소는 1930년 5월 조선상공회소령이 발포됨에 따라 1931년 2월 新定款을 제정하고 5월 25일경 진남포상공회의소로 개편되었다. 富田儀作은 1913~1914년, 1917년 두 차례 會頭를 지냈다(田中市之助, 『全鮮商工會議所發達史』 제13 진남포편, 부산일보사, 1936, 21~23쪽 참조).

었는데 그것을 기회로 신사(神社), 병원 등의 개축을 실시하고, 진남포 발전의 길을 강구하였다.

1915년 총독부 시정 5년간의 산업의 진보발전을 조사하여, 신구 시정의 성적을 대조하고, 산업 상 생산품의 우열을 심사 연구하여, 당업자로 하여금 더욱 그 업에 정진하게 하고, 개량 중진하여 조선의 국력충실을 도모하려는 목적 하에 1915년 9월 11일부터 10월 31일까지 50일간, 시정 5주년 기념 조선물산공진회가 경성부 구 경복궁 내에서 열렸다. 부지 7만 2천 8백 평, 신구 건축물의 총평수 6천 평, 출품 수 4만 8천 7백 6십 점, 관중 120만 명에 달하는 공전의 성황을 이루었다. 식산공업에 열심이었던 옹은 솔선하여 각종 농·광업품을 출품하는 한편 관민 유력자와 도모하여 진남포협찬회를 조직하여 공진회 사무를 원조하고, 출품의 권유, 관람자의 편리를 꾀하는 등 분주 노력했다.

11월 1일 간인노미야(閑院宮) 부처의 임석 하에 개회식을 거행하였다. 내빈은 1천 5백을 헤아리고, 식은 오전에 시작하여 간인노미야 전하의 영지(令旨), 총재의 봉답문 및 사무장의 보고, 총독의 식사, 그 외에 내상, 농상, 경성 협찬회장 등의 축사가 있은 후에 옹은 조선에서 출품한 사람 1만 8천7백6십 명 가운데서 뽑힌 다음 다시 출품인 대표로 선출되어 아래와 같은 축사를 낭독하는 영광을 누렸다.

축사

오늘 길일을 택하여 시정5년기념 조선물산공진회((始政五年記念朝鮮物産共進會)를 개최하는 데 있어서 외람되게도 간인노미야 전하께서 임석하시는 영광을 누리고, 또 농상무대신 각하를 비롯하여 많은 내빈께서 참석하신 이 자리에 미천한 우리들이 말석에라도 앉아 영지를 들을 수 있어 감격은 이루 말할 수 없습니다.

생각하건대 신정 개시 이래, 성명(聖明)의 위덕과 총독의 경영으로 인해 제반 시설들이 갖추어지고, 산업의 발전과 제도문물의 개선이 면목을 일신하여 오늘 시정 5주년기념으로서 본회의 개회를 보게 된 것은 참으로 조선에서 일찍이 없었던 큰일로서, 우리들은 모두 그 혜택을 입고 미력의 결과를 전시하는 좋은 기회를 얻어 얼마나 기쁜지 모르겠습니다.

오늘 본회 개최로 말미암아 조선의 실정을 내외에 알림과 동시에 앞으로의 발전도 한층 더 세상의 이목을 끌게 될 것이라 믿습니다. 우리들은 앞으로 더욱 노력하고 각자의 업에 매진하여 세운(世運)의 진전과 시정의 취지를 완성하는 데 노력할 것을 명심하며 그 뜻에 보답할 것을 기약하면서 여기에 축사를 대신합니다.

1915년 10월 1일
시정5년기념 조선물산공진회
출품인 대표 도미타 기사쿠

이 공진회와 관련된 이야기로 이런 일이 있었다.

이 무렵, 안주(安州)에 자수 생산품이 있었다. 생산자 측으로부터 이것을 출품하면 어떤가하고 평안남도 도청으로 조회를 해왔다. 도에서 이것을 조사해 보니 꽤 진기한 것이고 기술 또한 상당히 정교하여 이런 것이라면 꼭 출품해 보고 싶다고 하는 것이 도의 의향이었다. 그런데 곤란한 것은 도에서는 그것을 사들일 비용이 없었다. 그 가격은 7백 엔 정도였는데 제작한 사람은 영세민들이었다. 이것을 사들이려고 한다면 현금으로 사야 했다. 도로서는 출품은 하고 싶지만 아무래도 돈을 변통할 수가 없었다. 당시 7백 엔은 상당히 큰돈이었다. 그래서 어쩔 수 없이 도에서는 옹에게

"도에는 그 비용이 없어 유감스럽게 생각하고 있는데 옹이 본도를 위해서 이 자수를 사서 출품하도록 해 줄 수 없는가"라고 상의를 해왔다.

옹은 이것을 듣고

"잘 알겠다, 7백 엔을 내도록 하겠다"라고 하고 받아들였다. 그리고 바로 이것을 사서, 평안남도 이름으로 출품하게 되었다.

그런데 공진회가 끝나가도 매수자가 나서지 않았다. 정리할 때가 되어 어떻게 처리해야할지 난감했다. 그러나 옹은 또

"다소의 손실은 어쩔 수가 없습니다. 물품은 제가 인수할 테니까 걱정하지 마십시오"라며 기꺼이 출품한 물건을 모두 인수했다. 그리고 이것을 물산진열소에 진열하기로 했다.

표상

옹은 본 공진회에 각종 물건을 출품을 하였고, 또 회장 내에 대상제신곡 헌납자로서 헌곡경작지 모형 및 도미타 농장의 모형 등을 제1호관 농업부에, 삼화 고려요 등을 제1호관 공업부에 출품하여 장내의 이목을 집중시켰다. 심사결과 옹은 업계의 공로자로서 공로상을 수여받고, 출품에 있어서는 농업에서는 명예금패 1, 공업에서도 금패 1, 광업어업 등에서는 동패 5, 동 포상 6을 받았다. 옹이 얼마나 조선 개발에 진력하고 있었는가를 상상할 수 있을 것이다.

공로상

평안남도 진남포부 도미타 기사쿠

일찍이 은율철광 채굴에 종사하여 제철사업에 기여한 점 적지 않고, 또 농장을 경영하여 솔선하여 농사개량의 모범을 보이고, 또 한편으로 쇠락한 도기 제조업 부흥을 꾀하는 등 상업 진흥에 이바지한 바가 매우 크다. 그 공적이 현저하여 여기에 포상한다.

이 외에 농사경영상 편익을 도모한 것에 대해서는 공진회 보고서 중에 기록된 것이 있어 여기에 게재한다.

　도미타농장은 본 농장을 평안남도 진남포부 마산리에 두고 지부 농장을 황해도 은율군 북부면 금산포에 두고 있다. 농장의 창립은 러일전쟁이 아직 끝나지 않은 때로서 처음에는 삼화농원 및 삼화목장이라 칭하다가, 나중에 설비를 다 갖추면서 도미타농장이라고 개칭했다. 소유지 면적은 4백 32정보, 농장 내 밭이 6정 9반보, 논은 47정보 4반보 정도 된다. 운영현황으로는 자영으로서는 보통 작물, 특용작물 및 원예작물을 시험재배를 하여 지방 농민들에게 모범을 제시하고, 묘종을 육성하여 이것을 유상 또는 무상으로 배부했다. 또 양잠을 하여 잠종을 제조하고 조선인 농가에 우량잠종 혹은 어린누에를 무상으로 배포했다. 소작인의 지도 장려 보호에 대해서 실시한 일로서는 종묘 배급, 농기구 대여, 토지개량에 필요한 일체의 비용 부담, 농사개량에 필요한 자금을 저리로 대여하는 등 그들의 편익을 도모한 일이 적지 않다. 그래서 소작인과의 관계는 지극히 친밀하여, 당 농장이 지도하는 바가 일반인들에게 잘 전달되어 공동 모내기, 제초, 해충 구제와 예방과 같은 것은 그 성과가 상당히 컸다. 또 매년 소작벼 품평회를 열어 우수자에게 상품을 수여한 결과 소작인의 경작 제조 방법을 개량하는 데 적지 않은 기여를 했다.

　당 농장의 주력은 공공사업에 진력하는 것이 많았고, 진남포부에서 공익사업으로서 당 농장주가 관여하지 않은 것이 없다고 할 정도이다. 부민 오락에 제공하기 위해서 당 농장 부속으로서 유원지를 부내에 설치하고, 공중에게 자유롭게 관람하도록 하였다. 또 황해도 금산포에 지점을 설치한 것은 이익을 꾀하려 한 것이 아니고 자영 철산 광부들의 장래 안정을 도모하는 데 그 의도가 있었다. 광산에서 날마다 일하는 광부 6, 7백 명은 거의 그 근교 농촌에서 온 장정들이었다. 광산으로 옴으로써 그 지방의 생산력이 감소했다. 그 뿐만 아니라 훗날 찾아 올 폐광을 대비하여 이들 광부들이 안정된 생활을 하기 위해 농사에 종사하게 하고, 또 그 자제들을 좋은 농민으로 육성하려고 했다. 철광산 접경에 국유간석지를 빌려, 채굴에 의해 생기는 흙을 이용하여 간석지를 매립하여 경작지로 했다. 여기에 토지개량을 실시하였고, 그 사업이 성공함에 따라 소작을 시켜 성과를 올리고 있다. 금산포 지점에는 사립금산포보통학교를 부설했다. 그 목적은 철광산에서 일하는 광부의 자제에게 교육을 시켜, 장래 농촌을 구성할 자격이 있는 선량한 청년을 양성하고, 훗날 모범농장을 만들기 위함이었다. 이를 위해 해마다 사재를 투자하는 일이 적지 않았고, 이 학교가 개교된 후에는 다른 지역에 좋은 영향을 주었다. 근검저축의 미풍을 함양하고, 농사개량 사상을 일깨우고, 일본인과 조선인의 융화를 초래하였다. 위생과 풍기 개선이 이루어진 것은 이 학교가 직간접적으로 베푼 혜택이기도 하다.

3. 구하라정련소(久原精煉所) 신설

구하라(久原)공업주식회사에서 조선에 금·은·동 그 외의 정련소를 설치하게 된 것은 1915년경이다.

정련소가 세워진다면 그 지방의 번영은 보장되는 것이었다. 어떻게 해서라도 진남포에 그것을 세우게 하고 싶었다. 그러면 진남포는 더 발전할 것이고, 지방민의 생활도 윤택해져 좋을 것이라고 생각하여, 옹은 이 설치에 대해서 적극적으로 손을 썼다. 그것을 위해서 옹은 가능한 한 희생을 지불해서라도 조금도 물러서지 않을 각오였다. 그렇게 온힘을 다해 노력한 결과 마침내 그 정련소는 진남포에 설치되게 되었다.

그렇게 된 것은 우선 커다란 성공이었지만 다음으로 용지를 확보하는 일은 매우 힘들었다. 정련 찌꺼기를 버리는 장소로 사용하기 위해 2백 정보 이상의 면적이 필요했다. 옹은 구하라 쪽 사원과 장소 선정에 착수했다. 어느 정도 넓은 면적이 필요했기 때문에 여기저기 찾아보고 여러 궁리를 해보니, 간석지와 이어지는 한두리(漢頭里)의 토지 외에는 적당한 땅이 없었다.

그 무렵 옹은 한두리에 고려요 가마를 만들어 기술 직공의 집까지 세워 활발하게 고려자기를 제작 경영하고 있었다. 또 거기에는 한쪽에 과수원이 있어 이미 열매가 열릴 정도로 매년 다량의 사과와 배 등을 생산하고 있었다. 그렇게 사용하고 있던 옹의 소유면적은 약 10만 평이었다. 정련소 설립을 위한 토지 선정에는 물론 이 토지도 포함되었다. 옹은 결심을 했다.

"우선 제일 먼저 이 고려자기 가마와 과수원 일체를 다른 곳으로 옮기고 제 땅을 귀사(貴社)에 제공하겠습니다"라고 구하라 사원에게 말하자 회사 측에서는 굉장히 좋아했다. 그런데 그것으로는 부족했다. 인접지 60만 평을 좀 더 사들이지 않으면 안 되었다. 땅 매입에는 상당히 곤란한 문제들이 뒤따랐기 때문에 회사 측은 옹에게 그 알선을 부탁했다. 옹은 기꺼이 받아들여 우선

"같은 매수라 하더라도 회사 이름으로 이러쿵저러쿵 하면 그것은 좋은 방법이 아닙니다. 우리 속을 내비치면 굉장히 비싸집니다. 그래서 이 일은 당분간 입 밖에 내지 말고 사들여야 합니다"라고 주의를 줬다.

또 구하라의 사원이 주문한 뜻은 이러했다.

"다음으로 매수 가격입니다만 소요 면적 70만 평 매수에 예정 가격이 5만 엔을 초과하지 말라는 것이 본사로부터의 지시이니까 이 가격대에서 합의할 수 있도록 진력해 주시기를 부탁합니다."

"알겠습니다. 그러면 우선 저에게 줄 돈을 정합시다. 그러면 그 다음은 대개 예상이 가능하니까요. 제 땅은 10만 평입니다. 설비와 과수를 모두 제외하고 평당 5전으로 계산하여 5천 엔으로 합시다."

구하라의 직원은 깜짝 놀랐다. 상당한 설비에도 불구하고 이것을 전부 제외하고 땅값도 평당 몇 전이라고 하니, 당시의 시세로 싸게 잡아도 30전 정도의 가격이었다.

"그것은 너무 싼 것 같습니다. 이전 비용도 되지 않습니다. 손해가 없도록 하기를 바랍니다."

"아니, 그것으로 충분합니다. 원래 제가 산 가격이 5전입니다. 산 가격에 넘기는 것입니다. 이것도 모두 진남포 번영의 토대가 될 것입니다. 또 다른 매입 가격 사정도 있으니까 우선 제 몫만이라도 싸게 합시다."

그런 사정으로 그때부터 옹은 토지매입 일로 각 방면으로 동분서주했다. 당시 노다 료지(野田良二), 도리고에 히사노리(鳥越久則) 두 사람은 옹의 매입사업을 원조하면서 크게 진력하였다.

70만 평이라고 하면 그 소유자도 다수이다. 그 중에는 상당히 어려운 사람도 적지 않았다. 가격 협상도 쉽지 않았다. 옹은 그것을 하나하나 권유하면서 돌아다녔다. 또한 노다, 도리고에 두 사람은 옹의 손발이 되어, 현장측량을 하기도 하고, 매매계약을 하기도 하고, 그 외에 각종 실무에 관여하기도 했다. 그렇게 해서 마침내 70만 평이라는 토지를 매수했다. 그 가격은 논은 평당 20전, 그냥 경지는 2, 3전, 간석지는 훨씬 쌌다. 이렇게 매수한 총액은 4만 1천 엔, 옹의 소유지 10만 평 5천 엔을 합하여 총 4만 6천 엔으로 매수를 완료했다. 그대로 고스란히 구하라에 제공했다. 구하라의 예상보다 4천 엔 싸게 치인 셈이었다.

이렇게 해서 한두리의 설비를 옮긴 것이 지금 억양리(億兩里)에 있는 고려요 도기공장과 마산리(麻山里)의 과수원이다. 이전하면서 공장은 가마를 새로 짓는 등 모든 설비를 거의 새로 하는 것처럼 수고가 들었다. 또 과수원 쪽은 산지를 부분적으로 조금씩 몇 회에 걸쳐 사 들여, 그때마다 밭으로 개간하고 그 후 과수를 옮겨 심었기 때문에 그 수고와 비용은 어마어마했다. 옹은 물론 이것을 표면적으로 드러내지 않았지만 실제로는 상당한 고난과 희생을 치렀다.

그 무렵 진남포경찰서가 이 토지 매수는 중간적인 이익을 독점하여 전매(轉買)한 것이라고 의심하여 매수 내용에 관하여 조사를 한 적이 있었다. 그런데 자세히 조사를 해 보니, 매수 가격을 그대로 구하라에 인도한 사실이 명료해져서 그 오해는 풀렸고, 오히려 옹이 진남포 개발을 위해서 진력을 다하고 있는 의협적인 성의가 인정되어 그 인격을 칭송하였다.

구하라정련소가 설치되어 진남포의 번영을 가져오는 데는 유형무형으로 애쓴 사람이 있었다는 것을 여기에 특필해 두지 않으면 안 된다. 더

군다나 이 정련소도 그 후 재계의 혼란과 경기 부진의 영향을 받아 성쇠 소장(盛衰消長)의 흔적을 남기고 지금은 축소되었지만 재계가 호황인 시절에는 꽤 성황을 이루었고, 직원부터 직공에 이르기까지 몇 백 명이나 되는 많은 사람들이 드나들며 활발하게 사업을 일으켰다. 옹의 착안은 헛되지 않았다. 진남포는 좋은 영향을 받아 점점 발전융성의 길로 나아 갔다.

4. 만세 소동[100]

1919년 조선의 만세 소동은 상당히 그 소요의 파급이 컸다. 처음에는 경성 남대문 일각에서 조선인 학생들이 약간 기세를 올려 만세를 부른 것에 지나지 않았는데 그 파급이 커져 점점 퍼져나가 관헌에 대한 반감에서 오해를 빚었고, 더 나아가 배일(排日)화 되어, 선동으로 변하고, 일파만파를 일으켜 점차 폭동으로 악화되기에 이르렀다. 마침내 조선 전역으로 퍼져 나갔다.

관헌에서는 처음 신중한 방침을 취하여, 지방 경계를 엄중히 하고 폭도 진압에 대비하면서 한편 인정(仁政)을 베풀어 개심의 길에 이바지하려고 했다. 그렇지만 들판의 불길같이 사방으로 확대되어 나갔고, 완미불령(頑迷不逞)의 무리는 각지에서 봉기하여 동서원근(東西遠近) 서로 상응하여 쉽게 진압이 되지 않았다. 조선 서쪽 지역은 특히 그 색채가 농후하여 피해도 많았다.

진남포라는 평화로운 지역에서도 조선인 동지의 선동에 의해 소요가 일어나지 않을 수 없었다. 상당히 불온한 형세가 조성되고 있었다. 한편

---

100) 1919년의 3 · 1운동을 말한다.

은율, 장연 부락, 금산포 광산에도 이 불온한 기운이 바깥에서 흘러들어
왔다.

그 무렵이었다. 지금까지 옹과 함께 사업을 해왔고, 애로애락을 같이
해 온 전형실 씨는 그 형세를 보고 걱정이 되었다. 그래서 그는 지방 유지
와 유력한 갱부들을 모아 협의를 했다.

"이번 만세 소요가 파문을 일으키면서 점차 커져 일본인들에게 반감을
가지게 되었는데 모두들 이것을 어떻게 생각합니까? 우리들은 지금도 도
미타 씨의 보살핌을 받고 있습니다. 도미타 씨는 일본인입니다. 일본에
반대한다면 도미타 씨의 일은 좌절하고 맙니다."

"……그러나 지금까지 우리들은 도미타 씨로부터 상당한 은혜를 받고
있습니다. 지금 평화롭고 안정된 생계를 꾸려 나갈 수 있는 것은 도미타
씨의 은혜입니다. 그런데 지금 이 만세 소동에 가담하여 부화뇌동한다면
이 광산에 지장을 초래할 것이고 도미타 씨의 은혜를 배신하는 일이 됩니
다. 또 이 소동에 가담하지 않는다면 일본의 앞잡이라 하여 힘든 일을 당
할지도 모릅니다. 그렇지만 우리들은 은혜를 입은 도미타 씨를 배신할 수
가 없습니다. 여러분의 생각은 어떻습니까?"

"물론 도미타 씨의 은혜를 배신해서는 안 됩니다. 이 소요에 가담할 수
없습니다. 만세 소동 따위는 모른 척 하면 안 되겠습니까?"

"찬성, 찬성."

하며 이 소동에 가담하거나 부화뇌동하지 않기로 협의는 진전되었다.
그래서 전형실 씨는

"그런데 여러분, 이 소동에 가담하지 않으면 그 때문에 어떤 박해를 받
을지 모르니 그것을 미리 생각해두지 않으면 안 됩니다. 그래도 여러분은
각오를 할 수 있습니까?"

"좋습니다. 물론 각오가 되어 있습니다"라고 만장일치로 굳은 약속을
했다. 전형실 씨는 또 만일의 경우를 생각하여

"또 하나 약속하고 싶은 것이 있습니다. 그것은 만약 형세가 여의치 않아 배신하는 사람이 나올 경우 어떻게 하겠습니까? 그 제재 방법을 정해 두고 싶습니다."

"그렇습니다. 엄벌에 처해야 합니다."

"그 제재로서 좋은 방법은 이 광산에서 쫓아내는 것인데 그러나 그것만으로는 끝나지 않을 경우가 생길 지도 모릅니다. 그때는 임의 조치를 취하기로 합시다. 여러분 어떻습니까?"

"그것이 좋겠습니다."

그래서 전형실 씨는 지방 유지와 더욱 단단히 합의를 하고 만세 소동에 결코 가담하지 않을 것, 동시에 도미타 가를 조금도 다치게 해서는 안 되며 이를 어기는 자는 엄하게 제재를 가할 것을 지역민과 갱부들에게 전했다. 조선의 만세 소동은 긴 시간에 걸쳐서 각지에서 일어났고, 불온의 형세가 있었음에도 불구하고 여기 은율, 장연, 금산포 일원 부락만은 지극히 평온하게 평상시와 별다른 차이가 없었던 것은 이러한 사전협의가 있었기 때문이다. 이것은 금산포의 조선인 유지들이 옹의 덕에 감격하여 그 은혜를 배신할 수가 없었고, 나아가 그로 인해 예상치 못한 박해를 받는 일에 대해서도 조금도 굴하지 않기로 결심했기 때문이었다. 전 조선에 걸친 만세 소동에 아랑곳하지 않고 시종 지극히 평온하게 보낸 것은 특이한 현상이라고 말하지 않을 수 없다.

5. 조선물산협회(朝鮮物産協會)[101]

　옹은 조선 고대미술품의 제작 복원에 정진하기를 십 수 년, 지금 그 기술이 크게 발달하여 진짜 고대 미술품 못지않은 제품을 만들어내게 되었다. 그러나 한편으로는 그 판매가 충분하지 않아 판로 개척을 해야 했다. 그러려면 조선 내부만으로는 재미가 없었다. 이것을 일본 현지로 넓히고, 이어서 구미 방면에도 진출해야 한다고 생각했다. 옹은 우선 이것을 당시 정무총감인 아리요시 츄이치(有吉忠一)[102] 씨에게 자문을 구하면서 원조를 청했다. 총감도 옹이 지금까지 고심 경영한 것을 고려하여, 모처럼 복원한 사업을 어떻게든 잘 운영할 수 있도록 돕고 싶어 했다.

　"그럼 이참에 조선총독부 도쿄출장소를 확장하여 진열 장소로 활용하면 어떻겠습니까? 국가적 사업이기 때문에 출장소를 이용하는 정도는 괜찮을 것입니다"라고 하여, 당시 식산국장, 상공과장 등과 협의를 하여 도쿄출장소 내에 물산진열장을 설치하기 위하여 필요한 건축비, 설비비 등을 대략 계산하니 약 30만 엔의 견적이 나와 이를 예산에 편성하여 의회에 제출했다. 그것이 다행히 통과하여 바로 실행에 들어가기 직전 불행하게도 1923년 9월 1일에 관동대지진이 일어났다.

　무슨 일이라도 국가적 이익이 먼저인 옹은 나라에 미증유의 대재해가

---

101) 1924년 11월 12일 조선총독부 殖産局 주도로 조선물산을 일본에 소개 판매하는 기관으로 창립된 반관단체이다. 협회 간부를 보면 회장은 도미타 기사쿠, 부회장은 경성상업회의소 임원인 白寅基(韓一銀行 전무, 동양척식주식회사 감사)·進辰馬(龜屋商店 경영, 朝鮮美術品製作所 이사) 등 당시의 대표적인 자본가들이었다. 조선총독부로부터 보조금을 지원받아 오사카에 조선물산협회출장소를 설치하고 조선 물산을 진열하여 일본 시장에 소개·홍보하고, 판매 증진을 위해 시장조사를 수행하는 등의 활동을 전개했다(『조선일보』 1924년 11월 13일, 1924년 11월 28일, 1925년 3월 24일).
102) 1873~1947. 내무관료, 식민지 행정관료. 통감부 총무장관을 지낸 아리요시는 1922년 조선총독부 정무총감에 취임했다. 이후 요코하마 시장, 귀족원의원 등을 역임했다.

발생한 지금 물산진열장이나 협회설립 등을 이야기할 때가 아니라고 결정하였다. 그래서 옹은 그 계통의 허가가 있었음에도 불구하고 목전의 참사를 보고, 의회를 통과한 30만 엔이라는 거액의 경비를 아쉬움 없이 사퇴했다. 당시 모 대관으로부터 "지진은 지진, 물산진열장 설립과는 처음부터 별개의 일이니까 지장이 없을 것입니다"라는 조언이 있었지만 옹은 "시국을 생각하면 비교적 시급을 다투지 않은 물산진열장 설립 건은 사양하겠습니다"라고 단호하게 계획을 중지시켰다.

물산진열장은 이러한 이유로 그 설립을 보지 못했다. 그러나 옹이 계획한 고려자기, 나전칠기, 제기, 그 외에 조선미술품 판매를 원활하게 하기 위한 기관 설치에 대해서는 개인경영으로서 이미 1923년 5월 오사카에 고려자기를 비롯한 조선물산의 판매소를 설립하고 있었다.

그것은 조선물산의 판매기관으로서 가장 시기적절했다는 호평을 얻었다. 그것이 계기가 되고 토대가 되어 총독부로부터 1만 엔, 조선 13도로부터는 6천7백 엔의 보조금을 받아, 여기에 조선물산의 판로확장이라는 취지하에 물산 연합판매기관으로서 1924년 11월 사단법인 조선물산협회가 창립되었다. 일찍이 옹이 개인적으로 설립한 고려자기 판매소는 이 협회에 병합되었고, 옹은 협회장으로 추대되었다. 식산국 상공과에 근무하는 마츠우라 데루야(松浦瑛哉) 씨는 전무이사로 선임되었다.

이 협회의 설립취지 및 사업방침은 다음과 같다.

사단법인 조선물산협회

취지

조선은 바다와 육지 모두 산업 생산에 있어 천혜의 요소가 풍부하고 오늘날 생산 총액 16억 엔, 수출입 무역액 약 5억 엔으로 시정(始政) 당시와 비교하여 생산액에서 5배, 수출입 무역액으로는 7배에 달하여 실로 격세지감을 느낌니다. 그렇지만 조선의 실정은 앞서 말한 생산 및 무역액으로서는 아직 만족할 수 없습니다. 앞으로 발달을 기다려야 할 것이 심대합니다. 그리고 현재에 있어서 조선물산 취급상황을 보면 수요 시장은 의연한데 조선물산의 조악함은 이루 다 말로 표현할 수 없고, 취급상인 또한 조선물산인 것을 숨기고 판매하는 실상이라 생산자가 입는 불이익이 적지 않을 뿐만 아니라 아직 조선물품에 대한 소개가 충분하지 않아 판로가 불안정하여 조선 내 산업개발을 저해하는 점 또한 적지 않은 것은 참으로 유감스럽습니다. 발달을 촉진해야 할 사항은 여러 가지 있지만 조선 사정 및 조선물산을 내외에 알리고, 철저하게 기획하여 거래상의 중개 알선을 위한 상설 기간을 설치하는 것은 무엇보다 급무입니다. 그리고 이런 사업에는 관민이 서로 일치 협력하여 임하는 것이 가장 적절하기 때문에 별지의 사업 기획 및 정관에 따라 사단법인 조선물산협회를 설립하고, 조선총독부의 원조를 받아 널리 내외에 조선 사정 및 산업 소개를 함과 동시에 조선내의 생산자 또는 취급업자와 소비지의 수요자 사이에 개재하여 영리행위를 떠나 거래를 중개 알선하고 판로 개척과 거래 촉진에 이바지하려고 합니다.

사업

1. 목적

조선 사정 및 산업 소개, 조선물산의 판로 확장과 안정에 이바지하기 위해 물산을 소개 진열하는 기관의 설치, 물산 취급, 중개, 알선, 수요지 시장에서의 조선물산에 대한 선호도 조사 등을 하는 것을 목적으로 한다.

2. 조직

회원조직으로 하고 회원은 조선물산 취급업자, 각종 산업단체, 그 외에 본회에서 적당하다고 인정하는 자들로 조직한다.

3. 기관 및 회의

회장, 부회장, 평의원, 감사, 이사를 두고, 회장은 본회를 대표하고, 부회장은 회장을 보좌하고, 평의원은 본회 중요사항에 대해 심의 결정을 하고, 감사는 본회 업무집행에 대해 회장을 보좌하며, 이사는 업무를 담당집행 하는 것으로 한다.

4. 본회의 경비

경비는 회비, 갹출금, 판매 중개 수수료, 국고 및 지방비 보조, 기부금 물건 및 그 외에 잡수입금으로서 이를 충당한다.

5. 사업

(1) 조선물산의 소개

① 물산의 진열

우선 오사카에 조선물산 진열 판매소를 설치하여 일반인들이 관람하도록 하고, 조선의 상업 상황을 소개하면서 조선 내 업자의 위탁을 받아 저렴한 거래수수료로 판매 한다.

② 조선사정 소개

조선물산을 소개하는 한편 적당한 방법으로 조선 기업의 유도에 힘쓴다.

(2) 조선물산 거래 중개 알선

① 견본 거래

조선산 각종 상품의 견본을 수집하여 수요지 시장에 적당하다고 인정되는 방면에 분포하여 수요의 유무와 비평 등을 조사하고 거래상의 알선을 한다.

조선 백미에 대해서는 오사카시 및 동 지역 부근의 학교, 군대, 소비조합, 공설시장 등에 쌀 공급 특약을 맺고 이를 배달한다.

② 현품 위탁판매

조선내 해당 업자의 위탁에 응하여 수요지의 해당 업자에게 현품 위탁판매, 대금결제 등에 관한 알선을 한다.

(3) 호감도와 기호도 조사

수요지에서 소비 상품에 대한 호감도, 기호도, 상거래 습관, 환(換) 관계 등을 조사하여 이것을 매월 1회 회보를 발행하여 회원, 관청, 그 외에 희망자들에게 배포하고 상품의 향상과 거래상의 원만 발전에 이바지한다.

(4) 해당 업자의 위탁조사

조선 내 해당업자로부터의 사업 관련 사항에 대한 위탁에 응하여 조사를 한다.

(5) 기타

그 외에 필요한 사항

옹은 창립에 있어 동분서주하여 편안할 날이 없이 고심 노력했다. 더구나 자비로 여비 그 외의 비용을 충당하며 헌신적으로 일하였고, 조선물산의 판로확대를 위해 진력하였다.

지금 이러한 조선산 각종 산물은 어느 것 할 것 없이 그 판로가 확대되어 일본 각 도시로 퍼져나갔을 뿐만 아니라, 더 나아가 해외 여러 나라에까지도 발전하여 활발하게 거래되고 있다.

옹은 실로 조선물산계의 은인, 조선물산 장려의 선구자, 판로확장의 공로자로서 특필하여 후세에 전해야 하는 인물이다.

6. 옹과 산업 단체

수산회

옹은 금산포, 청양도(靑洋島), 웅도(熊島)에 식림조성을 하고 있었다. 그런 한편 청양도, 웅도 부근 어장과 금산포 간석지 등에서 어장을 찾아 수산사업도 경영하고 있었다. 상당히 성과가 좋은 것에 힘을 얻어 그 사업에 더욱 정진했다. 그 사이에 수산조합이 조직되었고, 옹은 권위자로서 평안남도 지부장으로 추천되었다. 그 후 그 업계에서 힘을 다하고 있었다.

조선의 일본인 어업자 가운데는 통감부가 만들어지기 이전부터 이미 조선에 와서 어업에 종사하여 기반을 닦아 크게 성공한 사람이 각 도마다 많이 있었다. 통감부는 각 도에서 이러한 어업가로 성공한 권위자 한 명씩을 평의원으로 소집하여 어업과 관련된 회의를 열었다. 옹은 평안남도에서 선출되어 평의원의 한 사람이 되었다.

그 후 총독부가 되면서부터 일본농회(日本農會)와 같이 수산조합이 수산회로 개칭되어 수산에 관한 일반 편의와 발달을 도모하면서 오늘에 이르고 있다. 이후 식산국장이 회장이 되었고, 옹은 평안남도의 평의원으로 참가했다.

평안남도 도청 산업과 수산회에서 옹은 오랫동안 부회장으로서 있었는데 수산회의 성적이 좋지 못했다. 끝내는 경영난에 빠져 1924년 3월경에 일단 정리하지 않으면 안 되어 이사를 경질했다. 그러나 회원으로 납입해야 할 회비 미납이 많았기 때문에 정리하는 데 어려움이 있었다. 인계하는 데에 3천 엔 정도의 현금이 필요했는데 출처가 없었다. 곤란한 상황에서 부회장인 옹에게 선후책에 대한 자문을 구했다. 옹은 이를 듣고 "제가 내어 드리겠습니다"라고 하며, 그 자리에서 3천 엔짜리 수표를 끊어 수산회에 제공했다. 이것으로 수산회는 이사 인계도 어려움 없이 끝내고, 수산회의 실적 상의 문제도 아무런 지장 없이 해결할 수 있었다.

조선농회

1916년경이었다. 수원 권농모범장(勸農模範場)의 책임자인 혼다(本田) 박사가 사임하고 일본으로 돌아가게 되었을 때 박사는 "일본과 조선의 평균을 유지하는 데 있어서 조선농회와 같은 것을 만들어 이것을 내선융화의 수단으로 하고 싶다"는 생각에서 상당한 힘을 쏟아 조선농회를 설립하였다. 회장에 이완용(李完用) 후작(구한국의 내각총리대신), 부회장에는 옹이 선임되었다.

그 후 약 10년의 세월이 흘렀다. 1926년에 조선농회는 제도를 개편하여 조직적인 농회가 되었다. 그래서 회장에는 정무총감이 임명되었고 옹은 고문이 되었다.

잠사회(蠶絲會)

1921년 2월, 양잠가의 발안으로 경성에서 잠사회라고 하는 것이 조직되었다. 회장에는 아리가 미츠토요(有賀光豊) 씨, 부회장에는 옹이 선임되었다.

옹은 이 외에도 산림회, 축산회 등의 이사, 평의원으로 선출되는 경우가 많았다. 그렇지만 옹은 일일이 그러한 사업에 힘을 쏟아 일하는 것이 쉽지 않다고 생각하여 단지 이름만 내걸어서는 직무 태만의 비난을 면할 수 없으니 가능한 사퇴했다.

7. 조선발명협회[103] 설립

최근 과학의 진보는 놀랄 만한 발명을 낳았고, 문화의 비약을 초래했다. 그러나 그 중요한 것 대부분은 구미 선진국이 가져다 준 것이었다. 우리나라 발명계도 근래 과학교육의 발달과 더불어 현저한 진보를 보이고 있지만 아직 구미에는 미치지 못하고 있다. 금후 더욱 연구 노력해야 할 필요가 있다.

특히 조선반도의 상황은 매우 부진하여 대만에도 미치지 못하고 있다. 이는 과학교육의 부진이 한 원인인 것은 물론이거니와 예부터 조선인의 생활이 오래된 구습을 굳게 지키기만 할뿐 개선진보의 사고가 결여되어 있는 것도 큰 원인이었다. 이러한 수준을 향상시키고, 일상생활을 개선시키기 위해서는 조선 내에 숨겨진 발명가를 보호 장려하고, 일반사회에 발명 사상을 보급하는 것이 시급한 일이었다.

이 방면의 계몽, 개발에 대하여 당국에서도 일찍이 관심을 가지고 있었

---

103) 1926년 荒井初太郎이 중심이 되어 조선 상공업 발달의 助成機關으로 결성한 단체이다. 제국발명협회와 같이 발명자의 보호 및 특허출연 수속 지원, 우량발명 考案에 대한 보조금 교부, 강습회, 전람회, 발명품 매매 소개 등의 활동을 전개했다.

지만 이러한 문제는 간단히 위정자에게만 위임해서는 안 된다. 적절히 민간에서도 자발적으로 참가 기획하고, 당국과 서로 제휴 호응하여 유종의 미를 거두어야만 한다. 이러한 취지하에 옹은 유지들과 상의하여 조선발명협회를 조직하였다.

옹이 회장으로 추천되고, 아라이 하츠타로(荒井初太郎) 씨가 부회장에, 미야자키 기치타로(宮崎吉太郎) 씨가 이사장에, 우라타 다기토(浦田多喜人) 씨가 이사로 취임하였다. 각각 사비를 갹출하고 동지들의 기부를 받아 겨우 비용을 충당하였다. 사무소를 경성부 왜성대(倭城臺)의 상공진열장에 설치하고, 1926년 8월 드디어 협회 업무를 개시하였다. 발명사업 지도 장려의 단서를 연 것이었다.

본 협회 사업은 아래와 같다.

1. 발명지식의 보급
2. 발명가의 장려 및 출자 원조
3. 발명가의 참고자료 제공
4. 특허 출원 그 외의 모든 수속
5. 상표, 의장 등록 및 고안, 도안, 신안 등록 수속
6. 발명에 필요한 조사 및 심사응답
7. 발명품 선전 및 매매 중개
8. 발명품 이용에 의한 능률 통계와 그 이용 방법의 보급
9. 협회 기관지 및 잡지 발행
10. 각 학교의 고안(考案)을 발표하여 학예 향상 개선에 이바지
11. 때때로 전람회를 개최하여 동 업종의 개발 장려에 노력
12. 발명지식 보급을 목적으로 그 방면의 권위자를 초빙하여 강연회를 개최

이 사업은 조선에서는 처음 시도하는 것으로 그 방면에 뜻이 있는 사람들이 모여들었다. 그러한 지도와 장려가 앞날의 광명이 되고 지침이 되어 현저한 진보발달을 이루었다. 특허, 실용, 신안, 상표, 의장 등의 출원을

취급하여 해가 갈수록 번성해졌다. 창립 당시에 비하여 격세지감을 느낄 정도가 되었다.

그런데 1930년에 이르러 미야자키 이사장이 돌연 사망하고, 이어서 아라이 부회장도 병에 걸리고, 회장인 웅 또한 건강이 좋지 않은 이유로 본 협회는 불행히도 1930년 5월에 어쩔 수 없이 해산하게 되었다. 정말로 조선 발명업계를 위해서는 유감스러운 일이었다.

8. 생우(生牛) 수출

조선 소는 식용으로서도 적당하고, 운반용으로서도 굉장히 유순하여 부리기 쉬운 장점이 있어 매매가 잘 이루어졌다. 일본 내지에도 활발하게 수출되었다.

평양이 산지였는데 한우를 일본으로 수출할 경우 주로 부산에서 거래되었다. 멀리까지 운반해야 하는 불편함도 있고, 또 평양 소로서 세상에 제대로 알려지지도 않는 단점이 있었다.

어차피 수출하는 것이라면 편리한 가까운 지점이 좋다, 또 평양 소라고 하는 점을 인정받도록 하는 것이 정상이다. 그렇게 하려면 이 진남포항에서 적출하는 편이 상책이므로 진남포에서 직접 수출하기 위해 만들어진 회사가 바로 생우수출회사이다.

이 회사는 1926년에 설립되었는데 설립에 있어서 웅은 대단히 진력했다. 가와조에 슈이치로(川添種一郞) 씨도 힘을 더하였다.

생우수출회사는 표면은 이러한 취지로 1926년에 개업했지만 본래 이 회사는 웅이 오래전부터 생각하고 있던 것이 동기가 되어 실현된 것이었다. 그것은 훗날 정무총감이 된 시모오카 츄지(下岡忠治)[104] 씨가 농상무성 농무국장 당시(1910~11년경) 진남포에 오신 일이 있다. 그때 웅은

"진남포는 생우 수출 검역소를 설치할 지점입니다"라고 말했는데 시모오카 국장은 "그렇습니다. 당연 필요한 지점이에요"라고 말한 적이 있다.

이것이 동기가 되어 훗날 우시장이 개시되었지만, 그것은 새로운 시도였던 만큼 경영이 매우 힘들었다. 그래서 약 2년 정도 하고 중지해 버렸다. 그 후에도 옹은 소 수출을 위해 여러 방면으로 노력했다.

1925, 6년경이 되어 인천, 부산, 원산 세 군데에 생우검역소가 설치되었다. 그 부대사업으로서 생우수출회사가 진남포에 설치되었다. 창립에 있어 옹은 지방 발전을 위해서 또 평양 소로서 세상으로부터 인정받기 위해서는 아무래도 진남포에서 출하할 필요가 있다고 생각했다. 그렇게 하기 위해서는 수출회사를 진남포에 설립할 필요가 있었다. 옹은 침식도 잊은 채 경성으로 평양으로 동분서주하며 유지들을 설득하면서 돌아다녔다. 거의 편안할 날이 없이 진력한 보람의 결과는 있었다.

그 무렵 출자자의 대부분은 그 사업이 그다지 유망하다고 생각지 않았다. 그렇지만 옹의 애쓰는 모습을 보고 의리상 기부하는 마음으로 가입한 사람도 있었다. 그러나 옹의 생각은 그러한 얕은 것이 아니었다.

"나에게 다른 생각은 없다. 오로지 진남포 발전만 있을 뿐"이라는 생각으로 가와조에 씨와 제휴하여 설립을 위해 최선을 다했다. 그 외에 노다 료지(野田良二) 씨, 다치카와 로쿠로(立川六郎) 씨 등도 옹의 뜻에 동조하여 많은 일을 하였다.

옹의 노력은 마침내 이루어졌다. 1926년에 이르러 자본금 5만 엔의 생우수출회사가 설립되었다.

이 생우수출회사는 1929년에 1할 배당을 했다. 출자자들은 놀랐다. 처음 출자할 때 대부분의 사람들은 기부하는 셈으로 생각했고, 그 정도로

---

104) 1870~1925. 관료, 정당정치가. 내무성 법제국 참사관, 내무차관, 추밀원 서기관장 등을 역임한 후 1915년 총선에 출마하여 당선되었다. 憲政會에 입당했지만 총재 加藤高明와의 사이가 좋지 않아 가토내각에도 입각하지 않고 조선 정무총감으로 부임했다.

사업을 유망시하지 않았는데 갑자기 1할 배당을 받을 줄은 생각도 못했다. 더구나 이 회사가 생김으로써 조선 서부 3도의 소는 진남포에서 수출하게 되어 꽤 좋은 성과를 올렸고, 검역도 충분히 행해져 소가 죽는 일도 현저하게 감소한 사실이 알려지자 출자자는 예상 밖의 일에 놀라면서도 기뻐했다.

9. 옹과 공공사업

상업회의소 창설

1910년까지는 진남포에 상업회의소가 없었다. 곡류가 모이는 곳에 회의소가 없다는 것은 불편한 일이었다. 옹은 그래서 그 설립을 생각했다. 그렇지만 부는 그것을 실현할 돈이 없었다. 부윤, 그 밖의 유지와 협의를 했지만 아무래도 돈의 출처가 마땅치 않았다. 그렇다고 회의소가 없는 것은 시대에 뒤떨어지는 일이었다. 옹은 어떻게 해서라도 만들어야 한다는 의욕으로 가득 차 있었다. 하지만 돈을 변통하는 일은 힘들었다. 옹은 마침내

"하는 수 없네. 내가 희생을 하지"라고 결심을 했다.

그래서 혼자서 5천 엔을 빌려 그것으로 진남포 상업회의소 건설을 실현했다. 이로써 상업항구 진남포의 개발을 촉진한 바는 실로 컸다.

진남포 축항

진남포 축항105)에 대해서 옹은 20여 년 전부터 심혈을 쏟아 왔다. 니시

---

105) 진남포축항공사는 1906년 예산 14만 4천여원이 배정되어 해면 매축, 棧橋, 창고 및 세관청사의 건설에 착수했다. 그러나 응급시설에 지나지 않아 하역 상의 불편이 상

자키 츠루타로(西崎鶴太郎) 씨, 가와조에 슈이치로 씨 등과 도시락을 싸들고 다니며 분주하게 돌아다녔다. 훗날 축항 성립을 보게 된 것은 정말로 옹과 몇몇 사람들이 진심으로 진력한 덕분이라는 것을 잊어서는 안된다.

진남포 축항 공사

평남철도

평남철도라고 하는 것은 평양과 진남포 사이의 지선이다. 이 철도 개설에 대해서는 상당한 소동이 있었지만 진남포 개발상 철도는 필요불가결하다는 견지에서 옹이 솔선하여 동분서주했다.

진남포의 수도

옹은 진남포부에 물이 부족하다는 것을 걱정하여 스스로 수원을 연구

존했다. 병합 후 1911~1915년 제1기 축항공사가 진행되어 3천 톤급 기선 2척을 계류할 수 있게 되었다. 이후 1929년부터 6년간 제2기 축항공사가 전개되었다(『鎭南浦港案內』, 진남포상공회의소, 1938, 5~11쪽).

하고 탐색했다. 그렇게 하여 얼마 후 오늘과 같은 풍부한 수량을 얻게 되었다. 옹이 일생동안 치유할 수 없었던 탈장이 생긴 것도 이 수원지 탐구 때였다.

경성현물거래소[106]

창립을 위해서 거의 침식을 잊고 열심히 노력했다. 직접 총독을 만나 조선 재계 발전에 꼭 필요하며, 그러기 위해서는 상거래 기관인 경성현물 거래소 설치가 시급하다고 설득했다. 또 시민의 뜻을 전달하여 당국이 수 긍할 때까지 철저하게 준비하고 노력했다.

---

106) 1919년 11월 이근호, 이윤용, 예종석, 中村再造, 岡田榮, 松井民次郎 등 132명의 발기로 유가증권과 미곡 · 면포의 중매 거래를 목적으로 하는 株式會社京城取引所(자본금 5백만 원) 설립이 추진되어 오다가 마침내 1920년 5월 조선총독부의 허가를 얻어 창립되었다. 1930년경부터 京城取引所와 仁川取引所의 합병 논의가 전개되어 1932년 1월 합병되어 朝鮮取引所(자본금 660만 원)로 재창립되었다(『매일신보』 1919년 10월 14일, 11월 7일, 1920년 1월 10일, 1931년 5월 10일, 1932년 1월 12일).

제12장 옹의 말년

1. 산업조합

일찍이 옹이 설립을 계획한 과일협동조합은 타인의 위탁을 받은 매매의 알선은 가능했지만 조합 자체로서는 조합원 전원의 찬성을 얻지 않으면 매매가 불가능했다. 그런데 전부의 찬성을 얻는다는 것은 상당히 어려운 일로 결국 조합자체는 매매를 할 수 없었다. 그래서는 불편하니 판매기관을 설치할 필요가 있다는 것이 오랫동안 문제가 되었다. 그런데 시모오카 정무총감 때 산업조합령[107]이라는 것이 공포되었다. 이 규칙에 의하면 조합자체가 매매를 할 수 있을 뿐만 아니라 이전처럼 반드시 강제가입의 필요가 없는 제도로 바뀌었다. 그래서 다년간 필요성을 느끼고 있던 조합에 판매기관을 두자는 논의가 나왔다.

[107) 산업조합령은 1926년 1월 제령 제2호로 발포되었고, 시행규칙은 府令 제4호로 발포되어 같은 해 3월부터 시행되었다. 조선산업조합령이 처음 제기된 것은 1912년으로 조선총독부 식산국 상공과가 發案한 興産組合令이었다. 이후 1924년 시모오카 추지(下岡忠治) 정무총감이 부임하여 신용 · 판매 · 구매 · 이용 4종 겸영의 산업조합령을 발포하고 금융조합을 폐지하려고 했으나 재무국장과 금융조합측의 맹렬한 반대로 결국 1925년 신용사업을 제외한 3종 산업의 산업조합령을 입안하여 실시하게 되었다 (오미일, 「1920년대 부르주아민족주의계열의 협동조합론」, 『역사학보』 169, 2001 참조).

그러나 옹은 가볍게 행동할 수 없었다. 심사숙고를 하고 있던 참에 평안남도 도청은 사과재배업자의 판로를 통일하고자 하는 방침을 발표했다. 이 방침에 따르기 위해서는 산업조합을 조직할 필요가 있었다. 이로써 비로소 옹의 마음은 움직였다.

"그렇다면 산업조합을 조직하여 도 방침에 따르면서 또 일반인의 편의를 도모하도록 하자"라고 옹은 생각했다.

조합 창립을 결심한 옹은 바로 진정운동에 착수했다. 전력을 기우려 본 조합 설립의 급무를 알리고, 그 허가를 얻기 위해 분주 노력했다. 도청에서도 시세에 적합한 것이라 인정하여 바로 허가가 나왔다. 1928년 11월의 일이었다.

이 산업조합이 조합원에게 어떤 이익을 가져다주는가 하면 공동구입, 공동판매를 하기 때문에 사는 사람은 싸게, 파는 사람은 시가에 맞게 팔 수 있는 이익이 있고, 또 연합회를 거쳐 저리자금을 융통할 수 있었다. 바로 생산에 필요한 자본금을 저리로 빌려 조합원에게 융통해 주고, 가을에 수확한 것을 조합이 사들여 이전에 빌려간 돈을 차감 결제했다. 자금이 부족한 사람에게는 매우 편리한 제도로 자조자활의 정신에 근거하여, 공동생존을 목적으로 했다. 1929년도에는 조합이 15만 엔이나 빌려 각각 조합원에게 융통을 해주었다. 자본이 없는 사람이 저리로 필요한 자금을 빌릴 수 있는 것은 큰 복음이라 아니할 수 없다.

원래 산업조합을 조직한다는 것은 결코 쉬운 일이 아니었다. 일본 현지에서도 각지에 이 조합을 설립하고 있지만 원만하게 흘러가는 곳은 적었다. 다수의 조합원의 양해를 얻는 것이 정말로 힘들고, 공존공영의 이해가 상당히 어려웠다. 그 중에는 유혈사태를 일으킨 예가 있을 정도이다. 이것을 조직하고 유지해 가기 위해서는 많은 희생이 필요했다. 그럼에도 불구하고 옹은 이 산업조합을 위해 노고를 아끼지 않았고, 사재를 털어 동서로 분주하며 헌신적으로 노력했다. 총독부와 도청 사이를 왕복한 일이 몇 번인지 모를 정도였다. 이런 노력을 아까워하지 않았을 뿐만 아니라 비용은 모두 스스로 마련하였고, 조합이사들의 봉급까지도 사비로 지출했다.

진남포에서 산업조합은 이렇게 옹의 노력에 의해 만들어졌다. 그러나 처음부터 바로 위탁판매를 실행하는 것은 위험하다고 생각하여, 여러 판로를 연구한 결과 오카야마(岡山)의 자산가인 오카자키 마스타로(岡崎增太郎) 씨와 계약을 하여 위탁판매를 하게 했다. 1929년 초 처음으로 13만 상자를 보냈다. 그 해는 어디서도 값이 쌌기 때문에 다소 싼 경향이 없지 않았지만 하얼빈 시장 등에 비하여 다소 고가였던 점에서 보면 성공이었다고 할 수 있었다.

옹은 산업조합에 대해 "무슨 일이 있어도 과수 업계의 발달을 이루고 싶다, 내가 살아 있는 동안 이 조합을 반석위에 올려놓고 싶다, 그러려면 내가 마지막 한 사람이 될 때까지 일해야 한다"라는 굳은 신념을 가지고 일했다.

그 고생은 헛되지 않아 조합 사업은 1929년부터 점차 기초가 다져지고 싹이 나서 좋은 결과를 내게 되었다. 점차 융성해지려고 할 때 옹은 쓰러졌다. 진남포 실업가 중 나카타 몬자부로(中田紋三郎) 씨는 옹의 죽음을 애도하며 "1930년 2월, 산업조합 총회를 열고, 그것을 끝내고 옹은 경성으로 가셨는데 돌아오지 않으셨습니다. 가실 때 5월에는 조합을 위해서 진남포로 돌아오시겠다는 약속을 했는데 병으로 끝내 약속을 못 지켰습니다. 말하자면 이 산업조합을 위해 활동 중에 서거하신 것입니다. 지금까지 과수원을 위해 진력하신 공적을 생각하면 정말로 감동하지 않을 수 없습니다. 그래서 황주, 대구 지방의 동업자들은 항상 자네들은 좋은 조합장이 있어 행복하겠다며 진남포를 부러워했습니다"라고 절절하게 말했다.

그리고 진남포에는 과실흥업회사(果實興業會社)라는 것이 있었다. 산업조합을 조직하게 되면 동업자로서 과실회사는 불리하게 되지 않을까 하고, 옹은 호의적으로 이 과실회사에 산업조합 쪽으로 병합하는 것이 어떻겠는가 하고 교섭을 했다. 그런데 회사 측에서는 이것에 응하지 않았다. 유감스럽게 생각했지만 어쩔 수 없어 그대로 진행했다. 과연 그 회사는 나중에 타격을 받게 되었다.

2. 즉위식을 계기로 저금을 장려

1928년 11월 금상폐하 즉위식[108]이 집전되었다. 옹은 이때 재차 조선 평안남도 대표로서 참석을 명받았다. 옹은 "경사스런 즉위식에 2번이나 참석을 명령받았다고 하는 것은 이 얼마나 영광스러운 일인가"라고 황은의 원대함에 황송하고 감격해 했다.

이때 옹은 식전에서 입을 위계복(位階服)이 없었다. 이것을 새롭게 맞추려면 850엔 정도 드는데 가지고 있던 연미복으로 대용할 수 있어 옹은 위계복을 새로 맞추는 셈으로 그 비용 850엔을 유익하게 사용할 방법을 고민했다.

그 무렵 청진부청(淸津府廳)에서 화재가 일어나 어진영(御眞影)[109]까지 소실되었다는 소식을 신문에서 읽었다. 옹은 여기에 착안하여 곧바로 고향 효고 현의 나카타니 촌 소학교에 어진영 봉안고의 유무와 설립 경비에 대해 문의했다. 설비가 없고 건축경비가 8백 엔 내외라는 답을 접하고 옹은 바로 봉안고 건설비용으로 850엔을 나카타니 촌 소학교에 기부했다.

그 후 궁내성(宮內省)으로부터 참석을 위한 교통비 명목으로 4백여 엔을 하사받았다. 옹은 교통비를 받고 매우 황공해 했다.

---

108) 쇼와(昭和)천황의 즉위식.
109) 천황 부처의 사진. 교육칙어와 함께 학교 奉安殿에 보관했다.

"즉위식이라는 큰 의식에 참석하는 것만으로 일가일문의 영광인데 그 위에 이렇게 거금의 교통비까지 받는다는 것은 성지우악(聖旨優渥), 그저 황송할 뿐이다. 그렇다고 해서 이 큰 돈을 사사로이 소비할 것은 아니다. 뭔가 뜻 깊은 일에 사용해야겠다"고 생각했다.

즉위식 참석을 끝내고 돌아와서 그 방법에 대해 생각했다. 그래서 생각해낸 것이 학교 생도에게 저금의 기초를 만들게 하는 일이었다. 적은 돈이라도 이것을 기본으로 하여 모아가면 유용하게 쓸 수 있는 상당한 액수에 달할 수 있을 것이라고 생각하고 "이것이 좋겠다"며 마음을 정했다.

그래서 옹은 바로 고향 나카타니 촌의 소학교, 진남포의 각 학교에 그 뜻을 전달했다. 당연히 기분 좋게 승낙을 얻어, 생도 3,850명에게 종자돈으로서 1인당 10전, 교사에게는 1인당 20전씩 기증하여 저금의 기본을 만들어 주었다. 그 총액은 하사금액을 훨씬 초과하는 것이었지만 부족분은 옹이 개인 돈을 내어서 보충했다.

이것을 기증할 때 옹은 각 생도들에게 저금이 필요하다는 것을 간곡하게 훈시했는데 교사들도 생도들도 옹의 깊은 뜻에 감격하면서 받았다.

이야기의 전후가 바뀌지만 옹은 1915년 11월 다이쇼천황 즉위식 때에도 교통비로서 3백 엔을 하사받았는데 그때 그것을 도미타상회 점원 전체에게 배분하여 저금하는 계기로 삼게 했다.

3. 조선박람회[110]

　조선반도 시정 20년간의 산업 개발, 통치 실적을 드러내는 사업으로, 그 참모습을 안팎에 소개하고 더 나아가 산업의 발달 진보에 이바지하고 그 융성을 도모하는 취지에서 조선박람회를 열었다. 이 행사는 실로 반도 2천만 민중의 복리 증진에 있어 지극히 중요한 의의를 가지는 것이었다.

　때는 1929년 9월 12일 오전 9시, 구 경복궁 근정전에서 개장식을 거행했다. 다음달 10월 1일 오전 9시 간인노미야(閑院宮) 전하 참석 하에 근정전에서 성대한 폐회식을 거행했다. 이때 옹은 출품인 대표로 축사를 낭독했다.

　옹은 농업공진회, 조선물산공진회, 부업공진회 및 조선박람회 등에서 전후 4회에 걸쳐 대표로 선정되어 축사를 낭독하는 영광을 누렸다.

4. 옹과 경성치과의학전문학교

　1920년경까지 조선에는 전문 치과의가 극히 적었다. 그 무렵 총독부에서는 치과 개업에 관한 시험제도가 있어, 여기에 합격한 자를 조선 전도에 치과의로 분포시키려 했다. 그렇지만 그 분야의 교육기간이 없는 조선

---

110) 1929년 9월 12일부터 10월 31일까지 50일간 경복궁 내에서 열렸다. 조선총독부의 이 박람회 개최 의도는 사이토 마코토 총독이 발언했듯이, "조선 시정 전반의 상태를 한 장소에 전시하여 조선총독부 경영의 20년간의 실적을 밝히고 이 기회에 많은 인사들에게 조선의 실시를 구하고 조선에 대한 올바른 이해를 얻어 조선 개발에 기여"하기 위해서였다. 조선총독부는 당시 150만 명에 달하는 인원이 입장했다고 이야기했는데, 박람회의 성공적인 개최를 위해 전국적으로 협찬회를 조직하였으며, 또한 관람객 동원을 위해 船車 운임을 할인하며 지방민까지 상경하도록 독려했다(『동아일보』 1929년 3월 27일, 1929년 6월 1일).

에서는 수험자의 대부분이 틀니업자 또는 치과의사의 제자 등이어서, 학술이나 실습이 유치하여 충분한 성과를 거둘 수 없는 상태였다.

경성치과의학전문학교

당시 총독부의원(대학병원의 전신) 치과부장으로 경성의학전문학교 치과주임 교수였던 류라쿠 다츠미(柳樂達見)[111] 씨는 일찍이 이러한 부족을 걱정하여, 치과의 양성 기관으로서 치과의학강습소를 설치하여 조선 전역에 모자라는 치과의 수요를 충당하려고 했지만 자금문제로 고민하고 있었다. 그 무렵 사카가미 기요시(阪上潔)라는 청년이 이 계획에 공감하여 류라쿠 교수를 돕고 있었다. 사카가미 청년의 아버지가 도미타상회에서 근무하고 있었던 관계로 옹과도 친분이 있었기 때문에 어느 날, 류라쿠 교수에게 자금문제에 대해서 도미타 옹과 상의를 해보면 어떻겠는가하고 진언했다.

그래서 류라쿠 교수는 옹을 만나 보기로 했다. 1921년 3월 중순 류라쿠 씨는 사카가미 씨를 데리고 경성 오곤초(黃金町)에 있는 옹의 집을 방문

---

111) 1889~1967. 치과의학자. 조선총독부를 거쳐 1916년에 경성의학전문학교 교수가 되었다. 그 후 경성치과의전 교장, 조선치과의사회 회장 등을 역임했다.

하여 처음으로 옹과 회견을 했다.

이것이 동기가 되어 옹과 류라쿠 씨는 허물없는 친구가 되었고, 계획 달성을 위해 서로 노력을 경주했다. 그 노력으로 인해 현재의 경성치과의학전문학교의 설립을 보게 되었다. 옹의 노력으로 본교 신경영비 20여 만 엔의 차관을 성립시키고, 그것으로 현재의 장대한 교사가 신축되었다. 옹은 본교의 은인이라고 해야 할 사람이었다.

본교 설립 경과 및 옹의 진력 등에 관한 상세한 사정에 대해서는 본교 교장 류라쿠 씨의 이야기를 아래에 기록해 둔다.

경성치과의학전문학교장 류라쿠 다츠미 씨 담

옹이 생전에 많은 사회봉사적 사업에 헌신하신 것 중에서 가장 흥미를 가지고 또 열심히 노력하신 것은 우리 경성치과의학전문학교의 경영일 것이라 믿는다.

내가 옹을 알게 된 최초의 동기는 본교 창설 계획 초기였다. 지난 1921년 봄 사카가미 씨와 함께 치과의학강습소 설립을 계획하려는데 때마침 사카가미 씨는 옹과 이전부터 다소 아는 사이라고 해서 함께 오곤초에 있는 옹의 집을 방문하여 시설이 필요한 이유에 대해 설명했더니 옹은 바로 승낙하고 찬조하셨다. 그래서 곧바로 이 계획을 구체화시키기 위해 우선 교사문제를 둘러싸고 여러 곳을 물색했지만 적당한 장소가 없었다. 그래서 당시 조선총독부 의원장(醫院長)이었던 시가 기요시(志賀潔)[112] 박사에게 자문을 구했더니 박사도 여기에 동조하면서 여러 가지 알선에 힘써 주셨다. 그 결과 조선총독부 의원 건물 일부와 경성의학전문학교의 한 부분을 빌려 본교 임시 교사로 충당했다. 그리고 1921년 11월 22일 도미타 기사쿠, 류라쿠 두 사람의 이름으로 경성치과의학강습소 설립인가 신청서를 제출했다.

당시 경기도 학무과장이었던 신바라 이와토라(信原岩虎) 씨로부터 목하 조선에서는 향학심이 발흥하는 때로, 강습소라는 이름은 곧바로 치과의학교 승격 등의 문제를 일으켜 장래에 화근을 남길 우려가 있으니 이참에 경성치과의

---

112) 1871~1957. 세균학자. 대학 졸업 후 전염병연구소에서 들어가 세균성 이질균에 관한 연구에 매진했다. 赤痢菌의 발견자로 유명한데, 1927년 경성제국대학 총장이 되었다.

학교로서 신청하는 편이 오히려 좋을 것이라는 호의적인 조언도 있어 정정한 후에 신청을 했다.

1922년 4월 1일 신교육령에 의해서 경성치과의학교 설립 건은 인가되었다. 이것이 본교 창립 기원이다.

곧 생도 모집을 하여 백 수 십여 명 중에 60명이 입학했다. 본교 창설에 관해서는 조선인 지식계급 및 일본인 지식계급을 망라하여 많은 찬성을 얻었기 때문에 장래 발전을 기약할 수 있다는 신념을 한층 깊게 했다. 4월 15일 당시 조선총독부 의원 시료외래(施療外來) 진료소 위층에서 개교식을 거행했다. 조야의 명망 있는 사람들이 회장을 가득 메웠고, 공전의 대성황을 이루었다. 당시 일반 사회 인사들이 얼마나 본교 창설을 기대하고 있었는가를 엿볼 수 있었다.

나는 조선총독부 의원 치과장을 겸하면서 본교장이 되어 오로지 교무에 미력을 경주하면서 오늘날에 이르렀다.

개교 당시는 수업연한이 2년이었고, 교사 및 교직원의 관계로 야간 교육을 실시하였다. 여기에 종사하는 총독부 의원이나 의학전문학교 그 외의 직원은 본교 창설 취지에 찬성하여 모두 무보수로 헌신적으로 노력해 주었다. 그것은 교육 그 자체의 성질상 영리적이 아닌 까닭도 있었지만 또 한편으로는 도미타 옹의 숭고한 인격이 그렇게 만들었던 것이다.

다음해 1923년에 이르러서는 야간교육으로는 충분한 교육을 행할 수 없어 새롭게 주임교사를 초빙하고, 주간 수업으로 변경하여 수업 연한을 3년으로 연장했다. 그때부터 해마다 입학 지원자가 늘어나 총독부 의원 건물 및 경성의학전문학교 교사를 빌려 사용했는데, 그때마다 시가 박사와 요시다(吉田) 사무관의 호의에 의해 수업을 계속 실시할 수 있었던 것은 정말 감사할 따름이다. 개교 당시 시가 박사와 요시다 사무관의 호의가 없었다면 오늘의 본교 번창은 아마 기대하기 어려웠을 것이라고 생각하니 감개무량하다.

1924년 4월 3학년 학생의 임상실습소를 조선총독부 의원 시료외래진료소에 두었는데 여기서는 충분한 실습이 이루어지지 않아 같은 해 10월 오곤초에 있는 일본생명보험회사 내에 부속의원을 설치하여 10월 15일부터 진료를 개시하였다. 부속의원 개교에 즈음하여 본교 재정 상태는 심각하였는데 일본생명보험회사 경성지점장인 오니와 조타로(大庭讓太郎) 씨가 1924년부터 1928년까지 5천6백여 엔이라는 큰돈을 기부해 주어 정말 깊이 감사하고 있다.

사이토 총독 및 시모오카 정무총감은 도미타 옹의 본교에 대한 열성적인 노력에 감격하고, 조선의 치과의사 분포 상황을 감안하여 1925년 2월, 치과의

규칙 제1조 제1항 제2호에 의한 조선총독의 지정을 받아, 본교 제1회 졸업생부터 무시험개업의 특전을 받을 수 있도록 배려했다. 이러한 것들은 다른 학교에서는 그 유례를 찾아보기 힘든 일이었다.

전술한 바와 같이 입학지원자는 해마다 늘어갔다. 따라서 교사 신축, 전문학교 승격, 관립이전 등의 문제가 차례로 제기되었고, 그때마다 옹은 직접 나서서 총독부 학술당국과 절충을 거듭하는 등 열성적으로 애써 주셨다. 전문학교로 승격하려면 당연 교사 신축이 필요했다. 여기에는 부지매수, 건축비 등 거액의 경비가 필요하여 곧바로 실현하기 곤란한 사정이 있었다. 여러 가지 협의를 한 결과 관립으로 이관할 것을 신청하는 데 온 힘을 쏟았지만 총독부 재원으로는 힘들다 하여 그 또한 실현되지 못했다. 그런데 총독부 의원은 1926년 경성제국대학 설립과 함께 그곳으로 이관되었고, 동시에 지금까지 빌려서 사용하고 있던 본교 임시 교사도 반환하지 않으면 안 되게 되었다. 본교로서는 큰 문제였다. 그래서 옹과 여러 번 상의를 하여 본교를 존속시킬 것인가, 아니면 폐지할 것인가에 관해서 여러 번 숙의를 하였다. 또한 당국에도 존폐에 관한 의견을 물었는데 그 답으로는 "조선의 치과의사 분포 상황에 비추어 볼 때 오히려 견실한 교육 방법을 강구해 주길 바란다"라는 의향이었다.

그래서 학교를 존속시키기로 결정하고, 우선 교사를 신축할 필요가 있으므로 그 부지로서 관유지 무상대여를 신청했다. 그랬더니 다행스럽게도 1927년 3월 22일 현재 교사 부지에 대하여 무상대여 허가 명령을 받았다. 곧 교사 신축 설계에 착수하여 6월 6일 고사를 올리고 바로 공사에 착수했다. 11월 17일 상량식을 하고, 1928년 9월 2일 준공, 27일 낙성식을 하게 되었다.

1928년 10월 2일 본교 조직을 재단법인으로 변경하여 도미타 기사쿠 옹이 이사장으로 취임했다.

1929년 1월 25일 경성치과의학전문학교 설립 건에 대한 인하를 받았다.

이렇게 해서 경성치과의학교로 개교한 이래 1929년까지 6회에 걸쳐 졸업생을 배출했다. 총인원 159명 가운데 조선인이 91명, 일본인이 68명이었다. 경성치과의학 전문학교로 승격하고 나서 1929년 3월 26일 제1회 졸업생 40명을 배출했다. 이들 졸업생은 관공사립병원에 봉직하거나 개업을 한 사람도 있었는데 모두 우수한 성적을 거두었다. 조선의 유치한 구강위생의 향상과 발달을 도모하려고 제일선에 서서 노력하고 있는 모습은 일본을 위해서 참으로 기뻐해야 할 현상이었다. 원래 본교 창립 취지는 조선 자제의 교육이었으나 종래의 내선(內鮮)남녀공학제 하에서 교육한 방법 그대로 지금도 실시하고 있

다. 지금 일본인과 조선인을 묻지 않고 실업교육 보급에 노력하고 있는 본교
는 아마도 시대에 부응한 것이라고 생각된다.

내가 옹의 지우(知遇)를 얻게 된 지 약 10년, 그 간 제가 직접적으로 가장 감
동한 것은 학교 존폐문제가 마침내 존속으로 결정되었을 때이었다. 교사 신경
영비로 적어도 20여 만 엔이 필요했는데 이것을 어떻게 할 것인가에 대해 약
20여 분간에 걸쳐 설명을 했다. 그때 옹은 그 자리에서 차관으로 결행해야 한
다고 말했고, 그대로 실천에 옮겼다. 그 이후는 교사 설계, 공사 계약 등 일체
의 사무를 맡긴 채 어느 것 하나 질문하지 않았다.

아무리 사람을 신뢰한다고 해도 20여 만 엔이나 드는 사업에 대하여 결코
무관심하게 있을 수 있는 것은 범인으로서는 도저히 할 수 없는 일로 옹의 위
대함을 여실히 말해주는 부분이었다. 그 외에 개교 당시부터 본교 경비 보조
로서 많은 금액을 갹출하였다. 아무튼 경비가 곤란한 가운데서도 본교는 오늘
날의 융성을 이루었고, 많은 졸업생을 배출하여 얼마간이라도 조선의 치과의
부족을 보충할 수가 있었다. 또 졸업생들도 생활의 안정을 얻어 업무에 익숙
하게 된 것은 오로지 옹의 덕분으로 일동 감읍하지 않을 수 없다.

옹이 생전에 많은 사회공공사업에 진력한 것은 일반 인사들이 주지하는 바
이지만 그 중에서 본교와 같은 것은 영원히 소멸할 성질의 것이 아니다. 우리
본교 직원 일동은 옹의 뜻을 명심하여 협력 일치하여 학교의 융성을 기약하고
분투할 것을 맹세한다.

옹의 사후 본교 이사에 1명 결원이 생겼는데 옹의 사위인 데츠조(徹三) 씨
를 이사로 추천하여 옹의 사업의 계승 발전을 기하기로 했다.

5. 복륜(覆輪)굴뚝

옹의 전기를 기술하고 있던 어느 날 편집자 앞으로 미야무라 사쿠지로
(宮村作治郎) 씨가 와서 "도미타 씨의 전기 편집에 관해 말씀드리고 싶은
것이 있어 왔습니다. 제가 도미타 씨의 은혜를 입은 일에 대해 그 전말을
말씀드리고 싶습니다"라고 하며 말한 내용은 복륜굴뚝 발명사업이었다.

이 사람은 무한동력(無限動力) 등에 관해 생각하고 있는 사람으로서 발

명사업에 상당히 열심이었던 사람이다.

복륜굴뚝이란 무엇인가. 현행 굴뚝은 양철판을 둥글게 만 평면판의 원통인데, 복륜이란 이 평면판에 요철모양의 물결무늬를 만들어 방열 면적을 증대시켜 동일 연료에 의한 열량의 방산을 많게 하여 그 효능으로 인해 연료를 절약하고, 그 다음으로 공기를 빨아들이는 장치를 달아서 실내의 먼지를 통 속으로 빨아들여 배출시키는 작용을 하게 하는 등의 효능이 있어 매우 쓰기에 편한 것으로, 화재예방에도 효과가 있었다. 1930년 실용신안 등록을 받은 것이었다.

그는 다년 인쇄업을 하고 있었는데 재정상 그다지 넉넉하지 않았다. 이 굴뚝 제작 판매를 계획했지만 경성에는 제작공장이 없었다. 그래서 오사카나 나고야에서 정교한 것을 시험 제작해 보고 싶다는 생각했다. 그렇게 하려면 비용이 꽤 들었는데 융통을 해 줄 사람이 없었다. 그렇다고 해서 그대로 두는 것은 아까웠다. 어떻게든 상품화하려고 고심을 거듭했다.

우연히 생각난 것이 당시 조선발명협회 회장인 도미타 옹으로, 이 사람에게 사정을 말하고 부탁해 보면 어떨까 하고 생각했다. 그것은 6월 초였다. 그는 경성 오곤초에 있는 옹의 집을 방문했다.

"이러한 사정으로 복륜굴뚝 신안 특허를 얻게 되었습니다. 어떻게든 이것을 상품화 해보고 싶은데 저에게는 경제력이 없습니다. 부디 원조를 부탁드립니다"라고 부탁을 했다.

어떤 효능이 있는지에 대해 도면과 대조하면서 꼼꼼히 설명을 들은 옹은 그것이 유망한 사업이라고 간파했다. 그래서 미야무라 씨가 시험제작을 위해 나고야까지 가는 데 필요한 비용 2백 엔을 그 자리에서 융통해 주었다.

나고야에 도착하자자마 바로 시내 철공소 등에 부탁하여 주름통 모양의 연통을 시험 제작하게 했는데, 시험제작은 결국 실패로 끝났다. 그는 빈손으로 경성에 돌아왔다. 실패의 제1보를 남긴 것이다. 돌아와서 그간

상황을 도미타 씨에게 보고하고, 은혜에 감사하면서 다시 한 번 원조를 청했다.

그 뒤 각 방면에서 연구한 결과 도미타 옹과 마츠무라(松村) 식산국장의 도움을 얻어 철도국 경성공장에서 시험제작을 부탁했으나 쉽게 성공할 수 없었다. 그렇지만 그는 끈기 있게 연구에 매달렸다. 기사와 직공들도 함께 열심히 궁리를 다하였다. 그는 옹의 은의를 생각해서라도 하루빨리 성공하여 옹의 마음을 기쁘게 해주고 싶다고 생각했다.

그 사이에 옹은 병상에 누웠고 끝내 일어나지 못했다. 1926년 8월 27일 서거했다. 이것을 들은 그는 정말로 단장(斷腸)의 심정을 금할 수 없었다.

그 후에도 그는 꾸준히 그 사업에 정진했다. 철도공장에서도 그의 열성적인 모습에 감동하여 진지하게 연구도 하고, 실험도 해 주었다. 그렇게 하는 사이에 기사와 직공들 가운데 기능이 우수한 사람이 있어 그 어렵던 주름통을 만드는 기계를 발명했다. 그것은 굴뚝제작롤러기라고 해서 주름통형 굴뚝 제작 기계로서 특별히 발명된 것이었다. 이 기계를 이용하면 가장 이상적이고 완전한 것을 제작할 수가 있었고, 더구나 한번 누르면 38초 동안에 3척이나 되는 길이의 주름통 모양의 연통이 만들어졌다. 그 정도로 정교한 기계가 발명되었던 것이다. 그것은 그 해 11월의 일이었다.

그는 지금 이 성공에 즈음하여 옹의 은혜를 생각하며 "조금만 빨리 성공하여, 적어도 은인이 생전에 계실 때 이 제품의 실물을 보여드리고 싶었는데 불행히도 그렇게 하지 못한 것은 정말로 유감스럽습니다"라고 개탄했다.

6. 숨은 공로자

옹은 일대에 있어서 위대한 공적을 쌓아올려, 덕은 사방으로 빛나고 일생의 존경을 받게 되었다. 그런데 그 이면에는 옹의 손발이 되어 그 뜻을 이어받아 1906년 이래 25년의 세월을 한결같이 최선을 다해 옹을 원조하고, 옹을 위하여 고난분투를 해온 숨은 공로자 도미타 데츠조 씨가 있다는 사실을 잊어서는 안 된다.

1906년이라고 하면 지금의 은율광산 사업이 여러 번 곤경에 봉착하여 채굴 중지, 몰수 명령 등, 광석 수매 중지와 전쟁의 영향 등으로 몇 번이나 부침존망(浮沈存亡)의 위기 속에서 방황하여 그 경영이 상당히 곤란한 때였다.

당시 21세였던 도미타 데츠조 씨가 고향 나카타니 촌 우에노(上野) 마을에서 진남포로 와서 옹의 사업에 관여하게 된 것은 그 해 8월이었다. 이 사람은 옹의 형인 사고로(佐五郎) 씨의 막내아들이었다. 그 후 데츠조 씨는 옹을 위해 온몸을 아끼지 않고 일했다. 정말로 헌신적으로 분투했다. 그 해 11월 광산 몰수 명령으로 인해 갱부들의 탄원이 이어졌고, 그 결과 다음해 3월 궁내부 명령으로 지금까지의 공동 명의를 파기하고 옹의 독립경영으로 바뀌었다.

그때부터 옹의 고생은 점점 더 심해졌다. 자금 부족은 날마다 더해갔고, 자금 조달의 길은 거의 끊겨 있었다. 지금까지는 공동사업인 관계로 비용도 공동으로 지출했기 때문에 자금 고충은 적었는데 단독으로 하다 보니 자금 조달을 전부 옹의 재량으로 해결해야 했다. 자금 수요는 이전보다 더 늘어나 압박이 가중되었다. 그렇지만 돈이 나올 곳이 없었다. 극도의 자금 부족 상태에 빠졌다.

옹은 매일같이 데츠조 씨와 머리를 맞대고 합의를 했다. 그리고 데츠조 씨는 옹의 뜻을 헤아려, 직접 자금조달 역을 맡았다. 돈의 액수도 큰돈이 아니라 1백이나 2백, 심할 때는 3, 40엔의 돈 때문에 고심한 적도 있었다. 그런 일이 거의 매일같이 계속되었다. 이런 일에 분주했던 사람이 옹의 내조역인 데츠조 씨였다. 그는 옹의 수족이 되어 부심하고, 온몸을 아끼지 않고 일했다.

자금문제는 1907년부터 1916년까지 지속되었다. 그 사이 줄곧 데츠조 씨는 옹의 뜻을 받아 성의를 다하여 일했다. 거의 제2의 옹으로서 분골쇄신 분투했다. 당시 그는 사람들로부터 돈을 빌리는 꿈까지 꾸는 일이 여러 번 있었다고 한다.

그 무렵 평안농공은행(平安農工銀行) 진남포 지점장이었던 모리 고이치(森悟一) 씨는 음으로 양으로 옹의 사업을 원조했다. 진심으로 동정하여 원조의 길을 열어 주었다. 가능한 한 편의를 봐 주었다. 그렇지만 은행 융자에는 담보를 필요로 했다. 또 제한도 있었다. 채굴 자금을 비롯하여 그 외의 비용에 이르기까지 매번 은행에 의지할 수는 없었다. 그러한 것들은 모두 데츠조 씨의 몫이었다. 이렇게 해서 데츠조 씨는 옹과 함께 밤낮으로 심혈을 기우려 노력을 계속했다.

지금의 사과과수원이 있기 이전에는 잡초가 우거진 산지였다. 그것을 평당 6, 7전에서 24, 5전 정도에 매집했다. 소유자가 다르기 때문에 가격도 달랐고 수고도 많이 들었다. 평판측량기를 이용해서 데츠조 씨 스스로 측량사가 되고 인부가 되어 측정과 매수에 매진했다. 매수할 때에도 파는 사람을 생각해서 평당 10전이라고 하면 15전에, 5전이라고 하면 8전에 사는 등 상대방의 입장을 생각하며 일을 추진했다. 그렇게 산야 개간, 비료 뿌리기, 과수 심기에 이르기까지 혼자서 일을 다 해내었다. 진남포 과수원 번영의 원동력인 옹의 공적은 실로 데츠조 씨가 있어 비로소 가능했다고 해도 과찬이 아닐 것이다.

삼화화원은 1908년, 소네 부통감이 오셨을 무렵까지는 구릉 중복에 만들어진 약간 허술한 정원에 지나지 않았다. 그 주위는 모두 가시덤불이었다. 그것을 옹의 뜻에 따라 데츠조 씨는 인부를 사서 개간하였다. 손가락같이 가느다란 벚나무를 심고, 풀 같은 2년생이나 1년생 침엽수 묘목을 심었다. 그렇게 매년 개척하고 손을 봤다. 그것이 지금의 삼화화원으로

부(府)에 기부한 후는 삼화공원이 되었다.

또 도미타상회는 1912년까지는 점원을 두지 않았다. 점원 일은 데츠조 씨가 혼자서 다했다. 돈 계산, 광산 일, 과수원 일, 화원 일, 고려자기 감독 일 등 옹이 경영하고 있는 일의 대부분이 그의 수완의 의해 능숙하게 처리되었다. 데츠조 씨는 또 상당한 온건한 민완가였고, 옹의 뜻을 잘 이해하고 그 의도에 맞추는 주도한 성격의 소유자였다.

그렇게 해서 그는 21살 때부터 50살이 가까운 지금까지 하루같이 싫증을 내거나 게으름을 피우지 않고 꾸준하게 노력해 왔다. 25년의 세월 동안 옹의 사업에 경주하며 일했다. 옹에게는 큰 공로자였다.

이 일은 옹이 병상에서 자세하게 필자에게 말한 사항이었다. 그리고 옹은 또 "데츠조는 그렇게 일해 주었는데 그것에 보답할 길이 하나도 없는 것은 너무 아쉽습니다"라고 한스러운 듯이 말씀하셨다. 또 계속해서 "데츠조가 온 지 25년이 되는데 한 번도 야단친 적이 없습니다. 야단을 들을 일을 하지 않는 사람이고, 내 입으로 말하기는 좀 우습지만 상당히 건실한 사람이고 배려가 깊은 사람입니다. 틀림없는 사람이기 때문에 인감, 예금통장까지도 모두 맡겨둡니다"라고 말했다.

사위인 점도 있지만 그에 대해서 옹은 매우 신임을 하고 있었고, 무한히 감사하고 있었다.

7. 신묘지(新墓地) 기부

진남포에는 조선인 묘지가 용강군(龍岡郡) 유사리(柳沙里)에 있고, 일본인 묘지는 부내 마산리(麻山里) 연대산(煙臺山) 즉 쇼와공원(昭和公園) 기슭에 있었다. 골짜기가 좁고 양면이 경사져 있어 아무런 구획 정돈도 없이 각자 빈터를 골라 마음대로 묘지를 만들었다. 참례자들은 도로조차 없는 깊은 숲속을 걸어 들어가야 했다. 서쪽으로는 삼화천(三和川)을 사이에 두고 산맥이 있어 전망을 막고 있었고, 또 일대가 저지대로 음울한 것이 더 이상 없을 정도였다. 광양만(鑛梁灣) 도로에서 갈라져서는 통로도 좁아지고, 비라도 오면 자동차도 들어갈 수 없을 정도로 불편한 곳이었다.

일본인은 조상을 숭배하는 마음이 굉장히 강하다. 그것이 충효의 근본이고 필경 이것이 모든 사업 발전의 요소이다. 그런데 묘지가 이렇게 멀리 있으면 참배하는 것을 내켜 하지 않게 되고, 자연스럽게 참배를 게을리 하는 경향이 생겨난다. 이래서는 모처럼 진남포에 뼈를 묻을 각오로 분투하고 있던 사람도 자손이 제대로 참배해주지 않아서는 죽어서 이곳에 묻히고 싶지 않을 것이고, 끝내는 고향으로 돌아가려고 하는 것이 인정이다. 이것은 진남포 발전상에서 상당히 우려해야 할 일이었다.

이 점을 걱정한 옹은 가깝고 편리한 곳으로 변경하여 언제라고 참배할 수 있도록 하고 싶었다. 도로를 만들어 묘소 왕래도 자유롭게 하고 싶었다. 그러면 자연 사람들의 마음도 유해져 진남포를 내가 묻힐 곳으로 정하고 기쁘게 일하게 될 것이라 생각했다.

그런 취지하에 옹은 마산리 과수원 서쪽 고원지대 1만 6백 평에 도로 개간비로서 1천 엔을 들여 공동묘지로 부에 기부했다.

부에 기부하기 전에 부윤에게 의논을 하면서 현지답사도 하고, 설계도 의뢰했다. 그런데 그 뒤 부윤이 경질되는 일도 있고 해서 젊은 담당자들이 그다지 일을 내켜하지 않는 관계로, 부에서도 쉽게 받아들이지 않았다. 그래서 지방 유지인 이타미 기헤이(伊丹義平) 씨가 옹의 뜻을 이해하고 크게 힘쓴 결과 마침내 부회의원(府會議員) 간담회가 열려 현지답사까지 하게 되었다. 장소는 과수원 서쪽으로, 마을에서 가까워 정말 편리한 곳이었다.

"이 곳이라면 괜찮을 것이다"라고 중의가 모아졌다.

그 뒤 옹의 공동묘지 기부는 받아들여졌다.

제13장 종언

1. 옹의 최후

옹은 정력절윤(精力絶倫)을 자랑할 만한 체질이 아니었고, 말년에 오히려 체력이 약해졌다. 오랫동안 계속된 분투와 고생과 싸워온 피곤이 원인이었는지 모르지만 아무튼 건강이 좋지 않았다. 그렇지만 옹은 언제라도 정신의 긴장을 놓치지 않았고, 그래서 건강을 유지하고 있다고 자주 말씀했다. 몇 년 전 고야산(高野山)[113) 참배를 했을 때는 건강체인 동반자도 따라잡기 힘들 정도로 걸음이 빨랐다고 한다.

진남포산업조합 총회가 1930년 2월말에 열렸다. 조합장인 옹은 당시 경성에서 활동 중이었는데 이 총회에 출석하기 위해 진남포로 왔다.

이 산업조합을 위해서 옹은 지금까지 거의 침식을 잊을 정도로 진력했다 그럼에도 불구하고 이 조합사업에 반대하거나 방해하는 사람도 있었다. 이를 보다 못한 어떤 사람이 "저렇게 반대를 하는 사람도 있고, 그 만큼 힘든데 당장이라도 조합장을 그만 두시는 것이 어떻습니까?"라고 충고했다. 그러자 "조합은 많은 사람의 것입니다. 저를 반대하는 사람은 한

---

113) 와카야마 현(和歌山県)에 있는 산. 일본 불교의 성지로 많은 사찰과 불교 유적이 있다.

두 사람에 지나지 않습니다. 불과 몇 안 되는 사람의 반대와 공격을 피하기 위해 다수의 사람을 위한 것을 그만두는 것은 조합 사람들에게 미안한 일입니다. 반대하는 사람도 나중에 각성할 때가 오겠지요"라면서 전혀 그만 두려고 하지 않았다. 자신이 살아있는 동안에 가능한 한 당 조합발전의 계획을 세우고, 구매, 판매 실적을 올려 기초를 다지고 싶다며 열심히 활동했다.

이야기가 여담으로 흘렀지만 그런 사이에 회기가 끝나 곧 경성으로 되돌아갔다. 그것은 4월 10일이었다. 그 후 중앙물산회사 총회, 수산조합협의, 조선발명협회 이사회 등 차례차례 이어진 관계 회의로 인해 너무 바빠서 휴식을 취할 겨를이 없을 정도였다.

너무 바빠 몸에 무리를 가한 탓도 있어 옹은 5월 초에 감기에 들었다. 처음에는 사소한 것으로 생각을 했는데 이와사키(岩崎) 주치의의 늑막염 기미가 있다는 진단도 있고 해서 정양에 힘을 쏟고 있었다. 5월 26일에 의주(義州)광산주식회사 제2기 총회가 있었다. 중역 감사의 책임이 있었던 옹은 의장으로 참석했다. 그 날은 또 상업은행에서 감사를 하고 돌아왔다. 그때까지는 별다른 몸에 이상증후가 없었다.

그 후 감기 기운은 점점 심해졌다. 가족의 극진한 간호를 받고 정양하고 있었지만 기관지가 나빠져 가래가 나오기 시작했다. 옹이 아프다는 소식을 듣고 가족 친척은 물론 친구 지인들까지 매우 걱정했다. 노체인데다 평소 그다지 튼튼한 체질이 아니어서 유난히 더 걱정을 했다. 문병객은 끊이지 않았다. 그러나 안정을 요했기 때문에 의사는 하루에 한 사람 정도로 면회를 제한했다.

6월도 지나고 7월 삼복더위를 맞이했다. 그 해의 더위는 특히 심했고, 건강체인 사람조차 혹서에 힘들어 했을 정도여서 옹은 더더욱 쇠약해졌다. 주치의도 걱정하여 여러 가지 손을 썼지만 도저히 호전될 기미가 보이지 않았다. 가족 친척은 물론 모두가 걱정을 했다. 의전(醫專)의 히라오카(平岡) 의학박사의 진단을 받게 된 것은 7월 중순이었다.

8월 초였다. 토지개량회사 중역인 사이토(齋藤) 씨가 도쿄에서 병문안을 왔다. 그때 그는 "바바 에이지(馬場英治) 씨가 전해 달라고 했는데 경성제대의 이토(伊藤) 박사의 진단이 매우 뛰어나니 꼭 한번 진단을 받아 보라고 했습니다"라고 말했다.

그래서 이토 박사를 초빙해서 진찰을 받은 것이 9일 저녁 무렵이었다.

그때는 상당히 원기도 있었고 식욕도 있었다. 그래서 심장은 비교적 괜찮다는 것을 박사의 진단으로 알게 되었다.

"이 상태라면 차츰 회복될 것이다"라고 박사도 생각했다. 동석한 류라쿠 치과의전(齒科醫專) 교장도 이런 정도면 괜찮을 것이라고 생각할 정도였다.

그리고 3일 후에 엑스레이 사진을 찍었다. 그때도 자동차로 대학병원까지 왕복했는데 별다른 변화는 없었다. 엑스레이 광선으로 진단한 결과, 늑막이 아래쪽으로 처져 있다는 것을 알았다. 그 후 4, 5일이 지나 히라오카 의사가 늑막에 고인 물을 빼냈는데 그 양이 1천 그램 정도였다. 물을 빼고 난 후 기분이 좋다며 기뻐했지만 그 다음날부터 식욕이 없어지고, 점점 기력을 회복하지 못하게 되었다. 그리고 3일째에 다시 늑막에서 복수를 뺐는데 용기에 가득할 정도의 양이었다.

다음날 열이 났다. 그때는 주치의도 오고 친척 지인도 모였다. 큰 소동이 일어났지만 그 다음날 열은 내렸다. 단 가래가 나와 힘들어 했다. 그러는 사이 점점 눈에 띌 정도로 쇠약해졌다.

이토 박사와 상담한 결과 23일 마침내 대학병원에 입원하기로 결정하고, 24일 아침 입원을 했다. 입원 후는 절대안정으로 오로지 회복만을 기다렸다. 매일 많은 문병객이 왔지만 면회사절하고 오로지 치료에 전력을 다했다. 입원하고 나서부터는 상당히 편한 듯이 "내가 마치 영주님인 것 같다. 이렇게 후한 대접과 치료를 받으니 죽어도 여한이 없다"라고 말했다.

26일도 용태는 의외로 양호해지고, 식사 섭취 분량도 어느 정도 늘어 원기도 있어 보였다. 그러나 옹 자신은 이제는 다시 일어날 수 없다는 것을 각오한 듯 했다. "내가 죽으면 시체를 해부하여, 의학계에 얼마간이라도 공헌할 수 있도록 조치해 달라"고 유언을 했다.

이날, 진남포 가족들이 문병을 왔는데 너무 용태가 좋아서 죽기 하루 전날이라고는 그 어느 누구도 생각하지 못했다. 가족들은 그날 밤 9시경까지 있었는데 옹은 언제나처럼 힘찬 목소리로 "너희들이 여기에 있어도 뾰족한 수가 없다. 내일 일도 있으니까 이제 돌아가 쉬는 것이 좋겠다"라고 말했다. 일동은 그것이 작별이 될 것이라고는 조금도 생각지 않고 "그러면 내일 또 오겠습니다. 조심하십시오"라고 옹의 권유를 거역하기 힘들어 돌아갔다.

그런데 뜻밖에 다음날 27일 오전 11시경 남대문 도미타상회에 옹의 위급을 알리는 전화가 걸려왔다. 가족 일동은 자동차로 달려갔다. 이때는 아직 의식이 분명했지만 차츰 상황이 심각해져 갔다.

곧이어 주치의인 이토 박사가 주사를 준비해서 들어왔다. 강심제 주사를 놓았다. 식염주사를 놓을 틈도 없을 정도였다. 끝내 임종의 때는 오고 말았다. 의식은 점차 희미해져 가고, 근친, 지우 등 옹이 위독하다는 말을 듣고 달려오는 자들이 끊이지 않았다.

옹은 마침내, 친척, 지우 등 많은 사람들의 극진한 간호와 눈물을 뒤로 하고 잠자는 듯이 홀연히 떠나셨다. 지금까지 분투 광휘에 넘쳤던 70여 년의 생애를 마쳤다.

그리고 유언에 따라 병원장에게 해부에 관한 옹의 생각을 전했다. 원장은 너무 감동하며, 생전에 헌신적으로 실업계에 진력을 다했는데 죽어서도 학계에 공헌하려는 것은 정말로 갸륵한 일로, 범인으로서는 할 수 없는 일이라며 기꺼이 승낙하셨다.

해부학의 권위자인 고스기 도라이치(小杉虎一) 박사의 집도하에 그날 오전 11시부터 약 3시간에 걸쳐 해부를 끝냈다. 그 후 유해는 자택으로 옮겨졌고, 조문의 예를 받았다. 사이토 총독, 고다마 정무총감이 직접 찾아와 조문하셨고, 그 외에 수많은 사람의 조문이 끊이지 않았다. 그날 밤 11시, 유해는 진남포로 향하여 떠났다.

경성역 플랫폼에는 고다마 총감을 비롯하여, 이마무라(今村) 내무국장, 마츠무라(松村) 식산국장, 민간측에서는 아리가(有賀) 식산은행장, 모리(森) 식산은행 이사, 야마구치 다헤이(山口太兵衛), 구기모토 도지로(釘本藤次郎), 와타나베 조이치로(渡邊定一郎), 소가 츠토무(曾我勉) 씨 등, 그 외에 관민 3백여 명이 소향(燒香)하고 옹의 영전에 조문했다. 특히 병중의 옹을 세심하게 진료하신 세 의사 이와사키, 이토, 히라오카는 뜨거운 눈물 속에 조문을 했다.

곧 발차시간이 다가왔다. 옹의 유해를 실은 열차는 조용히 그리고 애수를 담고 북쪽을 향하여 움직이기 시작했다. 군중 속 어딘가에서 통곡의 소리가 들려왔다.

오전 5시 평양역에 도착했다. 거기서는 소노다(園田) 평안남도 지사, 후지와라(藤原) 내무부장을 비롯하여 관민 다수가 마중을 나왔다. 이미 진남포에서 10여 명이 마중 와 있었다. 다음 기양역(岐陽驛)에서는 또 니시자키 츠루타로 씨 외에 50여 명이 기다리고 있었다.

이렇게 오전 7시 45분 진남포역에 도착했다. 역머리에는 관민의 모든 계급을 망라하고, 남녀노소 할 것 없이 진남포 사람 모두가 나와 있었다. 이 중에는 남포조(南浦組)의 대표인 이와타 엔키치(岩田圓吉) 씨는 서는 것이 불가능한 사람이었다. 근래 수년 사이 거의 외출을 한 적이 없었는데도 도미타 옹의 서거를 듣고, 그 영구를 맞이하려고 대형 유모차를 타고 보호자의 도움을 받아 마중을 나와 많은 사람들의 눈가를 눈물짓게 했다.

영구는 오랫동안 옹의 은혜를 입은 게카치(毛勝), 사쿠라이(櫻井), 하마다(濱田), 마츠모토(松本), 니시무라(西村), 미사키(美崎) 씨 등의 면면에 의해 보호를 받으며 화환과 사람들로 파묻힌 역전과 애수로 뒤덮인 사람들 가운데를 조용히 지나 상와초에 있는 옹의 저택으로 옮겨졌다.

2. 옹의 질환과 해부

옹이 마지막 병환으로 경성제국대학교 부속의원에 입원한 이후 죽음에 이르기까지의 경과 및 그 유해 해부에 대해서 당시 주치의로서 최선을 다하신 이토 박사의 소견은 다음과 같다.

경성제국대학 부속의원 의학박사 이토 마사요시(伊藤正義)

이번 도미타 옹의 전기를 편찬하는데 옹의 질환에 대한 임상적 소견과 아울러 병리해부적 소견을 기술한다.

환자 도미타 기사쿠 73세
경성부 남대문 거리 3-97
1930년 8월 24일 입원
1930년 8월 27일 사망

가족력
양친은 고령에 달하여 뇌일혈로 타계했고, 친족 6명 중에 2명은 원인불명의 질환으로 이미 사망했다. 어린 여자아이 6명 중에 1명은 16세 때 장티푸스로, 다른 1명은 급성 폐렴으로 사망했다. 다른 4명은 모두 건강하다.

병력
어릴 때부터 건강했지만 40년 전에 발진티푸스에, 또 30년 전에 말라리아에 걸린 적이 있다. 재작년 12월 및 작년 12월 약간 각혈이 있었고, 약 1개월간의 정양으로 완쾌했다. 수년 동안 추동기에 때때로 감기에 걸려 기침이 계속되어 괴로웠다고 했다. 기호는 우유, 계란은 좋아하지 않고, 약간의 담배와 술을 즐겼다.

발병 및 경과

1930년 4월 중순경부터 감기 기운으로 기침과 약간의 열(섭씨 37도~38도)이 있어 정양하였고, 5월에는 경쾌하게 외출할 수 있게 되었다. 6월에 들어 다시 미열(섭씨 37도 내외)이 있다가, 7월에는 미열 때문에 병상에 눕게 되었다. 체온 섭씨 37도 내지 38도를 오르내렸다. 8월에 들어 점점 급속하게 전신에 병상 장애가 생겨 식욕부진, 기침, 가래를 호소했다. 당시 집에서 의학전문학교 교수인 히라오카 다츠지(平岡辰二) 씨의 진찰을 받았는데, 체열은 여전히 경미하여 37도 1부 혹은 2부에 지나지 않았다. 객담에서도 결핵균이 나오지 않았고, 입원 일주 전 갑작스런 한기로 체온이 39도 5부에서 이틀간 지속되어, 호흡 곤란을 더해져 때때로 류라쿠 치과의학 전문학교장의 초청에 의해 히라오카 교수와 함께 임상진단을 하였다. 삼출성(滲出性) 늑막염이라는 소견이 나와, 히라오카 교수가 늑막에 주사를 넣어 약 250리터의 황색 장액성(漿液性) 삼출액(滲出液)을 빼내었다. 당시 기침은 약간 심했었고, 객담도 등질성 농성 장액성으로 만성 기관지염 혹은 황장증의 존재를 의심했다. 객담은 때때로 다소 괴달성 냄새가 나는 것에 주의했다. 또 쇠약이 점차 확연했다. 입원 2일전 보다 흉중 즉 심장부 및 심장 상좌부에 기침할 때 상당한 통증을 호소했다. 입원 당일 아침, 객담으로 소량의 선상출혈(線狀出血)이 보였고, 수일 전부터 두 다리 뒷면에 부종이 나타난 것도 입원 시에는 경미한 것에 지나지 않았다. 환자는 원래 변비 경향이 있었고, 매일 아침 식염수를 마시며 변통 조달에 힘썼다. 때때로 설사약인 라키사토르를 복용했다. 발병 이후도 변비가 있었고, 식욕부진, 수면장애도 있었다. 입원 시 주된 증상은

(1) 좌측 가슴통증

(2) 기침 및 호흡곤란

이었다.

현재 증상(1930년 8월 24일 입원시)

일반증세로서는 신장 중등대(中等大), 골격 중 정도, 근육피하지방 현저하게 저하, 피부 창백, 빈혈, 약간의 부종이 보임. 결막빈혈, 입술은 암갈색, 사지 말단에 특히 차노제가 보이지 않고, 자동성배위(自働性背位)를 취하여 얼굴은

자연스럽고, 호흡 약간 급박했지만 곧 안정되었다. 오히려 흉식 호흡을 나타내었다. 맥박 정상, 긴장 정상, 요골동맥벽 약간 경화가 나타남. 혈액수축기 130, 확장기 80밀리미터 수은주였다. 체온 섭씨 37도 2부.

각부 증상

두부 모발 대부분 빠지고, 안부는 경도의 게진젠으로 안검 및 안구결막에 혈행(血行)이 좋지 않고, 동공은 크고 대광(對光) 반응 민활. 혀는 건조하고, 약간 백태를 띠고 있었다. 인두(咽頭) 충혈 없고, 편도선종 확장되지 않았고, 경부에 이상 없었다. 흉부 양쪽에 상대성 형상으로 이상이 보이지 않음. 심장탁음계 대략 정상. 즉 좌계(左界)는 좌유선내일횡지(左乳腺內一橫指), 우계는 좌흉골선(左胸骨線)에 일치하였다. 상계는 제4늑골에 해당하고, 우측 유선상(乳線上)에서 폐간계(肺肝界) 제6늑골에 상당한다.

폐부 타진(打診)해 보니 전면에는 일반적으로 오히려 고음(鼓音)에 가깝고, 청진기 상에서는 여기저기에 건성나음(乾性囉音)이 확인되었다. 좌흉배면(左胸背面) 하부는 탁음을 나타내었다. 그 측면은 평상에 가깝고, 탁음부는 호흡음 및 성음발두와 함께 감약했다. 그 밖에 습성나음(濕性囉音)은 나타나지 않았고, 제2 폐동맥음 약간 높았다. 복부 부풀러 오르지 않았고, 간장늑골궁(肝臟肋骨弓) 아래 이횡지(二橫指)에 닿아 간장(肝臟)의 윤곽이 분명하고, 연질표면은 매끈하다. 비장은 건드리지 않고, 하지슬개건(下肢膝蓋腱) 반사는 거의 결여됨. 경골 전면의 부종 약간, 발등에는 경도의 부종이 보임. 좌측 음낭 탈장이 있고, 하지(下肢) 일반적으로 지각이 적고, 운동기 장애 없음.

혈액검사 소견

적혈구 4백8만개, 헤모글로빈 92% 색소계수1.1, 백혈구수 8천백, 백혈구 백분율 분류에 의하면 중성다핵 백혈구 92%, 에오진 기호성세포 0.5%, 염기 기호성세포 0, 대단핵세포, 임읍구(淋邑球) 4%, 플라마스세포 0.5 즉 혈액에 있어서는 약간 적혈구가 적고 비교적 다핵백혈구 현저함. 임읍구(淋邑球) 감소를 나타냄.

뇨소견으로 단백(蛋白)과 당은 모두 음성, 우로비리노겐 양성을 나타냄. 변에 충란잠혈(虫卵潛血)과 함께 음성.

객담검사(8월 24일) 농도 짙은 가래로서 혈액은 섞여 있지 않고, 현미경으로 보면 다핵백혈구가 다수 있으나 결핵균을 보이지 않음.

입원후의 경과

8월 25일, 자각적으로 다소 경쾌함을 느낌. 기침이 조금 있고 기침을 할 때마다 가슴통증을 느낌. 동시에 호흡곤란 지속.

혀에는 건조하고 회백색의 설태(舌苔)가 보임. 흉부 건성나음이 조금 있고, 좌흉부면 아래 부분에 여전히 탁음이 들림. 호흡음은 약하나 수면 양호.

8월 26일, 기침이 줄어듦. 그러나 식욕부진, 흉부전면에는 나음이 없음. 항상 오른쪽으로 세워 누움. 그 외의 소견은 전일과 동일.

8월 27일, 오전 6시 호흡곤란 급속히 증가. 점차 입술과 사지말단에 청색증이 나타남. 이날 여러 번 강심제 주사를 놓았으나 효과 없음. 오전 9시 25분 영면함.

입원 후(8월 24일~26일) 맥박 수는 매분 100을 넘었고, 27일 아침에는 용태가 갑자기 위독해지면서 맥박 120, 호흡수 40회를 넘김. 체온은 36도 8부 내지 37도 8부 사이를 왕복.

소변양은 현저하게 줄어듦. 1일양 겨우 300내지 500미리리터, 뇨비중은 1029.

이상은 우리들이 단기간 도미타 기사쿠 옹의 질환에서 관찰할 수 있었던 임상적 소견 일반이다. 폐환(肺患)의 본체가 결핵성인지 비결핵성인지에 대해서는 처음부터 의심을 품고 있었는데, 수차례의 객담(喀痰) 검사에서 모두 결핵균이 음성으로 나타나 결핵성으로 추측했다. 입원 전 엑스레이 광선 검사 결과에서 결핵균의 존재를 확인하고, 우리들은 임상상 폐결핵 및 삼출성 늑막염이라는 진단 하에 치료에 힘쓰는 한편 비결핵성 기관지염 및 확장 외에, 혹은 폐괴저(肺壞疽)의 존재를 고려한 치료를 실시하였다.

그런데 옹의 전신적 쇠약 상태, 심쇠약 상태는 모든 치료에 장애가 되어 우리들은 임상가로서의 무력을 통감하였고, 내부병환 실상에 관한 격화소양(隔靴搔癢)의 안타까움을 느끼게 했다.

옹의 명목(暝目)과 함께 유가족은 옹의 유지를 받들어 유해를 해부하여 학계에 기여하고자 하는 뜻을 전달했다.

신청에 따라 사후 2시간 안에 옹의 유해는 경성제국대학 병리학교실의 해부대에 안치되었다.

고스기(小杉) 교수가 집도하고 우메다(梅田) 교수가 보좌하여 유가족 및 관계의사의 입회하에 병리해부가 엄숙하게 집행되어, 질환의 실태가 미진함 없이 밝혀졌고 학술상 고귀한 계몽에도 이바지 하였다.

고스기 교수가 지적한 병리 해부상의 진단은 다음과 같다.

병리해부 번호 336호
(1) 심근갈색변성, 승모변증변, 좌심실내막 섬유결체직화
(2) 좌측성 섬유소성, 화농성 늑막염(1520리터 삼출액양배제)
(3) 우측변연 낭종성 폐기종 및 좌폐 무기중 및 기관지폐렴
(4) 좌측폐 뽀족한 곳 부분적으로 섬유성 늑막유착
(5) 우측늑막 전면 반흔유착
(6) 우폐상엽 경화성 결핵조(結核竈)
(7) 우폐 화농성 기관지염
(8) 우폐 전변연 국부적 낭포성 폐기종
(9) 비장울혈 및 위축
(10) 피부질낭종
(11) 울혈간
(12) 섬유성 담도주변염 및 간장 주변염
(13) 장에 포프리프 형성
(14) 회장의 결핵성 궤흔 형성
(15) 만성위염 및 점막비란
(16) 습호선(攝護腺) 요레스엽 확대
(17) 고환색소침착 및 위축
(18) 대동맥 아테로마트제
(19) 서계부(鼠磎部) 헤르니아
(20) 내장하수
(21) 노인성 흉추간 늑대 경화변성
등

이것으로 현저한 심장쇠약 영향이 심장 그 자체에 있어서 심장 판막 내막에서 병변이 유래한 것이 명확해졌고, 더 나아가 화농성 늑막염, 폐기종, 기관지폐렴, 광범위한 늑막유착, 만성유염, 장결핵 등의 난중이 심각하게 전신 쇠약 소모를 촉진했다. 그와 동시에 심장쇠약, 호흡곤란 등을 증강시킨 직접 사인인 것을 알았다.

폐결핵 그 자체는 이미 오래전에 치료를 하여 사망의 직접 원인이라고 할 수 없는 상태였다.

3. 장례

장례식은 옹의 친구 니시자키 츠루타로 씨가 위원장으로서 일체를 감독하고, 8월 30일 오후 5시부터 고인과 연고가 깊은 삼화화원 아래 구릉의 공설운동장에서 집행되었다.

삼화화원 아래 구릉의 장례식장

총독대리의 조사 낭독

유족 분향

　이보다 앞서 진남포 부민 중에는 부민장(府民葬)으로 해야 한다는 말
도 있었지만 도미타 가(家) 가족장의 뜻을 거스를 수 없어, 유력자 여러 명
을 적재에 배치하여 준비에 착수했다. 28일부터 폭우가 내려 장례식 당일
날씨를 걱정했는데 평양측후소에 물었더니 당일은 맑을 것이라고 했다.
29일에도 큰 비가 내렸음에도 불구하고 식장담당은 직공인부와 함께 전
등을 신설하여 주야로 준비에 만전을 기했다.

30일에는 쾌청했다. 오후 3시 본댁 영구 앞에서 독경한 후, 4시 출관, 영구는 다수의 지우들에게 들려, 오후 4시 30분 식장제단에 안치되었다. 영구 앞의 향기가 좋은 백목 위폐에는 『顯德院殿照譽心源保庸大居士』라고 적혀 있었다. 아래에는 훈장 외에 공물과 깃발이 좌우에 2백기, 6백여 개의 화환이 전열(前列)과 좌우 구석에 이르기까지 장식되었다. 참석자 좌정하고, 5시 정각에 식이 시작되었다.

도장쇄수(道場洒水)를 지역 6개 사찰, 타 지역 4개 사찰의 승려가 시작하고, 조사(弔詞)는 총독대리 데라가키(寺垣) 해군중좌, 소노다(園田) 평남지사, 식산국장대리 보쿠야마(牧山) 기사, 조선농회 회장 고다마(児玉)백작, 아리가(有賀) 잠사회장, 와다(和田) 상업은행장, 류라쿠 치과의전 교장, 호리카와(堀川) 부윤, 니시자키 츠루타로, 원덕상(元悳常), 오카다(岡田) 나카타니 촌장 등 합계 36통으로, 그 중에서도 니시자키 츠루타로 씨의 조사는 오랫동안 둘도 없는 친구로서 함께 반도 개발에 진력을 다했던 회한과 더 나아가 그의 죽음을 슬퍼하며 눈물을 흘려, 듣는 사람들에게 한층 고인을 애도하는 마음을 깊게 했다. 주된 조사(弔辭)는 다음과 같다.

조사(弔辭)

정6위 훈6등 도미타 기사쿠 군이 병으로 일어나지 못하고 끝내 이 세상을 하직하니 애도하는 마음 금할 수 없습니다. 군은 일찍이 실업계에 투신하여 솔선하여 조선개발에 노력하였고, 그 공적 또한 뛰어났습니다. 오늘날 조선에는 성실고결한 군과 같은 인사를 기다리는 곳이 적지 않는데 바로 그런 사람을 잃었습니다. 아 비통합니다.

정중하게 조의를 표합니다.

1930년 8월 30일
조선총독 자작 사이토 마코토(斎藤實)

조사(弔辭)

조선실업계의 기숙(耆宿)인 도미타 기사쿠 군이 병에 걸려 의술의 효과도 없이 끝내 유명을 달리하여 애도의 마음을 금할 수 없습니다.

군은 일찍이 조선에 이주하여 조선 개발에 힘썼고 농업, 광업, 임업, 수산, 금융 등 각 방면에 걸쳐 거의 관여하지 않은 것이 없었습니다. 그 사이 여러 가지 민간사업회사의 중역이 되었고, 또 조선농회 진남포 지회장, 진남포 상업회의소 회장, 조선광업회 평의원, 평안남도 평의원, 조선잠사회 부회장, 조선산림회 평의원, 조선농회 부회장, 조선축산협회 상담역, 조선산업조사위원회 위원, 조선수산회 평의원, 조선부업공진회 이사장, 조선물사협회 회장, 조선박람회 평의원 등을 역임하였고, 또 경성사립치과의학전문학교의 전신인 경성사립치과의학교를 설립하였습니다. 또 진남포 수인(囚人) 보호회인 장선원장(獎善院長)으로 취임하는 등 여전히 교육 및 사회사업에 공헌하는 바가 많았는데, 그 동기가 하나같이 공공적인 것으로 그 공적이 현저했습니다. 일전에 남수포장을 받았고, 특히 훈6등에 제수되는 등 파격적인 은명(恩命)을 받은 것은 그 유래가 없었습니다. 지금 공전의 경제난국에 직면하여 민중생활 안정 및 산업진흥 대책을 서두르고 있는 때에 지성연달(至誠練達)한 식자인 군을 잃어 너무도 슬픕니다.

그렇지만 향년 73세 반드시 짧은 것도 아니고, 생전에 그가 하려고 한 것은 거의 성공했다고 할 수 있습니다. 이로 인해 편히 눈감으셨을 겁니다.

오늘 장례에 즈음하여 다듬어지지 않은 문장으로 삼가 조의를 표합니다.

1930년 8월 30일
조선총독부 식산과장 마츠무라 마츠모리(松村松盛)

조사(弔辭)

조선농회 고문 정6위 훈6등 도미타 기사쿠 씨 서거하시어 정말로 애도의 마음 견디기 힘듭니다. 그는 반도 산업 계발에 진력하셨고, 또 조선농회 고문으로서 농사 개발에 공헌하신 바가 적지 않았습니다. 이러한 위대한 공적은 반도에 빛나고 영원히 후세에 전해질 것입니다. 병이 깊다는 소식을 전해들은 식자들은 하나같이 회복을 기도했는데 하늘은 끝내 더 이상의 시간은 허락하지 않았습니다. 비통한 마음 금할 길이 없습니다. 이에 삼가 조의를 표합니다.

1930년 8월 30일
조선농회장 백작 고다마 히데오(児玉秀雄)

조사(弔辭)

본회 부회장인 도미타 기사쿠 씨 갑자기 서거하시니 오호통재라!

그는 본회 창립 이래 십 수 년 동안 부회장직에 있으면서 본회 발전을 위해서 진력했을 뿐만 아니라, 또한 여러 공직에서 식산홍업 및 육영 사업에 그의 일생 모두를 바쳤습니다. 반도문화가 오늘날에 이르게 된 것은 실로 그의 공적에 힘입은 바가 컸다고 주저하지 않고 말할 수 있습니다.

오늘 그의 반생의 심혈을 기우린 이 땅에서 고별 식전을 올리게 되어 깊은 유감과 추회(追懷)를 금할 수 없습니다.

1930년 8월 30일
조선잠사회장 아리가 미츠토요(有賀光豊)

조사(弔辭)

1930년 8월 27일 갑자기 도미타 군 영면의 비보를 접하고 너무나 슬픈 지금 그 영해(靈骸)를 보내면서 만감이 가슴 속에 교차합니다. 어떤 계기로 그와 진남포에서 서로 알게 된 이래 세월이 언 20여 년. 같이 조선 개발의 한 사도(使徒)가 될 것을 기약했습니다. 세월은 빠르고, 세상의 변화도 많고, 사람의 일은 마음대로 되지 않고, 거울 속에 백발이 되어가는 모습을 보며 나이든 것을 슬퍼하는데 당신은 지금 이승을 떠나 백옥루에 있으니 아! 슬프도다. 뜨거운 여름은 지나고 시절은 낙엽 지는 가을을 맞이하려고 하는 때를 만나고 보니 애도의 정을 끊을 수 없습니다. 그렇지만 당신의 공적은 다른 사람의 배였고, 표창 받은 덕행은 한 두 번이 아닙니다. 천조(天朝) 부름을 받는 영광을 입었습니다.

당신은 온힘을 다해 분투하여, 공적을 역사에 남기고 진남포 청정한 땅에 잠들고자 합니다. 진남포의 자연은 당신의 웅혼(雄魂)을 안고 영원한 안식소가 될 것입니다. 오호라! 당신과 금생의 영원한 이별을 고하려고 하고 있습니다. 단지 바라건대 청산백설(靑山白雪) 사이에 조용히 영면에 드시기……

1930년 8월 30일
니시자키 츠루타로(西崎鶴太郎)

조전(弔電)은 나카이(中井) 제철소장관, 시가(志賀) 경성대학총장, 한타니 요시오(阪谷芳郎) 남작, 세키야(関屋) 궁내차관, 유아사(湯浅) 전 정무총감, 마루야마(丸山) 경시총감, 무라야마(村山) 오사카아사히신문사장, 우에노 세이이치(上野精一) 오사카아사히신문이사, 모토야마(本山) 오사카매일신문사장, 후지야마 라이타(藤山雷田), 이시츠카(石塚) 씨 등 그 외의 명사로부터 983통이 있었고, 그 밖에 593통의 조문(弔文)이 있었다.

이어서 스님의 인도(引導), 독경, 각 사찰 주지의 소향, 상주 소향에 이어서 유족 근친, 장례 참석자의 소향 순으로 식은 엄숙하게 진행되어 실내는 향으로 가득하고 3천의 참석자는 침울함 속에 옹의 명복을 빌었다.

주된 참석자는 조선총독부 대리 데라가키 해군중좌를 비롯하여, 나카이(中井) 제철소장관 대리, 소노다(園田) 지사, 마츠무라(松村) 식산국장 대리인 보쿠야마(牧山)기사, 니시자키 츠루타로(西崎鶴太郎), 아리가 미츠토요(有賀光豊), 모리 고이치(森悟一), 류라쿠 다츠미(柳樂達見), 와다 이치로(和田一郎), 와타나베 조이치로(渡邊定一郎), 호리카와(堀川) 부윤 부부, 후지와라(藤原) 내무부장, 원덕상(元悳常), 오시마(大島) 평양부윤, 오카 도모미치(岡友道), 마츠이 다미지로(松井民治郎), 다치카와 다로(立川太郎), 이(李) 회장, 박(朴) 회장, 츠다(津田) 검사, 츠치야(土屋) 교장, 후카오(深尾) 조선은행지점장, 스즈키 슈이치(鈴木種一), 오카다(岡田) 사장, 각 단체대표자 등 약 3천여 명이었다. 그 외에 학교 생도 1,270명이 차분하게 소향을 끝내자, 니시자키 장례위원장은 유족을 대표해서 참석자에 대해 정중하게 감사의 말을 전하면서 장엄하게 식을 끝냈다.

당일 도미타 가에서는 식장 일부에 조 60석을 쌓아두고 세민들에게 나누어 주었다. 그 밖에 진남포와 금산포의 학교, 장선원 등에 수 천 엔을 기부했다. 진남포 지방은 물론 조선 전역에서도 공전의 장엄한 식이었다. 지역 진남포에서는 부민 각 계층 대부분의 사람들이 참례를 하였다. 관과 민, 일본인과 조선인을 가리지 않고 모든 방면의 사람들을 망라한 정경은 그야말로 사회장이라고 해도 좋을 정도였다.

곧이어 숙연한 분위기 속에 영구가 묘지로 향하였다. 수천의 참석자는 옹의 유덕을 생각하면서 눈물로 마지막 인사를 했다.

옹의 고향 나카무라 촌민 일동으로부터 고향에 모시고 싶다는 전보도 있었지만 고인의 유언도 있었기 때문에 삼화화원 서쪽, 마산리 신묘지에 토장으로 매장했다. 이 땅은 고조(高燥)하고 남향이며, 사방의 조망이 좋고, 특히 대동강을 사이에 두고 멀리 산이 보이는 그림 못지않은 풍광을 가지고 있었다. 옹은 여기를 안식처로 하여 편안히 영면에 드셨다. 이곳은 옹이 진남포부에 기증하신 묘지로 거기에 옹이 제일 먼저 매장된 것은 정말 기이한 인연이라 아니 할 수가 없다.

또한 옹의 은혜에 의해 갱생순화(更生醇化)한 금산포, 은율, 장연지방 부락민은 옹의 죽음을 알자마자 남녀노소 모두 한탄하면서 슬퍼했다. 장례식 당일 통지가 없었음에도 불구하고 소식을 전해 듣고 달려온 사람도 많았다. 또 구 사립금산포보통학교 졸업생 중에 멀리 있거나 혹은 뒤에 옹의 죽음을 안 사람들로부터 예전의 선생님인 게카치 이노스케(毛勝伊之助) 씨 앞으로 옹을 진심으로 애도하는 마음을 적은 편지가 수십 통이나 왔다.

4. 서위

옹의 병이 심해지자, 천황은 옹이 다년간 조선 산업계에 진력한 공로를 인정하여 8월 27일부로 아래와 같이 특별 서위하라는 명을 하사했다.

正六位 勳六等 도미타 기사쿠
叙從五位(한 계급 특진)

5. 추도회

9월 2일, 경성공회당에서 옹의 추도회가 열렸다. 정면에는 생전과 같은 온화한 모습의 대형 사진과 위폐가 안치되었다. 그 주위에는 총독을 시작으로 각지에서 보내 온 무수한 화환이 장식되었다. 사이토 총독을 비롯하여 고다마 총감, 이마무라 국장, 마츠무라 국장, 다케베(武部) 국장, 와타나베(渡邊) 지사, 시가 경성제대 총장, 세키미즈(關水) 부윤, 민간 측에서는 가토(加藤) 조선은행총재, 아리가 식산은행 회장, 하야시 식산은행 이사, 와다 상업은행 회장, 와타나베 상의회장 등을 비롯하여 관민 6백여 명이 참석했다. 오후 2시 10분 종소리와 함께 일동 착석, 이어서 일동 경례, 향을 올리는 동안 독경 소리가 구슬프게 장내에 흘렀다. 장내는 차분하고 조용했다. 고인을 생각하고 추억하는 눈물을 흘리는 사람도 있었다. 고다마 총감의 추도사 낭독이 있은 후, 경례, 소향을 순차적으로 끝내고, 장자인 도미타 세이이치 씨의 정중한 감사의 말이 있은 후에 주체자의 인사를 끝으로 장엄함 속에 식이 끝났다.

경성공회당에서의 추도회(전면 중앙에 서 있는 자는 조사를 낭독한 고다마
(兒玉) 정무총감)

6. 매장식

다음달 10월 14일, 옹의 고향 우에노의 안양사(安養寺)에서 매장식이 행해졌다.

제단 정면에는 옹의 초상과 함께, 현덕원전소예심원보강대거사(顯德院殿照譽心源保庸大居士)라는 위패가 안치되고, 많은 화환에 둘러싸여, 한층 장엄하게 장식되었다. 우에노와 근처 부락 사람들은 모두 참석했다.

조선에서는 상주 세이이치(精一) 씨 외에, 데츠조(徹三) 씨, 다이조(泰三) 씨, 도시조(季三) 씨 그 외에 이타미(伊丹)로부터는 사카토 사타로(坂戶佐太郎) 씨, 교토에서는 야마모토 다츠조(山本達蔵) 씨 부부, 돗토리(鳥取)에서는 야스다 다메요시(安田為義) 씨, 오사카에서는 다사카 세이노스케(田阪誠之助) 씨 그 외에 다수 친척과 지인들이 참석했다. 당 지역

소학교 생도들도 참석하였고, 0시 40분 범종과 함께 일동 입당하여, 향을 올리고, 독경을 읽고, 삼보례(三寶禮), 사봉청(四奉請), 발인도(鉢引導)에 이어서 오카타(岡田) 촌장, 사카에(榮) 경찰서장, 오카타(岡田) 소학교장, 그 외에 다수 유지들의 조사 낭독이 있었다. 다음으로 독경, 소향, 염불 등 순차적으로 식을 진행한 후에, 상주가 인사를 하고 엄숙하게 식을 끝냈다.

부) 옹의 가정

1928년 1월 촬영.

앞줄- 츠네노 요헤이(常野與兵衛), 모토죠(基三), 기이치(義一), 다다오(忠夫), 다에코(妙子), 게이죠(敬三). 뒷줄- 하마다 요시카츠(濱田美勝), 다케(タケ), 가즈노(カズノ), 고 기사쿠, 이케다 사키가케 전 부윤(池田 元府尹), 츠네노 하루(常野ハル), 세이이치(精一).

다미코(たみ子)

옹의 부인인 다미코 씨는 교토 무로마치(室町) 고죠(五條), 이다 한지로(井田半次郎)의 장녀로, 1892년 12월 옹의 친구 가와베 가메에몬(川邊龜

右衛門)의 중매로 혼례식을 올렸다. 성품이 온화하고 정숙한 전형적인 일본형 현부인이었다. 평상시 남편을 도와 뒷일을 걱정하지 않게 하기 위해 노력하는 꼼꼼한 주부였다. 옹은 불교에 조예가 깊었고, 신앙이 깊었기 때문에 부인 또한 남편을 따라 자주 불사에 참석했다. 남편의 뜻을 명심하여 그 성행에 동화되었고, 안으로는 자녀 교양에 힘쓰는 동시에 다수의 사람을 부리는 데 있어 한 치의 흐트러짐이 없었다. 가정을 밝은 길로 이끌었고 내조의 힘을 다하였다. 그런데 옹보다 12년 앞서, 1919년 53세로 돌아가신 것은 참으로 애석한 일이었다.

세이이치(精一)

옹은 부인과의 사이에 3남 1녀를 두었다. 장남 세이이치, 장녀 요시코, 차남 가쿠조, 삼남 고스케였다. 세이이치는 어려서 교토 중학교에서 수학했고 그 후 전문학교를 졸업했다. 학업을 마치고 진남포로 돌아온 것이 1918년 봄이었다. 돌아 온 이후 도미타 가의 사업에 관여했다. 옹의 지도하에 다년간 사업을 익혔던 데츠조 씨에게 배우는 것이 많았다. 1924년 데츠조 씨가 경성으로 옮겨 옹의 사업을 원조하게 되자, 그 후는 진남포에서 도미타 가의 사업 전반에 대해 아버지 기사쿠 옹의 지도하에 전심전력을 다했다. 오사카 부 내 미시마(三島)의 촌장인 히라타 고마지로(平田駒次郎)의 딸을 아내로 맞았다. 금슬이 좋아 현재 세 명의 아이를 두고 있다.

요시코(よし子)

데츠조와 결혼을 했고, 둘 사이는 금슬이 좋다. 지금 경성 남대문 도미타상회 경영을 돕고 있는 남편 옆에서 내조에 여념이 없다.

가쿠조(角三)

어려서 오사카 이쿠노(生野) 중학교 졸업 후 건강이 안 좋아져 교토에 있으면서 정양에 힘써, 지금은 많이 좋아졌다.

고스케(高助)

소년 무렵, 병약하여 정양에 힘썼는데 그 보람이 있어, 지금은 완전히 건강체로 회복하여, 당당한 체격을 가지게 되었고, 장형인 세이이치와 함께 가업에 힘쓰고 있다.

다음으로는 옹의 고향인 우에노 마을, 도미타 본가 가정을 개괄해서 기록하겠다.

옹의 형인 사고로(佐五郎: 실제는 백부에 해당하는 인물이지만 본 전기 권두문의 예에 따라서 형으로 썼다)는 10대째 다로우에몬(太郎右衛門)이 되었는데 그에게는 5남 3녀가 있었다. 장남 사타로(佐太郎), 차남 구마사쿠(熊作), 삼남 도시조(季三), 사남 다이조(泰三), 오남 데츠조(徹三), 장녀 모토에(もと枝), 차녀 이소코(いそ子), 삼녀 도쿠코(とく子)이다.

사타로(佐太郎)

사카토(坂戸) 가의 양자가 되어 현재 이타미(伊丹)에서 대서업(代書業)을 하고 있다.

구마사쿠(熊作)

도미타 가를 이어받아, 오랫동안 오사카 나카야마상회(中山商會)의 중역으로 런던 지점장을 역임했는데 5년 전 전직하여, 교토에서 골동품, 미술품 등을 취급하는 회사를 경영하고 있다.

사고로 씨와 구마사쿠 씨 이 두 사람이야말로 일찍이(1894년) 옹과 함께 도미타 가 재흥을 약속하며 하루에 5전씩 적립하기로 한, 도미타 가로서의 비가강개(悲歌慷慨)의 지사였다. 모두 성공하여 오늘날 지난날을 추억하면 감회가 깊을 것이다.

도시조(季三)

1909년 경 진남포에 와서 도미타상회에서 근무했는데 당시 상와초 내에 츠카노 겐지로(塚野元治郎)라는 사람이 있었다. 1904, 5년 전쟁 때부터 가마니상으로 폭넓게 상거래를 하고 있었던 사람이었는데 그 사람에게는 자식이 없었다. 가끔 츠카노 씨는 옹의 집에 출입했는데 그때 인물을 알아보고 츠카노 가의 양자가 되었다. 이후 그 가게를 경영하여 오늘에 이르고 있다. 현제 문구잡화상을 겸하면서 성업 중이다.

다이조(泰三)

1906년 동생 데츠조와 함께 진남포에 와서 바로 진남포 광산의 주임이 되어 노력했다. 1910년 폭도가 왔을 때, 다이조 씨는 피난 채비로 배를 준비하거나 무장도구를 준비하는 등 동분서주하였다. 옹과 함께 금산포 광산 사무원, 갱부들의 사기를 크게 고무시킨 것은 당시 유명한 일화로 동 광산의 공로자이다. 1914년 옹의 삼화목장을 위임받아 경영하고 있는데 다년간의 공로에 의해 그대로 이어받았다. 현재 키우고 있는 홀스타인 종 젖소 10마리로 우유 생산을 하고 있다.

데츠조(徹三)

1906년 21살 때 형 다이조와 함께 와서 도미타상회에 근무한 이래 20여 년간 옹의 손발이 되어 고생한 사람이다. 전장(前章)에서 '숨겨진 공로자'로서 특별히 써 두었기 때문에 여기서는 생략한다.

모토에(もと枝)

광량만(廣梁灣) 안천농원(安川農園)의 주임인 야스다 모리시게(安田盛重) 씨에게 시집을 갔다. 그는 5, 6년 전 직장을 그만두고 돗토리(鳥取)의 구라키치(倉吉)에 돌아가 함께 여생을 보내고 있다.

이소코(いそ子)

교토의 포목 도매상을 경영하는 야마모토 다츠조(山本達蔵) 씨에게 시집을 가서 유복한 생활을 하고 있다.

도쿠코(とく子)

이타미(伊丹)의 가네타니(金谷) 가로 시집을 갔는데 몇 년 전 남편과 사별하고, 지금은 미망인으로서 여생을 보내고 있다.

우에노 마사카즈(上野理一)

옹의 생부가 단바 사사야마(丹波篠山)의 번사 기무라 추베에(木村忠兵衛)라는 점은 권두에 있는 '어머니 교훈' 속에서 이미 언급했다. 이 기무라 씨가 후처를 맞이해서 그 사이에 태어난 이가 우에노(上野理一) 씨로, 훗날 오사카아사히신문 사장이 된 사람이다. 그래서 옹과 우에노 씨는 이모

형제(異母兄弟) 관계가 된다. 현재 오사카 아사히신문 이사회 회장인 우에노 세이이치(上野精一) 씨는 그의 아들에 해당된다.

　이상 살펴 본대로 옹은 고향 일족에 대해서는 특히 따뜻한 온정을 나누려고 했다. 지난날 고베에서 옹과 세 사람이 제휴하여 맹세하면서 도미타 가를 부흥시키자는 것에서 시작되어, 조선에 건너가 얼마 되지 않아 조카 도시조 씨 등 세 사람을 불러 옹의 사업에 참여시키고, 그 후 도미타 가의 기초를 단단히 할 때에는 도미타 합자회사를 조직하여 이들 일족에게 각각 그 중역을 맡겨, 수입 확보와 입신안정의 길로 이끌었다.
　옹의 사후에도 일족 모두 서로 화목하고, 매월 1회, 진남포 도미타 저택에 모여서 고인을 생각하면서 사업상 의논도 하고, 일동 협력해서 도미타 가 번영의 길을 강구하고 있다. 정말로 현명하고 정이 넘치는 분위기이다. 그래서 선행한 집에 경사가 있다고 말하는 법이다.

일화(逸話)

옹의 일생에 대해서 이상으로 대략 그 기술을 마쳤는데 여전히 보충해야 할 사적(事蹟)들이 많다. 본문 속에 빠진 것들을 여기에 수록하여 옹의 인격을 기리기로 했다.

시모오카 정무총감과 옹

시모오카 정무총감은 평소 굉장히 바쁘신데, 관청에서는 물론이고 관저에 있을 때에도 방문객이 끊이질 않아 조금 느긋하게 쉴 틈도 없을 정도로 그 신변은 다사다단했다.

그래서 총감은 일요일 하루만이라도 편안하게 지내고 싶어, 별장 하나가 필요하다고 생각하여 3천 엔 정도의 별장을 구입하고자 이를 옹에게 부탁했다.

옹은 그 뜻을 이해하고, 문화주택114)이나 임대 등 적당한 장소를 물색하면서 각 방면을 조사해 보았다. 신다츠마(進辰馬) 씨도 그 이야기를 듣고 옹을 도와주었다. 그 사이에 시모오카 총감은 일본으로 출장을 가셨다. 그리고 도쿄에서 병을 얻어, 그것이 원인이 되어 끝내 불귀의 객이 되었다. 별장 상담도 그것으로 끝나버렸다.

시모오카 정무총감은 명총감으로 불릴 정도로 조선 통치에 공헌을 많이 했다. 특히 산업방면에 편리한 시설을 두루 설치했다. 그래서 재직기간은 불과 1년 반 정도의 짧은 기간이었지만 그 실적은 하는 것마다 이례적인 성과를 거두었다. 13년 계획의 산미증식시설 같은 것은 실적 중 최고의 것이었고, 당시 도립사범학교 난립을 징계한 것은 아마도 오늘날에

---

114) 1920년대 일본에서 유행한 주택양식. 서양풍 생활과 일본식 주택 구조를 결합한 구조, 예를 들어 일본풍 가옥에 서양식 응접실을 접목하는 주택양식 등을 말한다.

서 보면 그 선견지명이 있었음을 상상할 수 있다.

총감은 옹의 고향 이웃마을 사람으로, 옹이 젊은 시절 히로네(広根) 소학교에서 촉탁 교원으로 있었을 때 시모오카 추지(下岡忠治) 씨는 그 학교의 생도로, 당시 직접 옹에게 가르침을 받았던 개구쟁이 소년 중의 하나였다. 그 사람이 지금 정무총감이 되어 서로 만난 것이다. 정말로 옛날의 감회를 감출 수 없었고, 옛날의 사제의 정이라는 것이 남아 있어 옹도 총감도 바로 의기투합하였다.

조선금융조합은 지금은 설비를 완전히 갖추어 전 조선에 걸쳐 서민금융의 편의를 도모하고 있지만 시설이 완성될 때까지는 많은 우여곡절이 있었다.

1925년경의 일이었다. 조직의 개정 변경에 관하여 관계당국자가 담당자를 모아놓고 협의회를 개최했다. 그 자리에서 금융조합을 주로 하고 산업조합을 종으로 하여 여기에 신용조합을 부속으로 해야 한다는 설과, 또 산업조합을 주로 하고 신용조합을 종으로 하여 여기에 금융조합을 부속으로 해야 한다는 설로 의견이 나누어져 대토론을 하고 있었다.

시모오카 총감은 마침 동 회의에 참석하여, 가만히 듣고 있다가 회의가 끝나고 난 후에 그 당국자를 총감실로 불러서 "산업조합을 종으로 한다는 것은 무엇을 뜻하는가? 산업이 있고나서야 금융이 아닌가?"라며 철저하지 못한 준비에 대하여 불같은 화를 내었다. 끝내는 진퇴문제를 언급할 정도로 형세가 변했다.

황망하게 총감 앞을 물러나온 사람들은 그 선후책에 대해서 머리를 맞대고 궁리하다가 누군가 영향력 있는 사람에게 조정을 부탁하기로 했다.

누구에게 부탁을 할 것인가, 시모오카 총감을 설득시킬 정도의 사람이 아니면 효과가 없다. 이 사람 저 사람 물색한 결과 도미타 옹을 생각해 내었다.

"이것은 도미타 씨와 상의 해 보자."

"과연, 그게 정말 낫겠다."

라고 의견일치를 보고 그날 밤 10시경 오곤초(黃金町)에 있는 옹의 집을 방문했다. 옹은 한밤중에 총독부 고위직 사람들이 모두 찾아와 무슨 일인가 놀랐다.

"……이런 사정입니다. 그래서 옹께서는 총감과 오랜 지우이신 것도 있고, 어떻게든 조정을 해 주실 것이라고 믿고 찾아왔습니다. 부탁드립니다."

"그거 많이 곤란하셨겠군요. 그럼 지금 바로 총감 저택으로 가 봅시다" 라고 기꺼이 받아주셨다.

옹이 총감관저를 방문했을 때는 벌써 11시가 넘어서고 있었다. 다행이 총감은 아직 취침전이어서 어렵지 않게 만날 수 있었다.

옹은 한밤중 갑작스런 방문을 사과드린 후에 바로 "실은 오늘날 금융조합 일로 엄하게 꾸지람을 들었다며 국장들이 매우 걱정하면서 저에게 왔습니다. 조정을 해 달라고 합니다. 부디 보기 좋게 마무리 해 주셨으면 합니다"라고 차근차근 얘기를 하니까 그 대단한 시모오카 총감도 옹의 성의에 마음을 풀고 별일 없이 마무리를 지었다.

이런 일이 있은 후, 얼마 안 되어 총감은 출장지인 도쿄에서 급서하셨다. 옹은 비통한 마음을 금할 수가 없었다.

시모무라 가이난(下村海南) 씨의 저서인 『락수집(落穗集)』 속에 삼봉(三峰)[115] 시모오카 씨에 관한 것이 적혀있다. 그 중에 옹과 관련 있는 부분이 있는데 여기에 그대로 적어 둔다.

아다치(安達) 함경북도 지사의 담화 중 한 대목이다.

「상경할 때, 시모오카 총감은 도미타 기사쿠 옹에게 말을 전해 달라고 했다. 옹은 총감이 소학교 때 선생님이었다고 했는데 총감은 언젠가 경성에서 2리 정도 떨어진 곳에 2천 엔가량의 간소한 집을 지어달라고 옹에게 부탁을 한

---

115) 시모오카 추지의 호.

것 같았다. 그런데 이번 산미계획문제 경과에 따라 어쩌면 다시 조선땅으로 돌아갈 수 없을지도 모르겠다며, 더구나 설사를 하고 있어 상당히 몸이 허약해져 있으니 별장을 찾는 일은 그만 두라고 잘 전해달라고 한 일이 있는데……
아다치 씨의 말은 여기서 끝났다. 지금 옹은 변함없이 건재하지만 옹의 뛰어난 제자 시모오카 씨는 자신의 자리를 걸고 추진한 산미계획은 통과했지만 그 자신의 몸은 영원히 돌아오지 않는 객이 되었다.」

라고 적혀있다.

삼봉 시모오카 추지(三峯下岡忠治) 전기 추억담 속에 도미타 옹이 말한 것이 있는데 여기에 소개해 둔다.

고결하고 깨끗한 눈과 같은 마음

도미타 기사쿠

내가 17살, 시모오카 씨가 9살인가 10살 때, 고향 효고 현 히로네 촌 최덕사(最德寺)의 데라코야(寺子屋)에서 함께 있었는데, 소학교가 생길 무렵 나는 퇴학을 했다. 그 사이 5,6개월 정도 같이 있었는데, 그 사람의 사람됨은 그다지 몰랐다. 그러나 고향에서는 신동이라는 소문이 있었고, 포동포동한 골목대장으로 우리들로부터 약간 떨어져 열심히 연습을 하고 있던 모습이 새삼 희미하게 생각나서 깊은 애수를 느낀다. 친밀하게 만난 것은 그가 농무장관 시절, 진남포에 소 검역소 설치를 진정했을 때, 일부러 시찰을 하러 왔었다. 곧 내무차관이 되었고, 일본에 검역소가 있는 곳에는 소를 이출(移出)할 수 있게 해 주었다. 아마 이것은 조선에서 그의 덕을 본 처음의 일로 15년 전의 일이다. 고향 나카타니 촌 히로네 마을에 있는 본가는 지주집안이고, 술판매를 하고 있다. 형 가메이치(龜一) 씨가 가계를 계승하고 있고, 그는 촌장을 한 적도 있는 온후한 덕망가이다.
그는 정치가에는 어울리지 않는 청렴결백한 사무라이였다. 일찍이 이러한 일이 있었다. 그가 정무총감에 확정되어 아직 부임하지 않았을 때, 고향 친구로 시모오카 씨의 선거운동을 위해 힘쓴 사람으로부터 편지가 왔다. 그 내용은 "이번 시모오카가 조선에 가니까 뭔가 괜찮은 이권이라도 받아 한밑천 잡고 싶은데 잘 말해 주게"라고 했다. 나는 정말로 의외라 생각하면서 그의 무분별함을 꾸짖으며 "특히 고향사람인 우리들은 시모오카를 보필하여 조선에서 이름을 얻게 해야 하는데 그런 시모오카를 등에 업고 한밑천 잡으려고 하니 당치도 않는 일이다"라고 단단히 호통을 쳤다. 그랬더니 상대편에서 "정말 자네 말이 맞다. 내가 잘못했다. 정말 부끄럽기 그지없네. 자네의 편지를 그대로 액자에 넣어 아침저녁으로 보며 스스로 경계로 삼겠네"라며 미안해했다.

그리고 시모오카 씨가 부임해 왔을 때 그 얘기를 하여 "결코 이권가(利權家)들에게 실수하지 않도록, 조선을 위해 열심히 일하여 천하의 시모오카가 되어주십시오. 나는 조선에는 상당히 오랫동안 있었기 때문에 알고 있는 것이 참고가 될 것입니다. 무엇이라도 허심탄회하게 말해 주십시오. 또 공공을 위해서는 간혹 무리한 요구를 할지 모르겠으나 도미타 한 개인을 위하여 결코 당신을 힘들게 하는 일은 없을 겁니다"라고 단언했다. 총감은 굉장히 기뻐하며 "고맙습니다! 말이 나온 김에 부탁 하나 있습니다. 앞으로 그런 무뢰배들은 모두 보낼 테니 부디 받아 주시길 바랍니다"라고 하여 이권가를 격퇴하는 역을 맡게 된 일이 있다.

어느 날 그가 말했다.

"사무실은 물론이고 관사까지 찾아오는 어중이떠중이 손님들 때문에 힘들다. 관사에 있으면서 만나지 않을 수는 없고, 쉬는 날 3, 4시간만이라도 다리를 뻗고 푹 쉬는 안가가 있으면 좋을 텐데…… 어디 적당한 곳이 없을까, 아주 작은 집이라도 좋으니…… 가지고 있는 돈이 3천 엔 정도, 이 정도로 교외에서 찾아 주길 바란다"라고 해서 저도 잘 찾아보겠다고 약속을 하고 여기저기를 찾아 봤더니 광희문(光熙門) 밖에 수도부(水道部) 배수지 산기슭에 새로 지은 작은 집을 찾았다. 혼초(本町)의 어떤 사람의 별장으로 가격은 7천 엔이지만 5,450엔으로 살 수 있을 것 같아, 3천 엔을 제외한 부족분은 잠시 내가 변통해 두었다가 그가 사용하지 않게 되었을 때 팔아 정리하면 되겠구나 하고 혼자 계획을 세웠다. 아무튼 들어갈지 아닐지를 일단 보기로 하고 그를 데리고 가서 보였더니 대단히 마음에 들어 하면서 기뻐했지만 "그러나 이것은 3천 엔으로 살 수 없을 것 같습니다"라고 해서 할 수 없이 내가 고백을 했다.

"사실은 저쪽의 가격은 7천 엔이라고 하는데 아는 사람이어서 5,450엔에 살 수 있을 것이라고 생각했다. 부족분은 일시 내가 변통을 해 두고 나중에 팔 때 매각하여 정산하면 좋지 않겠는가"라고 하자 "그러면 안 됩니다. 어디라도 좋으니 가지고 있는 돈으로 살 수 있는 것으로 찾아 주십시오. 이것은 그만 둡

시다"라고 해서 어쩔 수 없이 취소를 했다.

그런데 저쪽에서 사는 사람이 누구냐, 조금 깎아도 괜찮다고 해서 사실은 시모오카 씨라고 하자 저쪽에서 말하기를 사실은 그 집은 어머니를 위해서 지었는데 노모가 조선은 추워서 싫다고 하시며 결국 일본으로 돌아가 버려 팔려고 생각했는데 시모오카 씨 같은 분이 일요일 한나절 쉬는 정도로 사용할 것이라면 그냥 빌려주겠다고 했다. 그 말을 시모오카 씨에게 전했더니 역시 그것은 안 될 말이라며 공짜로 남의 집을 사용할 수는 없다, 작아도 내 것으로 하여 즐기면서 일요일 휴식처로 사용하고 싶은 곳을 찾아 달라고 하며 그것도 사양했다.

그런데 어디에서 들었는지 시키 신타로(志岐信太郎) 씨가 와서 시모오카 씨가 안가를 찾는다고 하는데 제 빈집(한강 건너편 인도교 상류 한강신사 부근)이 다행히 지금 사용하지 않고 비어 있으니 한적하고, 사람이 찾아오는 일 없어 안가로서는 가장 적당하다고 생각하고, 일요일 정도 사용할 것이라면 공짜로 빌려드리겠다며 친절하게 말을 해왔다. 그 쪽이라면 한강을 따라 경성 외각에서는 가장 풍경이 좋은 곳으로 시모오카 씨의 안가로서는 가장 최적지라고 생각하여 빌리는 것이니 임대료를 상당 지불하면 되겠지 하고 바로 달려가 말을 했더니 "받지 않을 지도 모르겠으나 빌려주는 쪽에서는 무슨 뇌물이라든가 이것을 빌미로 해서 특별한 이권을 바라는 것이 아니라, 어차피 사용하지 않고 비워 둔 집이고, 일요일에 온다고 해도 매주 일요일에 오는 것도 아닐 것이니 임대료 같은 것은 지불하지 않아도 정무총감께서 사용해 주는 것이 오히려 영광이라 생각하니 그렇게 마음에 걸려하면서 거절하지 않아도 되지 않겠는가!"라고 하자 "아무래도 안 되겠네"라며 거절해 버렸다. 그리고 나서 얼마 후 상경하여 끝내 볼 수 없는 슬픈 이별이 되어 울고 싶어도 눈물이 안 나올 정도였다. 이것은 한 예이지만 그 결백함은 정말 우러러 볼 정도였다. 보통 사람이라면 도저히 그렇게는 할 수 없을 것이다. 화려한 정치가이고 정말로 훌륭하고 청렴결백한 사람이었다고 경복(敬服)하고 있다.

이것이 시모오카 씨에 대한 도미타 옹의 추억담이다. 이것을 읽으면 총감의 교결(皎潔)함과 옹의 청렴결백한 마음을 말하지 않아도 알 것 같은 기분이 든다. 시모오카 씨의 전기(傳記) 속에 '히로네 촌(広根村)을 방문하다'라는 글에는 다음과 같은 기록이 있다(이것은 三峯 下岡忠治伝의 편자(編者)가 히로네 마을을 방문하여 시모오카 씨의 형 가메이치 씨와 대담한 내용이다).

……어릴 때 글씨 흔적을 보니 어쩐지 그때가 그리워져 추억에 젖는다.

"그때 데라코야는 곧 학교가 되었습니다. 맞어 맞어! 도미타 기사쿠 씨가 교원으로 우리 두 사람 모두 가르침을 받았습니다. 그 후 저도 추지(忠治)도 후지사와 난가쿠(藤沢南岳) 선생 문하에 들어가 한학을 배우게 되었습니다. 추지가 제3고등학교에 들어간 이후부터 학교로 강의를 들으러 다녔습니다"라는 형인 가메이치 씨의 말씀이었다.

"데라코야가 학교가 되었을 때 나는 교원이 되었는데 분명 내가 16, 7살 때라고 생각합니다. 1년 정도 가르쳤습니다. 제가 가르친 사람은 가메이치 씨이고, 2살 어린 추지 씨가 학교에 들어왔을 때는 저는 바로 교원을 그만 두었기 때문에 추지 씨가 어릴 때의 일은 잘 모르겠습니다만 영리한 아이이고, 고향에서 신동이라고 불리었습니다. 지금 생각하니 골목대장으로 약간 통통하고, 우리들로부터 약간 떨어져 열심히 연습을 하고 있던 모습이 희미하게 떠올라 애수(哀愁)가 깊어지는 것 같습니다. 제 고향에서 대학까지 나온 사람은 추지 씨와 2, 3리 떨어진 곳에 시모야마(下山) 씨 단 두 사람뿐으로, 시모야마는 나고야(名古屋)인지 나가사키(長崎)에서 재판관을 하고 있을 것입니다"라고 말한 것은 옛 스승인 도미타 기사쿠 씨의 술회이다.

검소한 생활

일상 옹은 무슨 일에도 지극히 소박했다. 식사 때는 일하는 사람까지 다 같이 식탁에 앉아서, 모두 하나같이 국 하나 반찬 하나의 소박한 식사를 했다. 우선 식당의 긴 식탁 위에 식사 준비가 다 되면 모두 같이 앉는다. 거기에 옹이 자신의 젓가락을 가지고 들어와 "여러분 잘 잤는가"라고 먼저 말을 건다. 일동도 "안녕히 주무셨습니까!"라고 인사한다. "자, 그럼 드시게"라고 옹 자신도 젓가락을 든다.

그렇게 일동 격의 없이 화기애애함 속에 식사를 마치는 것이 보통이었다. 때로는 가족들이 "아버지만이라도 뭔가 맛있는 것이라도 드리고 싶다"며 성의로 특히 옹에게만 반찬 한 가지를 더 식탁에 올리는 일이라도 있으면 역정을 내셨다.

식사뿐만이 아니다. 의류, 소지품 그 외 무엇이라도 소박 검소함을 신조로 삼았다. 주택에서도 결코 사치스런 일은 하지 않았다.

경성부 오곤초 1초메(丁目) 조선식산은행 뒤편에 좁은 골목이 있다. 그 서쪽으로 작은 대문의 조선식 집이 있다. 여기는 옹이 마지막까지 안식처로서 기거한 경성의 주거로 남북으로 즐비한 대궐 같은 집 사이에 끼여 있어 외부에서는 지붕도 보이지 않을 정도로 낮은 집이다. 문을 열고 안으로 들어가면 현관이 다다미 3장 정도이고, 그 다음에 다다미 6장 정도의 방 2개가 있고, 그 안에 다다미 6장 정도의 별채가 있다. 현관 오른쪽에는 넓지 않은 부엌, 왼쪽에는 응접실이 있을 뿐이다.

이 응접실은 사방 8척으로 나중에 잇대어 넓혔다. 이 집은 만들어질 때부터 지붕이 경사져 있었기 때문에 그대로는 천장이 낮아 보통 방으로는 쓸 수 없었다. 그래서 바닥을 1척5촌 정도 낮추어 겨우 상하 균형을 맞추었다. 바닥에 까는 것도 거적도 조선에서 생산한 것이었다. 중앙에 둥근 탁자를 두고, 의자는 4개 정도 두었다. 그 의자도 3개는 의자 바닥의 스프링이 망가져 있었다. 큰비라도 내리면 비가 새기도 했지만 그런 것들을 특별히 손을 써서 수리하려고 하지 않았다. 그 정도로 자신의 것은 전혀 돌보지 않는 사람이었다.

그러나 다른 사람과 관련된 일이거나 사회, 조합의 일이라면 때를 기다리지 않고 비가 와도 엄동혹한을 가리지 않고 손발을 부지런히 움직였다.

자기를 버리는 정진(精進)

어릴 때 옹은 홍역에 걸렸고, 그 후유증으로 중이염에 걸린 일이 있다. 종이를 꼬아 귀에 넣어 고름을 빼 내는 일을 오랫동안 계속해서 결국 고막에 상처를 입히고 말았다. 그것이 낫지 않아 말년까지 오른쪽 청각이 나빴다. 그것도 그 무렵 충분히 치료를 하면 나았을 것인데 바빠서 제대로 치료를 하지 못했다. 그래서 끝내 완치할 수 없었다.

지금부터 십 수 년 전에 옹은 진남포 수원지 조사를 하러 출장을 간 적이 있다. 거기는 산 중복에서 흘러내리는 수맥이었다. 돌아오는 길에 약간 높은 곳에서 뛰어내린 일이 있었다. 뛰어내린 장소가 풀밭이었는데 생각보다 낮아 지면에 닿았을 때 균형을 잃어 심하게 허리를 다쳤다. 그때 불행히도 탈장이 되었다. 옹은 놀라서 진남포에서 응급치료를 받고, 바로 경성병원에서 진단을 받았다.

"이 정도라면 눌러 두면 될 것입니다"라는 말을 듣고 그대로 기계를 이용하기로 했다.

그 후 옹은 너무 바빠서 항상 외출하는 일이 많았다. 또한 옹은 도보주의자였다. 처음에는 가벼운 탈장에 지나지 않았던 것이 많이 걸을수록 심해져서 좀처럼 낫지 않았다. 이것도 충분히 치료를 했으면 나았을 것인데 공사에 걸쳐 동분서주하였기 때문에 완전한 치료를 할 틈이 없었다. 일시적인 방편으로 탈장대를 차고 그럭저럭 참고 있었다.

그 사이에 탈장대가 닿는 허리 뒤쪽이 가려워졌다. 긁지 않으면 견딜 수 없을 정도로 가려웠다. 그렇게 긁은 환부에서 피가 나오게 되었다. 마침내 외과치료를 받게 되었다.

그것이 오래 지속되었기 때문에 가려운 증상이 아무리 해도 완전하게 낫지 않았다. 병을 고쳐야 한다는 것은 옹도 잘 알고 있지만 그것보다도 일이 먼저가 되어 병 치료를 게을리 하고 말았다.

이와이(岩井) 박사로부터는 훨씬 이전부터 "치료에 신경쓰세요"라고 자주 주의를 받았다. 또 다른 의사도 "나이도 있으니 조심하십시오"라고 몇 번이나 주의를 했지만 옹은 그런 것들에 그다지 깊은 주의를 하지 않았다.

"뭐…… 일하다 죽으면 그만이지!"라는 생각이었다. 또 "죽을 때까지 일해야 한다"라는 굳은 신념을 가지고 있었다.

그래서 옹은 자신의 몸의 노고는 어떻게든 참을 수 있어도 공공의 일이나 다른 사람을 돌보기 위해서는 몸을 아끼지 않고 일했다. 그래서 옹은 자신의 병이나 정양을 위해서 온천이나 해수욕, 또는 피서, 피한 등에는 한 번도 간 적이 없다. 간다면 얼마든지 갈 수 있는 신분이고, 여유도 있었지만 "일할 수 있는 한은 일해야 한다. 견딜 수 있는 신체이면서 피서, 피한 등에 가서 쓸데없이 돈을 쓰고, 시간을 헛되이 보내는 것은 아깝다. 그것보다 먼저 다른 사람을 위해 해야 할 일이 태산 같다"라고 사람들에게 말했다.

옹은 벳푸(別府)에도 몇 번인가 여행을 했다. 그렇지만 그것은 모두 사용(社用)이거나 상용(商用)으로 간 것이어서 온천치료나, 정양을 위해 간 것은 아니었다. 그래서 하룻밤이나 이틀 더 많이 머문 적이 없었다.

옹은 술회하여 "5~60이 되면 상속을 하고 은둔생활을 하는 예가 많이 있는데, 이들은 활동할 수 있는 여력이 있어도 안일을 위해서 세상을 버리는 것과 다름없다. 외람되지만 메이지천황도 붕어하실 때까지 모든 일들을 직접 다 하셨다. 그렇게 하셨는데 70, 80에 노쇠하다고 은퇴할 수 있겠는가. 목숨이 있는 한 분투노력하여 몸을 세우고, 집을 일으키고, 사회 공공을 위해 진력하여 성은에 보답하지 않으면 안 된다"라고 했다. 이것이 옹의 가슴에 있는 신념이었고, 일생 이것을 마음속에 간직하면서 실천했다.

겸양(謙讓)

옹은 지극히 겸손한 덕을 갖춘 사람이었다. 조금도 뽐내지 않는 낮은 자세의 사람이었다. 전화 등이 걸려오면 반드시 옹이 직접 전화를 받았다. 또 전화로 "지금 댁으로 찾아뵙고 싶은데 괜찮으십니까?"라고 하면 아무리 일이 있어도 "오십시오"라고 승낙을 했다.

방문객은 몸이 조금 아파도 만났는데 귀천친소 구별이 없었다. 또 도중에 지인을 만났을 때에도 어떤 사람이라도 정중하게 인사를 건넸다.

평양 도청의 호리(堀)라는 산업주사는 옹과 막역한 사이였는데 다음과 같이 말했다.

"옹은 도청에 와도 지사나 부장에게 물으면 끝나는 것이라도 자주 우리들에게까지 와서 내용에 대해서 어떤가라고 물으시는 일이 있었습니다. 그렇게 조사하기 때문에 자세한 점까지 파악하고 있었습니다. 일요일이어서 사무소에 사람이 없을 때는 우리들 사택까지 인사하러 들리셨습니다. 이러한 것은 큰 인물이 아니면 쉽게 할 수 있는 일이 아닙니다."

또 당시 도청 산업과장이었던 이기방(李基枋) 씨는 옹과 지극히 친밀한 사이였는데 다음과 같이 말했다.

"전라북도 지사 김단규(金瑞圭) 씨는 도 참여관 당시부터 매우 옹을 존경했습니다. 그는 한학에 조예가 깊은 인격자였는데 항상 얘기할 때 자신은 도미타 씨와 같은 사람이 되고 싶고, 도미타 씨는 겸손의 덕을 갖춘 인격자라고 했습니다. 더구나 일본인 조선인을 구별하지 않는 친절한 사람이어서 나는 정말로 그 인격을 존경하고 있습니다."

젊은 기운

모리 고이치(森悟一) 씨는 평안농공은행 지배인으로서 진남포에 재직한 것은 1909년이었다.

그 무렵, 지역 유지들이 연회를 베푸는 일이 자주 있었다. 나이든 사람들은 아무래도 그 자리를 끝으로 돌아가지만, 젊은 나카노(中野) 부윤, 가케이(掛井) 조선은행지점장, 오오카(大岡) 의학사(大岡育造 씨의 동생), 모리 씨 등은 으레 2차를 가는 것이 통상적이었다. 나이로 보아 돌아갔어야 할 도미타 옹이 마치 약속이라도 한 듯 그 자리에 불쑥 얼굴을 내밀고, 젊은 사람들과 함께 여흥을 즐겼다. 그것도 언제나 정해져 있는 것처럼 갔기 때문에 젊은 사람들도 이상하게 생각했다.

그래서 도미타 부인은 신경이 쓰여 "젊은 사람들 자리에 노인이 섞이는 것은 모두가 싫어 할 거예요"라고 말했다.

"무엇 때문에 젊은 사람들의 2차 모임에 나이든 당신이 방해를 합니까? 마시지도 못하는 술을 2차까지 가지 않아도 되잖아요"라고 부인이 묻자 옹은 "나는 나이가 들었긴 하지만 아직 살아 있다. 활동하지 않으면 안 된다. 활동을 하려면 젊은 기운이 필요하다. 젊은 사람들은 술을 마시면 반드시 젊은 혈기로 앞으로의 전도를 말하기 때문에 장래의 희망을 애기하며 서로 기운을 돋구워 준다. 그 젊고 활기 넘치는 기운, 희망에 넘치는 분투적 기운이 뭐라고 말할 수 없이 좋아. 그래서 나는 그 젊은 기운을 사러 가는 것이다."

"그런 이유이니 말리지 말아 줘"라고 옹은 오히려 부탁을 했다.

어느 날 도미타 부인이 모리 부인 집을 방문했을 때 이야기한 적이 있다.

도미타 부인은 모리 부인에게 "그런 이유이니 언제 모리 씨께서 이것을 말씀드려, 적어도 모리 씨만이라도 남편의 기분을 알아 주셨으면 합니다. 지금까지는 필시 노인의 주책이라고 생각하셨을 것인데 부디 나쁘게 생각하지 말아달라고 전해주십시오"라고 했다.

이것을 들은 모리 씨는 정말로 감탄을 했다. 옹이 노구임에도 항상 원기 발랄하게 활동하는 모습을 보여주는 것은 그러한 마음가짐이었다는 것을 뜨겁게 느꼈다.

모리 씨는 곧, 그것과 반대로 젊음 사람이 일을 하는데 있어서 젊은 혈기로만은 안 된다. 깊은 생각을 가지고 일을 한다는 것은 젊은 사람으로서 또 필요한 것이라고 깊이 느끼고, 옹이 모범으로 삼는 '젊은 기운' 그것에 힌트를 얻어 '원숙한 기운'을 키우려고 노력했다고 한다.

이것은 훗날 조선저축은행 이사를 지낸 모리 고이치 씨의 생전의 실화이다.

도보주의(徒步主義)

옹은 어떠한 경우라도 걸어서 다녔고, 쉽게 차를 타지 않는 사람이었는데 유일하게 기차를 탈 때만은 정류장까지 차를 타고 갔다.

친분이 있는 신 다츠마(進辰馬) 씨가 어느 날 옹에게 "당신의 도보주의도 좋지만 모임 등에 차를 타지 않아 늦어지는 경우가 있으면 다른 사람에게 폐를 끼치게 되니 그런 경우에는 차를 이용하는 편이 좋지 않겠습니까"라고 충고를 했다. 그러자 옹은 "아니, 그것은 약속 시간에 늦지 않으면 되지 않겠습니까"라고 하며 그것도 끝내 마다했다.

가슴에 남수포장이 없다

1912년, 옹이 남수포장을 받으셨을 때, 일단 도청에서 정식으로 수여식이 성대하게 행해졌다. 현품은 그대로 진남포 부윤이 들고 돌아갔다. 날이 바뀌어 옹을 민단 사무실로 불러 그것을 건네었다. 그때 훈장은 나카노 부윤이 옹의 가슴에 달아주었는데 옹은 그대로 나와 농공은행 지배인인 하야시 씨에게 인사를 하러 갔다.

"저는 이런 것을 받을 자격이 없습니다만 여러분 덕분에 이런 것을 받게 되었습니다" 하고 모리 씨에게 인사하는 것까지 좋았는데 모리 씨는 "도미타 씨, 훌륭하십니다. 축하드립니다. 대체 그 남수포장이라는 것은 어떤 것입니까?", "이겁니다"라고 옹은 오른손으로 왼쪽 가슴을 가리켰다. 그러나 그 가슴에는 아무것도 없었다.

"도미타 씨, 아무 것도 보이지 않는데……."

"아니, 여기에……"라고 그때서야 자신의 가슴을 내려다보니 "앗! 어디 떨어뜨렸나……. 이것저것 받을 자격이 없는 사람이 받으니까 이런 일이 생기는 겁니다. 할 수 없죠"라고 태연히 말을 했다.

이번엔 오히려 모리 씨가 조바심을 내면서 바로 사환을 민단 사무실로 달려가게 했는데 사환이 열심히 돌아다니며 민단 사무실 출입구 주변에 떨어져 있는 것을 찾아 왔다.

"이거 수고를 끼쳐서……. 대체 받을 자격이 없는 사람이 받아서 이런 일이 생긴 듯……. 그러나 있어서 우선 다행이다. 하하하……"라고 가슴 쓸어내리며 기뻐한 일이 있다.

옹의 애향심

1930년 8월 30일 아침, 진남포행 기차 안에 간사이(關西)지방 사투리를 쓰는 사람 한 무리가 있었다. 그들은 도미타 씨 장례식에 참석하기 위해 멀리 옹의 고향인 나카타니 촌에서 온 촌장과 그 일행이었다.

그 사람들은 슬픔에 젖은 얼굴로 말했다.

"우리 마을에서는 27일 밤늦게, 도미타 기사쿠 씨의 부보를 접했는데 마을에서는 이전에 없었던 일로, 한밤중에 임시총회를 열어서, 서둘러 결의를 하고, 대표를 정해 옹의 장례식에 참례하고, 유골의 분골을 받기로 결의했습니다. 우리들이 대표가 되었기 때문에 그날 밤 서둘러 오사카 역으로 가서 겨우 여기까지 올 수 있었습니다. 화장이라 생각하고 분골을 받아 갈 생각으로 왔는데 토장이라고 해서 예상이 빗나갔습니다."

옹은 극진히 고향을 생각하는 사람이었다. 젊었을 때 키워 준 은혜를 생각하고, 오늘날 자신이 있는 것은 양친 덕분인 것은 물론이고, 또 고향 덕분이라고 하여 나카타니 촌에는 기회가 있을 때마다 금품을 기증하여 마을의 번영을 꾀하는데 노력하였다.

지금 나카타니 촌의 촌장이 일부러 고향사람들의 대표와 함께 진남포까지 왔다고 하는 것은 마을로서는 정말로 쉽지 않은, 이전에 없었던 일임에 틀림없다. 그 정도로 옹은 고향사람들로부터 사랑을 받았다. 그만큼 옹은 고향을 위하여 진력을 다했다.

옹이 토장할 것을 유언한 이유는 조선은 절대로 화장을 하지 않는 나라이고, 만약 만일이라도 화장을 하게 되면 그것이야말로 대소동이 일어날 것이라 짐작할 정도로 옹이 조선의 습관을 잘 알고 있었기 때문이었다. 이 풍습에 순응하여 자신을 토장해 달라고 유언을 남겼다. 죽은 후까지도 조선을 사랑하는 마음을 남기고 떠나셨다.

옹과 상공학교(商工學校)

진남포의 상공학교116)는 나카무라 세이시치로(中村精七郎)가 수십만 원을 기부하여 건설한 학교로 설립이후 츠치야 다다츠구(土屋忠次) 씨는 교장으로 임명되어 실업방면 생도를 양성해 왔다.

옹은 이 학교설립 당시부터 음으로 양으로 지원했다.

이 상공학교는 처음 을종(乙種)제도로 수업연한이 3년이었다. 1925년 봄, 갑종(甲種) 5년으로 승격 지원서를 출원했다. 원래 이런 종류의 출원은 웬만한 것으로는 허가가 나지 않는데 옹의 노력으로 바로 승격 허락을 얻었다.

어느 날 이 학교의 츠치야 교장이 생도들의 장래를 걱정하여 "이 상공학교에는 기계과가 있는데 옛날 방식 그대로라 진보하는 사회의 수요에 따라갈 수 없는 안타까움이 있습니다. 즉 한발 뒤처져 있는 것이지요. 지금 사회 추세를 견주어 보아 그 수요에 적응할 수 있는 기술을 양성할 필요가 있습니다. 그러기 위해서는 자동차부를 설치하여, 그 원리와 기술을 가르쳐 보고 싶은데 어떻게 생각하십니까?" 하고 의논을 하러 왔다.

옹은 이것을 듣고 크게 공감하여, 기부금을 모으는 일에 착수했다. 그런데 당시 불경기가 만연하여 기부금은 생각처럼 모아지지 않았다.

그래서 옹은 이대로는 안 되겠다고 생각하여, 바로 도청과 교섭했다. 그렇게 도의 양해를 얻어 중고 자동차 한 대를 받고, 한 대는 새것을 구입하여 두 대를 가지고 연구에 충당하기로 했다.

이렇게 해서 졸업까지 원리와 기술을 잘 익히게 했다. 그 결과 갑자기 졸업생들의 주목을 받아 그 이후 좋은 취업 성과를 올렸다.

---

116) 1916년 3월 창립된 공립학교이다(『진남포』, 진남포통신사, 1933년, 14~15쪽).

선우구락부(船友俱樂部)

진남포에는 크고 작은 많은 배들이 출입하는 관계상, 선원이 많이 살고 있었다. 이 사람들은 봄부터 가을까지 취항하는 계절은 몹시 바쁘지만 바다가 어는 동계는 한가하여 거의 일이 없었다. 역시 너무 길게 놀면 그 놀이도 좋은 것만 하는 것이 아니다. 그 중에는 게으름에 빠지거나, 도박을 한다거나 하는 폐해가 자연스럽게 동반되었다. 옹은 이것을 우려했다. 그래서 진남포에 선우구락부라는 것을 설치하여, 바둑, 장기, 당구 그 외에 다양한 설비를 하여 선원들의 오락기관으로 하고, 또 기회를 만들어 명사의 강연을 듣게 하여, 놀고 있는 선원들의 기풍을 선도하려고 했다.

지극히 이상적이고 시기적절한 풍기 개선 시설이었다. 그것이 약 2년 정도 계속되었다. 그 후 점차 융성해지려고 할 때 구락부에 불미스러운 일이 있어 그것이 원인이 되어 끝내 폐지된 것은 안타까운 일이었다.

제4조합

옹의 부인 다미코 씨가 1919년 53세의 일기로 돌아가셨다. 그 장례식에 각 방면의 사람들로부터 보내온 조화, 방생용 새, 과자, 깃발 등의 공물(供物)이 굉장히 많았다. 문상기간에 조문객이 방 가득 물려들어 이런 공물들은 집에 둘 수 없어 뜰에 내 놓는 형국이 되었다.

옹은 이 모습을 보고, 친한 사이였던 부회(府會) 의원인 이타미 요시히라(伊丹儀平) 씨에게

"여러분들이 보내 준 새와 깃발 등의 공물이 너무 많은데 이것은 우리들이 평소 갖고 있는 검소한 방침과 어울리지 않네. 요란한 치장 같네. 지

금 힘든 생활을 하는 사람도 많이 있는데 그 사람들에게도 폐를 끼치는 일이 되는 것이네. 이것들은 어떻게든 처리해 주었으면 하네.”

“지당한 말이네. 사실 나도 그렇게 생각하고 있었네. 이 모습은 당신의 평소 검소한 방침과는 맞지 않네. 부디 취지에 맞게 비용이 들지 않도록 생각해 보세.”

“이 공물들은 현금으로 하면 3천 엔 정도 되는데 나중에는 대개 남지 않는 헛된 것이 되네. 이러한 것은 정말 쓸데없는 것이 되네”라고 둘이서 이야기를 했다.

그것이 동기가 되어 하나의 조합을 조직했다. 그 무렵 옹도 이타미 씨도 주택이 부 안의 제4조에 속해 있었다. 그 4조의 유지들이 모여서 절약이라는 방침 하에 제4조합을 만들고 그 규약으로서 먼저 조합원의 친목을 지향하고, 그 다음에는 경조, 상호방문, 근검실행을 하는 것으로 생각을 모았다. 돈으로 내어야 할 때는 모두 조합에서 돈을 내어 조의금은 10엔 이내, 송별선물은 1엔 내지 5엔, 그 외에 아주 적은 돈으로 필요한 곳에 돈을 내기로 했다. 그래도 지출이 적었기 때문에 남는 돈이 많았다. 그것이 모여서 3백 엔 정도가 되었다. 그때부터 좀 더 기부를 모아 기금으로 하고, 그 이자로 조합을 유지하자고 협의를 하여 기부금을 모았더니 350엔 정도 모였다. 먼저 적립금과 합쳐 650엔이 되었다. 그때부터 한동안은 이자만으로 조합을 유지했는데 점점 적립금이 증가해서 900엔 정도가 되었다.

그렇게 하면서 1929년을 맞이했다. 원래 이 조합은 생활이 곤란한 사람들이 많은 시대에 기획되었는데 이 무렵이 되자 진남포도 생활이 많이 좋아져 마을 내에도 옛날처럼 생활이 곤궁한 사람이 적어졌다. 그래서 이제는 조합의 존립 필요성도 없어져서 조합원의 합의하에 해산하기로 했다. 해산에 즈음하여 출자자들에게는 출자액에 따라서 환부하고, 기념품을 증정하여 오늘까지의 노고를 치하했다. 그 결과 3백 엔 정도가 남았는

데 그것은 도미타 옹이 기부한 묘지에 사용하도록 진남포부에 기부하기
로 했다.

옹과 해시상회(海市商會)

고려자기 부흥에 노력한 사람은 진남포에서는 도미타 옹, 경성에서는
해시상회 주인인 우미이 벤조(海井辨蔵) 씨였다. 두 사람 다 조선 고대미
술 복원에 진력한 공로자였다.

우미이 씨는 장충단(奬忠壇)에 공장을 만들고, 고려자기 복원에 힘을
다하여, 사업 그 자체로 말하면 상당히 성공한 사람이었다. 그는 또 도쿄
니혼바시(日本橋)에도 상점이 있었다. 그런데 1923년 대지진으로 도쿄의
가게가 아무것도 남기지 않고 허물어져 버렸다. 경성의 해시상회 사업과
병행하여 도쿄 가게 회복을 꾀했지만 아무래도 양립하는 것은 불가능했
다. 어쩔 수 없이 경성을 떠나 오로지 도쿄 상점 경영에만 매달리지 않으
면 안 되었다. 그래서 경성 공장은 매각 아니면 폐쇄라는 기로에 섰다.

그러나 원래 미술 복원이라고 하는 대국에서 영리를 도외시하고, 많은
희생을 치루며 고심 경영해 온 사업이었다. 채산이 맞지 않는 공장을 매
수하려고 하는 유지가 쉽게 나타나지 않았다. 그렇다고 해서 이대로 폐쇄
휴업을 하는 것은 다년 고심하고 연구 노력해 온 지금까지의 성과가 전부
허사가 되어 버려 정말 아쉽고 안타깝다고 생각했다. 뿐만 아니라 매각에
의한 자금 조달의 길이 막혀 도쿄 가게 정리에도 지장을 미칠 우려가 있
었다.

아무리 노력해 봐도 방법이 없었다. 우미이 씨는 생각 끝에 동업자인
도미타 씨를 방문하여 지금까지의 경위를 말하고 "각 방면을 돌아다녔지
만 아무래도 인수할 자가 없어 걱정입니다"라고 의논을 했다.

옹은 자세하게 우미이 씨의 곤란한 상황을 듣고, 진퇴 어느 쪽도 방법이 없다는 것을 알고, 몹시 동정했다.

"설비, 원료, 제품 등 모두 얼마 정도 생각하고 있습니까?"

"네, 설비, 원료, 제품 전부를 합산하면 약 2천 엔 가량입니다만 지금의 경우로서는 그 정도가 아니라도 괜찮습니다. 적당한 가격으로 인수할 자가 있었으면 합니다."

옹은 고심하는 듯 했는데 곧 "말씀을 들으니 정말로 힘드시겠습니다. 제가 인수하겠습니다. 당신의 혼이 깃들어 있는 저 가마의 불은 결코 꺼지지 않도록 할 테니까 안심하고 도쿄의 가게를 일으키십시오. 그쪽 가게가 다시 일어나고 정리의 윤곽이 잡히면 다시 돌아오십시오. 언제라도 이대로 인계하겠습니다"라고 동업자의 곤궁한 상태를 진심으로 동정했다.

"……그리고 당신의 견적은 일체 2천 엔이라고 말했는데 당신도 경비가 많이 필요할 시기이므로 5천 엔으로 해서 양도받겠습니다."

우미이 씨는 "에엣! 5천 엔이나……"라고 자신의 귀를 의심할 정도였다.

"그것은 그것은 너무 과분합니다……."

"아니 힘들 때는 누구라도 같습니다. 사양하지 마십시오. 이대로 계약을 합시다."

"뭐라 드릴 말씀이 없습니다. 그렇게 말씀해 주시니 고맙게 받겠습니다."

여기서 뜻밖의 운이 따랐다며 정말 기뻐하면서 도미타 옹의 따뜻하고 고마운 정에 감격의 눈물을 흘렸다.

우미이 씨의 절박한 운명은 옹의 동정에 의해 소생했다. 그리고 우미이 씨는 도쿄 가게 운영에 전심몰두 할 수가 있었다.

계약 후 공장이 도미타 옹의 경영으로 넘어왔을 때 옹은 경성부의 신문잡지 대표자 수십 명을 요리집인 경희구(京喜久)로 초대하여 피로연을 겸하여 장래 방침에 대해서 간담회를 열었다. 내빈객 대표로서 세키오 도호(釋尾東邦) 씨가 답변을 한 후에 우미이 씨가 일어나 도미타 옹이 자

신의 곤란한 상황을 원조해준 정에 대해서 정중하게 눈물 섞인 감사의
말을 했다.

금산포에서 옹의 덕망

조선인은 선조 묘지를 소중히 하고 숭배하는 습관이 있다. 만약 자신의
조상 묘지가 훼손되었을 때는 그 묘지 주인은 굉장히 격분하여 "살아 있
는 우리에게 곡괭이질을 해라"라고 울부짖는다.

또 자신의 힘으로 감당하기 힘들 때에는 전문 무뢰한을 부탁해서라도
대항한다. 그 점은 일본인들이 가지고 있는 묘지에 대한 관념과는 상당한
차이가 있다. 이장할 때에는 방위방각을 보고 방위가 적당한 곳에 묻는
것이 부모에 대한 마지막 효행이라고 믿는다. 그렇게 치밀하게 묘지를 선
정하지 않으면 가계가 절멸된다는 관념이나 습관이 있어 이장 후에 유족
들의 병, 재난이 있을 경우에는 다시 점을 쳐서 불길하다면 다시 이장을
했다. 그것을 몇 번이나 되풀이한다. 그렇게 조선에서는 조상의 묘지를
소중히 여기는 민족적 습성이 있다.

금산포, 은율 광산에는 다수의 묘지가 점재해 있었다. 옹이 광산 채굴
을 시작했을 때는 그 묘지를 발굴하여 굉장한 항의를 받았다. 그렇지만
얼마가지 않아 다수 묘지를 발굴하게 되어도 문제를 제기하는 자가 없어
졌다. 더구나 옹의 덕을 기뻐하고 금산포, 은율, 장련 일원의 갱생의 은인
이라고 말해질 정도로 부락민으로부터 존경과 흠모를 받은 것은 옹의 인
격이 그렇게 만든 것이라 말할 수 있다.

옹과 친교가 있었던 진남포 실업가 윤기원(尹基元)[117] 씨는 "옹이 금산

---

117) 진남포 출생으로 1904년 러일전쟁 때 제2사단 사령부에 부속되어 육군통역관으로
　　활동했다. 양조회사 三和商會를 경영하면서 자본을 축적했으며, 주식회사조선평안

포 은율 지방에 가면 '도미타 공(富田公)이 오셨다'라고 하여 마치 왕이라
도 납신 것처럼 야단스럽게 환영합니다. 그것은 형식적인 것이 아닙니다.
진실로 환영하고 진심으로 반갑게 맞이했습니다. 아마 어떤 고위 관료가
와도 그 정도의 존경과 환영을 받는 사람은 없을 것입니다. 마치 이 일대
의 왕과 같습니다"라고 말했다.

덧붙여 '공(公)이라고 하는 것은 조선에서는 최고의 경칭이다.

덕은 외롭지 않다

조선 아동에게 공덕심(公德心)이 결여되어 있는 것은 놀랄 정도이다.
조선에서 매년 4월 3일 기념식수가 행해지는데 진남포에서도 관민합동
으로 연대산(煙臺山)의 지세를 보고, 각종 나무 묘목을 심어 녹화 선전하
는 것이 보통이었다. 그런데 조선의 아동은 사람들이 돌아가는 것을 기다
렸다가 모처럼 심은 묘목을 모두 뽑아 버리는 것이었다.

이렇게 자연보호 관념이 결여된 조선 아동들도 삼화농원 나무만큼은
의외로 해를 가하지 않았다. 꽃이나 가지를 꺾는 일도 거의 없었다. 이것
은 아이들 마음에도 옹의 덕화가 퍼진 것이라고 생각된다.

일전에 조선에 송모충(松毛虫)이 발생한 적이 있었다. 그때 삼화화원
나무에도 발생했다. 모처럼의 풍경을 망치게 해서는 유감스러운 일이니
이것을 학교 생도들에게 잡게 하면 어떻겠는가 하고 부(府)의 유력자와
의논을 했다. 그래서 부내의 중등학교가 의논을 하여 날짜를 나누어서 생

철도(1936년 10월 설립, 진남포 상와초에 본점)의 대주주였다. 1930년 진남포부회
의원으로 당선되었고, 1935년 5월 부회 교육부 제2部會 副會長으로 취임했다. 또한
1932년 이후 진남포상공회의소 의원으로 활동했는데 常議員(1933년 4월), 부회두
(1935년 4월 이후)를 역임했다(『전선상공회의소발달사』, 제13 진남포부편, 부산일
보사, 1936, 38쪽).

도들에게 삼화공원 송모충을 잡게 한 적이 있었다. 이것은 3년 정도 계속되었다.

"그때 생도들의 태도를 보니 어느 한 사람 싫다고 하는 표정을 짓지 않았고, 모두 기꺼이 해충 잡이에 나가 열심히 잡았는데 이것도 옹의 덕이 그렇게 만든 것이라 말하지 않을 수 없다"라고 한 것은 진남포 상공학교장 츠치야 다다츠구(土屋忠次) 씨이다.

정말로 덕은 외롭지 않다는 말 그대로이다.

옹의 부음과 이치카와(市川) 씨

이치카와 고지로(市川幸次郎) 씨는 삼화은행 전 지배인으로 옹의 은혜를 입은 사람이다. 옹의 서거 때는 공교롭게도 지병인 치질로 힘들어 하면서 누워있을 때 옹의 부음을 접했었다.

유해가 27일 밤 진남포로 향한다는 것을 듣자마자 바로 유해를 따라 진남포로 가서 장례식에 참석해야 한다며 병을 무릅쓰고 여행 채비를 했다. 그때 친구 요시다(吉田) 씨 역시 진남포로 가는 길에 그를 만나서는 깜짝 놀랐다. 사정을 듣고 당연하다고 생각했지만 "자네 마음은 충분히 이해가 되지만 이런 상태로는 갈 수 없네. 무리를 해서 도중에 더욱 힘들어지면 어떻게 할 셈인가"라고 주의를 주었다. 그래도 "고맙네. 이래저래 모두 생각해 봤네. 그러나 나는 도중에 죽어도 상관없네. 도미타 씨의 은혜를 배신하는 일은 할 수 없네. 함께 가겠네"라고 비장하게 말했다.

요시다 씨도 이것을 말릴 수는 없었다.

그래서 같이 영구를 따라 진남포로 향했다. 30일까지 격심한 통증을 참으면서 그날의 장례식에 임했다. 장례식 중간쯤에 이치카와 씨는 점자 안색이 변해갔다. 친구 요시다 씨는 보기 힘들어 식이 끝나자마자 경성으로 돌아가게 했다. 돌아간 후 이치카와 씨는 바로 의사의 진단을 받았고, 절개수술이 필요하다 해서 그 자리에서 바로 입원하여 치료를 받았다.

옹의 관용

옹은 결코 다른 사람에게 원성을 듣는 사람이 아니었지만 그래도 간혹은 옹의 마음을 오해하기도 하고, 또는 어떤 관계에서 옹에게 적대하는 일도 가끔 있었다. 그러한 경우에도 옹은 그 사람에게는 오히려 정중하게 대할 정도였다.

옹은 항상 "인간에게 나쁜 사람은 없다. 또 비록 나쁜 사람이라 해도 만나거나 부리거나 하는 사이에 선한 인간이 된다"라고 말하고 마음에 담아두지 않았다.

옹은 또 곤란한 상황에 있는 사람을 보면 그것을 모른 척하지 않았다. "힘드니까 좀 도와주세요"라고 부탁을 받으면, 싫다고 하는 일은 없었다. 1개월이라도 2개월이라도 자신의 집에 머물게 하여 친절하게 대하고, 일할 곳을 찾을 때까지 돌보아 주었다.

그렇게 하니까, 가게나 광산 사무소에는 언제나 3, 4명 정도 몸을 의탁하고 있는 자가 있었다. 그러한 사람들이 옹의 알선으로 적당한 직장에서 자활할 수 있게 되는데 그 중에는 은혜를 원수로 갚는 괘씸한 일을 저지르거나, 도망을 가거나 하는 불한당 같은 자도 있었다.

이러한 경우에도 옹은 결코 그 사람을 책망하는 일이 없이, 어디까지나 따뜻한 마음으로 돌보아 주었다. 바다같이 넓은 도량이었다.

옹이 주재하고 있던 삼화은행 행원에 이수문(李秀文: 가명)이라는 청년이 있었다. 그는 일본에서 유학한 수재로 정직하고 수완가로서 옹의 신임이 두터웠다. 그런데 어떤 동기에서인지 그는 적지 않은 은행돈을 개인적으로 썼다는 사실이 발각되었다. 중역들은 협의를 하여, 이것을 표면화시키면 은행 신용에 관련되니 사용한 돈을 갚게 하고 그를 파면하는 수순을 정하고 도미타 이사의 결정을 요구했다.

그 서류를 받은 도미타 이사는 "오늘 저녁 그 청년을 우리 집으로 오라고 말해 주십시오"라고 모 이사에게 말했다.

자택에서 근신중인 청년은 그 날 저녁 두려워하면서 도미타 씨 댁을 방문했다. 옹은 평소와 조금도 다름없는 온화한 얼굴로 그를 맞이했다. "은혜를 배신하여 죄송스러울 뿐입니다. 부디 용서해 주십시오"라고 부끄러움과 자책으로 떨면서 그는 제대로 인사도 못했다.

옹은 그와 이야기하면서 그가 진심으로 반성하고 있다는 것을 알아차렸다. 그리고 그가 홀어머니의 외아들로 효심이 깊다는 점과 그 모친이 병중이라는 것을 이미 듣고 있어서, 몹시 동정하면서, 어떻게든 진정으로 회개시키고 싶은 마음에 여러 가지 정리(情理)를 다하여 타이른 옹은 "자네, 어떤가? 충분히 반성했는가?"라고 답을 재촉했다. "네, 그것은 말씀하실 필요가 없습니다. 다시는 그러지 않겠습니다."

그래서 옹은 다시 "그러면 이번만큼은 표면화하지 않고 내밀히 끝내겠네. 파면하지 않겠네. 언제나처럼 출근하시게. 사용한 돈은 내가 내놓도록 하겠네. 어머님이 걱정하실 테니까 빨리 돌아가서 안심 시켜드리게"라고 했다. 뭐라 할 수 없는 고마운 처사였을 것이다. 그는 "뭐라 드릴 말씀이 없습니다. 은혜는 결코 잊지 않겠습니다"라고 그저 고개를 숙이고 감사의 눈물만 흘릴 뿐이었다.

다음날 그 청년은 평소대로 은행에 출근을 했다. 그 이후 그는 10년을 하루같이 옹의 은혜에 보답하려는 듯 정직하고 열심히 일하여 은행의 신용도 이전보다 훨씬 더 두터워졌다.

옹의 서거 때, 그는 부모님이 돌아가셨을 때보다 더 한탄하고 비통해

했다고 한다.

요시카와 데이지로(吉川貞次郎: 가명)라는 사람은 옹의 도움을 받고
옹의 아래에서 일했던 사람인데 그 사이 뭔가 비리가 있어 도망을 갔다.
1919년 여름이었다.

어디를 어떻게 방랑했는지 그 후 1년 정도 지나서 너무나도 초라한 모
습으로 다시 옹의 눈앞에 나타났다. 그리고 옹의 소매를 잡고 전죄를 사
죄하고 용서를 빌었다. 옹은 온화한 얼굴로 이 사람을 맞이하였고, 전죄
에 대해서는 한 마디도 묻지 않았다. "그러면 다시 여기서 일하도록 하게"
라고 기분 좋게 답했다.

그 후 요시카와는 다시 도미타 가에 입주하여 충실하게 일을 했다. 그
런데 그것은 처음뿐이었고, 이 일이 있고 나서 1년 정도 지났을 때 그는
다시 갑자기 모습을 감추었다. 그 뒷면에 부정한 행위를 남긴 것은 말할
필요도 없다. 그렇지만 옹은 어찌되었던 쓸데없이 따지거나 하지 않고 불
쌍한 사람으로 그를 걱정하셨다.

그 다음해 2월경이었다. 옹은 오사카로 가는 도중 부산역에 하차하여
배를 기다리고 있을 때 갑자기 초라한 행색의 사람이 옹 앞에서 머뭇거리
며 인사를 했다. 그는 요시카와였다.

요시카와는 지금 부산에 있는데 이렇다 할 일거리가 없어 곤궁한 상태
였다. 거듭 부정한 일을 한 것에 대해서 사죄를 한 후에 "그리고 뭐라고 말
씀드릴 형편은 아닙니다만 돈을 조금 빌려주시지 않겠습니까?"라고 하
는 것이 아닌가. 옹은 약간의 지폐를 종이에 싸서 "적지만 이것으로 우선
생계에 도움이 되게 하고, 또 몸을 일으킬 수 있도록 하시게. 그리고 무엇
이든 하루하루 장사를 하는 것이 좋을 것이네"라고 장래까지 걱정하며
타일렀다. 성실하지 못했던 요시카와도 애증을 넘어선 옹의 온정에 "감
사합니다. 이 은혜 결코 잊지 않겠습니다"라고 하면서 두 손을 모아 엎드

려 절하면서 감사해 했다.

옹과 헤어져 집에 돌아와 접은 종이를 펼쳐보고 요시카와는 더욱 놀라고 기뻐 뜨거운 눈물을 흘렸다. 접은 종이 안에는 뜻밖에도 십 엔짜리 지폐가 20장이나 들어 있었다. 그는 넓은 바다와 같은 옹의 태도에 감읍했다고 한다.

도미타 가에서 일했던 도요니시 신조(豊西信蔵)라는 사람이 있었다. 1920년 봄, 그 또한 부정을 저지르고 끝내 도미타 가를 스스로 떠났다.

다음해 1월 경, 그는 쇠락하여 그날그날 떼거리조차 곤란한 상황에 병까지 걸려 어떻게 할 수가 없어 옹에게 편지로 궁핍한 상태를 호소하면서 50엔 정도를 빌려줄 것을 요구했다.

옹은 그 편지를 읽고 측은한 마음을 숨길 수 없었다. 곧바로 그를 병문안하러 갔다. 그때가 벌써 밤 10시경이었다. 바람을 무릅쓰고 편지에 쓰인 주소에 의지해서 용정리(龍井里) 여기 저기 그의 집을 찾았지만 찾을 수가 없었다. 그러는 사이에 수도산(水道山) 북쪽 기슭 좁은 골목에 공동 우물이 있는 곳(이 우물은 지금도 있다)에서 얼어붙은 빙판에 미끄러져 다치고 말았다. 밤도 깊었고, 허리 통증도 참을 수 없어 그날 밤은 집으로 돌아왔다.

그 다음날 사과 과수원 주임 마츠모토 신조(松本深三) 씨를 불러 지난밤의 사정을 얘기하고, "도요니시가 상당히 곤궁한 것 같네. 어디에 있는지 당신이 가 봐 주시게. 그리고 만약 정말로 힘든 상황이라면 이것을 건네주고 오시게"라고 하면서 50엔을 종이에 싸서 마츠모토 씨에게 맡겼다.

마츠모토 씨는 그 길로 용정리에 있는 도요니시 집을 찾아가, 겨우 그를 만날 수 있었다. 그는 정말 더럽고 누추한 온돌방에 얇은 이불을 덮고 자고 있었다. 그리고 심각한 각기병으로 움직이는 것도 자유롭게 할 수 없어 정말로 힘든 상황에 처해 있다는 사실을 알았다.

그래서 마츠모토 씨는 도요니시에 대해서 "도미타 씨가 말이지…… 자네가 힘들어 한다는 것을 굉장히 걱정하면서 자네가 보낸 편지대로 50엔을 보내셨네"라고 옹에게서 받은 종이에 싼 돈을 건네었다.

그는 "엣?" 하고 감격의 눈물부터 흘렸다. 의리를 저버린 자신에게 설마라고 생각했던 돈이 따뜻한 온정으로서 자신에게 온 것이었다. "과분할 따름입니다" 하면서 받았다.

그리고 마츠모토 씨는 어제 저녁 도미타 옹이 병문안하러 왔다가 도중에 우물 근처에서 미끄러져 다쳤다는 애기를 전하자 굉장히 놀라고 황송해하면서 옹의 끝없는 뜨거운 온정에 감사하면서 "저는 먼저 은혜를 배반하고 부정을 저지른 자입니다. 그럼에도 불구하고, 이렇게 친절하게 해주시는 것에 대하여 뭐라고 드릴 말씀이 없습니다. 지금 이 은혜는 돌아가신 아버지를 생각하게 합니다. 사장님이 아버지같은 기분이 듭니다. 부디 사장님께 감사하다고 전해주십시오"라고 했다고 한다.

진남포의 실업가 중 츠모리 추이치(津守忠一) 씨는 일찍이 도미타 옹의 오른팔이 되어 진력한 사람이었다.

그는 1930년 4월부터 상용으로 중국 각지를 여행하고 5월말에 돌아왔다. 도중 텐진(天津)에서 친구 황문신(黃文臣)을 방문했을 때 "옥(玉) 모씨라는 조선인을 알고 있는가? 남포 사람이라고 하던데……"라고 물었다. 옥 모씨란 진남포 사람으로 일찍이 어느 폭동사건에 연좌되어 1년 정도 형을 살았던 사람이었다. 만약 그 사람이라면 일전에 도미타 옹의 가게에서 근무한 적이 있는 청년이기 때문에 츠모리 씨도 잘 알고 있었다.

"그 사람은 무역상으로서 굉장히 성공했는데, 남포의 일본인이 오면 만나고 싶다고 항상 그렇게 말하더군. 나하고도 친하다네. 자네에게 소개해 주겠네"라고 해서 츠모리 씨도 반가움과 호기심에서 만나 볼 마음이 생겼다.

그래서 다음날 오전 두 사람은 옥 모씨를 방문했다. 가게를 당당하게 갖춘 무역상이었다. 응접실로 안내되어 조금 기다리니 옥 모라는 사람이 나왔는데 정말 츠모리 씨가 아는 사람이었다.

서로 기우(奇遇)를 기뻐하면서 인사를 서둘러 끝낸 옥 모씨는 "도미타 씨는 별일 없으십니까? 저는 도미타 씨에게 굉장한 도움을 받았었지요. 오늘 이처럼 성공한 것도 모두 도미타 씨 덕분입니다."

그래서 츠모리 씨는 도미타 옹의 근황을 자세하게 전해 주니 너무 기뻐했다.

"도미타 씨는 훌륭하신 분입니다. 저는 어떻게든 한번 뵙고 인사를 드리고 싶었는데⋯⋯."

"진남포로 오십시오."

"그것이⋯⋯ 어려워서⋯⋯"라고 슬픈 듯이 말했다.

"아니, 바쁜 것은 얼마든지 시간을 낼 수가 있습니다만 들어 보십시오! 사실은⋯⋯"라고 이야기를 꺼낸 사연은 대강은 이러했다.

10여 년 전의 일이었다. 그는 조선독립운동에 연루되어 형을 받았다. 그 후 총독부의 명령으로 도미타 씨에게 맡겨져 도미타상회 점원으로 일하면서 옹으로부터 많은 은혜와 신임을 받았다.

그때 목재를 사들이는 용건으로 신의주, 안동현 방면으로 출장을 가게 되었다. 자신은 형이 끝난 후 완전히 마음을 바꾸었기 때문에 아무런 거리낌 없이 안심하고 출장을 갔는데 경찰의 눈이 계속 뒤따라 다녔다. 안동까지도 미행을 받았다. 자신은 마음을 바꾸었고, 도미타 씨의 은혜를 생각해서라도 나쁜 짓은 할 수 없다고 굳게 맹세하고 있었지만 경찰의 손은 느슨하지 않았다. 스스로 매우 상심하였다. "이래서는 안 된다. 조선에서는 더 이상 성공할 전망이 없다. 그렇다면 중국으로 가자"라고 결심을 했다.

그래서 목재구입을 위해서 받은 1,300엔 정도를 쥐고 그대로 중국의 제

남지방(濟南地方)으로 도망을 갔다. 그리고 바로 도미타 씨 앞으로 "조선에서는 성공할 전망이 없다고 생각했기 때문에 이번에 결심하고 중국으로 왔습니다. 목재를 구입할 돈을 그대로 지니고 왔습니다. 정말로 죄송합니다만 이 돈을 자금으로 쓰게 해 주십시오. 제가 성공할 수 있는 길로 이끌어 주십시오. 차용한 이 돈은 성공하면 반드시 갚겠습니다. 만사(萬死)에 해당하는 배은과 배임의 죄를 부디 용서해 주시길 바랍니다"라는 글을 적어 보냈다.

옹으로부터 곧 답장이 왔다. 거기에는 "귀하의 뜻은 잘 알았습니다. 돈은 제가 대체해 둘 테니 어려워 마시고 사용해도 됩니다. 사업 자금으로 부족하다면 도움이 되도록 하겠습니다. 멀리서나마 성공을 기원합니다"라고 적혀있었다.

그는 익숙한 도미타 옹의 필적과 고마운 친서를 봤을 때 "울면서 도미타 씨에게 절했습니다. 도미타 씨는 구원의 신이었습니다"라고 옹의 관인대도(寬仁大度)에 한없이 감격했다고 했다.

그는 그 돈을 자본으로 하여 장사를 시작했다. 텐진(天津)에서 잡화무역을 하는 동안에 중국 내란으로 군대가 들어와 장사를 할 수 없게 되자 하는 수 없이 군대용 방한구를 팔았더니 그것이 큰 돈이 되었다. 남쪽 군대는 대개 텐진에 와서 방한구를 조달하는데 그는 연줄을 이용하여 그 남방군 일부에 방한구를 독점공급하게 되었다. 그것이 계기가 되어 점점 번창하여, 오늘날에는 자산 백만 엔을 자랑하는 당당한 무역상으로서 성공하였다.

그는 "저에게 오늘이 있는 것은 전적으로 도미타 씨에게 도움을 받았기 때문입니다. 이 은혜를 지금까지 잊은 적이 없습니다. 때때로 편지를 보냈습니다만 안 뵌 지 벌써 10여 년이 되었으니 나이만 들었습니다. 꼭 한번 진남포에 가서 부모님 못지않은 그 은혜에 대해 인사를 드리고 싶다고 생각합니다만 그것이 불가능합니다. 그래서 항상 진남포에서 오신 분을 만나면 도미타 옹의 근황을 묻곤 합니다. 지금 당신을 만나 이야기할 수가 있어 도미타 씨를 만난 듯합니다. 돌아가시면 도미타 씨께 안부 잘 전해 주십시오"라고 눈물과 함께 거듭 회구사은(懷舊謝恩)의 정을 말하며, 도미타 씨에게 정성이 담긴 선물을 보냈다.

또 츠모리 씨의 말에 의하면 왕 모씨는 현재 중국에서 유명한 대허법사(大虛法師)에게 사사를 받으면서 불교에 심취하고 있는데 그 법사로부터 '도미타 기사쿠 수패(富田儀作壽牌)'라는 훌륭한 위패를 써 받아 이것을 불단에 올려놓고 아침저녁으로 예를 올리고 있다고 했다.

◆

추억담

본고에 기재된 관민의 주요한 분들의 추억담은 모두 도미타 옹의 서
거 당시 부탁해서 받은 것입니다. 현재 직명이 바뀐 분이 계시지만
모두 당시 그대로 했고, 게재 순은 무순임을 양해 바랍니다(편자 씀).

산업계의 대은인

조선총독부 정무총감 고다마 히데오(兒玉秀雄) 백작

불과 며칠 전에 전화로 병문안을 했는데 돌아가셨다니 정말 놀랍고, 참으로 애도의 마음을 금할 수가 없다. 도미타 옹과는 아주 오래된 친구로 제가 이전 조선에 관계한 이래 시종일관 친교를 나눠왔다. 옹은 실업계에서 보기 드문 인격자였기 때문에 모두가 그를 경애하고 신뢰하고 있었다. 또 옹처럼 산업계를 위하여 노력한 사람은 달리 없다. 옹의 일과 계획은 모두 공익적이었고, 참신하고 창의에 넘치고 있었던 점에는 탄복하지 않을 수 없다. 옹의 말에 경의를 표하지 않는 자가 없을 정도였다. 그것은 그 인격이 고결하고 또 공인으로서의 옹의 공적이 위대했기 때문이다. 옹과 같은 덕을 갖춘 훌륭한 사람을 조선 산업계에서 잃었다는 것은 안타깝기 그지없다.

인자한 마음

내각자원국장관 우사미 가츠오(宇佐美勝夫)

도미타 옹 생전에 반도를 위해, 산업교육 그 외에 각종 공공사업에 애

"

쓰신 공적은 만인 모두가 인정하는 바이고, 새삼 제가 여기서 늘어놓을 필요가 없습니다. 제가 특별히 옹에게 감탄했던 것은 옹의 덕(德)입니다. 옹은 그의 일생을 통하여 정말로 다방면에서 활동하셨는데 어떤 사업을 할 때에도 항상 사(私)를 떠나 공(公)에 매진하는 정신으로 하셨습니다. 옹의 사업이 빛나는 성적을 거둔 것은 모두 이 때문이라고 생각합니다. 그리고 옹의 성품 온후하고, 사람을 대할 때 항상 인자한 마음으로 하여, 약한 자를 돕고, 지나침을 바로잡고, 관용의 덕으로 지금까지 사람을 미워하지 않고, 정말로 장자(長者)의 모습이었습니다. 여기에 대해서 생각나는 일이 하나 있습니다.

마침 한일합방 후 선천(宣川)에서 일어난 데라우치 암살사건118)에 연루된 옥관빈(玉觀彬)이라는 사람이 있었습니다(지금은 소식을 모른다). 출옥 후, 옹의 자애에 따르고, 그의 비호로 어떤 직업에 종사하여 평온하게 세상을 보내고 있었는데 야마가타 이소오(山縣五三雄) 군의 소개로 가끔 나를 찾아와, 끊임없이 옹의 덕을 칭찬했습니다. 점차 지위를 얻어 안동현 등에서 어떤 사업을 시작하려고 분주할 때 1919년 만세소동이 일어났습니다. 만세소동이 점점 거세질 무렵 중국방면으로 도망가 행방불명이 되었습니다. 그 후 나는 옹을 만났을 때, 이야기 끝에 우연히 옥관빈의 행동을 말하자 옹은 한마디도 옥관빈에 대하여 욕하는 일없이 자기의 지도부족이고, 그 때문에 오늘날 옥관빈이 그렇게 되었다고 자책하면서, 진심으로 그를 걱정하였습니다. 당시 나는 옹의 깊은 관용과 자비심, 자신을 책망하고 타인을 나무라지 않는 덕을 보고, 옹이 서부 조선의 아버지라 불리고, 반도의 친구라고 칭해지는 이유가 바로 여기에 있다고 생각했습니다.

지금 옹이 돌아가신지 반 년, 반도의 하늘은 왠지 모를 쓸쓸함이 감돌아 견딜 수 없습니다.

---

118) 1910년 12월 압록강 철교 준공식에 참가하는 데라우치를 安明根이 선천 부근에서 암살할 계획을 세웠으나 사전에 발각되어 미수에 그친 사건. 안명근은 안중근의 사촌 동생.

진심으로 조선을 생각한 사람

궁내차관 세키야 데이사부로(關屋貞三郎)

조선을 떠난 지 10여 년이 된다. 근래 고인이 된 선배 지기도 적지 않지만 모두가 조선을 위해서 진력하신 분들로 새삼 통탄을 금할 수 없다. 고도미타 기사쿠 옹과 같은 분도 조선에 있을 당시부터 항상 존경하고 있었던 한 사람으로, 진남포와 평양에 출장을 갔을 때 뵈었을 뿐만 아니라 경성에 있을 때 여러 번 저를 찾아 오셨다.

이번에 옹의 전기를 편찬하는 데 있어 저에게도 뭔가 옹에 관련하여 한마디 하라고 했지만 옹이 다년간 조선에 거주하고 있었던 것도 있고, 또 교류가 극히 다방면에서 이루어졌기 때문에 저의 원고가 없어도 훌륭한 전기가 될 것이라고 기대하고 있었다.

단지 제가 옹에게 느낀 것을 한마디 하면 옹은 정말로 조선을 사랑하고, 조선인을 사랑한 사람이라고 생각한다. 저는 조선에 오랫동안 체류한 관계상 선배도 상당히 있고, 지기도 있다. 모두가 조선을 위해서 진력한 점에서 다를 바가 없지만 옹같이 진심으로 조선 및 조선인을 사랑한 사람에 대해서는 진심으로 경의를 표하지 않을 수 없다. 인자는 적이 없다는 말처럼 오늘날 각 방면에서 옹에게 감사하는 사람이 적지 않을 것이라고 생각한다.

또 옹은 온후한 표정 속에 상당한 고집이 있었다. 외유내강이라는 말이 허락된다면 바로 옹에게 써야 한다고 생각한다.

그 외에 옹의 일상생활에 대해서 배워야 할 점이 많이 있지만 '부단한 근면노력' 같은 것은 반드시 후진들이 모범으로 해야 할 것이다. 아무튼 이러한 것에 대해서는 각각 친한 사람들로부터 자세하게 진술될 것이라고 생각하기 때문에 여기서는 감히 말씀드리지 않겠다.

단 시종일관 '조선을 생각한 사람'이었던 점에서는 진심으로 존경하고, 옹을 잃은 것은 조선을 위해서 한층 애석함을 금할 수 없다.

도미타 옹을 그리다

경성제국대학총장 시가 기요시(志賀潔)

제가 도미타 옹을 알게 된 것은 류라쿠 다츠미(柳楽達見) 군이 치과의 학교를 창설하려고 하고 있던 1921년 무렵으로, 첫 대면 때부터 옹의 거리를 두지 않는 태도에 적지 않은 경의를 느꼈다. 어떤 말이라도 선의로 이해하려고 했고, 전적으로 사람을 신용하고, 조금의 의심도 하지 않았다. 이러한 것은 광풍제월(光風霽月), 마음속에 구름 한 점 없는 사람에게 보이는 것으로 종종 의심이나 기획과 술책을 가지고 있는 사람은 도저히 할 수 없는 일이다. 그 이후 저도 옹을 믿고 저 사람이라면 전폭적인 신뢰를 해도 문제없다고 생각하게 되었다. 이런 점은 옹을 아는 누구라도 그렇게 생각할 것이라 믿는다. 이런 것들은 분명 옹의 덕이 그렇게 만든 것임에 틀림없다.

저는 옹이 오늘날 소위 말하는 고등교육을 받은 사람이라고 생각하지 않았다. 또 독서나 학문에 남다른 취미를 가지고 있었기 때문이라고도 생각하지 않았다. 그러나 옹의 순성고결(純誠高潔)한 인격에는 깊은 경의를 표하고 있다. 생각해보니 덕은 옹 그 자체였다. 이를 얻으려고 굳이 노력하지 않았을 것이라 생각한다. 옹의 일상생활이 아마도 모르는 사이에 덕을 연마하고, 인격 수양을 쌓게 했다고 생각한다.

어느 날, 저는 옹의 댁을 방문한 적이 있다. 그때 조선인 한 사람이 낡은 그릇 한, 두 개를 등에 지고 와서 철로 바꿔달라고 했다. 옹은 그 그릇을 잘 보지도 않고 단지 "알겠네. 거기에 두고 가시게"라고 한 마디 했을 뿐이었다. 옹은 언제라도 조선인의 이러한 궁핍함에 대해서는 온몸으로 동정하고 있었다는 것을 알았다. 그릇의 좋고 나쁜 것에 대해서 묻는 일이 없었다. 단지 그 사람의 궁핍이 옹의 마음 속 깊은 곳을 비추는 것이었다. 그래서 이럴 때는 조선인과 옹 사이에는 하등의 장사꾼의 심정은 없다. 단지 진정이 담긴 거래만 있을 뿐이었다. 이것은 옹의 자연스런 덕의 발로였다. 이 심정을 조선인 한 사람에 대해서가 아니라, 모든 사람, 옹의 주변에 있는 사람들 모두에 대한 옹의 태도였다.

저는 또 이런 말을 들은 적이 있다. 옹이 경영하는 고려요 사업은 아무래도 수지가 맞지 않아, 그 담당자는 사업을 폐쇄하자고 신청했다. 그러자 옹은 말이 끝나자마자 "나는 좋아하는 담배를 끊을 테니, 그 대신에 가마 굴뚝에서 연기가 나오게 해 주게"라고 말했다고 한다.

이런 말은 보통의 상인, 보통의 실업가가 하는 것이 아니다. 옹의 경영 방침은 장사가 아니고 마치 배짱과 같은 것이었다. 사회를 위해 또 조선을 위한 사업이었다. 손익을 넘어 조선을 위하여 진력하는 옹의 심정을 분명히 알 수 있다. 고려자기는 전혀 영리사업이 아니었다. 이것은 어디까지나 조선 고유 생산품을 보호하지 않으면 안 된다는 깊은 신념에서 비롯한 것이었다.

옹의 교육 사업에 대한 태도도 똑같다. 치과의 육성은 조선에 필요하다. 치과의학은 조선인에게 가장 필요한 학문이다. 조선인에게 향학의 뜻이 발흥되어 가는 것을 보고, 옹은 조선인이 무턱대고 공상에 빠져 실제 학문을 하지 않는 것을 걱정했다. 학문을 책상 위의 것으로만 이해해서는 끝내는 조선인의 쇠망을 초래한다는 것을 알게 하려고 했다. 학문을 실생활에 응용해야 하는 방법을 알리는 데 치과의학은 가장 적합한 교육이라고 믿었다. 옹은 류라쿠 교장의 얘기를 듣고 바로 그 계획에 찬성했다. 일

단 옹이 치과의학교를 설립하려고 했을 때, 모든 계획을 류라쿠 교장에게
위임하고, 모든 일을 호의를 가지고 찬성하였고, 어떤 일에도 자신의 의
견을 강요하지 않았다. 전 사업을 류라쿠 교장에게 일임한 그의 태도는
실로 앞서 기술한 옹의 덕이 자연스럽게 그렇게 만든 것일 것이다.

치과의학교는 사립으로서 그 당당한 건축을 자랑하지만 실제 교육 분
야에 있어서의 옹의 일대위업이었다. 일본에서도 보기 힘든 4층 교사는
경성의 위관임을 잃지 않는다. 옹의 유업을 말하는데 정말로 걸맞은 것
이다.

종래 조선인 사이에는 충치라고 하는 것이 비교적 적었다. 그것은 일본
에서 유신 전의 상태와 비슷했다. 그리고 충치가 조선인들 사이에 빠른
속도로 만연된 것은, 일본에서 메이지유신 이후의 모습과 동일하다. 이때
솔선하여 치과의 양성에 주목하신 것은 옹의 비범한 점으로 정말로 경의
를 표해야 한다. 그렇게 해서 이 치과의 학교 교육이 조선인 사이에 준 큰
은혜와 이 교육에 의해 조선인들이 받는 실제적 학문 응용의 이해와 이익
을 생각할 때, 옹의 위대함은 점점 더 그 진가를 발휘한다. 저는 학문에서
받은 생활의 도(道)가 조선인들 사이에 이해되어야 하는 이러한 기획 설
비가 가장 필요하다고 굳게 믿고 있다.

옹은 말년까지 앞니 몇 개만 남기고 거의 빠진 채로 있었던 것은 치과
의학교 창립자로서 굉장한 모순이었다. 그 개의치 않은 모습이라고 해야
할까 자신의 이해(利害)에는 조금의 통증도 가려움도 느끼지 않았던 옹의
태도에는 누구나 놀란다. 식사 때에는 부드러운 것을 먹고 만족했다는 말
을 들었을 때 정말 철저한 무욕념담(無欲恬淡)이라고 해야 할 것이다.

제가 옹에게 의치를 권한 일이 있다. 옹은 바로 동의를 하면서, “사실은
총독각하도 웃으셨습니다. 치과의학교를 세우고 뭐 하고 있는가 라고 하
시더군요. 빨리 류라쿠 교장에게 갑시다” 그렇게 해서 며칠 뒤 옹은 아주
기쁜 듯이 저에게 보여주면서 덕분에 맛있는 것을 먹을 수 있게 되었다며

좋아하셨다. 그 후 옹을 만났는데 의치가 없었다. 어찌된 일이냐고 물었더니 "조금 불편해서 벗어두고 있는데 또 바빠서 고칠 시간이 없습니다"라고 했다.

그리고 끝내는 그대로 이 세상을 떠나셨다. 여기서 옹의 진면목을 볼 수가 있다고 생각한다. 얼마나 옹이 자기 자신의 일에는 무관심하고, 안일을 탐하는 일은 조금도 없다는 것을 알 수 있다. 나를 버리고 다른 사람을 위해서 배려한다는 것은 성인도 하기 어려운 일일 것이다.

옹이 가진 것이 적었다는 사실은 모두가 놀라는 일이다. 또 옹의 실업계에서의 신용과 지위, 실력을 생각할 때, 그리고 옹이 춥거나 덥거나, 비가 오나 눈이 오나 노령에도 불구하게 매일 바쁜 듯이 걸어 다니는 모습을 보고 놀라지 않은 사람이 없었다. 옹은 당시 자동차를 타거나, 인력거 위에서 잘난 체를 하는 일이 전혀 없었다.

일상생활에서도 지극히 소박한 것은 그의 주택을 보면 잘 알 수 있는데 그것은 정말로 겨우 앉을 정도였다. 옹은 집을 단순히 잠자는 장소 정도로 생각하고 있었다. 아침은 일찍 집을 나와 반드시 걸어 다니며 볼일을 다 봤다. 옹은 인간은 걷는 것이라고 믿고 있었다. 두 다리가 있는데 차를 탄다는 것은 이상하다고 생각했을 것이다. 아니 차를 탄다는 생각 따위는 전혀 하지 않았다. 이것은 모두 사물에 집착하지 않는 옹의 천성이 그렇게 만든 것으로 옹의 몸에는 덕이 자연스럽게 갖춰져 있었다.

아, 옹 자신이 받는 것은 이같이 적게 하고, 또한 이것을 보통 일상의 일로 돌아보지 않았던 옹의 심정에 정말 존경해야 할 위대한 점이 있다.

이 위대한 덕으로 73년의 인생을 우러러 명상하면 심신이 저절로 속세를 떠나 망아일여(忘我一如)의 심경에 도달함은 느낀다.

산업 개발에 전 생명을 바치다

홋카이도장관 이케다 히데오(池田秀雄)

도미타 옹 전기편찬과 관련하여 옹과 관련한 추억담을 부탁받았습니다. 바쁜 시기라 잘 마무리가 될지 모르겠으나 다른 사람도 아닌 도미타 옹의 일이라면 바쁜 와중에도 생각나는 한두 가지를 기록하여 영전의 향 대신으로 하고 싶습니다.

도미타 옹과의 첫 대면은 1924년 12월 26일 아침, 제가 처음으로 조선에 부임했을 때, 부임 도중 대구 부근이라고 생각합니다. 기차 안에서 조선물산협회에 관한 이야기가 나왔을 때입니다. 부드럽고 따뜻한 표정, 말수가 적은, 지금도 잊혀지지 않은 인상이었습니다. 그 후 조선에서 5년 동안 있으면서, 식산국장이라는 직무상 산업에 관한 일로 자주 만났습니다.

그 주된 건수는 첫째 오사카에서 조선물산협회 판매소를 설치하는 일, 둘째 각지에 개최되는 박람회에 조선물산을 판매하는 일, 셋째 조선 사과의 하얼빈과 상하이 시장 판로를 개척하는 일, 넷째 만주, 시베리아 지방에서 조선무역을 개발하는 일, 다섯째 의주 금광을 조선인에게 개방하는 일, 여섯째 고려자기 개량 등이었습니다. 이 모든 것은 공익을 위해서 사리를 잊은 협의였습니다. 끈기 있게 열심히 그 일에 임하는 모습은 지금도 눈앞에 선합니다.

조선산업에 관하여 하나의 삽화라고 해야 할 것은 러일전쟁 전, 1900~1년 무렵, 평양부 사동(寺洞) 무연탄을 사세보(佐世保)의 진수부(鎭守府)에 가지고 가서 해군용으로 반입시키려고 했을 때, 이것은 무연탄이 아니고, 타지 않는 탄이라고 냉소를 받았지만 지금은 훌륭한 무연탄갱이 되었다고 뿌듯해 하신 것을 기억합니다.

요컨대 옹이 일신의 이해를 돌보지 않고, 조선산업 개발에 전생명을 바친 것은 누구라도 인정하는 일일 것입니다. 이 고결한 인격자가 백옥루(白玉樓)의 한 사람이 된 것은 조선산업을 위해서 진심으로 애석하기 짝이 없습니다. 저는 부보를 듣고, 침울하여 조선을 위하여 그 비통함을 참을 수 없었습니다. 지금 추억담을 모은다고 해서 바쁜 와중이라 이 짧은 문으로 대신 올립니다.

민간에서는 보기 드문 사람

조선총독부 내무국장 이마무라 다케시(今村武志)

진실로 애석한 일이다. 옹은 상당히 건강한 사람으로, 도저히 73살의 노령이라고는 생각할 수 없을 정도로 건강한 사람이었다. 내가 식산국장 시절과 황해도에 있을 무렵 자주 얼굴을 보았다. 옹은 농공상, 수산, 광업 등 거의 모든 실업 방면에 관계하여, 얼마나 희생을 치렀는지 알 수 없다. 덕분에 반도 실업계는 상당히 계발되었다. 단지 실업계에 공헌한 것만이 아니고, 교육계에도 상당히 진력하여, 황해도에 사재로 보통학교를 설립할 정도였다. 이런 공적에 의해서 남수포장 정6위 훈6등을 하사받았다. 민간에서는 실로 보기 드문 사람으로 너무도 아까운 사람을 잃은 것이다. 좀 더 사셨으면 했다.

조선의 은인

조선총독부 식산국장 마츠무라 마츠모리(松村松盛)

고 도미타 기사쿠 옹의 조선개발, 내선융화에 진력하신 공적은 일일이 열거할 수가 없다. 옹이 1899년 10월 조선으로 건너간 이래 32년간의 공사생활에 관계한 사업은 산업, 교통, 토목, 교육, 사회사업 등 지극히 광범위하고, 또 여러 방면에 걸쳐 반도에서 주된 공공사업 또는 기업 등의 수뇌부에 옹의 이름이 없는 경우는 거의 없다고 감히 말해도 과언이 아니다. 민간의 장로로서 단순히 이름만 올린 것이 아니라, 옹이 없으면 사업이 이루어지지 않는 경우가 많았고, 옹의 불참이 왠지 모르게 허전함을 느끼게 할 정도로 정말로 화룡점정(畵龍點睛)과 같은 인물이었다.

그래서 옹이 있어 반도 민간에 밝음이 있고, 따뜻함이 있고, 힘이 있었다. 관에서도 거리낌 없이 의논을 했고, 소위 관민협력의 연결고리로서 거의 타의 추종을 불허하는 국보적 가치를 가지고 있었다.

무엇이 옹을 반도의 국보적 장로의 왕좌에 앉혔는가. 극동풍운의 날, 대지대망(大志大望)을 품고 반도에 건너 온 자들은 결코 적지 않았다. 정치적으로 재정적으로 성공한 자는 있을지 모르겠으나 옹 앞에서는 그 빛을 발하지 못한다. 대체 무엇이 옹 한 사람을 이렇게 광채융리(光彩隆籬)하게 하는가. 돈인가, 소위 수완인가, 아니다. 나는 그것은 한마디로 옹의 인격의 힘이라고 확신한다. 옹은 항상 아무리 성가신 사람에 대해서도, 어떠한 어려운 사업에 대해서도 밝은 면을 보고, 배신을 당해도 원망하지 않고, 실패를 해도 이것을 포기하지 않았다. 봄볕 같은 따스함으로 끈기 있게 이것들을 육성했다. 특히 조선 동포에 대해서는 유난했다. 말할 필요도 없지만 이런 육성에는 명리를 초월한 열락(悅樂)이 있었기 때문이다.

옹이 항상 웃으면서 어떤 집착, 불평불안의 그늘을 가지지 않았던 것은 생각건대 사람들이 모르는 기쁨에 싸여 있었기 때문일 것이다.

나는 작년 가을 진남포에 있는 옹의 묘지에 참배를 하고, 추모의 정이 사뭇 애절했다. 조선 통치는 관민 협력의 기초 위에 쌓아야 하는 것으로, 민간에 옹같은 인격자가 있어 관이 미치지 못하는 부분을 보완하고, 또는 나아가 적극적인 시설을 요망하고, 실현될 수 있도록 노력하는 것은 참으로 중요하다.

그런데 지금 옹은 안 계시고, 반도 민간에 큰 허전함이 가로놓여 있는 것은 누구라도 느낄 것이다. 그러나 그 높고 고귀한 유적은 일본인 조선인에게 똑 같이 불후의 교훈으로 남아 세상 인심 위에 영원히 향기를 발하며, 제2, 제3의 도미타 씨가 출현할 수 있는 계기가 될 것임을 믿어 의심치 않는다.

오로지 조선개발에 진력

평안남도 지사 소노다 히로시(園田寬)

옹이 조선산업 개선에 노력하신 것은 정말 대단하다. 그 사업은 모두 공공을 위한 것뿐으로, 세상의 많은 실업가는 소위 돈벌이를 위해서 사업을 하는 것이 보통이지만 옹에게는 그러한 이기적인 생각이 없었다. 시종일관 공공을 위해 진력하신 분이다.

이러한 사람은 조선에 몇 사람 없다. 특히 최근 옹이 다년간 거액을 투자해서 양성한 삼화화원을 부(府)에 기부하고, 공동묘지 용지를 제공한 일 등을 보아도 얼마나 옹이 조선개발을 위해서 진력한 위인인지 알 수 있다.

좋은 상담자

조선식산은행 회장 아리가 미츠토요(有賀光豐)

도미타 옹은 내가 진남포 세관장으로 부임한 이래 오랜 친구이니까 벌써 25년 지기가 된다. 공사 모두 옹에 관해서는 잘 알고 있지만 막상 이렇게 되니 충분히 얘기를 할 수가 없다. 사실 옹은 보기 드문 인격자이고, 좋은 상담 상대자였다. 내가 관계(官界)에 있던 때에도 그러했는데 일이 있을 때에는 "그 어른을 부릅시다"라고 했고, 옹은 바로 상담자가 되어 주었다.

옹은 무수한 사업에 관계하고 있었다. 산림, 양잠, 그 외에 제조공업 방면에서 옹은 철두철미한 성격으로 매진해 오셨는데 그러한 업적들을 이해관계로 보는 것은 옹을 제대로 아는 것이 아니다. 즉 옹은 사심을 떠나 조선산업을 위해서 공헌해 왔는데 옹의 중심 사업이자 자산이라고 해야 할 것은 은율철산이었다. 은율은 야하타(八幡)제철소 소유로 국유 철산이지만 옹 단독으로 채굴을 담당하고 있었기 때문에 전시에는 커다란 이익을 올렸다. 지금도 이익을 올리고 있지만 다른 사업은 거의 흑자를 내는 것이 적었다. 그러나 조선 고래의 전통적 물산은 옹에 의해서 부활하였고, 옹에 의해서 그 인식을 넓혔다. 고려자기, 나전세공 제조, 미술제작소 창립, 오사카에 조선물산진열소를 설치하는 일 등도 그러한 의도에 의해 만들어진 것이다. 옹은 또 혼자만의 산업에 그치지 않고, 사회공공사업에 공헌하는 일이 많았다. 거액을 투자해서 구축한 진남포 삼화공원을 부에 기부한 것은 보통사람으로서는 할 수 없는 일이었다.

요컨대 옹은 세상을 위해서 도움이 되는 사업을 남기고 가셨다. 조선에서 최초로 남수포장을 받은 사람이고, 그 공적은 도미타라고 하는 이름과 함께 우리들 뇌리에 깊게 새겨져 있다. 옹의 서거는 슬픔으로 넘치는 애도사(哀悼事)이다.

교육계를 위해서도 노력

조선화재해상보험주식회사 회장 가와치야마 라쿠조(河內山樂三)

도미타 씨는 조선 개척 사업가로 정말로 고결한 인격을 갖춘 사람이었다. 각 방면에 걸쳐 활동하셨는데 여력을 가지고 교육계에도 애쓰셨다. 경성치과의전은 그에 의해서 창립되었다. 저는 조선서적회사의 부사장이고, 그는 당사의 감사이었다. 당사는 총독부 직영에서 민영으로 옮긴 것으로 그는 당시 이 회사의 발기인이었다. 관영사업을 민간 손에 위임할 때는 당사자의 인격이 중시되었는데 그의 공적에 의해서 그는 동사의 발기인으로 추천되었다. 그 인물됨은 이것으로 그 단면을 엿볼 수가 있다. 1923년부터 지금까지 감사를 맡아 왔는데 이번에 고인이 되어 거듭거듭 애도할 뿐입니다.

사회사업을 위해 태어난 사람

조선상업은행 회장 와다 이치로(和田一郎)

도미타 옹의 죽음은 진실로 애도를 금할 길이 없다. 옹은 작년 이래 상업은행 감사로 취임하여, 그 이전에도 대동은행(大同銀行)의 중역이었던 관계상, 합병할 때에도 도미타 옹은 많은 노력을 하셨다.

그의 생애는 정말로 자신을 돌보지 않고 사회공공을 위해서 진력하셨다. 흡사 사회사업을 위해서 생을 보낸 것 같은 느낌이 든다. 오늘날 보기 힘든 인사인데 참으로 안타깝다.

도미타 옹을 그리워하며

조선저축은행 회장 모리 고이치(森悟一)

도미타 옹과 서로 알게 된 세월이 20여 년이나 됩니다. 서로 너무 잘 알아서 긴 세월을 정리하는데 좋은 점을 빼고 말하는 것은 오히려 더 어렵습니다.

옹은 조선에 대한 사랑을 기초로 하여 공공사업에 온 힘을 다하셨고, 정말 근래에 보기 드문 진기한 사람입니다. 금산포광산 경영에 있어서도 단순히 갱부라는 입장에서 보면 조선인보다는 중국인 훨씬 이익이고, 임금이 저렴하고 그 위에 일은 몸을 아끼지 않고 하기 때문에 공정이 빨라 결국 영업상의 이익이 되는데, 옹은 남과 다르게 조선에서 사업을 하는데 다른 나라 사람을 써서는 안 된다고 했습니다. 그것은 득실을 떠나서 조선인에게 혜택이 주어져야 한다는 주의이고, 모두 조선인을 고용해서 임금을 받게 했습니다. 그래서 지역의 조선인들은 얼마나 도움이 되었는지 모를 정도였습니다.

옹의 광산업은 처음에는 상당히 경영이 곤란했습니다. 1908~9년경부터 수년간 자금압박에 시달렸습니다. 그 무렵 저는 평양농공은행 진남포 지점 지배인이서 그 실정을 잘 알고 있었는데 정말로 피눈물 나는 분투를 계속했습니다. 데츠조(徹三) 씨는 옹의 팔다리가 되어 일을 했고, 자금조달에도 사업에도 모든 것에 분골쇄신하며 진력했습니다.

또 옹은 그 정도로 자금에 힘들어 하면서도 생계에 힘들어 하는 사람의 얘기를 들으면 바로 금품을 주면서 동정했습니다.

금산포에 학교를 세우고, 지역 조선인의 자제를 교육했을 때도 옹의 속사정은 상당히 힘들 때였습니다. 그럼에도 불구하고 지역민의 자제들의 교양을 소홀히 할 수 없다고 하는 인협(仁俠)의 마음으로 힘들면서도 지역을 위해서 진력했습니다. 삼화농원을 만든 것도 그 무렵이었는데 해마다 상당한 돈을 들여 경영을 했습니다. 그것을 모두 지역민을 위해 개방을 하고 자유롭게 관람하게 하고 산책도 하게 했습니다. 자신이 돈을 내어 지역 일반인을 위해 진력하신 것이었다.

근년 금산포보통학교가 소실되어, 그 지역은 빈촌이기 때문에 이제 재건축은 절망적이라고 슬퍼하고 있을 때, 옹은 이를 보기 힘들어 바로 재건축 비용으로 몇 천 엔이라는 거액을 기부했습니다. 그때 지역민들은 눈물을 흘리면서 감격했다고 합니다.

그 외에 옹의 덕행을 열거하면 끝이 없을 정도이지만 전기 본문에 상세하게 기재되어 있으니 여기서는 적지 않기로 하겠습니다.

이 같은 옹의 선행이 조선 전역에 알려져 조선을 덕화하는 데 얼마나 많은 도움이 되었는지 알 수 없습니다. 이번에 옹을 잃은 것은 한 지역만을 위해서가 아니라 조선 전체를 위해서 슬퍼해야 할 큰 손실입니다.

아름다운 장로(長老)의 모습

평안남도 내무부장 후지와라 요시조(藤原喜藏)

도미타 기사쿠 옹이 올 봄 이후 아프시다는 것은 알고 있었지만 노구에도 불구하고 평소 건강한 분이었고, 설마 병으로 돌아가시리라고는 생각하지 못했다. 사실은 부보를 접했을 때도 진실을 의심할 정도였고, 2번 3번의 전보가 배달되어서야 겨우 믿게 되어 새삼스럽게 눈물이 흘러내릴 정도였다.

옹은 민간에 있어서 항상 조선 통치에 진력하고, 그 공적은 새삼 우리들이 말할 필요가 없다. 옹의 일거수일투족이 모두 조선 통치의 공적이고, 민간 다수를 위한 복리증진이었다. 특히 옹은 공공사업에 사재를 털어 넣었다. 이것을 옹의 아름다운 선행으로서 열거한다면 시간이 모자랄 정도이지만 가까운 한 예를 들면, 1926년 즉위식에 옹은 평남대표로서 참석의 영광을 받았는데 그때 위계복(位階服)을 만들면 850엔 정도 들었다. 연미복으로 대용할 수 있다고 해서, 옹은 위계복을 새로 만드는 셈으로 850엔의 사용처를 생각했다. 그 무렵 청진부청(淸津府廳)에 불이 나서 불행히도 천황의 사진이 소실되었다는 기사가 신문에 실렸다. 충성스런 옹의 마음은 바로 움직여, 옹의 고향인 나카타니 촌의 소학교에 봉안고의 유무를 물었다. 그랬더니 아직 없고, 그 설치비용이 8백 엔 내외이라는 것을 알고는 바로 850엔을 나카타니 촌 소학교에 기부했다. 또 즉위식 참석자를 위하여 여비가 4백 엔 정도 지급되었는데 평남 대표로서 즉위식에 참석하는 것만으로도 영광인데 여비까지 받아서는 너무 과하다고 생각하여 진남포부 학교 생도 일동에게 10전 씩 저금통장을 만들어 기증하여 즉위식 기념으로 저금을 장려한 일 등은 아직까지 기억에 새롭다. 또 옹은 불쌍한 수인 보호에도 상당히 마음을 써서 완초(莞草) 제조 등도 수인 보호 차원에서 만든 하나의 사업이었다.

옹은 공인으로서 이 같은 인격자일 뿐만 아니라 사적으로도 장로의 분위기가 있었고, 온후독실하여 완전히 자부(慈父)를 대하는 느낌이 있었다. 저는 공사 모두 특별한 친분을 가지고 있었기 때문에 부보를 접했을 때는 너무도 애석하여 눈물로 밤을 새웠다. 유해는 평양을 지나 남포로 옮겨졌다. 저는 정류장에서 배웅을 했지만 돌아가신 모습을 보니 가슴이 막혀 눈물이 절로 흘렀고, 말년에 각종 사업이 생각대로 진척되지 않아 상당히 힘들어 하신 일이 떠올랐다. 정말로 안쓰러워 견딜 수가 없었지만 정작 본인은 우리들이 생각하고 있는 것만큼은 아니고, 삼화화원과 공동묘지를 옹의 발상지인 진남포부에 기부할 정도였다. 경제적으로 약간 힘든 것이 있었지만 광풍제월(光風霽月)한 옹은 대왕생을 하셨을 것이라 생각한다.

위대한 옹의 업적을 생각하다

경성제일고등 보통학교장 사이토 긴지(齋欽二)

지금부터 15, 6년 전의 일인데 평양고등보통학교 사범과 생도를 인솔하여 용강에서 진남포를 거쳐, 황해도에서 약 1주일간 수학여행을 간 적이 있다. 여행의 목적은 농촌에서의 보통학교 교육의 실태를 보여주고, 졸업 후 참고의 자료로 하기 위해서였다.

진남포에서는 삼화화원, 과수원, 삼화고려요 등을 둘러보고 황해도 금산포로 갔다. 그리고 은율광산과 그 지역 개간지, 사립보통학교의 경영, 또한 서해안에 있는 청양도 식목 순으로 보다보니 우연히도 도미타 옹이 경영하고 있는 사업을 모조리 다 견학한 셈이 되었고, 그 사업을 통하여 옹의 인격의 한 단면을 엿볼 기회를 얻었다. 결과적으로 목적한 것 이상의 효과를 얻고 여행에서 돌아온 적이 있다. 죄송한 말이지만 그때까지 저는 도미타 옹을 몰랐다.

그런데 그 이후에도 이상하게 잊을 수 없었다. 따라서 옹의 사업이나 인격 등에 대해서 자연 주목하게 되었고, 그것을 알아감에 따라서 옹이 단순한 실업가적 인물이 아니라 바닥을 알 수 없는 위대한 인격이 잠재하고 있음을 알게 되었다. 그래서 점점 진심으로 존경하는 마음이 생겨났다. 저는 평양에서 오랫동안 거주한 관계로 공적인 자리나 정류장 등에서 가끔 옹을 뵙고 짧은 인사를 나눈 적은 있지만 천천히 면담할 기회가 없었던 것을 유감으로 생각했다. 그런데 작년 봄 뜻밖의 일로 옹을 만나게 되었는데 이 좋은 기회를 놓치지 않으려고 오곤초에 있는 집을 방문했다. 그 무렵 이미 병색이 짙어 뵐 수가 없었다. 그 후 병중 방문을 삼가고 있던 차에 부보를 듣게 되어 참으로 유감천만으로 생각한다.

붓을 멈추고, 망연히 옹이 후반생을 걸고 조선을 위해 진력하신 위대한 업적을 생각할 때 우리들은 교직에 있지만 특별히 무언의 격려와 무형의 편달을 받은 것 같은 기분이 들어 저절로 흠모의 마음을 숨길 수가 없다.

반도 천지, 옹을 잃은 지 반 년, 어느새 흐른 시간에 사뭇 쓸쓸함이 깊어진다.

맹인이 지팡이를 잃은 것과 같다

진남포 부윤 호리카와 시게하루(堀川重治)

도미타 씨와 만나서 이야기한 것은 2, 3회에 지나지 않아 많이 얘기할 자료는 없지만 함경북도에 있을 때부터 실업가로서, 또 공공을 위해서 진력하고 있다는 명성을 듣고 있었다. 제가 남포로 온 이후부터는 만날 기회가 적어, 한번 직접 만나 천천히 부정(府政)에 관한 의견 등도 들으면서 힘을 얻으려고 하던 참에 부보를 접하고, 마치 맹인이 지팡이를 잃은 것과 같은 느낌이 들었다.

실업가에게는 창설형과 관리형이 있는데 옹은 창설형의 사업가로서 그 이름이 높다. 어느 날 "진남포는 하얀 항구보다도 검은 항구로 해야 해요"라고 말씀하신 적이 있다.

진남포 무역은 최근 쌀을 주로 취급하고 있었는데 하얀 항구란 쌀을 가리키는 것이었고, 검은 항구란 석탄을 가리키는 것이었다. 석탄도 이 지역 산출량이 가장 많았다. 그래서 옹은 진남포 무역은 쌀보다도 석탄을 주 품목으로 해야 한다는 의견이었다. 그러기 위해서는 항구를 축항(築港)하여 직접 석탄을 선적하지 않으면 안 된다고 말했다.

도에서는 사과 판매를 통일하려고 하는 방침이 있었는데 옹은 그 방침에 순응하여 산업조합을 조직하여 사과판매 개척에 힘을 쏟았다. 이 산업조합을 위해 옹은 거의 침식을 잊고 동분서주했다. 오카야마의 오카자키(岡崎)라고 하는 실업가와 계약을 하여 1929년에는 대량 수출 판매를 했는데 그 해는 사과가 풍작으로 생산고가 상당히 많음에도 불구하고 높은 가격으로 판매된 것은 오로지 옹이 애쓴 노력의 결과였다.

종래 묘지의 지형이 불편하고, 동시에 멀어서 자연 참배를 싫어하는 경향이 있었다. 모처럼 분묘지를 정하고 영원히 거주하려고 해도, 자손들이 참배해 주지 않으면……이라는 걱정에서 고향으로 돌아가게 되는데 이것은 정말로 유감스러운 일로 옹은 자신의 소유지인 마산리 들판 1만 평을 진남포부에 신묘지용으로 기부하셨는데 이것은 남포인사들에게 굉장한 편리를 제공한 것이 되었고, 따라서 진남포를 자신의 뼈가 묻힐 땅으로 생각하고 걱정 없이 활동할 것이라는 의미에서 진남포는 점점 발전의 기초를 열게 되었다.

사업을 열거하자면 끝이 없지만, 이렇게 자신을 잊고 조선개발을 위해, 타인을 위해, 지역을 위해 진력하신 옹 같은 인격자는 이 세상에서 찾기 힘들다. 지금 옹을 잃은 것은 남포뿐만 아니라 조선 전체적으로 봐도 참으로 애석한 일이다. 쓸쓸함이 느껴진다.

조선산업개발의 위훈자

하야시 고마오(林駒生)

공직으로 순직한 군인을 군신(軍神)이라고 하여 사후까지 존경하는데 도미타 옹 같은 농신(農神), 공신(工神), 상신(商神)을 겸한 산업계의 은인은 적군도 아군도 영원히 그 덕을 칭송하며 존경해야 할 인물이다.

옹은 거상온후(居常溫厚) 그 자체로 원만고결(圓滿高潔)한 인격자로 교만하지 않고, 과시하지 않는 순진무구한 열성가였다. 옹이 조선으로 건너온 지 30여 년의 생활은 완전히 산업개발 분투사이고, 한 점의 사심도 없이 헌신적으로 살아온 산업개발의 권화(權化)였다. 농업, 광업 경영은 물론, 고려자기 창업, 나전칠기 개선, 조선미술품 제작 장려, 산미 개량, 판로확장, 조선 물산협회 설립, 수산업 개발, 치과의학교 개설, 조선 종교 쇄신융성, 삼화공원의 건설과 공개, 그 밖에도 적어도 공공에 접하는 일에 옹이 관여하지 않은 일이 적고, 또 다른 데서 옹에게 매달리며 가져오는 문제라도 공익과 관련이 있는 일에는 대개 힘을 실어주었다. 옹의 경영하거나 관계한 사업은 매우 광범위하지만 선택의 기준이나 경영방침은 단순한 영리본위가 아니다. 항상 공익의 의미를 가지고 있었기 때문에 옹의 사경제 중 물질적으로 성공한 것은 비교적 적다. 이것은 곧 옹의 착안이 조선개발을 제일로 하고, 자신을 그 다음에 둔 증좌이고, 세인들의 공경도 여기에 근거한다고 생각한다. 옹이 항상 총독부에 출입하고, 준 관리와 같은 모습으로 있었기 때문에 사람들 사이에서는 순수한 어용당(御用党)으로 물불 안 가리고 아첨하는 것처럼 생각되었지만 옹이 역대 대관(大官)과 친교를 맺었던 것은 사적 요구를 달성하기 위해서가 아니라, 공공적 이익을 위한 것으로, 옹이 역대 대관들에게 신망이 두터운 것에 비하여 이권을 챙기지 않은 것만 보아도 입증되는 바이다. 옹은 상대를 공격 규탄하여 의견을 실행하는 것보다도 아군이 되어 의지를 수행하는 쪽이 상책이라고 믿었다. 요컨대 옹이 30여 년, 저 위치에서 공적으로 이룬 사업은 상당히 많지만 사적으로는 하등의 유산도 남기지 않고, 만족하면서 돌아가신 것은 현대에는 보기 드문 그윽한 행장(行藏)이고 우리들이 흠모하지 않을 수 없는 점이다. 옹은 지금 천수를 누리고 돌아가셨지만 옹이 남겨놓으신 사업은 반도 문화 발전과 함께 영구히 빛날 것이고, 산업개발에 이바지 할 것이다. 옹의 고결한 인격과 공적에 심심한 경의를 표하며 추모한다.

거성(巨星) 떨어지고 몸으로 느껴지는 것은 가을밤 한기인가.

진정한 애국충군지사

니시자키 즈루타로(西崎鶴太郎)

도미타 씨가 돌아가시리라고는 꿈에도 생각하지 못했다. 특히 그 무렵 병세는 어느 정도 회복세로 돌아섰다고 듣고 있었는데 얼마 안 있어 부보가 전해졌다. 많이 놀랐었다.

옹의 죽음은 저에게는 많은 쓸쓸한 감정을 느끼게 한다. 지금 옹의 모습을 기억하고 애석함과 추모의 정을 이길 수가 없다.

그와의 친분은 상당히 오래되었다. 1906년 무렵으로 제가 재령에, 그는 은율에서 공동책임으로 광산을 경영하고, 나카무라 씨가 수송을 담당하는 공동 경영을 했을 때부터 시작된다. 그러나 그 자본은 각각 별개였다. 도미타 씨는 지금도 여전히 은율광산을 경영하고 있다.

그는 대만에서도 사업을 한 적이 있고, 특별히 학력 관력 등이 있었던 사람은 아니었지만 조선에 와서부터는 넓게 사업에 종사하고, 많은 곤란도 극복하고, 시세의 추이에 순응하여 오늘에 이르렀는데, 그 사이에 그의 명성은 조선 전국에 알려지게 되었다. 그리고 오랫동안 총독부에 출입하여 관민간의 연락과 조정의 위치에도 섰다. 따라서 본부 방침에 따라 경영하는 사업도 수없이 많았고, 이런 것들은 오로지 공익을 염두에 둔 것이라는 것과 자타공영 위에 서 있었기 때문에 물질적으로는 많은 혜택을 받고 있지 않았을 터이다. 그는 또 조선 산업에는 특히 흥미를 가지고, 조선물산을 각지에 선전하여 그 발전에 이바지하는 등 오로지 조선에 대한 사랑의 발로와 다름없었다.

또한 산업을 떠나서는 최근에 세상의 격변을 느끼고 세상인심이 점점 경조부박(輕佻浮薄)으로 흐르고 좌경분자(左傾分子)가 속출하는 데 대하여, 장래를 우려하지 않을 수 없다면서 때때로 한탄을 했었는데 이런 것들을 생각하면 그는 진정한 애국충신의 지사라 말하지 않을 수 없다.

이같이 그는 충실한 신민으로서 그 일생을 조선 산업개발에 다 바쳤다. 그 효과를 일일이 다 열거할 수가 없다. 앞으로 그의 힘을 필요로 하는 많은 사업이 남겨져 있는데 갑자기 돌아가신 것은 평남을 위해서나 동시에 조선을 위해서나 큰 손실이면서 일대통한사(一大痛恨事)이다. 그러나 노력의 결과 상당한 명예와 행복을 가지고 일생을 마친 것은 그 개인으로서는 성공이고, 또 유족들에게는 비애 중에서도 위안이다.

도미타 옹에 대하여

북한산인(北漢山人)

조선의 독행자(篤行者)로서 만인으로부터 존경을 받고 있는 도미타 옹도 73세로 타계하시고 말았다.

옹의 제2의 고향은 진남포이고, 사업은 은율광산 채굴에서 시작되었다. 또 옹의 사회봉사의 출발점인 삼화화원을 공개하여 진남포의 일반인에게, 시민 공원으로서 자유롭게 사용하게 했다.

옹은 그 후 '공공(公共)'에 깊은 뜻을 두고 마침내 큰 봉사가가 되었다. 여기에 대한 하나의 일화가 있다. 당시 진남포 이사관은 아키토모 도요노신(秋本豊之進) 씨로, 그는 진남포에도 좋은 의미의 명물남(대독행가(大篤行家))이 있어, 관위는 없지만 총독 또한 예를 갖추게 하는 그러한 사람이 없으면 이 땅을 대성시키는 것은 어렵다, 민간에서 일대 선인(대표적

인격자)이 출현하는 일이 진남포의 급무라고 했는데, 이때 주목을 받은 사람이 도미타 옹이었다. 그리고 거류지 소유의 삼화화원을 옹에게 불하하여 옹으로 하여금 자비경영을 하게 했고, 동시에 시민 공원으로 공개하게 했다.

옹의 선행은 사람들이 아는 것이지만 아키모토 씨의 착안과 전형(銓衡)은 정말로 적절했다고 말해도 좋을 것이다.

어느 날, 데라우치 총독이 진남포에 갔는데 관민이 도열하여 마중을 했다. 그러자 총독은 열차를 내리자마자 사람들을 둘러보고, 거기에 도미타 옹이 있는 것을 보자, 성큼성큼 다가가 우선 제일 먼저 악수를 하고, 정중하게 인사를 했다. 그리고 둘이서 이야기하면서 유유히 플랫폼을 걸어 나갔다. 다른 관민은 있기는 있었지만 없는 것과 같았다.

향토애가 강한 사람

이종섭(李鍾燮)

옹이 관계한 사업은 공익을 위한 것이 대부분이다. 옹같이 공공사업에 힘을 쏟았던 사람을 아직 본 적이 없다. 그리고 향토애가 왕성하고, 그가 말하는 것은 항상 진남포 지역과 사람의 이익을 위한 것뿐이었다.

그런 까닭에 생전에 크게 의지를 하고 있었는데 이제는 고인이 되셨다. 정말로 애도 추모의 정을 금할 수 없다.

도미타 옹을 추억하다

경성상업회의소 회장 와타나베 데이이치로(渡邊定一郎)

제가 도미타 옹을 알게 된 것은 옹의 말년에 중앙물산회사 일 때문이었다. 그 회사는 잘 아시는 것처럼 전 사장의 실각 후, 도미타 옹이 저에게 회사 부흥에 대해서 여러 번 말씀하셨는데 귀찮아서 도망쳤었다. 그런데 어느 날 회장실로 와서 옹은 몹시 화를 내시며 말씀하시길 "자네는 좀 알 만한 사람이라고 생각했는데 역시 별 볼일 없는 남자다"라고 하시기에 "말씀이 지나치지 않습니까? 무슨 일로 그렇게 화가 나셨습니까?"라고 물었다. 그랬더니 옹은 "이전부터 저 물산회사를 부흥시켜보라고 했는데 자네는 피하기만 하고 있다. 내가 저것을 하라고 하는 것은 어떤 돈을 벌기 위해서가 아니네. 생이 얼마 남지 않은 내가 적어도 마지막 봉공이라고 생각하고 역사 있는 저 회사를 다시 세워 조선인을 위해서나, 경성을 위해서 훌륭하게 해 놓고 지옥 가는 길에 가져가고 싶었네. 지금 경성에서 자네와 구기모토와 나 세 사람이 나서지 않으면 저 회사를 맡을 사람이 없지 않는가. 그런데 자네는 내 마음도 모르고 피하기만 하고 괘씸하단 말이야……"라고, 이 말을 들은 저는 정말 도미타 옹 다운 까닭이 여기에 있구나 하면서 감동했고, 구기모토 군을 설득하여 셋이서 중앙물산회사를 부흥하는 데 착수했다.

곧 옹은 병상의 몸이 되었는데 돌아가실 때까지 물산회사를 위해 진력하셨다. 그런 의미에서 저도 이 회사 재건을 도미타 옹의 유지로 생각하고 재흥해야겠다고 노력한 결과 도미타 옹의 성의가 당국을 움직여 난제였던 토지불하 건도 결정되어 회사의 사업 발전이 착착 진행되고 있다. 이 한 예를 보아도 얼마나 옹이 자신을 버리고 조선개발을 위해서 진력하셨는가를 알게 된다. 새삼 옹의 교결한 마음을 생각하면서 여기에 한마디 남깁니다.

조선개발에 막대한 손실

다테카와 로쿠로(立川六郎)

도미타 옹을 잃은 것은 앞으로 조선 서부 개발에 많은 손실을 입은 셈이지만 옹이 그 생애를 산업개발에 바친 공적도 상당히 많다. 말년은 특히 사회교화사업에 뜻을 두어, 근검저축의 미풍을 보급했고, 얼마간의 기금을 더하여 부내 학교 생도들에게 잡지를 배포한 일도 있다. 분묘지를 기부하는 등, 남포를 위해서는 많은 희생을 치렀다. 또 당사는 직접간접 원조를 받고 있었는데 뜻밖의 옹의 죽음은 애석하기 그지없다. 남포의 은인으로서 우리들은 영원히 잊을 수가 없을 것이다.

도미타 옹의 추억

소가 츠토무(曾我勉)

경성에서 시정 5년 기념 공진회가 열린 것은 1915년이었다. 이 공진회에는 조선의 각도에서 온 진기한 생산품이 많이 출품되었다. 또 도미타 옹이 경영하시고 있는 고려자기와 농·광산품도 출품되었다. 그때 옹은 각도 출품상태를 보고, 이 상품은 각도에서 고심경영한 귀중한 생산품이니 공진회 회기 중은 만인들이 보아 그 존재를 인정받지만 공진회가 끝나고 나면 이 생산품 대부분은 곧 세상 사람들로부터 잊혀져 버린다. 그래서는 정말 유감스러운 일이다. 장래 유망한 생산품을 공진회가 끝나도 계속해서 판매할 장소를 만들어 보고 싶다. 그러기 위해서는 일단 조사를 해 봐야 한다는 취지에서 사사모토 스에이치(笹本末市) 씨와 야마구치 아키라(山口精) 씨를 각도에 파견하여 물건들을 조사하게 했다. 그 결과 혼초(本町) 2초메(丁目)의 오늘날의 도미타 지점이 만들어졌다. 사사모토 씨가 옹으로부터 간곡한 부탁을 받고 주임으로 일하게 되었다고 들었다. 1916년의 일이다.

　제가 도미타 옹을 처음 만난 것은 그 무렵이다. 용건은 따로 있었지만 마침 진남포의 하라다 데츠사쿠(原田鉄策) 씨에 관한 이야기가 나오자 옹은 하라다 씨의 인물됨을 칭찬하고 또 그 공로를 열거하면서, "하라다 씨는 옛날부터 남포에 와 있던 사람으로 남포 개척자이다. 1904, 5년 러일전쟁 때 정박사령부(碇泊司令部)가 설치되었는데 그때 이미 거류민단장이나 상업회의소 의원으로 공직자로서 남포 개척에 진력하고 있었다. 지금은 각국 거류지 민단장이 되었는데 진남포의 오늘까지의 개척은 아마 하라다 씨가 온힘을 쏟았기 때문이다"라고 하면서 하라다 씨를 칭찬했다. 저로서는 도미타 옹이 남포의 공로자이고, 조선에서는 처음으로 남수포장을 하사받으신 인물이라고 들었는데 하라다 씨의 공로만을 칭찬하고 자신의 것은 조금도 입 밖으로 내지 않는 것을 보면서 정말 이 사람은 인격이 고매하다고 생각했다. 그래서 저는 "남포개척의 공로에 있어서는 당신을 능가할 사람은 없을 것입니다"라고 말했다. 그랬더니 옹은 제 말이 끝나자마자 "아니 저는 말도 안 됩니다. 하는 일마다 실패를 했으니"라고 하면서 자신을 낮추고 겸손한 태도로 일관했다. 정말로 숭고한 마음에 감동받지 않을 수 없었다. 사이고 난슈(西郷南洲)[119]는 '대화 도중에 자신의 이야기는 하지 않는다'라고 했다고 하지만 담화 중에 넌지시 자신에 대해 이것저것 자랑하는 것만큼 듣기 어려운 것도 없다. 그런데 옹의 말 중에는 철두철미 자신에 관한 일은 조금도 말하지 않았다. 그때 저는 도

---

119) 사이고 다카모리(西郷隆盛, 1828~1877년). 薩摩藩 출신의 군인이자 정치가로 大久保利通이나 長州藩의 木戸孝允와 함께 '메이지유신의 三傑'로 칭해진다. 육군대장 · 近衛都督을 역임했으며, 1877년 西南戰爭의 지도자가 되어 패배하자 자결했다.

미타 옹은 정말로 온량겸양(溫良謙讓)의 덕을 겸비하고, 자비심 넘치는 인격자라는 느낌을 받았다.

그 후 1921년의 일로, 니우 구마스케(丹生熊助)라는 사람이 신의주에 견주기업(絹紬機業)을 하고자 하는데 자금 원조를 받고 싶다며 옹에게 부탁하러 온 사람은 고지마 조시치(兒島定七) 씨였다. 옹은 기꺼이 승낙하고 자본금을 내어 주었다. 이것으로 니우 씨는 신의주에서 견주기업(絹紬機業)을 시작했다. 그러나 견주(絹紬) 같은 일은 잘 되는 일이 아니어서, 항상 수지가 맞지 않아, 계속 손실을 내고 있었다. 그렇게 1년 정도가 지났을 무렵, 어느 날 고지마 씨는 지점의 사사야마 씨를 방문해서 "니우 군의 견주사업은 항상 적자로 나아지지 않고 있다. 모처럼 도미타 씨의 배려를 받아도…… 저래서는 도미타 씨가 안 됐다. 이제 도미타 씨에게 말해서 앞으로는 출자를 중지하는 것으로 해야 하지 않겠는가"라고 의논하고는 둘이서 바로 오곤초에 있는 옹의 집으로 찾아갔다. 그때 우연히도 니우 씨가 옹의 집에 와 있었는데 고지마 씨는 개의치 않고 옹에게 "니우 군의 견주기업은 도저히 전망이 없습니다. 오늘까지 손실만 내고 있으니 그만두라고 해도 할 말이 없을 겁니다. 그래서 앞으로는 출자를 안 하시는 것이 좋겠습니다"라고 본인을 앞에 두고 그 얘기를 했다. 그랬더니 옹은 "그러면 안 되네. 이런 종류의 일은 그렇게 쉽게 이익이 생기는 것이 아니네. 자네는 결손이라고 생각하는데 오늘 같은 상황은 처음부터 알고 있었던 일이네. 그렇지만 이것은 원래 이 사람의 입신에 도움이 되었으면 하고 주었던 것이네. 지금 출자를 그만둔다면 이 사람은 일어 설 수가 없네. 그래서는 처음의 취지에도 반하고, 이 사람이 곤란해지지 않겠는가. 그래서는 안 되네. 지금 7백 엔의 돈이 필요하다고 하니까 그것도 내어 줄 생각이네. 이것으로 부디 어떻게든 잘 될 수 있도록 궁리해 보시게"라고 하면서 그 자리에서 수표를 적어 그 사람에게 준 일이 있었다.

듣자하니 그 사업도 끝내 성공하지 못하고 그만두었다고 했다. 그때 출자금 속에 약 3천 엔 정도는 손실이었다고 했다.

옹의 자비심은 대개 이런 종류의 것이었다. 제가 옹과 처음으로 만났을 때의 느낌은 지금도 깊은 인상을 남기고 있다.

옹이 조선개발과 조선 사람들을 위해서 진력한 바가 크다는 점에 관해서는 본 전기 중에 많이 언급되어 있을 것이니 여기서는 생략하고, 아주 작은 추억 하나만 적었을 뿐이다. 반도에서 옹을 잃었다고 하는 것은 아무리 생각해도 애석한 마음 달랠 수 없다.

고 도미타 옹을 그리며

우라다 다키토(浦田多喜人)

노인이 차도 타지 않고, 시내를 잰걸음으로 바쁜 듯이 다니는 것을 여러 번 봤다. 그것은 제가 아직 도미타 옹과 대면하지 않았던 때의 일이다. 본부(本府)에 가면 본부에서도 보이고, 도청(道廳)에서도, 부청(府廳)에서도 매일 어딘가에서 만나는 사람으로, 자산가라고 듣고 있었다.

도미타 옹의 도보 활동에는 경의를 표하고 있었다. 그 후 조선발명협회 창설 발의가 있어, 자주 옹을 만날 기회가 있었다. 오곤초의 옹의 집에도 찾아뵈었는데 협소한 공간에 아무런 장식도 없는 것에 놀랐다. 참으로 소박했다. 옹은 항상 산업개발에 진력하셨고, 그 공적으로 서훈을 받으셨다는 것은 세상이 다 아는 일이지만 발명협회 사업에 대해서도 수천 금의 사비를 들인 것은 정말로 감사할 일이었다. 발명협회 사업이 끝내 목적을 달성할 수 없었던 것은 참으로 유감스러운 일이었다.

말년에 철도국의 도다(戸田) 이사의 권유에 의해 간이형 차병을 제조하게 되어 10개에 고작 5리 밖에 이문이 남지 않는 사업이었지만 소위 산업개발의 취지에 따라 정류장 구내 가까운 곳에 토지를 빌려 땅까지 다져 두었다. 그러나 부근 거주자로부터 진정이 들어와 모처럼 수천 백 엔을 들여 매립까지 한 토지를 사용할 수 없다며 병상에서도 상당히 고심하셨는데 끝내 해결을 보지 못하고 세상을 떠나신 것은 참으로 안타까울 뿐이다.

산업계에 큰 영향력

구기모토 도지로(釘本藤次郎)

도미타 옹은 아직 조선 산업계에 많이 진력하셔야 할 유력한 사람이다. 일전에 뵈었을 때도 간절히 정양을 권유했는데 참으로 유감스럽다. 그는 조선 재계에서 각종 회사사업에 관계하고 있었기 때문에 그의 서거는 후임자를 정하는 데 상당히 영향이 있을 것이다. 특히 진남포 재계는 그의 다년간의 거주지였기 때문에 한층 더 깊은 영향을 줄 것이라 생각한다.

공공사업의 제1인자

마츠이 다미지로(松井民治郎)

도미타 옹은 사업을 경영하여 돈을 벌었기보다 가능한 한 많은 사업을 창업하여 사람들에게 준다는 신념을 가진 사람이라 생각한다. 즉 돈 버는 것은 둘째일이고, 공공을 위해 노력하는 것이 도미타 옹의 미점이고, 그

점에서는 조선에서 제1인자이었다. 즉 옹은 시종일관 모든 공공사업을 위해서 헌신적이었다.

조선 개발의 공로자

후쿠나가 마사지로(福永政治郎)

도미타 씨와 제가 처음 만난 것은 1899년이었다. 오사카 고니시와(小西和) 본점의 경성지점 정리 건으로 조선에 갔을 때의 일이다. 고니시와 본점과의 관계에서 그 정리에 대한 의논도 해주면서, 미력을 다한 일이 있다. 그 이후 오늘까지 32년간 친분을 계속 이어 왔다. 고니시와 지점 정리 후, 도미타 씨는 황해도 광산 경영에 손을 댔고, 이것이 반도개발이라는 대사명의 제1보가 되었다. 아무튼 1899년경부터 길 하나 제대로 없는 황해도 산지를 개척하는 데 힘을 쏟았던 일 등은 다른 사람은 도저히 할 수 없는 일이었다. 특히 그 철산 경영은 매우 힘들어 도미타 씨의 일생에서 가장 심혈을 기울인 일이었다. 그 이후 한일병합의 대정신에 따라 반도 문화를 일본과 동일한 수준까지 끌어올려야 한다며 각 방면의 사업에 손을 뻗쳤는데 이렇다 할 큰 이익을 낸 사업은 없었다. 이것은 도미타 씨의 계획이 처음부터 이익을 예상하지 않고 오로지 산업개발, 조선인의 지도에 있었기 때문에 본인의 재정에는 결코 혜택이 되지 못했다. 제가 가장 도미타 씨가 위대하다고 생각하는 공적으로서 감명을 받은 것은 조선물산협회를 설립하여 많은 희생을 치루고 도쿄와 오사카에 출장소를 설치하여 조선 쌀의 성가 발휘와 보급에 힘을 쏟은 일이다. 지금 조선 쌀이 일본산 쌀과 대열을 같이하면서 수요를 충당하고 있는 것은 오로지 이 덕분이다.

정치적 방면에서는 개발의 첫 번째 수단으로서 벽지까지 답사하여 도로망을 부설할 것을 데라우치 총독 이래 역대 수뇌들에게 건의하여 이것을 실현시켰던 일이 있다. 그 외 치산방면 등에서도 때때로 수뇌부들은 자주 도미타 씨의 의견을 물어보고 참고로 했다. 시모오카 총감과는 동향이고, 더구나 특별한 관계가 있었기 때문에 도미타 씨는 노구를 이끌고 시모오카 총감과 산간벽지로 돌아다니면서 다양하게 건의를 할 정도였는데 총감이 상경 중에 뜻밖의 병으로 불귀의 객이 되신 것은 옹이 가장 유감스럽게 생각하는 일이었다.

그 외에 조선인 아동교육에 관해서는 직업교육 즉 근로정신 함양을 설파하고, 종교방면에서는 각 지역 사찰 건립에 크게 공헌하였다. 신앙은 설교가 아니라 인격이라고 주무자에게 건의하여 사찰의 주지에 모두 인격자를 초빙한 것은 이례적인 일이었다.

이처럼 도미타 씨는 각 방면에 관여했는데 금전적으로 보면 결코 성공한 것이 아니었다. 그것이 도미타 씨의 대인격이고, 세상에 소위 돈벌이를 주의로 하는 사업가와 그 외의 사람들은 상상할 수 없는 도미타 씨의 진면목이라 생각한다. 도미타 씨는 반도개발이라고 하는 대사명 수행 이외에는 어떤 욕망도 없었던 사람이었다. 저와는 20여 년의 친분을 맺어 왔지만 사업과 돈벌이 얘기는 거의 한 적이 없다.

두 사람이 의기투합한 것은 소위 사상(思想)에서였다. 도미타 씨도 이 무렵 완전히 원숙하여 지금부터다……라고 생각하고 있는데 돌아가신 것은 저 개인으로서의 문제가 아니라 전 반도 전 주민의 손실이라 실로 유감스럽게 생각한다. 그러나 도미타 씨의 유업은 금후 해를 거듭하여 빛을 발할 것이지만 아마도 오늘의 반도를 바라봐도 도미타 씨 같은 대국에 입각한 사업가는 찾아 볼 수가 없다. 이번 옹을 잃은 것은 참으로 애석한 일이다.

생각나는 일

아사카와 노리타카(淺川伯敎)

5년 전 어느 날의 일이었다.

문득 생각난 듯, 옹은 가슴속에서 수첩을 꺼내 보여주신 일이 있다. 그 수업 첫 페이지에 노래가 적혀 있었다. 그 노래는 지금은 잊었지만 내용의 의미는 "이 세상에서 이것저것 해 봤지만 성취하지 못 하고 이 세상을 떠난다"라는 의미였던 것으로 기억한다. 그리고 옹은 말씀하셨다.

"나는 지금까지 매년 정월 초하루에 유언을 쓰고 있는데 그것은 자손에 대한 교훈이나 재산처분이 주된 내용이었다. 최근에는 그렇게 쓰지 않고 세상을 떠나는 노래를 쓰기로 했다"라고 각오에 찬 표정으로 말씀하셨다. 아마 그 심정으로 오늘까지 일을 해 오신 것이라 생각한다. 항상 호두나무로 된 게다 신발이 닳아 없어질 정도로 여기저기 걸어 다니셨는데, 사람들 돌보기, 산업관계 일, 교육관련 일 등으로 동분서주하여 앉을 틈도 없을 정도였다. 좋은 일이 있으면 바로 교섭을 하고, 어려운 일이라도 어떻게든 마무리를 짓고 왔다. 한 사람의 동반자도 없이 도쿄, 오사카, 후쿠오카, 평양, 진남포로 걸어 다녔다. 돌아오면 방문객이 밀려들고, 그 사이 틈틈이 빠른 손놀림으로 편지를 쓴다. 자신은 지극히 적게 가지고, 사람들이 일종의 도락(道樂)이라고 말할 정도로 공공의 일에 개인적인 돈을 들였는데, 앞으로는 아마도 두 번 다시 나올 것 같지 않은 타입의 인물이다. 그 만큼 옹의 죽음으로 어떤 뭔가를 생각하게 한다.

어떤 의미에서 여론의 대표자였고 또 실천가였다. 이러한 사람이 점점 과거의 인물이 되고, 그를 대신할 사람이 앞으로 나올 것 같지 않아 쓸쓸한 생각이 든다. 여기 생전 옹과 관련된 2, 3개의 일화를 소개하고자 한다.

1915년경부터 진남포에서 고려청자 복원을 위해 도자기업을 시작했다. 히고 야츠시로(肥後八代)의 가마가 조선계통이라고 하여 그 지역의 하마다(濱田) 씨를 초빙하여 시작한 것이 진남포 고려자기이다. 예부터 청자를 구워 이익을 남긴 사람은 없다, 손실은 매년 계속되었다. 그래서 그만두라고 조용히 권유하는 사람도 있었다. 그러나 옹은 완고했다. 어느 날 일족 합의하에 옹에게 가마를 없애버릴 것을 탄원했다. 옹이 말하기를 "나는 내가 입는 옷을 팔아서라도 한다. 오늘부터 담배를 끊을 것이니 가마의 연기를 멈추라는 말만은 말아 달라"고 하셨다고 한다.

어느 뛰어난 학생을 위해서 학자금을 대주며 일본의 치과 학교에 보냈다. 청년이 학교를 졸업하고 돌아온 뒤 그 청년을 중심으로 작은 치과학교를 시작했다. 옹은 교장으로서 매월 경영을 도왔다. 개교식에는 조선 측 명사가 자발적으로 모여들어 옹에게 진심으로 감사를 표했다. 옹도 이 때 상당히 기쁘셨는지 후에도 그 날의 상황을 가끔 말씀하셨다.

그 청년은 학교를 좀 더 좋게 하려 하다 일을 그르쳐 큰 실패를 했고, 그 때문에 학교를 떠났다.

그 후 여러 가지 곡절이 있은 후에 오늘날 훌륭한 치과전문학교가 되었다. 하세가와초(長谷川町)에 있는 아름답고 웅장한 교사를 바라보면 옹의 개성이 영원이 기념될 것이라 생각한다. 이러한 기념될 만한 것은 몇 개 더 있다.

조선에서의 파란만장한 30여 년의 세월, 처음에는 매우 생활이 힘들었던 것 같다. 그런 중에도 어려운 사람의 이야기를 들으면 내일 먹을 것이 없어도 어떻게든 궁리해서 적극적으로 도와주려고 했다.

그래서 부인은 남모르는 고생을 많이 했다.

부인이 병상에 있을 때, 옹이 직접 간호를 하시고, 어떤 때는 부인을 업고 삼화화원 언덕에 올라 주위 전망을 바라보면서 이전에 둘이서 고생한 추억들을 이야기하면서 부인을 위로한 뒤 집으로 되돌아오곤 했다 한다.

아쉬운 일로 기억되는 것은 옹이 세운 공예미술관이다.

어느 날 옹은 "미술 앞에서 싸움은 없다"라는 말에 깊은 감명을 받아, 수만 엔을 들여 조선 공예미술품을 사 모았다. 패밀리호텔 자리에 조선미술공예관을 혼자서 경영하면서, 일용도구에서 도자기, 회화, 민속품, 역사 종교에 관한 것에 이르기까지 수천 점을 진열했다. 이것들은 조선의 땅에서 점점 사라져가는 것으로 조선을 연구하기 위해서나 또는 장래 조선 공예를 위해 정말로 필요한 재료였다. 더구나 그것들은 종래의 수집방법이 아니라 옹 특유의 넓고 다방면에 걸친 방법으로 수집된 것으로, 학술상의 자료가 되는 것도 적지 않았다.

그러나 재정상 혼자서 경영한다는 것은 지극히 어려워 마음은 계속할 뜻을 가지고 있었지만 끝내는 한계를 극복하지 못하고 오사카 야마나카 상점(山中商店)에 매각해 버렸다.

인수받은 야마나카 상점 주인도 조선에 있어야 할 아까운 물건이므로, 조선에 남겨두겠다면 어떻게든 협조를 하겠다고 했지만 옹으로서는 어쩔 수가 없었다. 지금이라면 당연 대학 쪽으로 인계했을 것이다.

옹은 선각자의 비애를 맛보면서 깨끗하게 단념했다.

옹은 어느 날 "나는 대상제와 즉위식 등에 3번이나 참석하는 영광을 누렸는데 다이쇼천황의 즉위식 때는 3월 이전부터 허리가 아파 설 수가 없었다. 마침내 시일이 다가와 유감스럽지만 참석하지 못할 것 같은 마음이 들어 잠자리에서 일심으로 기도를 했더니 벌떡 일어나져 무사히 참석하고 돌아왔는데 아직까지 아무 일도 없습니다"라고 정좌해서 공손하게 말씀하신 적이 있다.

조선 나전세공은 옛날에는 유명한 것이었는데 이것을 복원하기 위해 통영에 나전회사를 만들 계획을 세웠다. 그리고 재료 조사를 의뢰했더니 최고의 재료인 처녀림이 있다는 보고를 들었다. 옹은 기뻐하면서 지역 사람들과 함께 공동으로 회사를 만들고, 그 산을 불하받아 마침내 개업을 하고 보니 산에 나무가 없는 민둥산이었다. 옹은 이것을 보고 "조선의 처녀림이란 매끈매끈한 것이구만, 나무도 풀도 자라지 않는 산 같다. 조사를 믿을 수가 없다"라고 쓴웃음을 지은 적이 있다.

"어떻게든 조선 사람들에게 일거리를 만들어 주고 싶다."

이것이 옹의 바램이었다.

조선의 시골을 돌아보면 눈에 띄는 물건들은 모두 오사카 주변에서 한 번 쓰고 버린 싸구려 물건들이다. 이런 물건들이 어디서 어떻게 들어왔는지는 알 수 없지만 대다수가 쓰고 있다. 이런 물건들이 시골사람들의 생활을 풍족하게 한다고는 도저히 생각할 수가 없다. 사람들은 점점 놀고만 있고, 부업 일감은 서서히 줄고 있다. 농한기에 푼돈이라도 벌 수 있는 가내부업을 시골 사람들을 위해 어떻게든 찾아줘야 한다. 그러면 작은 일 중 몇 개는 시간이 가면 커다란 싹을 틔울 것이다.

1천 년 전, 당나라에 갔던 스님이 가지고 온 몇 개의 차 씨앗을 지금 일본 전체가 사용하고 있고, 3천만 엔 어치나 외국에 내다팔고 있다. 언제 어디서 싹을 틔울지는 모르는 일이다.

지금 조선에서 실패해도, 여러 가지 씨앗을 조금씩 여기저기 뿌려볼 때이다.

도미타 씨는 손해 보는 일만 인수하고, 도미타 씨의 일은 실패가 많다고 들었는데 이것은 생각해 볼 필요가 있다. 일본에서도 악랄한 방법으로 돈을 모은 것이 오히려 형사문제를 야기하거나 자식을 방탕하게 하는 원인을 제공한다거나 하는 예는 적지 않다. 이러한 예에 대해서 옹은 자주 말씀하셨고, 실제로 본 많은 예를 말하시면서 "나는 자식들에게 자신들이 알아서 독자적으로 벌어서 먹을 수 있도록 하라고 항상 가르치고 있습니다"라고 했다.

나이가 들어가면서 점점 이빨이 빠졌다. 치과의학교 류라쿠 교장이 "그러한 이를 가지고 있어서는 안 되니 틀니를 만들어 드리겠습니다"라고 하자 옹은 "이것으로 충분합니다. 일본에서는 일 년에 금니를 만드는 데 돈이 2천만 엔이나 든다고 하는데 실로 아까운 돈입니다. 이대로 있으렵니다"라고 하면서 딱딱한 엿을 와삭와삭 깨어 맛있게 드셨다.

옹은 성격이 쾌활하여 건강을 잘 유지할 수 있었다. 어느 날 이런 일이 있었다. 도쿄에 가기 전에 의사에게 진단을 받았는데 절대안정을 요한다는 말을 듣고 깜짝 놀랐다. 그런데 막상 나가보니 아무 일도 아니었다. 나중에 의사를 만나 이야기했더니 의사는 "정말 당치 않습니다. 그렇게 해서 낫는 일은 의학적 견지에서는 있을 수 없는 일입니다"라고 했는데 법에 없는 법이 세상에는 있는 법이다.

나쁜 짓도 하지 않지만 적극적으로 좋은 일도 하지 않는 사람을 대개 '좋은 사람'이라고 하지만, 스스로 나서서 좋은 일을 하는 사람은 많지 않다. 옹은 나서서 좋은 일을 하려고 했고 또 해 왔다. 이런 사람이 많으면 많을수록 바른 여론이 생기고 모든 것을 좋게 이끌어가는 좋은 싹을 키우게 되는 것이다.

이러한 사람이 점점 과거의 사람이 되어 가는 것은 조선을 위해서 유감스러운 일이다.

도미타 옹을 회고하며

신 다츠마(進辰馬)

어느 날 옹이 대화 첫머리에 오마치 게이게츠(大町桂月)[120]의 노래를 보여 주셨다.

'둥근 것이 좋지만 어딘가 각이 있는 것이 사람의 마음, 너무 둥글기만 하면 쓰러지기 쉽다.'

옹은 회심의 미소를 지으면서 좋은 노래라고 칭찬했다. 그리고 이 노래를 색종이에 적어 펼쳐 두었다. 노래의 의미는 산에 오를 때 지팡이의 손잡이가 너무 매끄러워서는 미끈거려 쥐기 힘들지만 각이 한 개라도 있으면 쥐기 쉽다는 뜻이다. 즉 너무 원만해도 좋은 것이 아니다. 인간은 자신만의 신념을 하나 정도는 가지고 있어야 한다는 의미이다.

옹은 지극히 원만한 사람이었지만 내면에 자신만의 신념 하나를 분명히 가지고 계셨다. 옹은 견식 또한 상당히 높아 관공(菅公)[121]의 유훈을 좌우명으로 하고 있었는데 그것은 다음과 같다.

1. 집은 대궐이 아니어도 비만 새지 않으면 된다.

1. 의복은 비단이 아니어도 따뜻하기만 하면 된다.

1. 음식은 진수성찬이 아니어도 배고프지 않으면 된다.

1. 처는 살결이 검어도 현명하기만 하면 된다.

저도 여러 번 다자이후(大宰府)[122]에 갔지만 이것을 유훈으로 남겼다는 기록은 없었다. 누군가가 책에서 본 것을 발췌해서 더했을 것이다.

---

120) 1869~1925. 근대일본의 저명한 시인이자 수필가.

121) 스가와라 미치자네(管原道眞, 845~903)의 경칭. 헤이안시대(平安時代)의 공경, 학자로 학문과 시문이 뛰어나 菅公이라 불렸다.

122) 율령제 하에서 규슈지방의 내정을 총괄하고 내외사절과 해변방비 등을 담당한 지방관아. 현재의 후쿠오카 현 다자이후 시에 소재.

옹은 이것을 잘 간직하였고, 또 자제들에게 훈계로서 항상 보이시곤 했다. 청년자제의 정조가 점차 경박해지고 있는 요즘, 정말로 도리에 맞는 훈계이다. 이 훈계가 오늘날 한 사람의 청년에게라도 살아있는 도움이 되기를 바랄 뿐이다.

책에 실리지 않은 것을 주의로 하고 있었던 옹, 긴바라 메이젠(金原明善)123)을 존경했던 옹, 이것들을 열거하면 끝이 없지만 이 정도로 해 두겠다.

일찍이 민간총재로까지 칭송받던 옹이다. 총독부가 왜성대(矮城臺)124)에 있었을 무렵 하루도 빠짐없이 게다를 신은 옹이 이 길(구마히라(熊平)와 무라키(村木) 사이의 도로)을 지나가지 않은 날이 없었다.

도미타 옹을 그리다

경성일보사 비서부장 히사마츠 젠페이(久松前平)

옹을 생각하는 데 있어 저는 감히 도미타 기사쿠 옹이라고 부르고 싶다. 그것은 제가 24년 전 처음 진남포에서 옹을 만났을 때도, 생전의 마지막 면담까지, 얼굴 표정이나 태도가 조금도 변화하지 않았기 때문이다.

제가 신문기자를 지망할 무렵, 즉 신출내기 기자도 아닌 일개 서생 시절, 때는 가을이 깊어갈 무렵 도미타 옹의 직접 안내로 저 혼자서 과수원에서 하루를 보낸 일이 있다. 비발도(飛潑島)의 상류에 있는 작은 산 아래였다.

개량 과수종이 처음 열렸던 때로 기억한다. 낡은 조선식 가옥 한 채를

---

123) 근대일본에서 성공한 유명한 실업가. 은행업과 유통업에서 수완을 발휘했다.
124) 서울시 중구 예장동, 회현동 1가에 걸쳐 있는 지역. 임진왜란 때 왜군이 주둔한 데서 유래되었다.

거점으로 하여 아주 작은 땅에 지극히 소규모의 과수원이었다. 그때 도미타 옹은 이 과수원은 적어도 20여 년 후에 도움이 되도록 하기 위한 실험 동산이라고 말했다. 자네도 신문기자가 되려고 한다면 길게 생각하고 공부해야 하네, 그리고 조선 농업을 연구하는 신문기자가 되라고 하면서 여러 가지 말씀을 하셨다. 그것은 결코 자화자찬이 아니라, 당시 겉멋에 넘친 제 자신을 향한 말씀이었다. 오늘에도 선명하게 기억하고 있다.

그 후 나는 무라카미(村上), 시게에다(重枝), 이노우에(井上) 등의 여러 선배들의 잔심부름을 하면서 청년야학, 등산, 소풍, 동계운동회 등 실질 강건(實質剛健)의 풍조를 진작시키는 운동을 했다. 그럴 때마다 도미타 옹이 선구가 되어 청년들을 격려했다.

현재의 상공학교, 진남포 사과, 시 운동회, 평화의 땅 남포 이 모든 것이 옹의 혼에서 나온 결과라는 점은 누구도 인정하지 않을 수 없을 것이다.

조선 개발을 위해 헌신하신 것에 대해서는 우리들이 운운하기에는 너무나 고귀한 희생이어서 여기에서는 생략하기로 한다.

여러 곤란을 겪는 사이에 저는 머리와 수염이 하얗게 변했는데 옹은 조금도 변함이 없고, 완전히 자부(慈父)와 같았다. 당시 유명한 조선의 도미타 옹에게 우리같이 이름도 없는 신문기자 따위는 안중에도 없었을 터인데 그러지 않았다. 10년, 20년이 지나도, 남포에서도, 차 안에서도, 길거리에서도, 고위고관 앞에서도, 점원 앞에서도 조금의 차이도 없었다. 그것이야말로 도미타 옹의 덕화가 전 조선에 널리 알려진 까닭일 것이다.

조선통치를 실패로 이끈 것은 조선에 거주하는 일본인들이다고까지 폭언을 하는 일본 내 정당인이 존재하는 오늘날, 옹을 이 진개세계(塵芥世界)에서 잃은 것은 너무나 슬픈 일이다. 그러나 옹이여! 잘 잠드소서! 옹의 덕화를 기초로 하여 진정으로 내선융화가 확대 실현되는 날도 반드시 백년을 필요로 하지 않을 것이라 생각한다.

남포가 입은 은혜

스즈키 슈이치(鈴木種一)

도미타 씨는 오랫동안 남포에 있으면서, 평남은 물론 조선을 위해 진력하신 공적은 일일이 열거할 수가 없다. 특히 남포에 대해서는 평소 경성에 계실 때에도 머릿속에서 떠나는 일없이, 남포 부민으로서 직접간접으로 받은 은혜는 수없이 많았다. 그런데 조선의 사업가로서, 남포의 은인으로서의 그를 잃은 것은 그 손실이 막대하고 참으로 유감스러운 일이다.

옹과 같은 사람은 전 조선에 없다

스즈키 고타로(鈴木孝太郎)

도미타 옹의 죽음은 옹이 관계해 왔던 사업이 다방면이고 컸던 만큼, 조선의 모든 방면에 큰 충격을 주었다. 옹과 같이 실업가로서 사회공공사업에 진력한 사람은 조선 어디에서도 찾기 힘들다. 그렇기 때문에 새삼스럽게 옹의 죽음이 너무나도 안타까우면서 애도의 정이 끊이지 않는다.

연보

고 종5위 훈6등 도미타 기사쿠

1858년 11월 3일 효고 현 가와베 군 나카타니 촌 우에노 정회(上野町廻)
13번지에서 출생

1888년 원적지에서 지가 수정 및 토지대장 조제(調製)에 종사

1890년 오사카 부 토요노 군, 효고 현 히카미 군 간 도로 개축 감독위원
및 군연합회원을 임명받음. 이후 농사에 종사

1897년 3월 대만에 건너가 석탄 채굴, 장뇌(樟腦) 제조, 한천 채취에 종사

1899년 10월 조선에 건너가 황해도 은율에서 철광 채취에 종사

1904년 3월 진남포에 이주. 은율 철광 채취를 하는 한편 농사에 종사

1908년 10월 조선농회 지회장에 추천되어 취임

1909년 7월 전선농산품평회에서 일등상을 수령, 출품인 총대표로 답
사 낭독

1910년 1월 일본제철소 소속 은율철산 채굴 운반 청부인에 임명

1910년 4월 진남포거류민단 의원에 당선(1914년까지 취임)

1910년 4월 진남포번영회 行之會 회장 취임, 진남포 축항, 평남철도의
빠른 완성을 요망. 목적을 달성하고 아울러 진남포대신궁사와
공립병원을 건설하게 함

1910년 5월 진남포 정토종 본원사 고야산선종 각 사원의 총대로서 사
        원 건설을 완성
1910년 7월 진남포상업회의소 의원에 당선
1910년 9월 평안남북 · 황해 3도 물산공진회 이사장 취임
1912년 4월 주식회사 진남포물산시장 사장 당선 취임
1912년 4월 조선수산조합 평안남도 총대에 선임받음
1912년 6월 진남포전기주식회사 감사역에 당선. 개선(改選) 결과 이사
        취임
1912년 11월 진남포공제사(鎭南浦共濟社)를 일으켜 사장에 추천되어
        취임
1912년 12월 12일 칙정남수포장(勅定藍綬褒章)을 받음
1913년 6월 진남포상업회의소 회두에 당선(1915년 6월까지 취임)
1913년 6월 진남포 면수보호회(免囚保護會) 장선원장(獎善院長)에 추
        천받음
1914년 3월 신상제 공어신곡(新嘗祭 供御新穀) 경작을 배명(拜命)
1914년 4월 진남포부협의원을 명받음
1914년 6월 진남포학교조합의원 당선 취임
1915년 4월 대상제 공어신곡(大嘗祭 供御新穀) 경작을 배명
1915년 10월 시정5년기념공진회(始政五年記念共進會)에서 1등상을 받
        아 총대로써 답사 낭독, 동시에 공로자로써 테라우치 총독에게
        표창받음
1915년 11월 즉위례 당일 현소대전(賢所大前) 및 자신전(紫宸殿)에 초
        대받아 조선재주자(朝鮮在住者) 총대에 선정됨
1915년 11월 10일 훈6등에 서위하여 서보장(瑞寶章)을 받음
1915년 11월 대례기념장(大禮記念章)을 수여받음
1916년 11월 도미타합자회사(富田合資會社) 사장 취임

1916년 11월 주식회사 삼화은행(三和銀行) 설립, 사장에 취임(1919년
　　　　대동은행(大同銀行)에 합병됨)

1917년 9월 조선광업회 창립이사 평의원에 취임

1917년 9월 진남포상업회의소 특별평의원을 명받음

1918년 10월 동양축산흥업주식회사(東洋畜産興業株式會社) 이사 취임

1918년 11월 통영칠공주식회사(統營漆工株式會社) 사장 취임

1918년 12월 조선수산수출주식회사(朝鮮水産輸出株式會社) 이사 취임

1919년 10월 대일본농회(大日本農會)로부터 홍백유공장(紅白有功章)
　　　　을 하부받음

1920년 3월 31일 조선총독부 금산포(金山浦)우편소 소장에 임명됨

1920년 6월 동아잠사주식회사(東亞蠶絲株式會社) 사장에 취임

1920년 8월 진남포기선주식회사(鎭南浦汽船株式會社) 사장 취임

1920년 11월 토다농구주식회사(戶田農具株式會社) 상담역 취임

1920년 12월 평안남도평의원에 임명됨

1921년 2월 조선잠사회 창립 부회두 취임

1921년 6월 조선산림회 창립 평의원 취임

1921년 9월 조선농회 부회장 취임

1921년 9월 조선총독부 산업조사위원회 위원에 임명됨

1921년 10월 주식회사 대동은행 이사 취임(1925년 8월 동 은행 해산에
　　　　따라 해임)

1921년 10월 조선서적인쇄주식회사(朝鮮書籍印刷株式會社) 이사 취임

1921년 10월 경성 남대문통 3정목에 조선 고미술 공예품 진열관을 설립

1921년 11월 조선축산협회 창립 상담역 취임

1921년 11월 경성현물취인시장 상담역 취임

1921년 11월 조선생명보험주식회사 감사역 취임

1922년 4월 경성사립치과의학교 설립

1922년 5월 조선수산협회 설립 고문 취임

1922년 9월 조선철도협회 고문 취임

1922년 11월 주식회사 조선미술품제작소(朝鮮美術品製作所) 설립 이
　　　사 취임

1923년 4월 조선수산회 평의원 취임

1923년 4월 평안남도수산회 부회장 취임

1923년 5월 오사카에 조선물산진열관 설치

1923년 7월 조선부업품공진회(朝鮮副業品共進會) 이사장 촉탁

1923년 10월 조선부업품공진회에서 부업공로자로서 표창 받아 꽃병
　　　하나를 받음

1924년 2월 11일 황태자전하 경사에 임하여 전국사회사업 공로자로
　　　표창 받음

1924년 2월 11일 조선에서 다년간 사회사업에 진취한 결과 어문장입
　　　은배(御紋章入銀盃) 및 금 2백원을 하사받음

1924년 3월 1일 정6위에 서위

1924년 4월 진남포과물동업조합 창립 조합장 취임

1924년 4월 조선수산회 평의원 취임

1924년 5월 사단법인 불교단(佛敎團) 이사 취임

1924년 6월 동민회(同民會) 이사 취임

1924년 11월 조선물산협회장 취임

1925년 2월 1일 조선로지무역연구회(朝鮮露支貿易硏究會) 회장 취임

1925년 2월 11일 교육효적자(敎育效績者) 선장규정에 의해 선장되어
　　　금시계(금줄 포함) 1개 및 효적장(效績狀)을 수여받음

1925년 3월 사립금산포보통학교를 공립으로 기부함(토지 건물 설비
　　　전부)

1925년 4월 경성신사 신도상담역 취임

1925년 6월 경성흥산주식회사(京城興産株式會社) 이사 취임

1925년 10월 진남포생우이출주식회사(鎭南浦生牛移出株式會社) 사장
취임

1926년 5월 평안남도농회 특별평의원을 임명받음

1926년 5월 중앙조선협회 평의원 취임

1926년 8월 진남포재향군인회 고문 취임

1926년 8월 경성효고현인회(京城兵庫縣人會) 회장 취임

1926년 10월 조선발명협회 회장 취임

1926년 10월 조선과물동업조합연합회 회장 취임

1926년 11월 조선공업회 상담역 취임

1926년 12월 조선물산주식회사 사장 취임

1926년 12월 조선임산공업주식회사 사장 취임

1926년 조선토지개량주식회사 창립발기인 취임

1927년 2월 조선무연탄주식회사 이사 취임

1927년 2월 평안남도어업주식회사 이사 취임

1927년 2월 다이쇼천황의 대장의(大葬儀)에 조선 평안남도 총대로 선
발되어 참열(參列)함

1927년 3월 조선농회 고문 취임

1928년 7월 평안북도 의주금광주식회사 창립발기인 총대 취임

1928년 10월 조선소방협회 평안남도연합지부 평의원 촉탁을 임명 받음

1928년 11월 조선소방협회 명예회원에 추천됨

1928년 11월 즉위례 당일 현소대전 및 자신전에 초대받는 조선 평안남
도 총대로 선정됨

1928년 11월 대례기념장(大禮記念章)을 수여받음

1929년 2월 주식회사조선상업은행 감사역 취임

1929년 2월 진남포산업조합장 취임

1929년 4월 13일 평양형무소 금산포지소 및 관사를 기부함(토지 건물
　　　설비 전부)
1929년 8월 의주금광주식회사 이사 취임
1929년 10월 조선박람회에서 금패 수령, 출품인 총대로 답사 낭독, 동
　　　시에 사이토총독에게 공로장을 수여받음
1929년 12월 12일 효고 현 가와베 군 나가타니 촌 소학교에 진영봉안
　　　전(眞影奉安殿) 1동을 신축하고 기타 표본 다섯 선반을 기부하
　　　여 감사장을 받음
1930년 4월 경성중앙물산주식회사 사장 취임
1930년 5월 조선공업협회 상담역에 추천됨
1930년 8월 27일 경성에서 사망
1930년 8월 27일 종5위에 서위(특지로써 위(位) 1급 추승(追陞)됨)

교정을 마치며

　도미타 옹의 전기가 당주 세이이치(精一) 씨에 의해 출판된 것에 관하여, 힘을 보태 주지 않을까 하는 아다치 후사지로(安達房治郎) 씨로부터의 한 마디가 있고, 이어 세이이치 씨가 상경하여 그 일에 대해서 의뢰가 있었다. 옹의 면모를 생생하게 서술하여 보여주는 원고는 이미 완성되어 있고 불민한 저로서도 그럭저럭 도와주는 정도는 할 수 있을 거라 생각이 들었으며 또한 고 기사쿠 옹과는 잘 아는 사이로, 매우 옹의 인격을 존경하는 저로서는 완성의 여하는 별도로 하고 이 출판에 마음으로부터 힘을 보태는 일도 봉공(奉公)의 하나로 생각하고 있으므로 기꺼이 인수하기로 했다. 원고는 꼼꼼하게 빈틈없이 기술되어 상당한 분량이었다. 그것을 그대로 인쇄한다면 너무 큰 책이 되므로 세이이치 씨와 상담해서 그 일임 하에 장절의 변경·단축, 자구의 생략 등 다소 조절하였다. 일화 중에는 기술을 간결하게 하기 위해 고쳐 적은 항목도 있다. 축사와 연설 등은 원고와 이미 발간된 「도미타 기사쿠 옹」에 실린 것을 대조하여 옳다고 생각하는 것에 따랐다. 본 전기의 자료는 옹의 서거 직후에 수집 정리되어 집필 또한 당년의 일에 속하므로, 기사 중의 인사(人事) 기타 부분에서 현재와 다른 점도 있을거라 생각되지만, 일일히 이것을 조사하여 정정하는 일은 쉽지 않으므로 모두 원고 그대로 두었다.

　편집을 마치고 그 인쇄본의 교정을 마칠 때에 전편을 통독하고 점검한 나로서는 새삼스러운 것 같지만 도미타옹의 인덕이 위대함에 감탄하고,

7주기를 맞는 지금 사뭇 고인을 추억하는 정을 참을 수 없다.

제자(題字)는 우가키(宇垣) 총독각하의 것은 도미타 세이이치 씨에게 부탁하여 받게 한 것이고, 또 유아사(湯淺) 내무대신각하의 것은 세이이치 씨의 위촉을 받아 내가 부탁한 바, 각하는 「발잠덕유광」(發潛德幽光)과 「흥업무자」(興業務滋)의 두 가지 휘호를 하사해주고, 그 하나를 택하도록 분부하셨다. 따라서 그 하나를 권두에 싣고, 다른 하나는 기념으로 도미타가에 소장하게 하였다.

본서의 장정에서 책등글자(背文字)와 속표지글자(扉文字)는 구도 소혜이(工藤壯平) 씨에게 부탁하였는데, 씨(氏)가 정성 들여 집필한 것은 본서를 위해 더 없는 행운이었다. 면지(面紙)의 도안은 도미타가에서 부친 것이다.

또한 본서의 인쇄 관계를 돕는 것을 맡은 나는 중앙조선협회(中央朝鮮協會)의 동료 마나베 고타로(眞鍋康太郎) 군의 쉼 없는 협력을 받지 못했다면 도저히 정해진 기간 내에 이를 완료하지 못했을 것임을 생각할 때, 마나베 군의 노고에 대해서 충심(衷心)으로 감사해야 한다.

1936년 8월 13일
도쿄 마루노우치 나카12호관(仲十二號館)에서
나카지마 츠카사(中島司)

부산대학교 한국민족문화연구소
로컬리티 자료총서 3

식민지 조선의 이주일본인과 지역사회
-진남포의 도미타 기사쿠

초판 1쇄 인쇄일	2013년 5월 15일
초판 1쇄 발행일	2013년 5월 16일
엮은이	도미타 세이이치
옮긴이	우정미
역주 및 해제	오미일
펴낸이	정구형
편집이사	박지연
책임편집	이하나
편집/디자인	정유진 신수빈 윤지영 이가람
마케팅	정찬용 권준기
영업관리	한미애 심소영 김소연 차용원
인쇄처	월드문화사
펴낸곳	**국학자료원**

등록일 2006 11 02 제2007-12호
서울시 강동구 성내동 447-11 현영빌딩 2층
Tel 442-4623 Fax 442-4625
www.kookhak.co.kr
kookhak2001@hanmail.net

ISBN	978-89-279-0257-7 *93900
가격	29,000원

* 저자와의 협의하에 인지는 생략합니다.
잘못된 책은 구입하신 곳에서 교환하여 드립니다.